制造业单项冠军企业创新之路

制造业单项冠军企业展示集

第二册

中国工业经济联合会　编

机械工业出版社

为进一步发挥制造业单项冠军战略引领和标杆示范作用，引导更多制造企业走“专精特新”的高质量发展道路，中国工业经济联合会在工业和信息化部的指导下，开展制造业单项冠军企业典型经验总结推广工作，编辑出版“制造业单项冠军企业创新之路”系列丛书。

本分册是制造业单项冠军企业展示集第二册，书中描述了各企业成长为单项冠军的典型经验，其中包含了各企业对自身经验的总结、提炼和剖析（如技术创新、管理能力、企业文化、国际化、质量品牌、经营绩效、产业协同等）。由衷希望在制造业内进行示范推广，以带动更多企业快速发展，实现我国制造业向高质量发展。

图书在版编目（CIP）数据

制造业单项冠军企业展示集. 第二册 / 中国工业经济联合会编. —北京：机械工业出版社，2021.6

（制造业单项冠军企业创新之路）

ISBN 978-7-111-68468-8

Ⅰ. ①制… Ⅱ. ①中… Ⅲ. ①制造工业－工业企业管理－介绍－中国 Ⅳ. ①F426.4

中国版本图书馆CIP数据核字（2021）第120859号

机械工业出版社（北京市百万庄大街22号 邮政编码100037）
策划编辑：李万宇 责任编辑：李万宇 高依楠
责任校对：张晓蓉 刘雅娜 封面设计：马精明
责任印制：常天培
北京宝隆世纪印刷有限公司印刷
2021年8月第1版第1次印刷
169mm × 239mm · 31.25印张 · 590千字
0001—3000册
标准书号：ISBN 978-7-111-68468-8
定价：189.00元

电话服务 网络服务
客服电话：010-88361066 机 工 官 网：www.cmpbook.com
010-88379833 机 工 官 博：weibo.com/cmp1952
010-68326294 金 书 网：www.golden-book.com
封底无防伪标均为盗版 机工教育服务网：www.cmpedu.com

序

制造业是实体经济的主体，是推动经济发展、改善人民生活、参与国际竞争和保障国家安全的根本所在。推动制造业高质量发展，“保持制造业占比基本稳定，巩固和加强实体经济根基”是当前和今后一个时期我国经济发展的重大战略任务。我国工业门类齐全、体量巨大、配套优势明显，但发展不平衡不充分的状况仍普遍存在。产业基础能力亟待加强，一些关键核心技术受制于人，在大变局下被“卡脖子”的风险明显增多，加快推动制造业由大变强尤为迫切，亟需我们围绕产业基础高级化、产业链现代化和企业数字化转型升级，锻长板、补短板、强企业。

以制造业单项冠军企业、专精特新“小巨人”企业和产业链领航企业为代表的制造业优质企业，具有创新能力强劲、质量效益卓越、市场地位领先、引领作用显著的突出优势。培育和拥有一批制造业单项冠军企业，是走自主创新和内生驱动道路、建设制造强国的重要支撑，是破解我国制造业发展瓶颈与难点、提升产业链供应链安全稳定的重要措施，是制造业优质企业梯队建设、质量强国建设、品牌强国建设的重要环节。从 2016 年起，工业和信息化部会同中国工业经济联合会组织开展制造业单项冠军企业遴选工作。截至目前，已发现、培育和提升了五批共计 596 家制造业单项冠军企业。

2021 年年初，为贯彻单项冠军企业培育工作要求，进一步宣传单项冠军企业标杆示范作用，在工业和信息化部指导下，中国工业经济联合会积极探索制造业单项冠军企业发展模式，以“一企一篇”的形式总结了这些企业在创新发展、人才培育、发展路径、经营理念和特色产品等方面的宝贵经验，组织出版了“制造业单项冠军企业创新之路”丛书——制造业单项冠军企业展示集。

期望丛书的出版能够为专家学者研究制造业单项冠军企业提供帮助，为有关部门科学决策提供参考，为引领更多中小企业走“专精特新”发展道路提供借鉴，为加快推进制造业高质量发展发挥积极作用。也期待单项冠军企业能保持战略定力，以“稳固中高端水平”为方向，持续培育以技术、质量和服务为核心的竞争优势，带动所在行业和产业链其他企业协同进步，在实现第二个百年奋斗目标的伟大征程中发挥更突出的骨干带动作用。

李毅中

2021 年 7 月

注：本序作者是工业和信息化部原党组书记、部长；中国工业经济联合会会长。

目 录

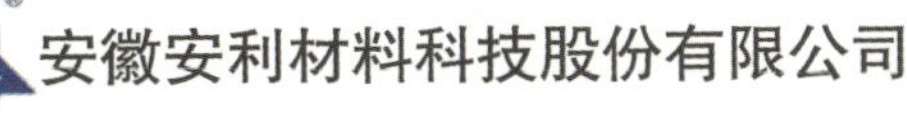

全球聚氨酯合成革行业领军者

一、总体情况简介

安徽安利材料科技股份有限公司（以下简称“安利股份”）成立于 1994 年，地处安徽省合肥市经济技术开发区桃花工业园，专业研发生产经营生态功能性聚氨酯合成革 27 年，产品广泛应用于功能鞋材、沙发家居、消费电子、体育装备、工程装饰、汽车内饰、手袋箱包等领域。安利股份主要工艺技术设备达到当今国际领先水平，是目前全国专业研发生产生态功能性聚氨酯合成革最大的企业，是工信部认定的“全国工业品牌培育示范企业”，连续七年蝉联“中国轻工业塑料行业（人造革合成革）十强企业”且综合排序第一，市场占有率全球第一。安利股份于 2011 年在中国深圳证券交易所公开上市（股票代码 300218）。

二、突出优势

安利股份是全国专业研发生产生态功能性聚氨酯合成革和聚氨酯复合材料规模最大的企业。安利股份专注于聚氨酯合成革主业精耕细作 27 年，是我国最早以离型纸转移法生产聚氨酯合成革的专业厂家之一。目前，安利股份拥有资产原值约 25 亿元人民币，总资产约 20 亿元人民币，净资产约 12 亿元人民币；拥有办公、厂房建筑面积 40 万 m^2，干湿法合成革生产线 40 条，具有年产聚氨酯合成革 8850 万 m、年产聚氨酯树脂 7 万 t 的生产经营能力。

安利股份是全国同行业拥有专利最多、制定标准最多、自主创新能力最强的企业。安利股份主要工艺技术设备具有当今国际领先水平，自主创新能力全球领先，是国家重点高新技术企业、国家知识产权示范企业、国家工业企业知识产权运用试点企业，已承担超过 30 项国家及省市科研和重大产业化项目，其中国家级项目 5 项；拥有国家重点新产品 5 项、安徽省高新技术产品和安徽省新产品 100 余项。

安利股份被国家知识产权局认定为“国家知识产权示范企业”，是工信部认定的“国家工业企业知识产权运用试点企业”，荣获“中国专利优秀奖”“2019 世界制造业大会创新产品金奖”“安徽省专利金奖”和“安徽省发明专利百强”。截至2021年2月，安利股份拥有专利481项，其中发明专利94项、实用新型专利251项、外观设计专利136项。

安利股份主持和参与制定的国家和国家行业标准、地方标准共46项，其中主持制定国家及行业标准10项、参与制定国家及行业标准35项、主持制定地方标准1项，入围聚氨酯合成革企业标准“领跑者”名单，是全国同行业主持、参与制定国家和行业标准最多的企业，荣获“安徽省工业和信息化领域标准化示范企业”，行业地位突出。

安利股份是全国同行业国内外品牌客户合作最多的企业。安利股份是全球聚氨酯合成革行业的领导品牌，是工信部认定的“全国工业品牌培育示范企业”，是国家工商行政管理总局认定的“中国驰名商标”及国家质量监督检验检疫总局认定的“中国名牌”，是安徽省商务厅认定的“安徽省出口名牌”，品牌效应卓著。

安利股份与国内外知名品牌及其加工企业建立了良好的合作关系。北京人民大会堂沙发座椅、上海虹桥机场候机厅沙发座椅、韩国首尔机场候机厅沙发座椅，以及部分高档汽车的内装饰等均使用了安利的产品，安利品牌被誉为“中国鞋用聚氨酯合成革第一品牌”“全球沙发家具用聚氨酯合成革第一品牌”。

安利股份品质管理体系健全，是全球聚氨酯合成革行业标杆。安利股份被国家质量监督检验检疫总局授予“中国出口质量安全示范企业”，荣获安徽省政府质量奖、全国质量奖入围奖，是通过国家级两化融合管理体系评定的企业；是全国同行业内最早同时通过ISO 9001国际质量管理体系认证、ISO 14001环境管理体系认证、OHSAS 18001职业健康安全管理体系认证，以及IATF 16949汽车行业质量管理体系认证的企业。安利股份管理科学、规范，通过了国家级两化融合管理体系评定；获评“中国轻工业两化融合先进单位”，两次荣膺“国家级企业管理现代化创新成果奖”，是全国聚氨酯合成革行业标杆。

安利股份是全国同行业环保水平最高的企业之一。安利股份工艺技术先进，环境管理机构和制度健全，是工信部评定的“国家绿色工厂”和“全国工业产品绿色设计示范企业”，荣获工信部认定的“国家绿色设计产品”、国家生态环境部环境发展中心评选的“中国环境标志优秀企业奖”，获准授权使用国家商标总局“中国生态合成革”标志。

安利股份诚实守信，社会关系和谐，信誉优良。安利股份是国家工商行政管理总局认定的“全国守合同重信用企业”，是“安徽省劳动保障诚信示范企业”“安徽省诚信建设优秀单位”，连续多年被评为“安徽省A级纳税信用企业”，是“安徽省银行诚信客户”。安利股份连续多年跻身全国外商投资经济效益和出口创汇双优企业，是合肥市委市政府表彰的“合肥市先进单位”和“对外贸易先进企业”，为合肥海关“AOE一般认证企业”、安徽省外汇管理局“A类管理企业”，跻身“合肥市出口退税管理一类企业”行列。

安利股份优势图

三、典型经验

（一）坚持“四化”战略，专注主业发展

生态功能性聚氨酯合成革是国际合成革行业的发展方向，安利股份坚持“专业化、特色化、品牌化、规模化”的经营发展战略，在生态功能性聚氨酯合成革领域深耕细作，专业专注专心，集中力量，集聚资源，聚焦聚氨酯合成革及新材料目标产品市场，把提高产品技术含量和品牌附加值作为追求目标，努力打造全球规模最大、综合竞争力最强的生态功能性聚氨酯合成革专业研发生产基地之一。

（二）加强质量品牌建设，推动国际化发展

安利股份自成立之初，就明确了“以质量求生存，以效益求发展”的思路，树立了“不断超越，追求成长；创造价值，实现多赢”的质量方针。安利股份始终坚持良好的经营理念和行为，建立完善的现场9S考核体系和严格的产品质量控制制度，积极实施精益生产等先进生产管理模式，坚持打造“五品理念”，即“品质、品种、品牌、品行、品格”，不断扩大公司品牌知名度。

（三）加大技改投资，推行绿色制造

安利股份积极推行绿色制造，加大先进节能、环保技术工艺和装备的研发和产业化。企业被工信部认定为“国家绿色工厂”和“全国工业产品绿色设计示范企业”，公司主导产品生态功能性聚氨酯合成革获评“国家绿色设计产品”，通过“中国环境标志产品”和“中国生态合成革”认证，是国内合成革行业中首家且唯一一家通过国际Oeko-Tex Standard 100信心纺织品标准和国际绿叶标志认证的企业。

（四）推行智能建设，打造智慧工厂

安利股份积极实施企业生产运营的智能化建设，以信息化带动工业化，已

成为全国同行业内两化融合水平最高的企业之一，通过了国家级两化融合管理体系评定。安利股份是“安徽省制造业信息化示范企业”，获评“安徽省数字化车间”，企业两化融合建设在国际同行中处于领先水平。

四、未来发展展望

近年来，安利股份年实现产值 24 亿元左右，年实现利税 1.8 亿元左右。安利股份发展后劲充足，成长性良好。企业将围绕聚氨酯合成革的高品质化与多功能化、外观效果真皮化与时尚化，提升技术创新能力，加强智能制造、绿色制造。未来两年，安利股份计划形成年产值达到 30 亿元、年利税超过 2.8 亿元的生产经营能力，努力将安利办成一个让员工自豪、受社会尊敬、具有国际竞争力和影响力的企业，力争成为全球最优秀的聚氨酯复合材料企业。

安利股份厂区图

五、专家点评

安利股份是目前我国专业研发生产生态功能性聚氨酯合成革规模最大的企业，是深交所上市公司，连续七年蝉联“中国轻工业塑料行业（人造革合成革）十强企业”且综合排序第一，是工信部认定的“全国制造业单项冠军示范企业”。

安利股份作为全国合成革行业的佼佼者和中国合成革行业首批“中国名牌产品”的获得者、全国工业品牌培育示范企业、中国出口质量安全示范企业、国家绿色工厂和全国工业产品绿色设计示范企业，其产品不仅为众多国内用户所知晓，在国际市场上也拥有很强的影响力，被誉为“中国鞋用聚氨酯合成革第一品牌”“全球沙发家具用聚氨酯合成革第一品牌”，在相关行业中享有很高的知名度。

中国塑料加工工业协会人造革合成革专业委员会常务副秘书长　田景岩

发挥流体输送产业链优势 打造差异化市场竞争力

一、总体情况简介

玫德集团有限公司（以下简称“玫德集团”）创立于1961年，经过60年的发展，已经成为以提供流体输送产品、电力金具、铸造生铁、灌浆套筒等产品和相关技术服务为主，以股权投资为辅的大型跨国企业集团。玫德集团是世界领先的流体输送产品提供商，员工11000余人，产品年产量200多万t，拥有济南、临沂、威海、鹤壁、肇庆、泰国曼谷、越南同奈共7个国内外生产基地，已形成跨区域、多基地、国际化的发展格局。

二、突出优势

（一）产品类别全，应用范围广

玫德集团的产品服务范围涵盖水务、消防、燃气、暖通和灌溉等多个应用领域，产品涵盖各类碳钢管、阀门、玛钢管件、沟槽管件、不锈钢管、卡压管件、软管、抗震支架等，销售网络遍布全球130多个国家和地区。其中迈克牌产品广泛应用于迪拜哈利法塔、纽约新世贸中心、上海中心大厦和京沪高铁等标志性建筑和工程。

（二）技术实力雄厚，能够为客户提供安全可靠的解决方案

玫德集团拥有专利411项，其中发明48项，实用新型245项，外观设计34项，近两年的年申报专利数量超过100项；主持、参与编制的国家及行业标准30余项。利用国家企业技术中心、国家博士后工作站、山东省工业设计中心、济南市工程实验室、济南市工程技术研究中心、济南市院士专家工作站等研发创新平台，玫德集团积极促进技术创新成果向生产力转化，生产工艺向智能化转型，经营管理由经验型向制度化、流程化转型，市场营销由卖产品向提供解决方案转型，稳步提高在全球价值链中的作用。秉承以客户为中心的产品开发与创新理念，玫德集团为全球用户提供安全可靠的科技型流体输送产品和解决方案，成为行业的领导者。

玫德办公楼

（三）发展态势良好

玫德集团在品牌建设、全面管理、项目建设、自主创新等方面取得了优异的成绩。2020 年集团营收同比增长 21.21%，通过两化融合管理体系评定、国家绿色工厂评估、海关 AEO 高级认证评估，获得山东省“亩产效益”评价 A 类企业、“中国轻工业五金制品行业十强企业”、济南市做强做优做大“首次突破”企业、济南市先进制造业领军企业、山东省制造业高端品牌培育企业等荣誉称号。

三、典型经验

（一）深化智能产品产业发展，系统集成产业和解决方案不断涌现

“互联网 +”推动企业生产制造模式变革，智能制造和服务型制造成为新的生产方式。加快完成由单一产品到产品多样化、系统集成化布局，形成以智能灌溉集成系统、工厂污水治理智能集成系统、智能暖通系统、燃气智能控制系统、智能水务管控系统、消防泵房智能管理系统等为代表的物联网智能管控技术及行业解决方案。企业由生产型制造向服务型制造转变，并促进产品深化转型，由产品销售到服务销售，为全球用户提供安全、可靠产品及一体化的流体输送系统应用解决方案。

（二）加快智能生产新技术研发和推进，促进数字转型和智能工厂建设

加快创新投入，持续增产能、降成本、提效益，从传统制造企业向数字车间、智能工厂转型，不断加速新旧动能转换，推动打造智能工厂。加快金属管件全自动平口、加工技术快速推广；钢帽、免切沟槽、灌浆套筒、阀门等自动修磨全面推进；自动上下料、镀锌机器人等自动化稳步开展，具备了机器人系

玫德集团有限公司全景

统自主集成研发能力；包装工序实现自动计数包装，视觉分拣、无序码垛成功应用，钢帽、管卡实现机器人自动装箱、智能 AGV 配送等。精准发力，培育转型升级新动能，加快机器换人和装备升级；引进和集成机器人，引进和自主研发机械手，实现机器代人 500 余人。实现行业制芯机器人自动接芯修芯、隧道窑机器人 + 视觉自动卸罐、大件机器人自动清砂、包装视觉自动查数、PE 膜包装袋自动包装等技术点的突破；快速数控加工自动上下料机器人、双料叉自动镀锌机器人的应用；积极探索数字化、网络化制造技术，自主研发 APP 端，实现了重点工序设备数据的实时监控。

（三）深入实施绿色产品制造工程

发挥流体输送产业链产品齐全优势，促进生产力要素进一步优化组合，研发行业产品共性技术和集成产品，增强基地产品竞争力。研发形式由产品研发向管道连接公共技术领域跨越，以流体输送领域为目标，加大多元化投入，加快新产品研发和推广，初步形成数字化、智能化产品体系，推动智能电控阀门的研发和推广，开发了消防、工业用水管网智能化系统，强化企业和同行之间差异化的市场竞争力，成为未来发展的利润新增长点。深化设计、工厂生产、物流运输、自主施工四大板块打造，提升 BIM 设计能力，将大量的现场作业内容转移到预制化工厂，降低施工现场声、光、粉尘等污染，凸显绿色环保施工理念。

四、未来发展展望

未来五年，玫德集团产业结构将明显提升，技术研发能力明显增强，产品应用范围不断扩大；力争在管道智能产品设计及产业化、管道预制模块化设计、关键技术设备及部件新材料应用等产业领域取得较大突破。玫德集团将立足于高标准、高起点、高科技、高技术，创新项目、独特项目形成规模；形成消防、供水系统、石油化工等领域应用的高性能金属流体输送系统集成化技术，建立完善的流体输送系统技术创新链、产业链系统和跨界协同创新生态系统，带动传统行业转型升级，促进产业快速发展。

玫德集团将努力研发产品定制、管道深加工、管道预制相关标准和技术，提供优质服务，提高管道预制效率和质量；推动流体输送行业向机械化、智能化发展，推动单体制造向整体设计、成套施工和系统集成服务的高端领域迈进。

五、专家点评

玫德集团通过对优质、高效、低耗、无污染或少污染工艺的优化与结合，推动制造业向自动化、信息化等先进方向升级，基本形成了涵盖产品制造整个过程的一体化、自动化、柔性化生产工艺。

玫德集团利用信息化和自动化技术，开展金属管路输送系统建设和数字化运行，以达到信息化、网络化和可视化的技术水平。随着物联网、大数据、云计算、人工智能等先进技术的飞速发展，与金属管路连接产品有了更紧密的结合，进一步向智能化方向发展，智慧管道已是流体输送行业今后的发展方向。

希望玫德集团继续推动流体输送系统工程领域新旧动能转换，带动流体输送系统装备及部件研究向上、中、下游产业链创新发展。

玫德集团研发总监
山东科德智能制造研究院院长　刘少云
高级工程师

用“小扳手”制造世界工具名牌

一、总体情况简介

文登威力工具集团有限公司（以下简称“威力集团”），始建于1968年，是中国五金制品工具五金协会会长单位，占地105万 m^2，拥有固定资产88383万元，职工1300人。威力集团是第二批国家级制造业单项冠军示范企业、国家高新技术企业、国家技术创新示范企业，是中国五金制品行业公认的领军企业，被认定为中国工具优秀企业、中国工具十强企业等，企业经营业绩优秀，利润率超过同期同行业企业的总体水平，是中国五金制品行业公认的领军企业，是中国最大的五金工具制造和经营企业。

威力集团自1973年开始一直专注于可调手动扳手及扳钳（活扳手）产品的研发与创新，是全球最大的可调手动扳手及扳钳（活扳手）制造企业，产销量居全球第一位。威力集团的活扳手产品在生产技术、工艺制造、产品质量、关键性能指标等方面一直处于国际同类产品领先水平。

二、突出优势

威力集团主要生产可调手动扳手及扳钳（活扳手）、钳类等五金工具。开发新产品速度快、质量高且稳定、技术工艺先进、单项产品优势明显、市场占有率高。

近三年可调手动扳手及扳钳（活扳手）产品的销售收入分别为58112万元、59763万元、62431万元，占全部业务收入的72%、72.6%、72.8%；2020年销售利润率为12%，利润率超过同期同行业企业的总体水平。可调手动扳手及扳钳（活扳手）出口额占主营业务收入分别为66%、66.3%、66.7%；国内市场占有率连续三年分别为66.0%、66.5%、67.0%，居全国同行业第一位；全球市场占有率连续三年分别为42.5%、43.0%、43.5%，稳居全球第一位。

威力集团生产的可调手动扳手及扳钳（活扳手）销售范围覆盖欧美、东南亚、日韩、中东、南美、非洲等全球100多个国家和地区及全国各地，是世界众多著名工具连锁店和世界知名公司的供应商，如美国第二大零售商、世界五百强的HOMEDEPOT连锁超市，还有美国的史丹利、SNAPON、LOWS，法国的FACOM，日本的SUPERTOOL等国际知名公司。同时，威力集团销售布局紧随我国“一带一路”倡议进行深入调整，新产品在印尼、匈牙利、泰国、印度等新兴市场受到欢迎，自主品牌产品在海外市场的销售量较上年增长 19%，在印尼等地区已经形成稳定的市场效益，取得良好的国际市场品牌效应，国际知名度不断攀升。

威力集团拥有 40 多年的可调手动扳手及扳钳（活扳手）的生产历史，在其生产制造过程中积累了丰富经验。产品的主要性能指标高于国内领先水平，达到或者超过国际领先水平。产品主要性能指标对比见下表。

产品主要性能指标对比表

指 标 名 称	国内领先水平	国际领先水平	本组织水平
小肩离缝（10in）/mm	≤ 0.28	≤ 0.2	≤ 0.2
扭矩（10in）/N·m	≥ 320	≥ 416	≥ 508
扳口硬度 HRC	≥ 40	≥ 45	≥ 45
盐雾试验 /h	36	48	200

主要技术、工艺能力与国际领先水平的对比情况：

高性能的锻造模具　模锻锤作为一种高效的锻造设备而获得广泛采用，通过对模具材料 4Cr2MoVNi 化学成分配比重新进行优化，解决了传统模具材料所存在的硬度低、冲击韧性不足的问题；同时也提出一种模具的分段热处理方法，使模具型腔和燕尾获得不同硬度，解决了模具的高温韧性不足的问题，提高了模具寿命。以 10in MAXPOWER 牌活扳手的扳身锻造生产为例，改良 4Cr2MoVNi 的锻模使用寿命和国内、国际水平比较见下表。

锻造模具寿命对比表

对比项	使用寿命 / 件	型腔塑性变形情况	热疲劳裂纹情况	型腔“MAXPOWER”字样磨损情况
国内同行水平	1500	R 处轻微变形	无明显裂纹	无明显磨损
	2800	R 处严重塌陷	无明显裂纹	磨损严重，“威达”字样模糊不清
国际同行水平	3300	R 处轻微变形	无明显裂纹	无明显磨损
	6500	R 处塌陷	无明显裂纹	磨损严重，“威达”字样模糊不清
威力集团水平	3500	R 处轻微变形	无明显裂纹	无明显磨损
	6800	R 处塌陷	无明显裂纹	磨损严重，“威达”字样模糊不清

从上表对比可看出，威力集团的模具寿命明显高于国际、国内同行业水平，达到了国际同类产品领先水平，提高了产品竞争力。

专用组合加工机床　自行设计、制造了活扳手专用组合加工机床，代替原来需要 6~8 台机床完成的工作，一次夹紧后可连续进行加工，且在同一台机床上各个加工工位同时进行加工，用人数量由原来的 5 人降低到 1 人，人均生产工效提高 600% 以上，下表是单只 10in 活扳手加工时间对比。

单只 10in 活扳手加工时间对比表

类别	国内先进水平	国际先进水平	威力集团水平
时间	4min	50s	35s

因为组合机床是多次加工、一次装夹，此法还避免了多次装夹导致的加工质量不稳定，提高了零件的尺寸精度。该设备技术水平达到了国际领先水平，打破了日本企业对中国的技术封锁，有效提高了五金制品行业的生产效率，促进了行业发展。

多位复杂异型曲面成套抛光设备及工艺　“多位复杂异型曲面成套抛光设备及工艺”获中国轻工业联合会科技进步三等奖，该设备工艺达到了国际领先水平。设备工艺采用多轴运动控制器加伺服控制系统相结合，对标准数控系统进行扩展，使联动轴数达到抛光工艺所需的自由度要求，实现了在抛光轮与被抛光产品曲面的矢量接触。

NMIP 非金属离子渗入技术　NMIP 非金属离子渗入技术是在金属表面渗入氮、碳、氧离子，形成扩散层和氮铁、碳铁化合物以及四氧化三铁层，从而改变金属的组织结构，可显著提高手工具的盐雾试验水平及耐磨性。NMIP 非金属离子渗入技术应用于海洋作业工具领域，可以显著提高海洋作业工具的耐腐蚀性、耐磨性，提高海洋作业工具使用寿命。45 钢经 NMIP 处理后，耐磨性能比镀硬铬和离子氮化高 2 倍以上，比低碳钢渗碳高 13 倍以上，比高频淬火高 20 倍以上。

NMIP 技术能极大地提高金属工件表面的耐蚀性。按 GB/T 10125 标准进行盐雾试验，经 NMIP 技术处理后，工件耐蚀性大于 200h 以上，最高可达 700h 以上。此项技术为威力集团与中国工程物理研究院合作研发，技术水平达到国际领先水平。

三、典型经验

（一）注重创新研发

技术创新和新品研发是企业在行业内保持领先地位的重要优势。威力集团是国家高新技术企业，拥有国家级企业技术中心、山东省五金工具工程技术研究中心、山东省工业设计中心、CNAS 国家认可实验室四大省级以上研发平台，由专业技术人员组成了一支综合素质高、科研能力和组织管理能力强的研发团队。

（二）注重知识产权应用与产业化

在产品创新、技术工艺、产品质量等方面与国际接轨，保持国际领先态势，研发成功大批项目，并大部分实现了成果转化，顺应了市场发展需要，受到用户和终端客户的青睐。

（三）加快品牌建设

威力集团高度重视品牌的培育与实施，企业现有两大品牌——“MAXPOWER”“威达”，是业内公认的知名品牌，“MAXPOWER”“威达WD&WL”完成了商标的全球注册。威力集团被工信部认定为工业品牌建设和培育试点企业。

（四）严控质量，不断提升质量

威力集团在生产技术、工艺制造，产品质量、性能指标上一直处于国际同类产品领先水平。1996年，率先在五金制品行业通过了ISO 9001质量体系认证。

四、未来发展展望

威力集团以“创造好工具，造福全人类”为愿景，规划以创新为先导，持续改进，三年内实现千台自动化智能设备，实现智能化生产制造，积极转型创新，运用新技术、新管理、新模式，加快产业智慧化改造，加强质量标准建设和品牌培育建设，全面提升发展质量和效益，实现“打造百年长青基业，构建国际化品牌”的可持续发展战略规划。

统筹资源优势，为技术创新提供强大保障。在创新发展方面规划加大财务资金资源、人力资源、装备资源、信息系统资源等多方面投入，尤其是逐年加大研发投入，保持每年研发投入占销售收入比重不低于5.2%，且该项比重保持0.67%的增长率，研发成果转化率保持在95%以上，以科技创新来逐步增强企业核心竞争力。

依托重点研发项目，进军高精尖领域。为响应国家“中国制造2025”发展规划，实现工业制造4.0的长远目标，技术中心依托四大研发平台，充分发挥科研人才团队优势，规划“航天飞机等特殊领域作业多功能高效工具系统研发”“RFID嵌入式智能防丢追踪工具研发”“工业互联网智能数据管理检测维修装备”等重点研发课题，开展各方向系列化产品的研发与产业化生产，为军工制造、轨道交通、航空航天等高精尖领域服务，维护大国重器的检修数据安全，领跑中国工具行业由制造大国向制造强国转变。

发挥联合创新优势，全面提高自主创新能力。中短期内规划博士后实践基地和企业科研团队优势，合力研发新技术和新产品，以联合创新和自主创新为主，开展具有行业前沿性和先进性的关键共性技术研究。

威力集团坚持以市场需求为中心，积极调整“主抓品牌，全球营销，创新前进”的市场转型升级新模式，加大新产品的推广，让创新去引导市场，引导消费，在竞争中占据主动，生产更多适应市场引领需求的新产品，产品宽度越来越广，技术深度越来越精，产能效率越来越高。

以科技创新服务全民健身和全民健康

一、总体情况简介

泰山体育产业集团有限公司（以下简称“泰山体育”）2017 年被工信部评定为第二批全国制造业单项冠军示范企业，2020 年顺利通过复核，企业主导产品体育器材。泰山体育是中国体育健康产业民族品牌的引领者，是全球顶级赛事服务商，是扎根于山东的世界体育品牌。企业创建于 1978 年，秉承“做好人品，做好产品”的发展理念，历经 40 余年的艰苦创业，从一个家庭作坊发展成为制定国际标准的世界知名品牌、全球赛事服务商，是全球最大的综合体育器材、人造草坪、碳纤维自行车、科技运动休闲垫和科学健身运动终端研发、生产和销售基地之一，实现了“从炕头走向全球”的历史性飞跃。

泰山体育目前拥有泰山体育、泰山器材、泰山草坪、泰山瑞豹、泰山工程、泰山科技等十几个子公司，同时在北京、济南、深圳、青岛、上海和西安等全国 20 多个城市设有分公司，在美国、日本、巴西、俄罗斯、瑞士等国设有国际分公司和办事处，是世界体育大会、国际大学生体育联合会全球顶级战略合作伙伴，与全球 100 多个单项体育协会建立合作伙伴关系，营销服务网络遍布 200 多个国家和地区。

泰山体育产品主要涵盖高端体育器材与赛事服务、新材料人造草坪、碳纤维自行车、智能冰雪运动及体能恢复装备、互联网 + 物联网智慧体育、城市设计与体育工程、健身俱乐部等，产品种类达 9000 余种，其中 100 多项产品通过国际单项协会认证，17 项体操产品全部通过国际体联认证。体育器材主要包括体操及蹦床器械、田径器械、足球、自行车竞技、拳击、武术、柔道、举重、摔跤、冰雪运动及室内外健身装备等。一方面为国内外各大赛事提供比赛器材及服务，另一方面，提供休闲用体育器材及智能健身终端产品，主要为全民健身的实施提供设备基础，推进全民健身。

二、突出优势

泰山体育 40 余年只做一件事，坚持体育产业不动摇，从产品制造转向标准制定，从卖产品转向卖品牌、服务，实现由金牌缔造者向健康缔造者的全面拓展。

（一）服务奥运

泰山体育通过不断创新，成绩斐然，先后出色服务了 5 届奥运会、3 届青奥会、6 届世界大学生运动会、6 届亚运会、8 届全国运动会等 1000 多次国内外大型赛事，并全部实现了“零失误、零故障、零投诉”。截至目前，泰山体育是现代奥林匹克历史上提供奥运会项目体育器材最多的公司。2008 年北京奥运会，共产生 302 枚金牌，其中 122 枚在泰山体育器材上产生，比例超过 40%。这是迄今为止奥运史上最大的器材供应商，被社会各界称为“民族品牌，国人骄傲”。

泰山体育拥有中国体育用品业 1 个“驰名商标”，3 个“中国名牌”，1 个“国家免检产品”，品牌价值以 197.56 亿元入选 2019 年山东民营企业前十位，体育器材产品市场占有率居全国首位。企业连续多年被中国轻工业联合会评为“中国轻工业体育用品行业十强”之首。

在泰山体育推进全球化的过程中，始终坚持“奥运品质，全民共享”的主体思路，紧紧围绕奥运会、各单项世界锦标赛、各洲际运动会、大运会等各项世界顶级赛事，逐步开展泰山体育全球化进程，进一步提升品牌知名度。泰山体育与国际顶尖科研院所开展合作，如瑞士洛桑大学、日本东京大学、德国弗莱堡大学、荷兰凯莎卡里奥体育大学、美国运动科学院、美国体育研究院、清华大学等，利用全球人才，促进泰山体育在科研、销售、管理、品牌等方面全面提升。

（二）融入“一带一路”

在“一带一路”推动下，泰山体育与国际奥委会、世界体育大会、国际大学生体育联合会及国际各单项协会都建立了良好的交流与合作关系。泰山体育作为世界体育大会、国际大体联两大组织顶级战略合作伙伴，与世界体育大会旗下的 100 多个单项协会达成战略合作，并在 200 多个国家和地区设立了代理机构，为国际大体联旗下 180 多个国家和地区组织举办的大学生赛事和全球 4 万多所高校提供器材和服务，实现了“买全球卖全球”。

三、典型经验

（一）科技创新，支撑起体育产业发展的一片蓝天

泰山体育先后建设了国家体育用品工程技术研究中心、国家新型健身体育器材产业技术创新战略示范联盟、国家工业设计中心、国家认定企业技术中心、博士后科研工作站 5 个国家级创新平台，还建立了山东省体育用品技术创新中心、山东省体育器材制造技术重点实验室、山东省体育器材工程实验室、中国轻工业体育用品工业设计中心、中国轻工业体育器材制造重点实验室等 8

个省部级创新平台载体，承担并完成了国家及山东省多项科研课题及项目。

创新和技术，成为泰山体育行业领先的强大底牌。泰山体育与山东大学、北京体育大学、德州学院达成战略合作关系，在人才培养、大型赛事、高端研发制造、居家健身、体教融合、青少年健康，以及备受关注的体育产业国家创新中心等项目上进行充分合作。

泰山体育连续两次荣获国家创新大奖，还主持或参与制定了室内外健身器材、人造草坪及体育工程、碳纤维自行车、智能体测一体机、冰雪产品五大类国际国内产品标准，主持及参与制定国际、国家及行业标准 90 余项。

（二）智慧化体育，为“健康中国”提供强大动力

泰山体育自主研发的“人工智能体测一体机”与“智能健身教练机”和“体感运动王”产品，结合互联网、物联网、人工智能、5G 技术，完成了智慧体育、科学健身的整体解决方案，以“进机关、进企业、进校园、进农村、进军营、进社区、进家庭、进医院”方式，以全民健身健康服务大数据平台为核心，把智慧体育与城市设计、社区设计、校园设计、家庭设计结合起来，以全民体测机等互联网 + 物联网为数据采集载体，提供全民体质监测、体医结合健康服务、在线健康培训服务，引领全民科学健身，弘扬体育健身文化，并开展全民居家奥运、居家全运、居家省运、居家友情体育健身等活动，实现全民健康发展质的飞跃，为“健康中国”提供强大动力。

泰山体育与英派斯集团联合打造的实景单车融合智能科技，搭载智能平板电脑，通过触屏操作，连接无线网络，享受线上影音娱乐功能，同时在“街景模式”下，健身者可以体验置身室外的跑感。科技助力，让居家健身再一次成为全民崇尚的新时尚。

（三）抓住新旧动能转换机遇，开启发展新动能

泰山体育成立了冰雪项目研发小组，投资过亿元，设计研发了全球领先的大数据滑雪模拟机，具有自润滑功能高分子冰板，室内滑雪健身器材，拥有自主知识产权的冰雪运动防撞界墙系列产品，碳纤维雪地自行车及碳纤维滑板、滑雪杆等冰雪装备配套产品，及赛前赛后检测系统，参与制定了冰雪产品的国家标准和行业标准。冰雪运动装备研发填补了国内空白。率先在山东省体育中心建设三翼冰雪俱乐部，供市民体验健身。泰山体育冰雪运动装备及冰雪俱乐部项目被山东省政府列入重点项目。泰山体育不断加大研发投入，在体教融合、智慧体育、气膜新基建等领域有重要突破。

四、未来发展展望

2020 年 11 月，泰山体育（国际）产业园高端体育装备智能制造项目举行开工奠基仪式。产业园智能制造项目的开工建设，对加快全省体育产业的发

展，推动体育聚集区建设，实现地区和企业的双赢具有十分重要的意义。这是泰山体育坚定不移走制造强国、质量强国、网络强国、数字中国路线，推进体育产业基础高级化、产业链现代化，提高品牌核心竞争力，响应“健康中国”“体育强国”国家战略号召，积极落实山东省委省政府做大做强民族体育品牌的指示，实践发展体育产业聚势赋能的关键之路。

泰山体育正按照“一体化设计、一体化推进”的要求，加快推动体育与教育、卫生、文旅、康养融合发展，发挥大数据、人工智能、5G 等新技术优势，在智慧城市、智慧社区、智慧校园、智慧幼儿园、智慧康养及群众体育、居家健身等领域实现跨越发展，把体育产业培育成为推动经济社会发展的新动能。

历经 40 余年积累，泰山体育在科技创新、品牌释放、市场布局、标准化建设等方面具备了爆发式发展条件。正如全国政协委员、泰山体育董事长卞志良所说：“我们将坚决贯彻总书记指示，认真研究疫情防控常态化形势下加快体育与健康产业发展的新办法，吸引汇聚全国乃至世界的优质资源，推动跨界融合，以打造全球体育科技的领导者、中国体育健康服务的领先者和中国体育产业的领航者为使命，实施‘千亿企业，引领万亿体育产业’的核心战略，为建设健康中国、体育强国做更大贡献。”

泰山体育研发中心外景

以技术拥抱市场
碧水源"膜"法净水明星

一、总体情况简介

北京碧水源科技股份有限公司（以下简称"碧水源"）由归国学者创办于2001年，是中关村国家自主创新示范区高新技术企业，坚持以自主研发、国际先进的膜技术解决中国"水脏、水少、饮水不安全"问题，提供以膜法水处理为核心的整体技术和工程解决方案，是中国环保行业、水务行业标杆企业，创业板上市公司龙头股之一，中关村自主创新知名品牌。2020年，中交集团全资子公司中国城乡控股集团有限公司控股碧水源，共同服务国家生态文明发展战略。

碧水源集膜材料研发、膜设备制造、膜工艺应用于一体，已发展为全球一流的膜设备生产制造商和供应商之一。核心技术包括微滤膜（MF）、超滤膜（UF）、超低压选择性纳滤膜（DF）和反渗透膜（RO），以及膜生物反应器（MBR）、双膜新水源工艺（MBR-DF）、智能一体化污水净化系统（ICWT）等膜集成城镇污水深度净化技术。年生产能力为微滤膜和超滤膜1000万m^2、纳滤膜和反渗透膜600万m^2，以及100万台以上的净水设备。目前已形成市政污水和工业废水处理、自来水处理、海水淡化、民用净水、河流综合治理、黑臭水体治理、固废危废处理等全业务产业链。凭借技术实力，碧水源参与了太湖流域、滇池流域、南水北调丹江口水源保护地等多个水环境敏感地区的治理，已建成数千项膜法水处理工程，占中国膜法水处理市场份额的70%以上，成为全球大型MBR工程数量最多的企业，每天处理总规模近2000万t。

碧水源组合式污水处理设备

碧水源以自主研发的膜生物反应器产

品“组合式污水处理设备”申报2017年第二批制造业单项冠军产品，并于2020年通过复核。

二、突出优势

（一）技术先进性

膜生物反应器是膜分离技术和生物技术的有机结合，以膜过滤技术取代传统活性污泥法的二沉池和常规过滤单元，使水力停留时间和泥龄完全分离。出水水质良好，悬浮物和浊度接近于零，可截留大肠杆菌等生物性污染物。碧水源成功研发出我国第一台大型膜组器，经过不断升级、改进，形成了MBRU增强型微滤膜生物反应器组器，是目前世界上性能最佳的大型膜生物反应器组器之一。

（二）产品质量

MBR膜生物反应器核心材料——碧水源自主研发生产的PVDF中空纤维膜材料已经过清华大学环境模拟与污染控制国家重点联合实验室、国家环保产品质量监督检验中心、国家化学建筑材料测试中心（建工测试部）和美国水质协会的检测和评价，其在物理性能、化学性能和工艺性能方面检测结果良好，产品性能达到国际领先水平。

（三）产品对比情况

碧水源研发出具有完全自主知识产权的MBR核心技术与工艺，已成为比肩法国苏伊士、位列世界前三、处于国际领先水平的高科技企业。不但终结了MBR膜材料依赖进口的历史，且研制出的产品比国外同类产品综合成本低30%，价格优势明显。目前。北京碧水源与日本三菱、法国苏伊士同属于国际第一梯队。

（四）发展效益

膜生物反应器组器具有膜丝强度高、使用寿命长、运行通量高、运行能耗低、抗污染性好、出水水质标准高、膜组器优化集成和运行维护简便等特点，实现低能耗膜设备在污水处理中的推广应用，大幅提升了我国MBR技术的核心竞争力。近几年来，随着国家对水环境治理的重视而带来的污水排放标准的大规模提标行动，膜法水处理在国内的污水处理行业中正处于快速发展阶段，而碧水源自主研发的MBR膜组器更是有巨大的市场和发展空间。

三、典型经验

（一）企业研发技术创新

1. 研发经费及激励机制

碧水源每年将归属母公司净利润的10%投入技术研发，同时承担了国家科技重大专项水专项、国家高技术研究发展计划、国家科技支撑计划等国家课题。为了保障研发经费的高效使用，碧水源建立了研发投入核算体系，对每个课题项目的经费使用情况进行独立核算。同时，企业建立了合理的薪酬制度及有竞争力的激励机制，为员工提供了丰富的发展机会并协助他们最大限度地发挥其潜能，并吸引国内外市场的优秀人才，充分调动员工的积极性，支撑企业的长远发展。

2. 研发团队及机构建设

碧水源在北京怀柔建有膜研发、生产基地，同时建有国家工程技术中心等多个科研平台，积极开展与国内外科研院所、高校的科研合作，先后建立“博士工作站”，清华大学、浙江大学、澳大利亚新南威尔士大学等联合研发中心，联合各方优势，促进研究成果的转化。广泛开展国际科技合作与交流，推动技术引进，引进后再创新提高自身的研发能力，引领行业技术进步。

碧水源从事技术相关工作的人员共 500 余人，组建了国内一流的创新团队，包括博士后 2 名、博士 26 人，硕士 250 余人，高级以上职称 11 人，博、硕比例达 50% 以上，本科以上比例达 80% 以上，涵盖高分子材料、环境工程、机械制造等多个相关专业。研发队伍骨干成员均长期从事 MBR 产品和污水资源化技术的研究和工程应用，具有丰富的理论研究和工程实践经验。企业的创新团队还拥有多名膜法水处理领域和中空纤维膜制备领域的国际尖端技术人才，使企业的技术创新水平和能力走在国际最前沿。

3. 研发成果及获奖情况

碧水源自主研发的膜技术与成套设备拥有完全自主知识产权，目前已申请 600 余项专利。此外，碧水源主持和参编国家及行业、团体标准共 56 项，已发布 38 项，制定企业标准 21 项，成立至今获得国家及行业多项荣誉，获得的主要荣誉见下表。

获得的主要荣誉

序号	奖 项 名 称	评 奖 单 位	获奖年份
1	国家科学技术进步奖二等奖	国务院	2017
2	教育部科学技术进步奖一等奖	教育部	2017
3	工业产品绿色设计示范企业	工信部	2019
4	北京市节能低碳技术及示范案例推荐目录	北京市发改委	2017
5	北京市新技术新产品 - 智能一体化污水净化系统	北京市科委、 北京市发改委等	2017

（续）

序号	奖 项 名 称	评 奖 单 位	获奖年份
6	中国专利优秀奖	国家知识产权局	2016
7	环保部工程技术中心	生态环境部	2016
8	科技创新型企业	中国质量评价协会	2014
9	北京市工程技术研究中心	北京市科委	2012
10	国家科学技术进步奖二等奖	国务院	2009
11	教育部科学技术进步奖一等奖	教育部	2009

（二）企业管理制度建设

1. 品牌建设

碧水源实施“碧水源”品牌下的内涵建设，包括企业的标准化服务，技术与管理创新、质量、企业文化等，已成为中国 MBR 技术领域的第一民族品牌。碧水源小型紧凑式污水处理设备已远销东欧、澳大利亚等国家，大型膜生物反应器组器在国内多个具有国际影响力的工程成功应用，打响了国内 MBR 技术领域自主创新产品品牌，并取得社会和客户的一致认可。

2. 质量保障

（1）加强质量管理基础　结合企业管理体系的实际情况，以切实可行为基础，按照 ISO 9001 的要求对企业的现状进行梳理、整合。

（2）强化质量意识　将质量管理贯穿于企业发展的全过程，利用多种宣传形式，强化质量意识，做到全员重视产品质量，视质量为企业的生命，人人是质量监督员。

（3）完善质量管理制度　开展“全面、全员、全过程的”质量管理工作，建立完善配套的制度及考核体系，一切工作都要做到有章可循。

3. 知识产权保障

碧水源十分重视知识产权保护工作，制定了企业知识产权管理制度，成立了知识产权管理部，主要对技术中心取得的科技成果进行管理和保护。企业聘请常年法律顾问，以应对知识产权纠纷，同知识产权代理事务所建立长期合作关系，由事务所代理申请专利，并提供相关服务。

4. 生产安全保障

安全生产是碧水源生产发展的一项重要方针，实行“防火、防盗、防事故”的安全生产准则，贯彻执行《中华人民共和国安全生产法》《中华人民共和国职业病防治法》《中华人民共和国消防法》和《北京市安全生产条例》，不断提高全体员工的安全生产意识，落实各项安全管理措施，保证生产经营秩序的正常进行。

四、未来发展展望

碧水源作为以创新研发为发展灵魂、国内领先的膜技术企业，将以国际领先企业为目标，持续不断攻克研发先进膜技术，生产高质量膜产品、膜设备，紧密围绕国家“实现制造强国”的战略目标，做大做强国内膜产业，为以膜技术解决中国水环境问题提供重要技术和产品支撑。为此将重点开展以下工作：

1）加大研发投入，完善创新体制，不断攻克技术难点，以科技创新解决膜技术领域卡脖子问题。

2）注重膜产品高质量生产，加大市场推广力度，在构建以国内循环为主、国内国际双循环相互促进新发展格局的背景下，进一步提高我国水处理膜技术的科技创新水平，在国内形成强大市场、国际具有核心竞争力，增强产业链供应链自主可控能力。

3）在中交集团、中国城乡的带领下，加大开拓国际市场，打造品牌效应，成为国际项目整体解决方案提供商、产品生产商、水务服务商。

4）着重加强企业管理和技术团队建设工作，成为全球具有影响力的环境服务企业。

五、专家点评

碧水源在环保领域发展了 20 年，MBR 组器一直以来都是碧水源的主要技术产品，工程量在国内外都位居首位，该产品还荣获国家科学技术进步二等奖，可以说，碧水源 MBR 技术已经取得了不错的成就。近几年 MBR 技术因政策的大力推动、庞大的市场机会，以及绿色奥运、绿色城市的建设实现了迅猛发展，但同时也存在处理能力易降低、投资与运行成本较高、预处理与自控系统设计不周全等多方面的问题。就我个人而言是非常看好 MBR 的整体市场的，碧水源作为环保龙头企业，希望其能更好地肩负起社会责任与使命，针对 MBR 领域的应用痛点，刻苦钻研，不断创新，给整个 MBR 领域注入新鲜的血液，带来新的变革！

北京市特聘专家　李锁定

“一根筋”执着　做全球最好的压实机械

一、总体情况简介

徐工压路机是徐工集团旗下的传统优势产品，已有50多年辉煌历史，一直处于行业领跑者地位，已生产下线10余万台产品。徐工压路机包含6大系列，涉及0.5~39t共70余种规格近200种型号，能满足现阶段各种路基、填方、基础层、次基础层、沥青面层等土壤材料的压实需求。徐工压路机以先进的操控系统、卓越的压实性能和高可靠的振动技术，确保产品性能和质量始终领先于同行。

徐工压路机有效授权专利300余件，蝉联“中国路面机械用户品牌关注度”榜首，徐工具有独自承担国家高技术研究发展计划项目、国家火炬项目等高新技术科研项目的能力，连续多年被评为高新技术企业。获得了“中国工业大奖”“全国质量奖”“国家技术中心成就奖”“国家技术创新示范企业”“中国专利优秀奖”“江苏省管理创新示范企业”“江苏省企业知识产权管理标准化示范创建先进单位”荣誉，被授予机械行业首个“中国驰名商标”，荣获“江苏省名牌产品”“全国用户满意产品”称号，是国内行业最具价值和最受信赖的路面产品，已成为中国路面机械行业第一品牌。

二、突出优势

（一）新工艺新技术引领，实现产品突破

1. 实验场地及配套设施齐全

徐工各系列压路机技术参数和配置均达到国际、国内领先水平，这主要得益于徐工拥有亚洲最大的土壤压实实验室、国家级工业设计中心、振动噪声实验室等，配备各类检测设备600余台套。2017年，徐工建立了产品综合试验场，占地约870亩，场地包含环路、动态广场、坡道区、道路机械实验区、土方作业区等七大主要模块，可供土方机械、路面机械等多种产品进行动态性能测试与工业可靠性试验。

2. 推进互联网+，实现工艺制造智能化

1）徐工注重工艺技术的积累和沉淀。随着压路机产能的提升，徐工对装配流水线重新进行了工位布局，规划工艺路线与精益物流模式，实行分线装

配。在流动过程中采用输送线的过程管理和工位水蜘蛛配送，实行红灯停线策略，实现了主线和附线的流畅装配；应用“助力机械臂 + 视觉识别系统”，提升自动化、智能化水平，降低工人重复劳动强度，实现防错；利用现有的电动拧紧机资源及扫描技术，推动拧紧数据无线联网、数据云端存储，提供产品可追溯性记录，利用生产大数据再改进提升工艺水平。

2）调试工段配备了行业首创的压路机跑振试验台和在线检测设备等设备，可实现对压路机调试的全过程信息化、数字化监控。此外，充分利用现有资源进行优化改造，逐步提升产品零部件的制造质量，在逐步减少调试时间的基础上，逐步实现压路机产品的免调目标。

徐工无人驾驶集群施工

（二）提升质量标准，落地“技术领先用不毁”

徐工严格按照质量管理体系标准要求实施全过程质量体系管控，针对关键质量要素进行全面策划和组织，保证了产品实现全过程受控。

（三）扎牢市场，显效益

自 1964 年以来，徐工压路机已实现 10 余万台生产下线销售，大吨位压路机销量全球第一。2020 年，徐工压路机销售量 6000 余台，市场占有率超 30%。徐工以“聚焦客户，对接市场，方案解决，价值营销”营销理念锻造飞翔羽翼，不断推陈出新，扎牢市场，压路机已连续 30 多年行业销量第一，产品远销欧洲、美洲、东南亚、中东、非洲等 100 多个国家和地区。

三、典型经验

（一）珠峰登顶，技术先行

1. 保持研发投入强度，创新能力建设

徐工拥有成熟的全球协同研发平台，有一支年龄结构合理、技术创新能力强、经验丰富、意志坚强的人才队伍，并积极培养高端科技创新人才。2017年，徐工集团牵头成立的公路建设与养护技术、材料及装备交通运输行业研发中心获得交通运输行业研发中心和重点实验室认定，现已集聚中国工程院院士、国家工程实验室主任等顶尖人才数人，并汇集了一大批有志于效力行业进步及产业发展的教授、研究员及工程应用专家。

2. 产品先进性成就产品实力

近年来，徐工先后承担了江苏省交通运输科技项目、交通运输行业科技清单项目，研发了XS365单钢轮振动压路机、XP303S轮胎压路机等多款省级高新技术产品。徐工压路机已获得较高市场认可度，其中XS263J单钢轮振动压路机和XP303轮胎压路机等作为行业标杆具有非常高的市场占有率，补齐了基础设施建设领域和支撑农村振兴战略领域工程机械设备的短板，形成了能满足黏土、黄土、碎石、稳定土等各类材质压实的全系列压实机械产品。

徐工先进产品

（二）深化内控管理，夯基固本

为加强和规范企业内部控制，提高企业经营管理水平和风险防范能力，徐工自成立以来，逐步完善企业制度，现已建立包含质量管理、生产管理、技术管理、安全管理、企业文化与品牌管理、人力资源管理、风险管理等一系列规范性制度流程文件。企业管理落地的关键手段是有效融入制度建设，使企业管理与制度建设保持高度的匹配性，实现企业管理与制度建设双提升。持续搭建以“战略为导向、业务为核心、流程为主线、专业化为基础、制度为保障”的权责明确、科学规范的管控体系。

（三）企业文化引领，提升品牌传播力

徐工始终秉承“担大任、行大道、成大器”的核心价值观和“严格、踏实、

上进、创新”的企业精神，坚持以“员工为本、顾客为天、创新为先、质量为信、徐工为重”的“五为”文化为统领，致力于发挥“专业、聚焦、协同、高效”的综合竞争优势，明确了“专业、精细、精干、高效”的经营风格。

（四）质管模式，夯实产品基础

在产品质量保障方面制定《出口产品商检管理规定》《产品质量改进管理流程》《检验和试验状态管理规定》等40余项相关质量管理办法及质量控制程序。产品制造过程围绕企业战略目标，提出准时高效、质量可靠、降本增效的制造要求，通过“一流的技术、一流的设备、一流的管理、高素质的员工”，实施国内领先的规模生产，全过程质量控制，为顾客提供高品质、高适用性、价格适合的产品。此外，徐工严格执行“严慎细实，追求卓越”的质量理念，致力于研发生产制造一流工程机械产品。

（五）发展新业态，推进降本增效

徐工围绕高端产品销量提升，拓展高端产品销售新模式，完善高端产品型谱，推出5个系列新品切入市场，先后运用试用、以租代售等新手段突破销售瓶颈，促使高端产品销量及占有率逐年递增。徐工以全面预算为主线，以质量效益、结构优化为重点，聚焦成本费用，跨产品统型，深入推进“大幅压降成本费用”一号工程，不断提升盈利能力，从而提高产品毛利率和利润率。

（六）产业协同，提产增效

1. 建设营销体系，提升客户穿透力

徐工的客户结构主要为租赁、公路、市政、建筑、铁路和贸易等，营销人员提高走访客户量，增加客户黏性，依靠品牌、技术、质量、服务等，让客户多角度、多层次感知徐工产品，增加其忠诚度。

2. 战略联合，打造精益供应链体系

徐工的供应商在徐州本地的占比较高，形成了最稳定的供应商同盟军体系，可共渡难关。与竞争对手相比，徐工优势产品规模最大，产值最大，可批量制造加工，与供应商关系牢固。

3. 持续自主创新，深化知识产权保护

为保障知识产权，徐工建立了《专利申请程序》等知识产权保障制度；为保障企业生产安全，徐工建立了安环体系文件，先后通过了质量管理体系认证、环境管理体系认证、职业健康安全管理体系认证、3C认证。为加强和规范企业内部风险管理，有效应对企业运营管理过程中的各类不确定性，建立了全面风险管理制度、重大突发事件应急处置管理制度、重大质量事件应急准备和响应流程等文件。

（七）发力海外，提升产品驱动力

近年来，徐工深耕国际化市场，聚焦北美、欧洲、东南亚等重点国际市

场，深入开展产品标准和区域适应性研究，产品技术上全面对标赶超国际一流竞品。“十三五”期间，陆续开发了十余款海外适应性产品。作为中国唯一批量出口北美的压路机品牌，徐工北美型压路机的作业性能、可靠性、舒适性等技术性能获得美国多家高端客户认可。欧洲市场是全球最重要的压路机市场，其门槛高、竞争激烈，徐工严格以 CE 标准作为产品安全性设计依据，技术上全面对标欧洲一流竞品，达到国际先进水平，在中国品牌中率先完成欧洲型压路机产品开发，并实现批量出口。面对东南亚压路机市场激烈且复杂的竞争格局，徐工压路机产品研发聚焦高可靠性、高压实性能和高性价比，系列产品研发成功并批量出口以来，已在泰国、印尼、菲律宾等多个市场实现重要突破。

四、未来发展展望

2021 年是徐工“十四五”战略的开局之年，同时也是深入贯彻“三高一可”高质量发展新理念，实施刀刃向内强制大转型，打赢决战决胜高质量之仗，实现“全方位、高质量第一”目标的关键之年。今后，还将依托徐工集团国家级技术中心、“高端工程机械智能制造”国家重点实验室、徐工集团交通运输行业研发中心，联合国内相关科研院所，进一步开展智能化、数字化、5G 通信等技术应用研究，引领行业新一轮技术革命，提升产品的核心竞争力，为全球市场提供最先进、优质的压实产品。徐工将同步抓住国家宏观政策等利好契机，彻底转型，以优势产品捍卫绝对领先优势地位，为向着进入世界路面机械前三，打造全球一流企业的战略目标不懈奋斗！

五、专家点评

创新是引领企业发展的第一动力源泉，也是企业可持续发展的基础。自从 2016 年工程机械行业新一轮复苏以来，徐工压路机凭借在品牌、技术、渠道、可靠性等方面的多维度发力，国内外市场占有率稳步提升，体现了强者恒强的领军实力。作为民族品牌，徐工压路机从营销—研发—制造—服务全流程高度市场化，构建可持续改善基础和能力，第一时间响应国家供给侧改革加速推进背景下的道路机械施工需求、客户多元化使用需求、互联网 + 应用场景需求，在行业内率先独创成套化无人化施工、无离合变速箱、自动防撞安全装置、长寿命振动轮等新技术，深入践行“技术领先，用不毁”做成工艺品的产品理念，彰显了徐工强劲的产品创新力，对路面机械行业的深度发展具有一定的借鉴意义。

中国工程机械工业协会筑养路机械分会会长　焦生杰
长安大学博士生导师 / 教授

专注溴化锂吸收式冷 / 热水机组研发 打造节能环保国之重器

一、总体情况简介

双良节能系统股份有限公司（以下简称“双良节能”）位于江苏省江阴市利港镇，是专业研究、开发、生产空调、热泵、空气冷却设备、能源综合回收节能系统及其零部件并提供相关产品服务的企业。

双良节能注册资本 163733.5808 万元，占地面积 30 万 m^2，建筑面积 15 万 m^2。2003 年，双良节能股票在上交所上市（SH600481）。溴化锂吸收式冷（温）水机组被评为中国名牌产品，2016 年获得由国务院设立的我国工业领域的最高奖项“中国工业大奖”（企业奖），2017 年获工信部认定“服务型制造示范企业”，溴化锂吸收式冷 / 热水机组获评“单项冠军”产品，2019 年获评工信部“绿色制造系统解决方案供应商”，2020 年入选“先进制造业和现代服务业融合发展试点方案”，是无锡市唯一获评企业，同年再度荣获两项国家级荣誉“中国工业大奖”（项目奖）及“单项冠军产品”——智能化全钢结构间接空冷系统。两项单项冠军产品如下图所示。

第二批冠军产品：溴化锂吸收式冷 / 热水机组

第五批冠军产品：智能化全钢结构间接空冷系统

二、突出优势和典型经验

（一）持续创新

双良节能自创始之初就形成了独具双良特色的“学习才能进取，创造方为永恒”创新文化。

1. 创新环境

双良节能将“创新”作为核心价值观之一进行宣贯，在创建之初就提出了“失败不责难、成功给重奖”的思想和做法，制定了创新管理制度，营造了宽松包容的创新氛围。

2. 技术创新

双良节能技术部门积极关注节能减排、资源综合利用、环境保护等领域的新技术，企业建有博士后工作站和国家级技术中心，依托该平台与自身的产业化生产形成三级研发创新体系，引进各类专业人才 800 多名，拥有国务院特殊津贴专家 1 人，博士、硕士 70 人，工程师及中级职称以上人才 250 多人，累计拥有专利 500 多项，其中发明专利 100 余项。

同时，双良节能与上海交通大学、同济大学、哈尔滨工业大学、西安交通大学、中国科学院等著名学府及科研院所建立密切合作关系，跟踪行业发展最新信息。

双良节能结合主营业务产品，全面引进和采用先进技术和标准，主持制定了溴化锂吸收式产品的国家、行业主要标准，起草了国内首个溴化锂国家标准、国内首个钢结构间接空冷塔技术规范。同时参与了溴冷机、空冷器等产品的国家和行业标准的制定。双良节能制定标准清单见下表。

双良节能制定标准清单

序号	标准代号	标 准 名 称	实 施 年 份	备注
1	DL/T 244	直接空冷系统性能试验规程	2012	主持
2	GB 29540	溴化锂吸收式冷水机组能效限定值及能效等级	2013	主持
3	GB/T 18431	蒸汽和热水型溴化锂吸收式冷水机组	2014	参与
4	DL/T 1934	火力发电厂直接空冷系统运行导则	2018	参与
5	NB/T 12006	煤化工特大型空气分离设备	2016	参与
6	GB/T 34620	第一类溴化锂吸收式热泵机组	2017	参与
7	DL/T 5545	火力发电厂间接空冷系统设计规范	2018	参与
8	T/CEC 332	钢结构间接空冷塔技术规范	2020	主持

对于溴化锂吸收式冷 / 热水机组来说，真空度是其生命所在，双良节能采

用钢性氦检仓和质谱检漏仪对每台机组部件及整机分次分级进行检漏，实现机组真空度指标为整机漏率≤ 1×10^{-10}Pa·m^3/s，比日本的执行标准高出 10 倍。持续的技术升级、严密的制造工艺，确立了双良溴化锂设备的全球领导地位。

智能化全钢结构间接空冷系统项目利国（环保，减少资源开采）、利企（降低投资，缩短工期）、利民（改善生态环境），是能源行业的创新型工程、资源节约型工程、循环经济示范工程、智慧建设型工程，属于传统制造向服务型智造转型，是中国制造向中国创造升级。

3. 模式创新

双良节能根据业务转型方向，全面分析转型业务的特性，确定了在企业互联网平台影响下的新型商业模式：从单一设备制造商向系统集成商、投资运营商及服务提供商转型。

目前，双良节能拥有自主知识产权的系统集成工艺达 30 多项，100 多个工艺点已经开始进行应用。包括节能诊断、节能改造、能源托管、合同能源管理在内，以物联网技术为支持的能源服务有望成为企业业务的重要支撑。

（二）企业文化

1982 年，企业创始人缪双大坚守“优良的产品、优良的服务”这一朴素的经营信念，带领十多名员工，开始了创业之路。

缪双大以身作则，一直坚持“诚信做人、用心做事”的道德理念，把“求真务实、严谨高效”作为企业的工作作风，把“学习才能进取、创造方为永恒”作为双良的企业精神，贯穿于企业经营的各个环节，深刻影响着广大员工。

2018 年，为进一步完善企业文化建设，双良节能建立了企业文化建设管理制度，确立了“改善人类生存环境、拓展人类生存空间、提升人类生活品质”的企业使命，和“一切为客户着想、尊重人才、开放创新、艰苦奋斗、诚实守信、共创共享”的企业核心价值观，双良的企业文化系统形成并得到广泛传播。

（三）品牌建设

从生产出中国第一台具有自主知识产权的溴化锂制冷机，到以设备制造为核心、以绿色产业为基石，近 40 年来，双良节能在“节能、节水、环保”领域形成核心竞争力，实现了向节能环保系统集成商、投资运营商和能源服务商的精彩转型。2013 年双良成功入选央视纪录片《大国重器》，荣获制造业最高奖“中国工业大奖”，并获评“中国制造业单项冠军”和国家“首批服务型制造示范企业”。未来的“新双良”，将成为国际化的能源服务运营商、环境治理运营商和智能互联的“绿色”专家管家。

面对市场环境的变化，双良节能将坚持新双良的战略方向，转型再创业：遵循绿色发展，以深化改革为动力，在转型升级中焕发活力，构筑新、老产业协同发展模式，以产业结构优化夯实双良之本；拥抱数字化：以数字化战略为驱动，创新引领新需求、数字转化高绩效，为管理、经营、商业赋能，使“变”的挑战转化为新的机遇。

（四）社会效益

30余年，双良人不忘初心，绿色先行、重器智造，从苏南小城的一家民营企业大踏步走向全国、走向世界，在细分领域把产品和服务做到极致，累计提供30000多台节能设备。被中国制冷协会誉为“挽救了中国溴化锂机行业”，被央视聚焦誉为“造福人类，大国重器”。

三、未来发展展望

双良节能确立了“四化”发展战略，即专业化、技术化、品牌化、国际化。

专业化：围绕节能供热系统和余热利用领域，实现专业经营，充分满足用户对节能系统和节能技术、节能产品的要求。

技术化：围绕专业化经营，实施新产品、新技术的开发和应用，使产品全部具备企业自主知识产权。

品牌化：双良节能提倡以市场为导向，精心培育出“双良”这个中国驰名品牌。未来，双良节能将加大国际化力度，进一步维护中国品牌形象，缔造国际品牌企业。

国际化：双良节能明确提出国际化战略，引进国际先进技术，汇聚国际优秀人才，整合国际资源，开拓国际市场，实现在经营管理上与国际接轨，不断提高和强化“全球竞争力”。

四、专家点评

30余年的专注与坚守，持续不断的专研与创新，奠定了双良民族品牌的基础。每一次的产业转型，都紧跟时代步伐。无论是溴化锂设备的节能功能，还是空冷系统的节水潜力，在实现经济价值的同时，也承担了社会责任。

“学习才能进取、创造方为永恒”的双良精神，彰显了企业的创新品格。敢为人先的魄力、包容豁达的胸怀，“失败不责难，成功给重奖”，为创新提供动力与保障。时代在不断前进，企业不故步自封，双良凭借创新走到了今天，在自己的领域内兢兢业业，坚守着自己的事业，并一次次引领行业标杆。

该单项冠军企业正在由传统制造向服务型智造转型，是中国制造向中国创造升级，相信有着创新能力的双良，未来一定能走出一条拥有双良特色的民营企业之路。

西安建筑科技大学土木工程学院教授　徐亚洲

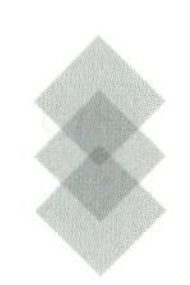

战略制胜　创新驱动

一、总体情况简介

宁波申菱机电科技股份有限公司（以下简称“宁波申菱”）是中国最大的电梯部件专业制造商之一，是中国电梯协会副理事长单位、国家高新技术企业、中国机械行业500强、国家AAA级“守合同重信用”单位，浙江省文明单位。

宁波申菱成立于1992年，注册资金45000万元，占地25万m^2，现有员工1200余人。拥有各类先进的加工检测设备500余台，主要生产销售电梯门系统、曳引机系列、轿厢系列、安全部件系列、系统集成和改造解决方案等。

宁波申菱坚持贯彻“向顾客提供最佳的产品和服务，并通过持续改进，不断适应和满足市场需求”的质量方针，于1997年获得ISO 9001质量体系认证证书。积极推进各类先进的管理体系，2010年获得ISO 14001环境体系认证及OHSAS 18001职业健康安全体系认证证书，2015年获得知识产权体系认证证书，2018年获得两化融合体系证书。宁波申菱及所生产的门机、限速器、缓冲器等产品连续多年被中国质量管理协会用户委员会分别评为“用户满意单位”和“用户满意产品”，凭着稳定的质量及优质的服务赢得了国内外客户的广泛认可与信赖。

宁波申菱拥有上海松江、宁波象山、印度金奈、意大利帕尔玛四个现代化生产制造基地，生产制造的电梯门系统、安全部件等产品销量连续多年稳居全球第一，国内市场占有率达30%以上，全球市场占有率达15%以上。

宁波申菱设立了省级企业技术中心和市级企业研究院，设有一个博士后科研工作站。自行开发研制的电梯门机、层门装置荣获国家级新产品称号；GPS同步带自动门装置被列入国家级火炬计划项目；永磁无齿轮曳引机通过建设部部级鉴定，产品技术达到国际先进水平；电梯自动门装置被评为浙江省名牌产品，电梯曳引机被评为宁波市名牌产品；2017年“电梯开门机”产品被评为“全国单项冠军产品”。

宁波申菱已与三菱、通力、日立、富士达、奥的斯、东芝、蒂森、迅达全球八大一线品牌及300多家中小整机企业建立了长期友好的合作关系，在国内各大中心城市均设有营销网点，产品出口东南亚、中东、欧洲、独联体等区域的50多个国家和地区，企业发展效益与品牌影响力不断提升。

二、突出优势

目前，宁波申菱已经逐步形成了一套系统的技术创新体制，建立了省级企业技术研发中心，按照“领先同行一步”的技术方针，形成了“生产一代、开发一代、储备一代”的研发格局。企业产品已经实现了从零件到部件、从部件到大配套再从大配套到为客户提供系统的解决方案的演变，形成了电梯门系统、曳引机、轿厢、安全部件、大配套五大系列上百种产品。

在不断提升企业自主研发能力的同时，宁波申菱还秉承“坚持自主创新与对外合作相结合”的发展理念，积极借助外部技术力量，以“借梯登高”，实现产品技术突破。2002年，宁波申菱与浙江工业大学合作，成功开发出无齿曳引机，各项技术指标达到国际先进水平；2010年，宁波申菱与奥的斯联合研发的高速梯限速器，技术达到世界领先水平；近年来，宁波申菱又不断加大与通力、三菱等国际知名电梯企业以及上海交通大学、浙江理工大学等单位开专业化的技术合作，持续推进企业技术创新，确保公司产品技术创新始终保持行业领先水平。

三、典型经验

（一）市场发展战略

坚持“两条腿走路”是宁波申菱发展市场的重要抓手。“以一把门锁打开了电梯行业的大门”，与上海三菱电梯公司建立了业务合作关系，这是企业市场战略的第一次重大转折，通过与上海三菱的合作，宁波申菱业务迅速发展，到1995年，上海三菱的业务量占到企业业务总量的95%以上。面对“背靠大树好乘凉”的大好形势，宁波申菱却看到了隐忧，认为“鸡蛋不能放在同一个篮子里”。于是，宁波申菱创造性地提出了实施“两条腿走路”的市场发展战略，即“一条腿”努力做好上海三菱配套市场，“另一条腿”积极加快拓展非三菱市场，这是企业市场发展的第二次重大转折，也是管理创新的一次重大突破。1999年，在国内电梯市场持续疲软的情况下，宁波申菱通过深入调查和科学判断，认为未来三到五年国内电梯市场将有爆发式增长，果断提出“大动作、大投入、占有大市场”的决策，大力推进营销网络建设，在全国各大中心城市建立营销办事处，并先后与奥的斯、蒂森、富士达、通力等国际著名跨国电梯企业建立了良好的合作关系。随后，宁波申菱业绩不断攀升，到目前，非三菱市场已经占到企业业务总量的70%以上。

21世纪前十年的发展让宁波申菱在业内拥有较高的知名度和影响力，成为国内最大的部件企业之一，门机、限速器等主导产品的国内市场占有率已经达到25%以上，如何进一步拓展市场发展空间，成为宁波申菱决策者苦思冥想的重要问题。通过深入调研与分析，2010年宁波申菱再次提出要继续实施“两条腿走路”的市场发展战略，“一条腿”要做好国内市场销售，“另一条腿”要做好国际市场销售，要利用与跨国电梯企业的业务合作关系，实现“借船出海”，这是企业市场发展的第三次重大转折。2011年宁波申菱开始着手国际化市场布局，2013年外贸业务首次突破1亿元人民币，2014年在印度建立首个海外办事处，2015年开始筹建印度工厂，2016年印度工厂正式投入运营，2020年成功收购意大利帕尔玛工厂……随着国际市场的不断拓展，宁波申菱海外业务实现持续增长。

（二）人才发展战略

企业的竞争，归根结底是人才的竞争，宁波申菱深刻地认识到人才在企业竞争中发挥的核心作用，十分重视人才战略。宁波申菱前身是村办企业，企业员工全部是“泥腿子”，连初中文化程度的员工都凤毛麟角，更不要说大学生了。面对人才奇缺的现状，1993年，宁波申菱提出了“输血、造血、换血、供血”的人才队伍改造战略，当年企业就陆续从全国各地引进一批技术与管理人才，为他们提供优厚的福利待遇，包括全面解决外聘人才的住宿、配偶就业及子女就学等问题，使他们能够安心工作，潜心发展。同时，宁波申菱开始注重内部人才培养，尤其是对技术、管理人才，企业引进一些有发展潜质的苗子，放手锻炼，悉心培育，当年曾经的年轻大学生、小伙子，如今都在企业的各个领域担当重任。

近年来，随着企业的不断发展壮大，对人才的需求也越来越高，但由于公司地处象山石浦，地域相对偏僻，对人才尤其是高层次的技术、管理人才缺乏吸引力，给企业人才工作带来很大挑战。为解决人才瓶颈，2013年，宁波申菱将技术中心和营销中心搬迁至上海松江，借助上海的区位优势，重点解决制约企业发展的人才问题。目前，宁波申菱在上海已经引进一大批具有丰富管理经验或技术水平的高端人才，包括质量总监、人力资源总监、曳引机事业部总监、电气开发部经理，以及一批关键的技术、质量、国际贸易等专业化人才，为企业的可持续发展奠定了良好的人力资源保障。

（三）制造发展战略

在生产制造方面，宁波申菱确定了“专业化→自动化→智能化”的发展路线图。1995年，宁波申菱提出了制造不做“大而全”，而要做“专而精”，走“专业化分工合作”的道路，即核心技术的关键产品要自己工厂做好，非关键性产品或者专业性很强的产品外协给供应商生产，培育自己的专业化供应链。

宁波申菱一方面严格要求，实施完善的供应商调查选择、样品认证、能力评审等控制流程，促使供应商不断提升配套能力；另一方面，又派出人员积极对供应商提供技术培训，与供应商进行板材和设备的集中采购、降低供应商成本，必要时还提供资金扶持，帮助供应商共同成长。通过十多年的努力，目前宁波申菱在当地培育出三十多家专业化配套供应商，形成了一条完整的电梯部件产业链，增强了企业的竞争能力。

随着互联网＋时代的到来，宁波申菱于2012年提出了制造要从传统管理向“自动化、信息化和精益化”管理转变，自此企业发动了一场声势浩大的技术改造，截止到2015年底，已累计投资近5000万元用于自动化和信息化建设，门板自动生产线、挂板自动加工线、机器人自动焊、自动铆接线、自动生产装配线等一系列自动化装备陆续投入生产，同时，还投资1500多万元引进了德国SAP的ERP信息化系统软件，大幅提升了企业的生产效率和运营质量。

未来，随着“工业4.0”“中国制造2025”等先进制造理念的不断推进，“智能化”将是未来企业制造发展的方向，宁波申菱目前在继续做好自动化和信息化改造基础上，深入推进两化融合，为实现未来制造“智能化”奠定良好基础。

（四）品牌发展战略

宁波申菱一直重视企业的品牌建设，建厂之初就开始树立起品牌意识，关注企业的发展方向和品牌定位，在当时的特定历史条件下，宁波申菱把“争当上海三菱的最佳供应商”作为企业的品牌创建目标，通过现场管理改善、质量管理控制等举措，从1990年首次被评为“上海三菱外协单位质量第一名”后，连续多年获得“上海三菱最佳供应商”称号。

2002年，宁波申菱提出了“努力打造中国电梯部件最优秀品牌”的企业愿景，经过十几年的努力，企业品牌建设得到进一步提升。电梯自动门装置被评为浙江省名牌产品，永磁无齿轮曳引机通过国家建设部部级鉴定，电梯曳引机被评为宁波市名牌产品，企业注册商标被认定为浙江省著名商标，“申菱”商号被认定为浙江省知名商号，宁波申菱已成长为中国最大的电梯部件专业制造商之一，是中国电梯协会唯一一家部件企业担任副理事长单位。

2013年，为了适应企业国际化发展战略要求，宁波申菱又确定了“成为世界知名的电梯部件系统服务商”的企业愿景，提出“信誉至上、赢得口碑”的品牌观，以世界一流企业的标准推进企业发展，主导产品技术达到国际先进水平。2017年宁波申菱产品“电梯开门机”被评为“全国单项冠军产品”，目前宁波申菱已成为与全球八大一线品牌整机厂家全面合作的国内唯一一家电梯部件企业。

四、未来发展展望

展望未来，宁波申菱将以全球化的战略定位和思维，积极构建更加广阔的发展平台，不断深化实施“聚集一线、深耕国内、发展印度、布局欧洲”的国际化战略布局。

宁波申菱将加快国内工厂智能化技改步伐，立足国内，着眼全球，做精做专，加大海外市场拓展力度，创新盈利模式，持续增强企业实力，不断提高企业市场竞争能力。

宁波申菱将继续秉承“客户至上、高效执行、持续改善、合作共赢”的核心理念，努力打造电梯部件行业的标杆企业，为实现“成为世界知名的电梯部件系统服务商”的企业愿景而努力奋斗。

五、专家点评

企业经营战略是决定企业经营活动成败的关键性因素，是企业长久高效发展的重要基础，是企业及其所有员工的行动纲领。宁波申菱今天的发展业绩是由 10 年前的战略选择决定的，企业未来 10 年的发展也是由今天的战略选择决定的。创新是企业健康发展的持续动力，宁波申菱在发展过程中始终坚持技术创新、管理创新、模式创新。在不同的发展时期，一直秉承以战略引领发展，以创新驱动突破，战略和创新成为影响企业发展的最关键因素，也是企业在市场上赢得竞争的制胜法宝。每一项战略的成功实现，每一次创新的成功突破，都令企业跨入到更高水平的发展阶段。宁波申菱，就是这样在不断实现自己战略目标和创新突破的过程中，追求卓越，阔步前行。

中国电梯协会会长　李守林

HAN*S LASER 大族激光科技产业集团股份有限公司

激光设备龙头企业
打造智能装备自动化平台

一、总体情况简介

大族激光科技产业集团股份有限公司（以下简称“大族激光”，股票代码002008）于1996年创立，2004年上市，是亚洲最大、世界排名前三的工业激光加工设备生产商，主要提供激光、机器人及自动化技术在智能制造领域的系统解决方案。

大族激光现有员工13000余人，研发人员占30%以上，多项核心技术处于国际领先水平，国内外技术专利4000余项；销售额、市值等指标稳居全球激光上市企业前列；大族激光坚守产业报国理想，以“做大民族工业，激光影响世界”为发展使命，致力于成为中国基础工业装备及自动化的主要供应商。

大族激光智能装备集团为大族激光子公司，是国际知名的高端激光装备制造商，专业从事中高功率激光智能装备的研发、制造、销售与服务，可为金属加工领域提供高品质激光智能装备及自动化解决方案，涵盖二维平板切割、三维激光加工、管材切割、激光焊接、金属3D打印、激光清洗及激光器、数控系统、功能部件、自动化与工装夹具等智能装备与核心器件，具有多项领先技术与丰富的应用经验。产品销往全球100余个国家和地区，广泛应用于轨道交通、汽车制造、电力电气、特种车辆、工程机械、农业机械、建筑机械、电梯制造、环保设备、广告装饰、厨具、电器等行业，上万台设备在全球各地良好运行。

二、突出优势

大族激光智能装备集团光纤激光切割机系列经典设备，是凝聚大族激光12年高功率光纤激光切割机精华沉淀之机床，集机械设计、控制系统、光学器件、力学分析、光纤激光切割工艺等最优化设计，占领光纤激光系统集成技术制高点，保证最高的加工效率与顶级的切割品质。屡获“工业领域大奖”“全国制造业单项冠军产品”“中国好设计”“自主创新与产品质量十佳”

等荣誉。

大族激光智能装备集团紧跟行业市场需求的步伐，不断迭代升级，提升整机装备的精细化、系统化、智能化，保证高品质加工效率、加工精度、加工一致性，整合激光智能装备上下游制造体系，融合工业互联网，提升产品性能与智能化水平。

（一）产品优势

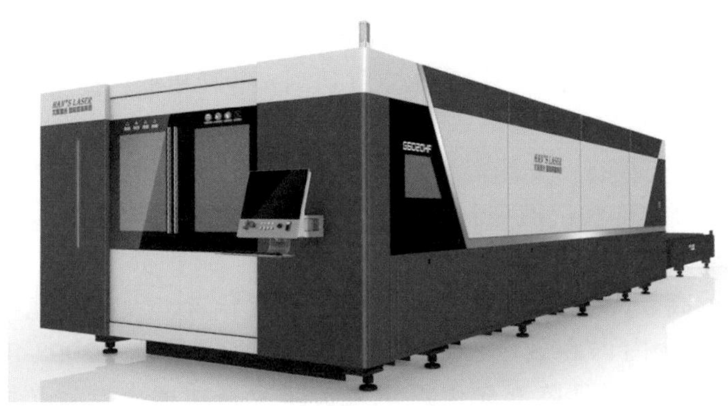

大族激光产品

1. 超高性能

光纤激光不仅光斑小、能量密度高、切割速度快，激光切割切口细窄，切割零件尺寸精度高，热影响区小、端面光洁美观，可加工任意图形；激光直接通过光纤由激光器传输到机床切割头，发挥光纤传输的优势，光路恒定，基本免维护，切割性能稳定。

大族激光光纤激光切割机适用于碳钢、不锈钢、镀锌板，以及铝、铜等高反材料切割，且保证良好的一致性，加工效率高于行业 20% 以上。配置 6kW 以上光纤激光器，全面覆盖薄、中、厚等板材加工，可批量优质切割 50mm 碳钢，最大切割厚度突破 100mm。

2. 丰富功能

自动调焦切割头，灵活加工不同厚度板材；开发智能碰撞保护、多角度巡边、精确寻边、扫码载入程序等功能，提高板材利用率与生产效率；拥有专家工艺数据库，集光束穿孔、厚板高速切割、亮面切割、尖角切割等工艺。

3. 可靠智能

激光切割专用数控系统，智能触控显示屏，人机界面功能强大、交互性好、操作便捷，具有维护保养状态监控预警、远程监控等功能；配置智能化 MES 管理系统，随时随地掌握设备的生产状况，远程交互，助力生产。设备互联，客户可定期更新工艺、功能数据库，并根据日常机床数据，提供系列快速维护反馈，提质增效。配置自动上下料系统，实现百分百自动化。

4. 稳定高能

整机一体化设计，经 CAE 有效分析，抗高热床身，满足 20kW 切割机应用需求，稳定性高，经久耐用。配备新型多腔除尘系统，抽烟除尘效果良好；配备自动润滑装置，保障机床正常高速运行。

5. 安全节能

加强安全防护，封闭外罩，配备安全装置，可视化窗口，可旋转操作台，提升操控体验与安全性能。支持高压空气切割，能耗更低，提质增效。

（二）技术研发积累优势

大族激光目前拥有一支涵盖激光光源、自动化系统集成、直线电动机、视觉识别、计算机软件和机械控制等多方面复合研发队伍约 4000 余人，具备快速切入机器人及自动化领域的先天优势。

作为全球高功率光纤切割技术先行者和领导者，大族激光在高功率光纤激光切割机业内以高效率、高精度、高可靠性著称。2008 年，大族激光智能装备集团总经理陈焱先生组织人员研究高功率光纤激光切割机，并于 2009 年研制成功全球首台高功率光纤激光切割机。大族激光先后推出 8kW、15kW、20kW 等超高功率光纤激光切割机，大大提升了金属加工厚度与效率。

光纤激光不仅创造了极大的经济效益，而且形成了极大的行业效益，影响并改变了整个激光加工的市场格局，引领中国激光行业乃至世界激光领域进入光纤时代。

（三）销售与服务体系优势

在制造业产业升级、科技进步和人工短缺的背景下，激光加工设备及机器人、自动化产品获得广泛应用。设备分为标准产品和行业定制产品，标准产品是以企业为中心，行业定制产品是以顾客为中心。销售网络采取直销模式，在国内外已建成 100 多个办事处和联络点，紧密联系客户精确定位客户需求，实现产品规模销售。

（四）品牌优势

大族激光在行业内拥有良好的市场形象，具有品牌优势，产品能多层次、多角度、多领域地参与市场竞争，确保在激烈的竞争中立于不败之地。在激光加工设备领域，主流产品已实现国际竞争对手同质化竞争，与国内外激光设备企业相比，大族激光在技术储备、产品性价比、定制能力、销售服务网络、紧密客户关系、响应速度等方面具有明显优势，产品市场占有率不断提升。

大族激光是激光行业唯一入选工信部智能制造试点示范项目名单的企业，

是国家标准制定单位。2020 年大族激光销售收入超 100 亿元，企业销售规模、市值、利润等指标都跻身国内外同行的前三甲。

三、典型经验

质量保障体系：大族激光累计投资 4 亿元建立世界领先的机加中心，拥有 200 余台世界顶级加工中心，具有较强的机加能力和精度检测水平；依据 ISO 9001 质量控制体系和 ISO 14001 环境管理体系，对已定型产品在其来料、加工、整机、出货各个环节严格把关，确保出货产品的性能和质量；多个产品系列已获得欧盟 CE 认证。

营销体系：大族激光专门成立了营销管理中心，销售、服务网络覆盖全国，同时在海外设立十多个分支机构，常驻技术服务人员，为客户提供全面的售前、售中、售后支持和服务。密切关注客户需求，打造电商平台，构建业务销售新渠道。

国际化发展：大族激光积极参与国际竞争与合作，加快国际化发展步伐，亮相美国、德国等国际专业展会，提升品牌国际知名度与影响力。除东南亚、南亚、中东、非洲、南美等传统出口市场外，光纤激光切割机系列产品自 2011 年 6 月起，批量销往德国、法国、英国、美国、韩国、俄罗斯、意大利等西方制造业强国，2015 年 3 月批量进入日本市场，显示出强劲的国际竞争力。

数字化智能转型升级：大族激光牢牢把握智能制造升级和新基建重大机遇，强化创新驱动发展，全面推进“激光 + 智能制造”，积极参与实施工信部组织的“智能制造装备创新发展专项”和“智能制造试点示范专项行动”，开展数字化车间建设，实现多类型智能装备的批量化智能制造，带动整个激光数控加工机床行业产业结构升级，并已完成多个企业智能工厂解决方案的建设。

四、未来发展展望

智能制造是实现制造业由大变强的核心技术和主线。大族激光主动融入国家战略，2015 年 7 月 21 日，工信部公布 2015 年智能制造 46 个试点示范项目名单，大族智能装备集团申报的“激光切割机床智能制造试点示范”项目成功入选。2016 年 8 月，大族智能装备集团申报的《高档数控激光加工机床及其核心器件智能制造数字化车间》成功入选工信部 2016 年智能制造新模式应用项目。该项目是大族激光打造智能化工厂的具体实践，总投资金额为 2 亿元，现已完成全部项目目标。

通过数字化、异地化、协同化、虚拟化和网络化建设，发展智能制造将重塑现有的工业体系，将制造业推向服务化，以满足层次多样的个性化需求。大族激光智能制造被分为两大发展板块：一是以自身产品研发和生产为中心，依托大族全球制造基地，逐步实现高端激光智能装备制造的智能化；二是以市场为导向、以客户为中心，依托现有基础，努力推进自身在全球用户工厂的智能化解决方案和系统工程。大族激光智能装备集团正建设涵盖高功率平板切割、三维切割、管材精密加工、增材制造、高功率焊接、智能焊装、光纤激光器、功能部件、自动化与夹具等激光装备产品线，打造出“激光+机器人+自动化控制”智能装备集团，成为中国基础工业装备及自动化的主要供应商，为国家科技事业发展做出重大贡献，并力争在世界激光产业中占据一席之地。

以奋斗新姿　标注柳工"新坐标"

一、总体情况简介

广西柳工机械股份有限公司（以下简称"柳工"）位于广西柳州，是国有控股大型上市公司，创始于1958年，是工程机械行业的领军企业。1993年在深交所上市，是中国工程机械行业和广西壮族自治区第一家上市公司。从1958年创立至今，柳工始终坚持以振兴民族装备制造业为己任，深耕工程机械市场领域61年，被誉为"中国工程机械行业排头兵"和"中国装备制造业的示范旗帜"。

柳工全球工程机械排名第19名，是国内最早的轮胎式装载机生产企业，最早开展国际业务的企业。作为行业领先的全系列极限工况设备制造商，柳工拥有较全面的工程机械与工业车辆产品线，以及全套的解决方案，不但产品满足国内外各类客户对强悍设备的需求，全球布局的营销服务网络与制造研发基地也发挥高效的组织作用。母公司作为国内装载机产品的首创者，专注装载机细分领域50余年，累计全球销量突破40余万台，位居行业第一，近些年柳工继续加强产品研发和技术创新，多项技术填补行业空白，国内、出口市场占有率始终位居行业前三，特别在中大吨位领域领跑行业发展。

二、突出优势

（一）全球领先的科技研发能力

柳工在全球拥有24个院所，其中海外研发机构4个。在柳州总部建有国际一流的全球研发中心，占地11万 m^2，包括8万 m^2 的世界级试验测试中心。试验测试中心拥有民用半消声试验室、发动机试验室、高低温试验室、热平衡试验室等国际一流的检测实验室。建有可靠性试验平台、节能技术试验研究平台、电控系统试验研究平台、振动噪声测试分析平台、热平衡试验分析平台五大完善的试验平台体系，以及一个能模拟各种作业工况的大型露天试验场，形成了能面向土方机械行业提供全套试验解决方案的研发设计试验公共平台。在2018年获得中国合格评定国家认可委员会（CNAS）认可，共有22项CNAS

认可项目，为行业之最。

柳工承建有国家土方机械工程技术研究中心、国家级企业技术中心、国家博士后科研工作站、国家工程机械高新技术产业化基地、中国极地科考工程实验室等 24 个科研平台。累计承担国家级、省部级科研项目和重要课题 260 多项。

柳工品牌装载机在高效传动件技术、发动机减排技术、液压系统节能、整机系统匹配及人机工程等方面具有完全自主知识产权并处于国际先进水平，形成 500 余项专利。自主创新成果相继获得国家重点产品奖、国家重点新产品奖、国家科技进步二等奖等。

柳工拥有国际一流的研发管理平台——全球领先的产品研发流程（LDP）、研发项目管理平台、全球协同研发平台（PLM，见下图）、模块化设计平台和通用件管理平台、仿真分析平台和可靠性管理平台等，研发管理水平国际一流。

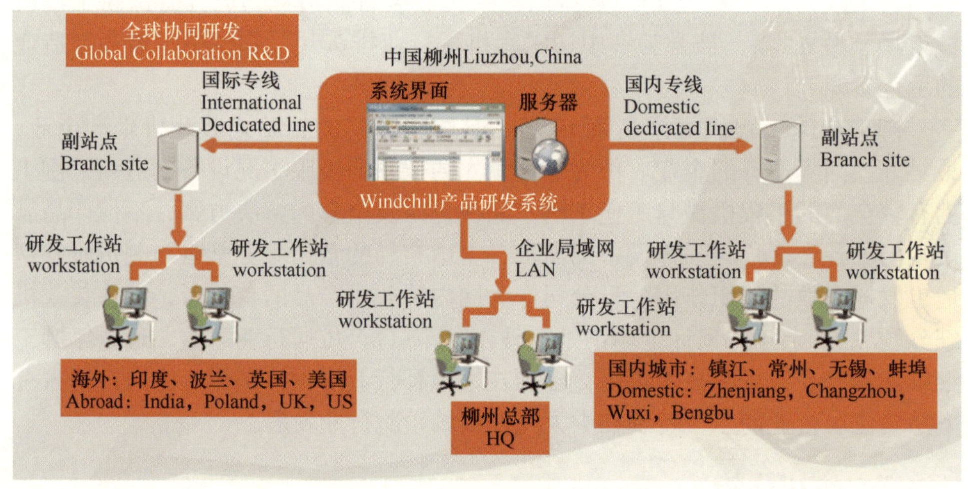

柳工全球协同研发管理平台

（二）国内领先的智能工厂

为更好地适应工程机械高速发展对高端工程机械的需求，缩小与国际高端装备厂商的差距，在柳工目前设计研发、加工设备、自动化控制系统、物联网、信息化管理系统等基础条件上，对生产装备、物流装备等从自动化到智能化的系统性升级改造，引进了自动螺栓拧紧机、数控加工中心、数控车床、自动焊接机器人、自动喷涂机器人、自动检测机等关键工艺装备，以及“自动导引运输车（AGV）”、“有轨制导车辆（RGV）”等自动物流搬运装备，有机组成了智能化装配生产线、智能化焊接生产线、智能化喷涂生产线。

基于柳工 LPS（柳工制造管理系统，与丰田 TPS 精益管理体系类似）精益管理思想建成了智能生产管控平台，包含智能生产执行系统、多车间协同的智能计划与调度系统、全过程质量管理系统、智能物流调度及仓储系统、设备底层数据采集系统等。智能生产管控平台把底层的数控机床、自动化产线、智能 AGV 小车、自动化立体仓库等设备和 ERP、MES、SCADA 等管理信息系统进行有机集成，实现物流及仓储智能调度和生产控制结合，实现了面向客户订单的多品种小批量柔性生产，极大地提高了生产效率。

柳工目前已完成挖掘机柳州智能工厂、挖掘机常州智能工厂、装载机智能工厂三个工厂的智能化改造。改造后平均生产效率提升 25%，制造周期缩短 40%，产品不良率降低 35%，制造运营成本降低 25%，单位产值能耗降低 9%，很好地满足了客户个性化定制的需求。

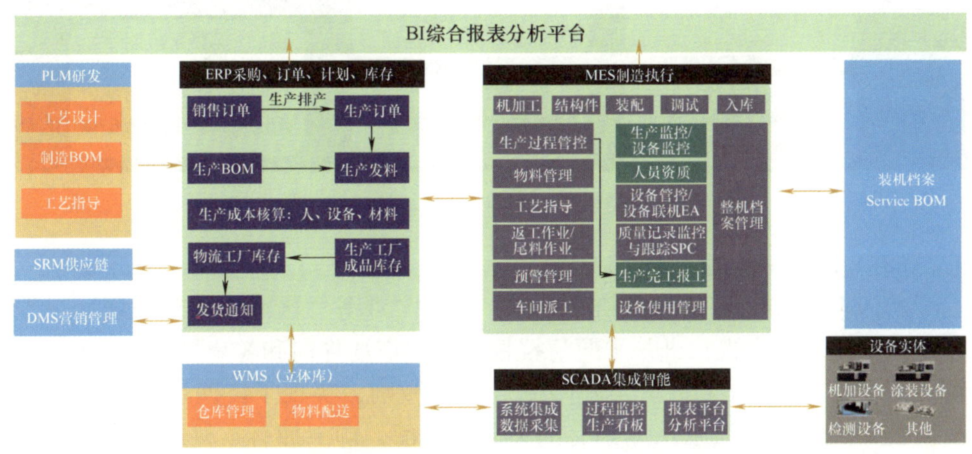

柳工智能工厂信息采集系统

（三）国内领先的信息系统及两化融合体系

柳工自 2009 年开始进行了新一轮两化融合建设，先后投入近 3 亿元，建成了覆盖营销、采购、生产、制造、服务等全价值链的管理信息系统，并在此基础上延伸到产业链上下游，分别建立了“代理商管理系统（DMS）”和“供应商关系管理系统（SRM）”，实现整个产业链的业务协同。柳工在 2016 年获得了“两化融合管理体系证书”，在智能制造和工业互联网领域，柳工先后获得和参与了多个工信部的试点示范和项目。

（四）国内领先的工业互联网平台

柳工智能管家工业互联网平台基于物联网、移动互联网、大数据、云计算等新一代信息技术，实现设备全生命周期管理，将设备信息通过网络技术 + 移动应用的手段融入企业各类业务，并打通上下游相关用户需要，在提升企业运营效率、提高企业管理质量、与合作伙伴协同发展等多方面形成良好实践：

柳工智能管家如下图所示，通过七个“在线”模块将设备管理贯穿于各类业务，以达到设备全生命周期管理与业务融合的目的，实现工业化与信息化的融合，将设备物联信息运用于各项管理。

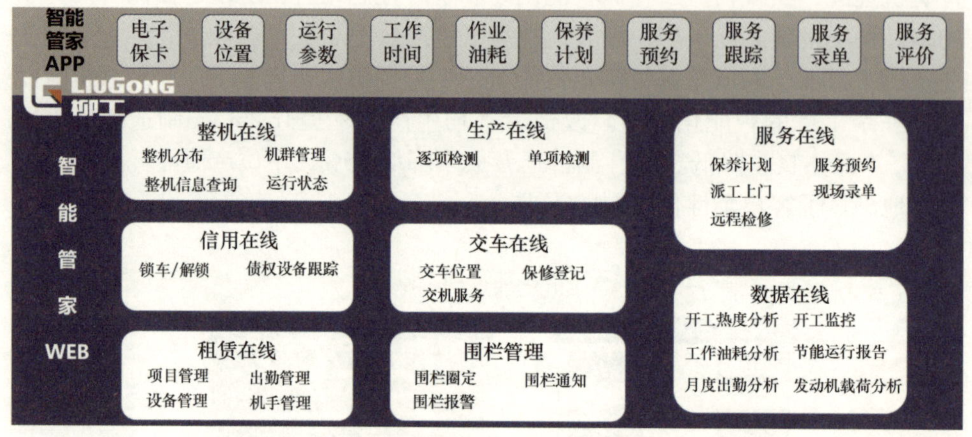

柳工智能管家功能架构

（五）国内一流的人才保障优势

2019 年，柳工完成组织机构变革，通过“业务、区域、总部职能”三维组织运营模式的推进，进一步厘清授权，强化市场导向和客户导向。2019 年，柳工对 1700 余名骨干员工实施限制性股票激励，实现了广西区内国有控股上市公司员工股权激励从无到有的突破。目前，柳工拥有本科以上学历者有 4100 人，占比 40%，1200 多名工程技术人员，其中海外 130 多名，拥有美国、意大利、英国等 10 多个国家和地区外籍员工 1690 人。

（六）国内领先的融资租赁平台

柳工在 2008 年 10 月成立了柳工国际租赁有限公司，2010 年 7 月正式更名为中恒国际租赁有限公司。该公司耕耘工程机械行业多年，帮助承租客户解决设备采购资金问题，提高资金使用效率，加快发展速度。

三、典型经验

（一）管理能力

柳工拥有一支经验丰富的国际化管理团队，是行业唯一获得中组部和国务院国资委表彰的“四好”领导班子企业。柳工历代主要领导人始终坚持自主经营、以振兴中国民族装备工业为己任，引领着中国土方工程机械行业的发展。

（二）技术创新

柳工作为国家级创新企业，始终坚持加强核心技术攻关，通过坚持创新并对研发持续投入，形成了比较完善的研发体系。

（三）品牌构建

柳工坚持自主品牌、振兴产业的坚定信念，通过卓越产品与服务品质的打造，导入了国际先进的管理技术，与世界一流企业合资生产关键零部件。公司塑造了具有优良口碑的世界级品牌，强化了柳工在中国工程机械设备制造商的领先地位。

（四）国际化发展

柳工是国内行业中在 20 世纪 90 年代就开展国际业务的企业之一。2002 年提出“建设开放的、国际化的柳工”战略，经过 10 多年的境外开拓经营，目前已进入深度国际化阶段。柳工在海外设立了印度、波兰、巴西 3 家制造基地和印度、波兰、美国、英国 4 家海外研发机构，同时拥有 12 家包含整机、服务、配件、培训能力的营销公司，并通过多家代理商网点为海外客户提供销售和服务支持。

四、未来发展展望

未来，在国内国际双循环新发展格局下，中国工程机械行业也将迎来新的机遇与挑战。对此，柳工将在三个全面战略方向指引下，继续坚持向改革创新要动力，坚持产品和技术创新，加快在智能化、工业互联网、大数据和新能源等新技术领域的研发应用与市场推广，并通过产品组合优势、行业最佳渠道打造的价值营销，向着“高质量的增长”转变。以混合所有制改革为契机，深入推进各项改革，激发企业发展活力，开启“十四五”发展新征程，向着“全球领先”的目标进发，全面提升柳工全球运营能力和全球竞争实力。

五、专家点评

柳工是中国轮式装载机自主品牌的始祖，50 多年来，柳工创造了中国装载机行业 10 多个第一，一直领跑中国装载机行业发展和创新变革前沿，其装载机累计全球销量突破 40 余万台，位居行业第一。柳工贯彻新发展理念，始终坚持“以客户为中心”。其国际化管理团队和全球研发中心具有先进的现代企业创新管理能力和卓越的科研能力，其杰出的工匠队伍、现代化的智能工厂和工业互联网平台等，正在促进企业从“中国制造”加速向“中国智造”转变，其快速推进的企业数字化转型，正在不断满足客户对卓越产品、服务与解决方案的追求。展望未来，柳工必将为构建国内国际双循环格局做出新的突出贡献。

广西壮族自治区人民政府参事
广西企业与企业家联合会会长　汪春伟

深耕细作、转型发展　铸大国重器

一、总体情况简介

西安陕鼓动力股份有限公司（以下简称“陕鼓”）是分布式能源领域系统解决方案和系统服务方案提供商，向流程工业、智慧城市及国防军工等领域提供多种定制化的分布式能源系统解决方案，形成了“专业化 + 一体化”的分布式“能源互联岛”系统解决方案。陕鼓从事轴流压缩机领域 35 年，迄今为止已设计制造了 2000 余台套产品，成为全球最大轴流压缩机制造商。陕鼓轴流压缩机 2005 年获得国家科学技术进步二等奖。

二、突出优势

陕鼓轴流压缩机性能优良，高效节能，安全可靠，技术能力和产品质量均达到了国际先进水平，在国民经济重大技术装备领域得到广泛应用，国内国际市场占有率均居首位。陕鼓为宝钢湛江钢铁有限公司炼铁工程 5050m^3 高炉配备的高炉轴流鼓风成套设备，打破了国外透平强企在 5000m^3 以上大型高炉轴流鼓风机组市场上的垄断地位，成为国产首台套 5000m^3 以上大型高炉配套鼓风机组，可满足高炉全年各个工况的需求，包含富氧及脱湿工况。其在高效率、高压比气动设计、气动性能、材料、结构、加工工艺，特别是效率高、能耗低，调节范围宽等方面，取得了多项关键技术提升，推动了国产大型高炉轴流鼓风机组技术的发展，在宝钢湛江二期、日照钢铁、广西钢铁、山东钢铁莱芜分公司等已推广应用。

陕鼓建有国家 1993 年首批认定的国家级技术中心和国家人事部 2004 年批准设立的博士后科研工作站，组建了国家机械工业透平膨胀机与压缩机工程实验中心、设立了“三秦学者”特聘专家岗位和院士专家工作站实验和研究平台。近年来为支撑陕鼓研发体系，陕鼓建设了欧洲研发中心和分布式（可再生）能源创新中心两个研发资源平台。陕鼓高度关注技术研发，近 5 年平均研发投入占当年销售收入比重达到 10% 以上，在国内行业中处于前列。

陕鼓与各高校、科研院所开展紧密合作，借助外脑，不断夯实企业技术研

陕鼓研制全球最大工业用轴流压缩机 AV140 试车成功

发实力。陕鼓与西安交通大学、西北大学已签订了战略合作协议。与西安交通大学、清华大学、浙江大学、西安热工研究院有限公司等累计开展技术研发合作 300 余项。

截至 2020 年底，陕鼓动力获得授权有效专利 180 项，其中发明专利 51 项，实用新型专利 125 项，外观设计专利 4 项。主持或参与国家、行业及团体标准共计 44 项，其中国家强制性标准 3 项，国家推荐性标准 19 项。两项产品和技术荣获联合国能效组织颁发的国际“双十佳”荣誉。陕鼓集团先后承担国家高技术研究发展计划、重点基础研究发展计划、国际科技合作、绿色制造专项、智能制造、重点研发计划等项目近 20 项。

三、典型经验

（一）持续推进质量管理及质量提升

1. 明确质量管理思路

近年来，陕鼓围绕企业发展战略，建立了“以企业战略引领质量管理、以新兴产业延伸质量管理、以管理体系规范质量管理、以持续改进落实质量管理”的质量管理思路。建立全部产品、服务、过程的“大质量”管理体系，持续进行质量改进。

2. 不断完善质量体系认证和管理措施

陕鼓质量管理体系经过了完善、提高和追求卓越三个阶段。1994 年陕鼓在行业首家通过 ISO 9001 质量管理体系认证；2008 年陕鼓取得了国军标 GJB 9001A 质量管理体系认证证书，2010 年 11 月升级为国军标 GJB 9001B，同年获得 ISO 10012 测量管理体系认证，质量管理体系不断完善。陕鼓实施“零缺陷”“创精品”管理，以国军标质量管理体系标准为依据，建立设计开发、采购、生产制造、质量检验、售后服务等质量保障体系，达到产品符合设计文件及有关技术规范的质量要求。

3. 履行质量责任

（1）产品质量承诺　陕鼓向用户承诺：一是产品设计制造严格执行国家标准和行业标准，为用户提供质量可靠的产品。二是不断提高服务水平，虚心听取用户的意见，认真妥善处理用户的每一件投诉。三是有问必答，有要求必有方案。四是提供“24 小时服务热线”，对用户意见或服务需求做到 100% 及时答复和处理，确保用户满意。

（2）推行名牌行动　陕鼓“名牌行动”是企业先进的专有技术，对早期研制的首台首套设备，在技术水平上、质量上比较落后的产品免费进行技术升级。陕鼓为云南云峰化学工业公司 1998 年使用的国内首台套硝酸四合一机组进行免费技术升级和改造，树立了“诚信市场”的品牌形象。

陕鼓从 2005 年开始贯彻 GB/T 19580《卓越绩效评价准则》，2007 年企业荣获“全国机械工业质量管理奖”，2009 年荣获“全国质量奖”，成为西北地区和风机行业首家获此殊荣的企业。2010 年荣获陕西省首届政府质量奖——“陕西省质量管理奖”，2011 年荣获“西安市质量管理奖特别奖”，2013 年、2015 年荣获“中国质量奖”提名奖。

（二）转型升级实现企业高质量发展

2001 年，陕鼓基于对市场发展趋势和企业自身实际的缜密分析、论证和研究，提出了“两个转变”战略，开启了陕鼓的转型升级之路。形成了以分布式能源系统解决方案为圆心，为用户提供设备、服务、EPC、运营、金融、智能化、供应链等七大增值服务的“1+7”模式。

1. 瘦身健体，强化核心研发与制造

（1）聚焦高端业务　陕鼓始终坚持“做加减法”，先后取消、弱化了 29 种低附加值业务，新增、强化了 52 种高附加值业务，对低附加值辅助业务环节进行剥离和专业化外包，集中资源发展高附加值环节。

（2）强化核心制造能力　在核心制造环节，陕鼓持续强化资源投入，企业拥有各种生产设备 4000 余台，大型、精密设备 400 余台，居于行业领先地位；建有 10000m^2 的重型车间，可同时容纳 100 余台机组装配；先后建设了压缩机国家重点实验室分站、国内风机行业最先进的真实气体压缩机基本级闭式实验台、亚音速风洞试验台、32T、8T 高速动平衡机及超速试验装置、具有 8 套试车台位的试车站，打造全球领先的大型装备制造能力。

（3）提升科技研发实力　陕鼓形成了院士专家、博士后科研工作站等一系列科技创新“智囊”及技术创新国际资源平台。经过持续的技术研发创新，陕鼓先后荣获国家科学技术进步奖 6 项，多项节能环保技术填补国内空白。

2. 超越制造，创新商业模式，发展服务型制造

（1）实施工程总包运营模式　陕鼓组建了工程公司和工程设计研究院，发挥产品和技术优势，为用户提供系统工程总包、单元工程总包等多类型的工程总承包服务。目前，累计承揽 300 多个海内外工程总承包项目。

（2）实施工业服务模式　陕鼓构建全生命周期智能设计制造及云服务系统平台，持续提升设计智能化、过程智能化和服务智能化水平。向用户提供能量转化设备全生命周期健康管理、旋转机械过程监测及故障远程在线智能诊断、透平设备专用润滑油和全托式保运等 13 种服务。近五年来，服务业务年均增长率 20% 以上。

（3）实施全球先进的金融产业链服务模式　陕鼓积极探索产融结合新模式，与金融业联手为产业链上下游客户提供个性化的金融方案，打造先进的全球金融产业链。

（4）实施全球供应链平台模式　近年来，陕鼓集团结合自身发展以及互联网优势，整合管理、技术等内外部资源，与产业链上最优秀的专业供应商合作，创新供应链协作模式，构建“链易得”供应链综合服务平台，打造全球产业链，以“技术 +”“商务 +”“金融 +”“研发 +”“能量 +”方式，形成全新的商流、物流、资金流、知识流、能量流，深度服务于供应链上下游企业，成为发展流动经济的一股洪流。

（5）实施能源基础设施运营模式　陕鼓坚持为用户提供更加绿色、节能、环保的系统解决方案和服务。通过延伸产业链，开展园区综合智能一体化、水务一体化、工业气体、生物质 / 垃圾发电运营方式，实现了少人或无人值守。目前，陕鼓已在国内投资、建设、运营 10 个气体厂、5 个污水处理厂、2 个分布式一体化模式发电厂和 1 个能源互联岛全球运营中心。

（6）创新实践形成“专业化 + 一体化”的“能源互联岛”技术和系统解决方案　2016 年，陕鼓进一步深化服务型制造的探索与实践，提出了战略聚焦分布式能源，开创了“专业化 + 一体化”的“能源互联岛”技术和系统解决方案，并在陕鼓临潼工业园区建成分布式能源智能综合利用示范项目——能源互联岛全球运营中心。目前，“能源互联岛”系统解决方案已成为离散型制造业、流程工业、工业园区、智慧城市及军民融合等领域的个性化、智慧绿色系统方案，并具有显著的技术领先和商业化优势。

3. 开展国际化经营，融入“一带一路”建设

为加速陕鼓分布式能源全球化战略布局，整合全球资源，延伸产业链，陕鼓已布局捷克 EKOL 公司、陕鼓卢森堡有限公司、陕鼓印度有限公司、陕鼓印度服务中心、陕鼓欧洲研发公司、陕鼓欧洲服务中心、陕鼓印尼服务中心等机构。

2017 年 5 月，陕鼓在德国杜塞尔多夫相继建立欧洲研发中心和欧洲服务中心，围绕分布式能源领域核心技术能力构建、开展了全球市场与研发体系的布局。

4. 企业经营业绩和成效

一是实现了企业资产跨越式增长。陕鼓 2000 年转型后 1 年总资产的增量相当于转型前 50 年的增量。2000 年转型后 1 年净资产的增量相当于转型前 65 年的增量。二是实现了主要效益指标赶超世界一流。陕鼓连续 15 年位居中国行业利润第一。2020 年，陕鼓人均营业收入、人均利润、人均销售利润率等主要经营指标已经超过国际一流先进企业。三是实现了国际化市场布局。四是实现了企业业务结构的均衡发展，形成了能量转换设备制造、工业服务和能源基础设施运营三大业务板块。企业获得稳定的、可预见的现金流和收益。

四、未来发展展望

未来，陕鼓将以打造世界一流绿色智慧能源强企为战略目标，以“战略文化引领，市场开拓为纲，能力建设为基，打造一机两翼，实现千亿市值”的陕鼓新时代发展总路径为引领，进一步做强做大企业规模，深入实施“工业 +”，坚持企业园区化，园区产业化，积极推进生产性服务业；加快企业国际化进程，立足国内市场，全力开拓海外市场；全力提升企业创新研发水平和产品技术竞争力。加快新产品研发速度，进一步紧密与高校、科研机构的合作关系。探索企业内外部多样化的技术协同创新激励新模式，建立研发人员技术成果与市场化经济效益相挂钩的长效激励制度；对标国际一流企业，与 5G、大数据、云计算等信息技术融合发展，在工业互联网、数字经济领域取得良好发展，持续提升企业的效率和效益指标，品牌价值实现稳步增长。

五、专家点评

陕鼓研制的 AV140 机组进行了多项创新，攻克了多项技术难关，是目前世界流量最大的轴流压缩机组，其性能参数代表了目前国际压缩机的最高水平。AV140 机组试车成功标志着陕鼓在大型压缩机组转子动力学、工艺设计、加工制造等方面的技术水平达到全新高度，彰显了陕鼓的装备制造实力，充分证明了陕鼓在压缩机领域的地位，也是我国工业体系能力水平的体现。

中国航发四川燃气涡轮研究院副院长　徐国

中国航发四川燃气涡轮研究院项目总工程师　万世华

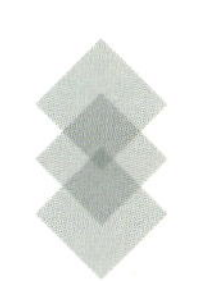

不忘初心　砥砺奋进
不断开创中国高档机床发展新篇章

一、总体情况简介

秦川机床工具集团股份公司（以下简称“秦川机床”）是中国机床工具行业排头兵企业、中国精密数控机床与复杂工具研发制造基地、国家级高新技术企业和创新型试点企业。拥有控股企业 17 家、参股企业 7 家，员工近万人，业务覆盖机床工具、关键零部件及功能部件、现代制造服务业等。

作为国有大型机床工具企业集团，秦川机床坚持以满足国家战略发展需要，填补国内空白和实现进口替代为方向，在许多细分领域不断推陈出新和升级换代，逐渐形成了多层次多品种的机床产品业务结构。很多产品在国内具有很高的市场地位，磨齿机国内第一，外圆磨床、螺纹磨床和车轴类磨床行业领先，数控车床和加工中心的性价比处于行业前列，滚齿、插齿、剃齿等高端复杂刀具名列行业前茅，滚动功能部件占据行业重要地位，机器人关节减速器规格最全、系列最多……这种拥有众多先进产品的发展模式，保障了企业 50 余年持续、稳定、健康的发展。

精密齿轮磨床是中国精密齿轮磨削高端装备领域的翘楚，拥有碟形双砂轮、锥形砂轮、蜗杆砂轮、成型砂轮、大平面砂轮、内齿轮砂轮、摆线齿轮七大产品系列，是世界上品种最多、规格最全的齿轮磨床制造商，出口美国、韩国、日本、伊朗及东南亚 20 多个国家和地区。Y7032A 碟形双砂轮磨齿机获得国家科技进步一等奖，是新中国成立以来机床行业产品获得的最高奖项；Y7125A 大平面砂轮磨齿机、YK7232 数控蜗杆砂轮磨齿机获得国家科技进步二等奖；YK7250 数控蜗杆磨齿机（数控八轴五联动）获得陕西省科学技术一等奖；YK73125 大规格数控成型磨齿机被科技部列入国家攻关计划。

二、突出优势

齿轮磨床是秦川机床最具特色、最为核心的产品，是中国机床“隐形冠军”之一。

秦川机床磨齿机 YKS7225

齿轮磨床主要用于高精度、硬齿面齿轮的高效高精大批量磨削加工，在此领域我国曾受到瑞士、德国和美国的技术封锁和价格垄断。数控磨齿机包含光、机、电、液、软件、计算、控制等技术，具有结构复杂、自动化和数控化程度高、软件先进、加工精度高、加工效率高、研发和制造难度大等特点，是装备制造业的高端关键设备，是国家机床水平的标志性产品之一。

秦川机床通过不断自主创新研发，突破和全面掌握了数控磨齿机的设计制造核心关键技术，产品技术水平及性能达到了国际先进水平，成为全球齿轮磨床品种最多、规格最全、产量最高的企业，具有年产 300 多台的生产能力。其中蜗杆砂轮磨齿机（72 系列）和成型砂轮磨齿机（73 系列）占据年出货量的 90%。数控蜗杆砂轮磨齿机规格覆盖 ϕ10~ϕ1500mm 范围，模数 0.4~14mm，数控化率 100%，填补了多项国内空白，加工精度最高达到 GB/T 10095 标准 2 级，总体技术水平及性能处于国内领先、国际先进水平。数控成形砂轮磨齿机规格覆盖 ϕ10~ϕ4000mm 范围，模数 1~40mm，数控化率 100%，填补了多项国内空白，1m 规格的磨齿机加工精度达到 DIN 标准 2 级，4m 规格的磨齿机精度达到 DIN 标准 3 级。

秦川机床坚持对标世界顶尖企业。与瑞士莱斯豪尔、德国卡普、美国格里森的磨齿机相比，秦川的产品优势在于机床性价比高，交货期短，服务便利快捷，更能满足国内快速增长的市场需求。与国内其他厂家相比，在产品规格覆盖、机床整体性能、磨削效率、磨削精度、机床可靠性、加工质量和用户服务等方面优势明显。因此，秦川磨齿机保持着国内市场产销量领先的地位。

秦川磨齿机打破了国外限制封锁，实现了全面替代进口，满足了我国高精度齿轮（国标 4 级以上）批量磨削加工难题，奠定了企业在我国精密数控机床研发制造领域的排头兵地位，在为企业创造巨大经济效益的同时，为我国汽车、航空航天、船舶、石油、工程机械等国家支柱产业提供了大量国产化的精密机床母机和关键零部件产品及专业化服务。

三、典型经验

（一）科技创新

多年来，秦川机床立足自身、着眼全球，形成了高端技术研发及全球科技资源整合的创新能力，形成了独具特色的研发体系。建设国家级博士后工作站1个，国家级企业技术中心1个，省级工程中心2个，省级高层次人才创新创业基地1个，省级院士工作站1个。建立了集团中央研究院、权属子企业研究院所、车间技术科三级联动的“三级研发体系”。与华中科技大学、西安交通大学、西安理工大学、湖南大学、南京理工大学、厦门大学、哈尔滨工业大学等国内知名院校合作，联合共建各类研发创新平台，开发拥有自主知识产权的关键共性技术。设立了北美QCA研究中心，与欧洲DU、ROMAX等国外研发机构合作。

2020年，秦川机床重新组建了技术委员会，将科研投入指标纳入各权属单位的经营业绩考核当中。对研发人员实行“宽带薪酬”制度，强化业绩导向、结果导向、水平导向，设立了专门科技奖项，激发科研人员的工作热情，创新成果不断涌现。2020年，开发出市场急需的YK73400/YK73400T磨齿机、YK7363T1面齿轮磨床等12项重大技术装备，开发出HMC80卧式加工中心、HMC1200/5S五轴卧式加工中心等20项工艺装备，成功研制ϕ320系列磨床伺服头架等12项磨床产品、4项数控车床产品、2项数控系统及软件、15项机床主机和零部件系列产品，为我国“三航两机”及其他领域提供高端、定制化的替代进口系列装备做出巨大贡献。

2020年申请专利近40项，参与制定国际标准1项，行业标准7项。突破主机正向设计技术、关键零件制造工艺、集成技术等一批关键技术90项，领先行业领域新技术9项。新产品贡献率达到16.3%。

（二）数字化转型

1）完善信息化服务设施，建设总部数据中心。围绕“两化融合”和“企业数字化转型”，利用工业互联网、云计算、大数据分析等新技术，整合资源、共享数据，建成集团总部数据中心，形成“数据集中、应用分布”的集团业务信息资源支撑系统。

2）实施光网改造，奠定“5G+”应用基础。2020年，建成覆盖总部厂区的万兆光纤骨干网，实现区内互联互通，为集团加快推进建设数字化、智能化工厂筑牢基石。

3）建设数字化车间，树立数字化车间应用典范。建成了覆盖机器人减速器车间的有线、无线混合网络，以及MDC数据采集、主屏幕展示及硬件部署，加快了生产车间数字化转型升级的步伐。

（三）质量品牌

秦川机床树立了“创新突破、质量为本、匠心智造、顾客满意”的质量方针，大力弘扬工匠精神，全员、全过程、全方位形成质量为先的发展理念，不断完善质量体系建设和产品质量保障制度建设。先后通过了 ISO 9001 : 1994 质量管理体系认证、GJB 9001A—2001 国军标质量管理体系认证、ISO/TS 16949 : 2002 质量体系认证、ISO 14001 : 2004 环境管理体系认证、八大船级社认证证书、API 认证以及 ISO 9001 : 2015、GJB 9001C—2017、ISO 14001 : 2015 三体系整合转版工作，IATF 16949 : 2016 体系转版。每年通过内外各级审核全面验证企业质量体系运行的有效性和适宜性。近三年，通过了中国质量认证中心、中国新时代认证中心、德国莱因公司、美国石油协会、八大船级社、兴原认证中心等的认证（再认证）审核、评估。

秦川机床持续开展品牌创建活动，利用北京国际机床工具展、中国国际铸造博览会、中国国际工业博览会等有较大影响力的展会，展示“秦川”品牌的强大发展动力和深厚文化内涵。设立了《秦川发展品牌 · 质量基金》，鼓励和引导员工投身到品牌创建、专利申请、技术创新、管理创新、质量改进等工作中。企业先后被授予“全国机械行业百强企业”“陕西省百强企业”“中国驰名商标”等荣誉称号。“秦川”牌磨齿机先后被认定为“中国名牌产品”“全国最具市场竞争力品牌”产品、世界市场中国（机床）十大年度品牌，成为与德国、瑞士、美国等世界级磨齿机巨头抗衡的民族机床品牌。

（四）经营绩效

秦川机床多年建立起了一整套经营绩效考核体系，对企业发展起到了重大的促进作用。在近十年中国机床工具行业整体不景气的大背景下，秦川机床保持了相对稳定持续的发展。

2020 年，企业通过深化体制机制改革，明晰战略发展思路，整合销售和生产资源，在抓合同、抢订单、降本控费等方面持续发力，建立了新的绩效考核体系机制，出台了一系列绩效激励考核制度，一手抓疫情防控，一手抓复工复产，取得了良好的经营业绩。2020 年 1~3 季度营业收入和利润两大经济指标在机床工具行业金属切削机床分行业中名列前茅。

四、未来发展展望

“十四五”期间，秦川机床将持续加大科研投入，加速科技成果转化，不断优化创新生态。聚力突破关键核心技术，建立高端装备、智能制造及核心零部件正向开发及测试平台。持续加强集团中央研究院平台建设，完善科技创新机制，构建基础研究、应用研究、前瞻研究、成果转化和技术产业化梯次协同研发体系，加快高端装备数字化改造、网络化协同、智能化升级。广泛推广应用新工艺、新技术和新材料。加强与全球顶尖科研院所、国内重点高校联合研发，协力打造科技创新高地，让创新成为秦川机床最耀眼的时代标识。

秦川机床将坚定不移贯彻十四五“5221”战略发展目标，即50%主机业务、20%高端制造、20%核心部件、10%智能制造及核心数控技术装备，聚焦战略不偏航，聚焦主业不放松，聚焦人才强管理，聚焦产业谋拓展，聚焦“双百”求创新。以主机业务为引领，以高端制造与核心部件为支撑，以智能制造和核心数控技术为突破，深入贯彻市场化经营、差异化竞争、跨越式发展理念，全力打造国内领先、国际知名高端装备制造系统集成服务商和关键部件供应商。

专注大型铸钢件制造　助力企业创新发展

一、总体情况简介

共享铸钢有限公司（以下简称“共享铸钢”）是由共享装备与奥地利奥钢联林茨铸造厂联合出资建设，于 2006 年建成投产的大型铸钢件制造企业，地处银川市国家级经济技术开发区。

目前共享铸钢的铸钢生产能力达 15000t/ 年，最大铸件单重可达 150t，铸件材料包括高合金、低合金及碳钢，从铸造到粗加工、精加工到装配，提供全套铸件服务。85% 以上的客户都是世界 500 强企业及行业领先者，主要客户有通用电气、美卓、西门子、日立、三菱、东芝、上海电气、东方电气、哈尔滨电气等。产品包括五大类能源发电设备（燃机、汽机、水电、核电、风电）、矿山设备、海工石油以及机械加工等，主要以能源行业和矿山行业为主，都是行业内高难度、高技术含量、高附加值的高端铸钢件。

二、突出优势

共享铸钢采用树脂砂成型技术，铸造水平国内领先，达到世界先进水平，产品多次在中国国际铸造展览会上获得优质铸件金奖特别奖，是中国绿色铸造示范企业，中国铸造行业铸钢分行业排头兵企业。

（一）重型燃气轮机铸钢件

共享铸钢重型燃气轮机铸钢件铸造技术世界一流，“大型高端燃气轮机铸件研发及产业化”项目获得国家科技进步二等奖。先后获得 GE 公司颁发的供应商“最佳进步奖”“最佳执行奖”“最佳质量奖”，荣获西门子公司颁发的“中国最佳供应商”，以及三菱重工颁发的“合格供方”。

（二）大型水轮机铸钢件

大型水轮机铸钢件铸造技术世界一流，“大型合金钢锭及铸锻件缺陷与组织控制”项目获得国家科技进步二等奖，授权专利“一种大型水轮机叶片的铸造方法”荣获中国专利优秀奖，“抽水蓄能整铸转轮”荣获中国国际铸造博览会优质铸件金奖，“超低碳不锈钢铸件制造技术”被中国铸造协会评为“四新”

技术，“重型铸钢件及水轮机叶片制造技术”项目获得宁夏回族自治区科技进步一等奖。

三、典型经验

创新是企业发展的内生动力，共享铸钢是国内最早开始推行六西格玛创新方法的企业之一，凭借与美国 GE 公司的战略合作伙伴关系，在六西格玛管理方法推广应用方面得到了 GE 公司的大力支持和肯定，并获得 GE“六西格玛最佳执行奖”。基于现有的创新主体，共享铸钢引进了精益生产、TOC 理论、TRIZ 理论等一系列创新方法，借助于数字化管理平台，对多种创新方法与创新链的融合运用进行研究，形成全新的适合制造业的创新方法理论体系。主要分为产品研发、生产进度、成本控制和质量控制 4 个环节。在企业推行以来，形成 173 项项目成果，产品质量提升 33%，顾客索赔率下降 49%，产出专利 225 项。实现“1+1>2”的叠加效应，在多家制造企业进行推广应用。

（一）多种创新方法与创新链的融合

基于共享铸钢在各种创新方法使用过程中的总结和问题，共享铸钢通过对整个创新链中技术研发、工艺设计、小批试制、批量生产、质量控制等各个过程的总结和论证，将创新方法与创新链进行有效结合，明确各个创新阶段对应的创新方法。

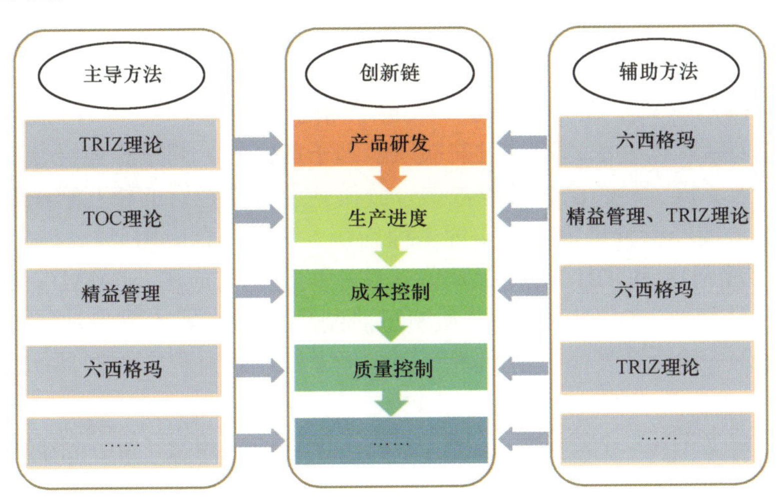

共享铸钢基于创新链的创新方法集合

通过分析各种创新方法的最适用范围和缺陷，利用其互补性组建相对完善的创新方法理论体系，形成一套以六西格玛管理方法为框架，精益管理、

TRIZ 理论、TOC 理论作为有效补充的全新的创新方法理论体系。

共享铸钢通过将顾客的关键质量特性要求转化为具体的 CSP（六西格玛项目），在团队合作模式下，应用 CSP 基本工作方法，达到预期定义目标，推进顾客成功。通过 CSP 的实施，使企业整体核心能力不断改进，推动企业持续发展，达成顾客、供方双赢的目的。

（二）应用多种创新方法融合的实施与运行

1. 数字化平台的建立

（1）建立经营数据链模式　共享铸钢通过改变传统的数据管理模式，实行经营数据链模式，解决当前数据孤岛问题，纵向延伸掌握管理其他岗位数据信息，通过前端控制来使经营结果良性循环。

（2）基础数据平台建立　共享铸钢在产品研发、质量管理、生产管理、成本控制等业务领域都开发了基于体系文件的数字化管理系统，这些系统中存储的大量有效数据为创新方法融合应用提供了基础数据。同时，随着项目的开展，将持续优化和完善各系统功能，提升运行效率及基础数据质量。

（3）基础数据的提取及风险因子识别　共享铸钢将各系统产生的数据按照市场、生产、质量、人力、环境、设备等进行分类提取，并对其中的风险因子进行了识别，结合已识别的风险因子，按照类别建立数据仓库，应用大数据技术对数据进行分析，找到强相关的影响因子，进行风险监控系统的编制及运行监控。

2. 基于数字化平台的多种创新方法融合与应用

共享铸钢以数字化为实施基础，融合精益管理、TOC、六西格玛、TRIZ 等先进的创新管理方法，通过对前端风险因子的监控，测量企业经营的各项数据，包括人、机、料、法、环等数据，分析企业各项经营的相互影响关系，建立 $Y=f(x)$ 的经营管理模式，实现多种创新方法的融合应用。

（1）DMADV 和 TRIZ 在产品研发过程中的融合与应用　DMADV 是提高产品质量和可靠性，同时降低成本和缩短研制周期的有效流程办法，共享铸钢基于 DMADV 理念开发出了产品研发全流程虚拟设计流程，并在具体设计环节（如模具、成型及工装设计等）应用 TRIZ 理论。

通过定义（D）全流程虚拟制造系统建设目标，测量（M）目前产品研发策划、设计及制造阶段的现状，分析（A）出存在的问题和风险因子，设计（D）出新的全流程虚拟制造方案，并进行系统验证（V），最终实现全流程虚拟制造工作的全面有效开展。

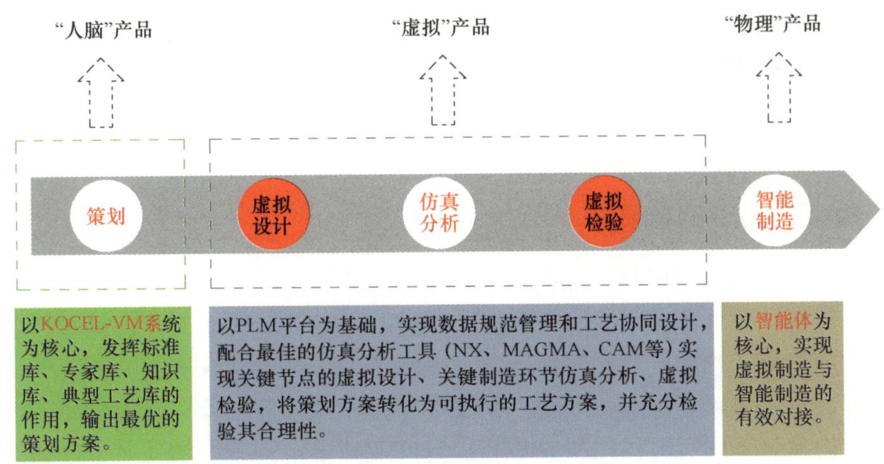

共享铸钢全流程虚拟制造理念

本平台基于全流程虚拟铸造理念，开发以产品为主线、三大应用领域协同创新的全套解决方案，包括基于三维模型的工艺设计及仿真分析、基于 PLM 系统的数据管理及协同设计、基于自主开发平台的全流程集成控制等建设内容，创新驱动转型，提供一个充分开放、共享、协作的平台，为产品的设计提供坚实的理论依据及丰富的事实案例。

（2）精益管理和 TOC 在生产管理中的融合与应用　共享铸钢以价值流为指导，测算产品生产定额和制造周期，应用 TOC 理论进行生产能力评估，识别风险，实现自动预警，并据此理论和数据，建立精益数字化管理系统，实现精益管理和 TOC 在生产管理中的融合与应用。

（3）DMAIC 和 TRIZ 在质量管理中的应用　共享铸钢质量管理在经历了检验管理阶段和统计过程控制阶段之后，已经进入全面质量管理阶段，通过应用六西格玛中的 FEMA、QFD、SIPOC 等工具梳理出了产品生产过程中的质量风险控制项和管理流程，在 DMAIC（定义、测量、分析、改进、控制）理念的指引下，建立了完善的、模块化的现场质量管理数字化系统。对于具体的涉及铸件结构、过程操作、检测器具等方面的质量问题，应用 TRIZ 理论，提出解题方案并实施。

（三）应用多种创新方法融合的实施效果

共享铸钢 2015 年起实施多种创新方法的融合与应用，经过多年的努力和探索，共开展项目 173 个，硕果累累。

多种创新方法融合应用对产品质量的提升：企业产品焊补率下降 53%，客户索赔率下降 79%。

多种创新方法融合应用对企业创新能力的提升：企业创新能力得到了极大

提升，开发新产品、新工艺、新装置共计31项，产出专利225项。企业申请专利受理呈倍增趋势。

多种创新方法融合应用对企业经济效益的提升：销售收入增加7%，利润增加33%。

四、未来发展展望

共享铸钢将以“引领行业进步　创造更好未来”愿景为核心，依据企业使命、价值观，总体战略/规划为做强、做精、做专铸造产业，推进铸造产业向高端方向发展（产品高端、技术高端、价值高端）；坚定不移地推进国际化市场进程，夯实欧洲、美洲、亚洲（海外）、中国“三洲一国”市场布局，携手强者，构建强势顾客群；以科技创新提升产业技术水平，把增强自主创新能力作为调整产业结构的中心环节，建立以市场为导向、产学研相结合的技术创新体系，依赖于科技创新、体制机制管理创新和人员素质提高，驱动发展走科技含量高、经济效益好、资源消耗低、环境污染少、健康安全有保障、人力资源优势充分发挥的发展道路；推进智能设计、智能制造、制造管理，以“双I”（智能、集成）为重点，构建数字化、网络化、智能化制造新模式，推进制造产业向自动化、智能化、无人化（少人化）发展，并能够带动行业提升。

“三驾马车”立足高端 引领光器件长远发展

一、总体情况简介

武汉光迅科技股份有限公司（简称“武汉光迅”）是2017年第二批制造业单项冠军产品企业。光器件行业以技术创新为主导，其技术实力是衡量产业竞争力的重要指标。武汉光迅以发展高端技术为战略引导，加大研发经费投入，通过自主开发、外延合作、资本运作三措并举，依托欧洲工艺中心和北美产品中心及国内研发中心，立足高端产品开发，实现了产品技术、工艺技术与国际水平同步，打造了尖端核心竞争力。

“十三五”期间，武汉光迅形成了产品及技术的四纵六横研发格局，即4大重点领域方向——核心光电子芯片、PLC波导芯片、硅光子芯片、混合集成封装，6大类重点产品——高速传输产品、光放大器产品、智能器件产品、数据通信产品、接入/网关产品、微系统集成产品。在“十三五”末期，企业产品站稳了100G（传输、数据、智能交换）平台、突破了材料生长、可调、高速光电子芯片、混合集成等核心技术，顺利实现了市场份额行业全球前三的“十三五”总体目标。

二、突出优势

武汉光迅坚持每年将销售收入的10%用于核心技术和行业前瞻技术的研究和开发，持续增强企业的技术创新实力；在专利方面，武汉光迅“十三五”期间专利申请数量较“十二五”同比增长了100%，其中发明专利占比70%，专利总体数量达到了行业前五位；海外知识产权布局力度不断增大，国外专利比例占比20%以上。同时，武汉光迅建立了与行业地位相匹配的知识产权管理体系，提升了企业知识产权运用能力，让知识产权贯穿企业全部经营活动范围，降低了光迅科技的知识产权风险。

武汉光迅针对光纤通信长途干线系统、城域网系统和接入网系统以及数据通信所需要的各种有源光器件、平面光波导器件、智能光器件、高速光收发模块等光通信器件，从“芯片、器件、模块、子系统”四个层次进行了技术开发与创新研究，重点开发了大容量高速光通信和下一代智能化光通信系统用关键光电子器件和子系统技术，突破和掌握了一批具有自主知识产权的核心技术，解决了部分光通信器件的关键工艺和技术问题，重点研究开发的本领域新技术、新工艺和新产品，有力地提升了企业的核心技术含量和自主创新能力。

三、典型经验

（一）产品质量保障

1. 物料供应质量保障

（1）建立完整的供应资源池与优选供应商资源库　物料供应实施分层分级管理，建立与关键物料供应商长期稳定战略合作关系，提高合格供应商的利用率，增强供应战略合作；通过建立科学、完整、合理、高效的供应商选择、开发、认证、淘汰的方法及过程，提高供应商 T、Q、R、D、C、E、S 全面竞争力，搭建质量可靠、供应稳定、交付快捷、价格合理、合作共赢的敏捷供应与交付体系。

（2）建立物料分级管理机制　以战略为中心、关键为重点、一般为补充，形成差异化又有针对性重点供应商的管理机制，提升管理效率；将供方质量管控延伸至供方现场，通过供方的质量专项、PDCA、定期质量信息反馈和交流等，提升公司到货原材料的质量表现，将来料批合格率提升至 98.5%；持续完善供应商管理信息化建设，对供应商管理的商务和质量数据全面实现电子报表实时查询，保证数据的准确性和易用性；建立供应商信息发布交互平台，保证物料数据信息传递的顺畅性与高效性。

（3）降低供应风险　建立风险物料、风险供应商清单、风险物料可靠性测试计划，通过消除独家供货、拓展渠道的年度开发计划、可靠性例行监测等手段，持续降低供应风险，提升供应质量。

2. 制程质量保障

运用过程质量管理手法，细化管控颗粒度，建立产品过程的可视化系统和过程质量管控体系。完成改进措施的标准化，通过持续改进，提升制造过程直通率水平与过程质量管控能力，持续提升产品生产直通率水平。

提高制造过程质量异常报告响应速度，建立高效的失效分析与质量风险评估机制，提升问题响应、分析与总结的时效，建立简单、易用的管理平台与团队，实现异常预警 IT 化，数据统计系统化，解决问题标准化，保持生产过程稳定的能力，提升制造过程质量异常的管理效果。

推进顾客投诉 / 市场返回品管理系统。处理流程标准化，完善基础数据登记和采集，缩减管理成本，突出重点，解决顾客投诉和市场差评，反向促进生产过程和工艺技术革新，降低产品市场返回品率，持续提升顾客满意度。

（二）创新能力提升

1. 光电子核心芯片产品开发

以10G芯片的应用为基础，从数据中心、城域、长途干线三个典型为突破，建立磷化铟（InP）、砷化镓（GaAs）的材料平台及其芯片制程工艺，通过同时聚焦100G的应用，扩展25G×N的技术平台。以自主培育和战略并购、自主研发和技术引进的开发策略为抓手，以培养核心人才和核心技术为目的，规划和建成完整且具有核心盈利能力的国际化产业链。

2. 100G及以上高速器件产品开发

针对100G/400G高速光通信系统对于关键光电子器件的具体要求，持续深入开展用于高速系统的光电器件的理论及工艺技术研究，开发了具有自主知识产权和先进技术特性的100G高速光电器件，包括100G相干集成接收机（ICR）、相干用窄线宽可调激光器（ITLA）、100G CFP模块、硅基100G调制器、收发模块等产品并实现产业化。

3. 下一代接入器件产品开发

与国际领先的系统集成商合作，开发应用下一代接光器件，逐步量产，形成经济效益，推动国家“宽带中国”战略实现。

（三）管理能力提升

1. 通过顶层设计、深化管理变革，激发内生动力

持续完善组织结构设置，进一步整合产出资源、突出责任主体，锻造业务驱动力。通过设置“市场部”将“营”的职能下沉业务部、设置“开发部”构建研发资源池等架构设计，从形式到运作机制和理念上，贯彻矩阵式管理思路，协同推进薪酬包改革、销售工具包开发、经营分析及预警体系构建、建立IPD产品开发管理机制等多项措施，激发内生动力。

2. 通过开放式预算、着力降本增效，提升经营质效

遵循开放式预算管理原则，严格执行产出部门费用包、薪酬包与利润空间的联动，促使各业务部主动寻找业绩增长路径、贯彻降本增效要求。同时，积极开展财务筹划工作，提高资金使用效率、规避汇率变动风险，提升经营质效。

3. 通过系统规划、增强管理能力，提供专业保障

落实中长期信息规划，推进重点项目SAP系统融合；提升资产管理水平，严格执行装备投入计划；逐步提高运维保障能力和专业的安全管理与后勤服务能力。

4. 深化产品开发流程（IPD）的管理效果持续释放

布局预研体系的核心业务：对未来的技术和产品进行探索和研究，形成企业的技术储备，提高企业在技术领域的影响力。重点完善产品体系的核心业务：以成熟技术和平台高效低成本的优势满足客户的要求；在周期、成本和可靠性以及可生产性和可保障性上领先对手，在市场和财务指标上构建核心竞争力。倾力打造公共技术开发（CBB）的核心业务：构建 CBB 和技术平台及产品平台，提高研发的效率和共享；建立技术标准，避免重复开发。明确资源线的要求：对专业的流程和规范操作负责，对专业人员的培养和任职资格体系负责，对专业技术的发展方向和技术先进性负责，对技术平台负责。以流程支撑活动，以活动提升人员能力水平，再通过活动优化流程，面向业务成功，以标准化活动运作为基础，通过跨部门和结构化的并行流程，将产品快速推向市场，获取利润。

（四）人才培养

1. 积极实施人才强企战略，着力打造创新人才队伍

一方面，在企业内部现有人才的基础上，通过培训——实践——再提高的形式，把现有科研队伍的整体研发能力向上提高一个档次；另一方面，务实、发展和引进本行业的高端领军人才，特别引进有扎实理论基础并拥有实践开发成果的前沿科技领军人才，以开发当代前沿的产品。同时培养和提高企业的研发队伍，使之适应全球光电子器件研发的需要，建立世界一流的企业。

2. 全面推进职业化任职资格体系设计

加强职业化、专业化的员工队伍建设，建立职业发展通道，结合企业发展需要，规划员工成长路径，实现企业与个人双赢；加强干部队伍建设，规范管理干部选聘、考核、任免各环节；深化薪酬与绩效制度改革，继续强化增量价值导向与薪酬分配体系；通过自主培育与外部引进相结合，提升人才队伍的经营、管理和业务能力，以支撑企业未来发展。

（五）信息化建设

结合《中国制造 2025》战略规划，以“智慧企业”作为信息化发展战略，“十三五”末期完成了网络化、数字化和智能化产业生态体系基本架构；实现了数据资产的价值管理。实现“互联网 +”新经济形态的商业模式；按照国家智能制造的标准，推动信息化和工业化的深度融合，在供应链、客户服务、数据分析、生产上实现不同程度的智能化。武汉光迅信息化实现了“协同创新”，达到同行业先进水平，并持续支持企业的组织绩效与管理变革。

四、未来发展展望

（一）技术发展计划

在技术研发层面，以下一代光电子集成技术为抓手，即光子集成、光电集

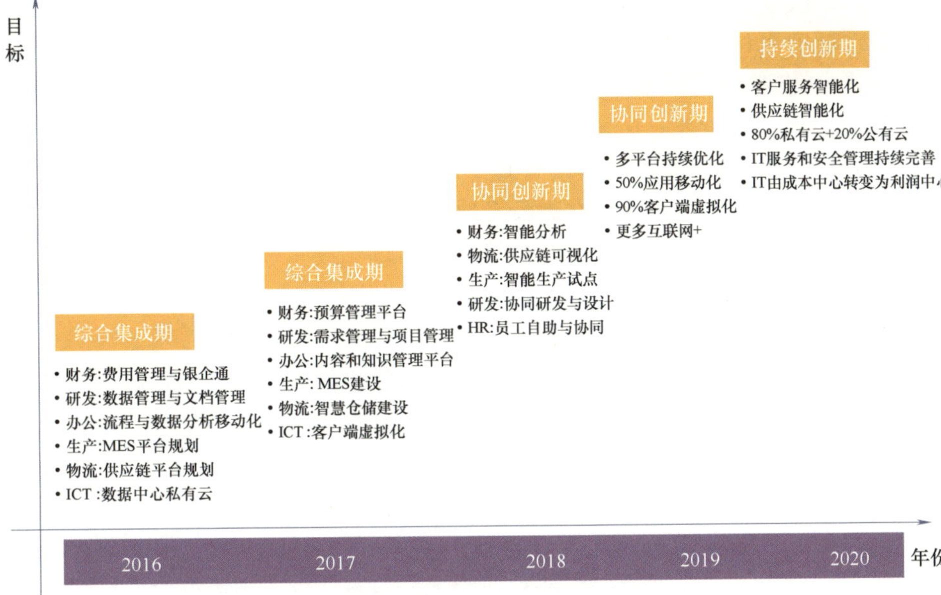

武汉光迅 2016—2020 年信息化建设成果

成技术，在“新赛道”上建立具有自主知识产权的光电子技术，在核心芯片技术、集成应用技术、基础前沿技术等方面形成强有力的竞争实力，为产业发展持续提供创新技术体系的支持。

在产业支撑层面，重点突破产业急需核心光电子芯片的共性关键技术，初步建成面向多项目晶圆（MPW）和代工生产的两类标准化与规范化的光电集成芯片研发平台，推动我国光电子器件与芯片的自主可控发展。实现典型光电子芯片批量化生产，有力支撑国家战略的实施和重点任务的完成。

（二）管理提升计划

（1）持续战略管理能力提升，抓住战略机会点，实现战略落地　在 DSTE 战略管理体系基础上，持续进行差距分析、市场洞察、业务设计方面的工作，并进一步提升规划中的薄弱环节、薄弱部门，保证企业在不断变化的市场和竞争格局中，能有切实可行的战略举措来促进企业整体目标的实现。

（2）持续推动企业 S&OP 运作质量　重点解决需求预测机制不完善、物料需求信息指导性不够、物料及时齐套性及短周期急单、客户需求变化和成品半成品积压等问题，推进 OTD 指标不断进步，逐步固化工作流程和方法，跟踪周期分析评估效果，有效利用信息化手段来做落地，补偿 S&OP 人员能力不足与短板。

（3）持续推动企业人力资源管理效率提升　推进人力资源系统升级，将任职资格管理纳入目标，实现任职资格与薪酬、任职资格运用等体系进行对接。开展管理类和专业类任职资格建设，优化内训师管理机制，持续推广 EDU 运用。

（4）持续推动产品开发质量管理　在项目管理、样品管理、新产品 NPI 导入方面持续进行改善，持续推进开发质量管理。

（5）持续推动企业流程优化　持续完善市场到线索业务的业务流，启动支持内部运营的平台 CRM；持续提升 ISC 集成供应链，提升从 ITR 问题到解决主业务流的主要指标。

（6）持续推进企业质量管理　通过对来料质量控制、外包质量控制、制程质量控制等各环节的持续质量管理提升，提高企业产品整体质量。

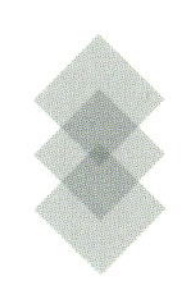

以品质成就行业标杆 打造国内最大的 ADSS 光缆生产基地

一、总体情况简介

江苏中天科技股份有限公司（以下简称“中天科技”）起步于 1992 年，起家于光纤通信，2002 年在上交所上市，现已发展成为涉足通信、电网、海洋、新能源和新材料等多元产业的中国 500 强企业。中天科技拥有 16000 多名员工，运营 6 家海外工厂、产品出口 147 个国家和地区，是国家创新型企业、国家级技术创新示范企业、中国电子信息百强、金牌上市公司，全国质量奖、国家技术发明二等奖和中国专利奖获得单位。

中天科技与时俱进，不断优化企业愿景，坚持“光电网联美好生活”的使命和“以品质立尊严、以客户为中心、以奋斗者为本”的价值观，建立了以市场为导向、以国家级技术中心为支撑、自主创新与产学研合作相协同、两化深度融合相促进的技术创新体系，持续为客户、员工、社会创造价值。

中天科技“全介质自承式光缆（ADSS）”是国内首家通过国家级鉴定的拳头产品，产品投入市场以来，市场占有率连续数年高居榜首，并远销欧美、中东、东南亚等多个国家和地区。ADSS 是一种由全介质材料组成的非金属光缆，它能承受自身重量及外界的负荷，常见于架空高压输电系统的通信路线，可应用于电力通信等强电环境（如铁路），以及雷电多发地带、跨江过河或复杂地形等距离跨度大的环境中。

中天科技拥有优质的生产和检测设备，采用世界公认的最好的芳纶材料，拥有业内最高端的专业人才团队，与美国杜邦合作研究高模芳纶的应用课题，与青海电力设计研究院共同开发盐湖防腐 ADSS 光缆，自主创新研发的防松鼠啄木鸟专用 ADSS 光缆已被铁路通信部门广泛采用，开发研制为 ADSS 光缆线路架设配套的配件附件，提供“光纤 - 光缆 - 金具 - 接头盒 - 配线设备 - 尾纤”的系统解决方案。中天科技 ADSS 从开发研制到生产管理、从质量控制到后续服务形成的一整套模式，引领中天科技向诸多单项冠军冲刺。

二、突出优势

（一）技术先进性

中天科技在国内首家通过风激振动试验、过滑轮试验和耐电痕试验，产品性能达到行业领先；首家建成国内最高级别的防电蚀盐雾试验室，可模拟实际运行环境，满足了 ADSS 特种光缆的生产、测试需求；首家研发 ADSS 特种光缆并通过国家级鉴定，开创行业先河。得益于技术上的先进性，中天科技一次次攻克各种难题，多种 ADSS 光缆成功应用于多种恶劣环境中，如舟山群岛跨海峡的“大跨越”，贵州 30mm 覆冰、抗冰救灾的“重覆冰”，青海、西藏高海拔的青藏线“低损耗”，以及新疆、黑龙江的“耐严寒”等多项重点工程。

（二）产品质量

中天科技实行以质量部为核心、总经理直接领导的质量保障体系，对内监督质量的运行情况，对外提供售后服务、处理用户信息。中天科技始终坚持“精益求精、持续改进”的质量理念，以及“顾客驱动、合作共赢”的服务理念，积极推行现代企业管理制度建设，践行《卓越绩效评价准则》，在综合运用“日立十大管理办法”“中天十大管理办法”等国内外先进管理手段和经验的基础上，不断优化组织架构，规范经营管理，通过了 ISO 9001：2015 质量管理体系、ISO 14001：2015 环境管理体系、OHSAS 18001：2007 职业健康安全管理体系、PCCC 产品认证、ISO 10012 测量管理体系、WCA 企业社会责任、绿色工厂等认证。

在长期、有效的质量保障体系基础上，本着“顾客至上”的原则，中天科技与客户签订生产质量保证计划书、产品质量保证承诺书、技术及售后服务计划、售后服务承诺书等系列保证文件，确保产品按时、按质、按量完成，尽最大可能满足客户需求。

（三）发展效益

中天科技是国内最早开发 ADSS 光缆的企业。产品除了广泛应用于国家电网公司、南方电网公司、各发电集团等电力系统单位外，还应用于各运营商、中国铁路、中国石油石化等非电力系统客户。21 世纪初开始设立“海外事业部”，坚持“走出去”战略，成为中国最早“走出去”的光电线缆制造企业之一。产品应用于电网、通信、石油石化输送管道、长途干线网等需要自承式架空的线路，在对抗电磁干扰及雷暴日高的敷设环境中也是一种很好的光缆类型选择。

三、典型经验

（一）技术创新

“专注精细制造，矢志科研创新”是中天科技不变的追求和承诺。秉承

“光电网联美好生活”的崇高使命，中天科技建立了以市场为导向、以国家级技术中心为支撑、自主创新与产学研合作相协同、两化深度融合相促进的技术创新体系。企业承担了4项国家高技术研究发展计划和6项国家重点研发计划，获得1900多件专利授权，主持、参与制定350多项国际、国家及行业标准，在各产业领域形成独特竞争优势。

（二）管理能力

中天科技建立了较为科学的公司治理结构，并不断完善各项制度。企业的权力机构、决策机构、监督机构、经营管理层按照《公司章程》责权明晰，各司其职，运作规范。

中天科技建立了高层领导及组织治理机构成员的绩效评价体系，分层次、多渠道、定期对高层领导及组织治理机构成员的绩效进行评价，高层领导还通过员工座谈会、交流会、经销商走访、供应商大会、政府交流活动等各种渠道，了解员工、顾客、供应商和社会等相关方对企业高层领导的意见和建议，并运用到对高层领导的绩效评价过程中，促进高层领导及治理机构成员绩效的改进。

（三）企业文化

文化创新是企业发展的灵魂。中天科技在全国首创知识产权银行，开展“我工作、我思考、我建议”活动，保证员工持续创新的热情；在全国首建“精神家园工程师”工作制，倾听员工内心诉求，为员工办实事、做好事，网格化培育产业工人队伍，打造“高能、多能、传能”工匠群体。中天科技还积极承担社会责任，在各项公益事业中捐款捐物近2亿元，是江苏慈善奖获得单位。

（四）质量品牌

中天科技将“以品质立尊严”作为企业核心价值观之一，不断加强品质管理，拓展品牌美誉度，夯实品牌忠诚度。

为推进品牌战略，中天科技成立品牌建设委员会，董事长、总裁任品牌建设委员会正、副主任，委员会下设品牌建设办公室，制定《中天科技品牌建设管理办法》，设计有感染力的品牌标识，设立“中天品牌日”，建立首席品牌官和品牌经理制度，通过市场宣传、广告媒介、社会公益、定期拜访客户和投资者等多种形式，传递企业“光电网联美好生活”的愿景，将中天品牌的内涵和理念传播、渗透、根植于客户。

（五）产品经营绩效

作为国内最大的ADSS光缆生产基地，截至2020年底，中天科技在线运行业绩已超35万km，全球市场占有率达28.2%，全国市场占有率达32.9%，在国际、国内的ADSS光缆行业中始终保持第一。中天科技近三年ADSS光缆产品销售情况及效益见下表。

中天科技近三年 ADSS 光缆产品销售情况及效益表

年　　份	产品销售收入 / 万元	净利润 / 万元
2018 年	66547	5883
2019 年	53678	4949
2020 年	55376	5024

（六）产业协同

中天科技坚持从高端产品起步，特种产品特色经营。在高端产品打开市场的基础上，又向产品前后延伸，配套服务满足客户的各种需求，实现规模优势、效率最大。比如电网产业以“殷钢材料 - 特种导线 - 智能电缆”为链条，服务输电、配电领域；通信产业从光缆上延到光纤、光棒，下延到宽带产品，打造了一体化产业链。

（七）国际化发展

自“一带一路”倡议提出以来，中天科技积极发展海外市场，相关合作稳步推进。截至目前，营销网络实现“一带一路”全覆盖，在建成的七家海外工厂中，布局在“一带一路”沿线的有印度工厂、乌兹别克斯坦工厂、印度尼西亚工厂、摩洛哥工厂和土耳其工厂。这些工厂的建设开工，优化了“一带一路”沿线所在国家通信、电网的基础建设，降低了传统电力线路的能耗，为数以万计的居民带去了通信、电力的便利，使他们的生活质量得到根本性的改善，同时也为当地居民提供了一部分劳动岗位，缓解了当地政府的就业压力。

中天科技海外生产基地图

四、未来发展展望

迈入新时代，中天科技“十四五”战略定位是创新升级通信、电力、海洋支柱产业，培育壮大新能源、新材料及新业态产业，成为对区域经济承担责任的先进制造业科技集团。

改革开放成就中天科技，“一带一路”引领中天科技走向世界。未来，中天科技将加快推进制造业数字化和服务化建设，在新基建内循环中炼就双循环本领，不忘初心，实业报国，目标 2025 年销售收入突破 1000 亿元，2035 年跻身世界 500 强。

五、专家点评

中天科技是国内光电缆品种最齐全的制造业企业、国家级重点高新技术企业，国内最大的 ADSS 光缆生产基地，希望未来中天人以更为开放、包容、合作共赢的发展理念，将中天科技打造成全球化运营的国际化知名公司，继续保持“ADSS 光缆市场占有率第一”，牢固奠定中天科技 ADSS 光缆在国内外主导品牌地位。

北京邮电大学博士生导师 / 教授　林金桐

LZY 苏州路之遥科技股份有限公司

聚焦服务型制造
打造高端 EMS 产业生态链

一、总体情况简介

苏州路之遥科技股份有限公司（以下简称“路之遥”）始建于 2001 年 6 月，注册资本 12000 万元，坐落于苏州高新区科技城雁荡山路 88 号。路之遥长期专精于高科技、高品质、高质量、新工艺、新技术的“三高二新”产品，努力打造具有路之遥特色的智能控制产业生态链，现已形成围绕微型计算机设备（微电脑控制器）、包含上下游配套精密连接器、特种电线电缆、精密部件产品的一条行业唯一的高端 EMS 产业生态链。产品已广泛应用于智能马桶盖、家用电器、医疗设备、轨道交通、汽车电子、新能源等众多领域，销往世界各地，覆盖全球 25 个国家及地区。

二、突出优势

路之遥重点打造的高端产品——智能马桶盖核心控制器技术处于全球领先水平，市场占有率居前位。基于目前情况，路之遥将价值链由以制造为中心向以服务为中心转变，发展智能制造、知识产权特色服务、检测及整改服务、一站式集成研发服务等新业态新模式，加速制造业从提供单一产品向提供“智能产品 + 增值服务”转变。

（一）特色服务

路之遥凭借多年来为世界五百强企业进行配套供货的经验，积累了较好的技术研发能力，能够为客户研发出适销市场的前沿产品，同时企业的采购能力也得到了长足的进步，延伸主营产品的上游生态链，提升电线电缆、精密部件、注塑产品和连接器等的自给供应能力，覆盖电线电缆、精密部件、精密线束、连接器、PCBA 等 EMS 行业完整生态链，服务于更多不同领域的客户，保证主营产品原材料的充足，降低采购成本，从而满足了客户从策划、研发、采购、检测、生产到售后的全部需求。

（二）创新能力

路之遥采用 IPD 的集成研发管理理念，通过 PDM 系统进行科技创新和研发的规范化管理，累计申请专利超 600 项。企业产品工艺不断优化，研发、制造能力不断提升，特别在智能马桶盖微电脑控制器产品的研发、制造方面，拥有核心技术及其制造工艺。通过外部引进人才、内部培训通才、资源共享等多种方式，助力企业建立项目管理、规划、投资、建设、运营等各方面服务能力，提升企业竞争力。

（三）检测能力

路之遥建立了 1500m^2 产品检测中心，严格按照 ISO/IEC 17025 体系进行规范管理，于 2016 年通过了国家实验室 CNAS 资质认可，认证编号 L9164。目前产品检测中心可开展 CNAS 认可检测项目近 80 项，其他检测项目 50 多项，涵盖了电子电器大部分的常规检测项目。同时，路之遥与赛宝、沃特、华测等检测机构开展合作，形成检测服务能力互补战略合作伙伴关系，增强了检测服务的能力。

（四）品质保障能力

路之遥已通过 ISO 9001、ISO 14001、OHSAS 18001、TS 16949、TL 9000、QC 080000、EICC、GJB 9001C、ISO 17025 等生产、环境、安全及质量的国际化标准、知识产权管理体系认证。相关产品也通过了 UL、VDE、CSA、KEMA、ETL、PSE、F-mark、CCC 等认证，为产品质量提供了有力保障。

（五）制造能力

路之遥拥有同行业较先进的生产设备。世界五百强企业的产品精密度高、品种多样，为更好地服务客户需求，路之遥引进了世界先进的设备，不断满足产品更新换代的需求。

三、典型经验

（一）技术创新

路之遥已成为集研发、检测、生产、销售为一体的微电脑智能控制器及周边精密部件几大领域的智能制造企业，拥有世界一流的生产、检测设备，并建立了国际化的供应采购体系。自成立以来，路之遥重视自主创新，产品设计以创新、稳健、抗干扰能力强、使用寿命长、开发周期短等特点赢得市场信赖，并成功开发出铝制冰模制冰机、冰箱保鲜喷雾加湿器、工业 4.0 智能工厂网络专用精密测试仪。

目前，路之遥智能马桶盖控制器技术处于全球领先水平，全球市场占有率居前位，世界顶级卫浴品牌日本松下、美国科勒、日本伊奈、美国美标、欧洲杜拉维特等国际企业均是路之遥长期战略合作伙伴。凭借十几年的技术储备与不断创新，现已先后成功推出1~9代智能马桶盖控制器。

路之遥先后获得“智能马桶盖微电脑控制器——国家级制造业单项冠军产品”“国家级绿色工厂”“高新技术企业”“国家知识产权优势企业”“博士后科研工作站”“江苏省企业技术中心”等诸多荣誉称号。

路之遥高度重视研发成果保护工作，至今已累计申请专利672项，其中发明专利315项，PCT专利申请3项，实用新型专利334项，外观设计专利20项；累计授权专利374项，其中发明专利47项，实用新型专利307项，外观设计专利20项。企业自成立以来，一直在飞速发展壮大。目前，路之遥是国内最大、技术最先进的EMS（电子制造服务业）公司之一，技术水平和产品在行业内处于国内领先水平。

（二）管理能力

路之遥坚持“在逆境中崛起，做超一流企业”的理念，以“人才强企战略，精细化管理战略，全球化运营战略”为三大核心经营战略，不断进行管理创新、技术创新、体制创新、思想创新、经营创新、结构创新以及海外市场拓展，稳步提升企业的品牌影响力和综合竞争力，向“成为中国EMS行业内资企业第1名，成为全球EMS行业前20名”的宏伟目标不断迈进。

目前，路之遥在EMS行业拥有强大的市场地位和较高的市场份额，已成为美国科勒、日本松下、日本TOTO、日本骊住、德国杜拉维特等国际领先的智能马桶品牌指定的全球战略供应商。

（三）企业文化

快乐工作、快乐生活是路之遥一直坚持的态度。中华文化“以人为本”的理念和西方文化的热情与自主，凝结成路之遥“三上用人原则”和“说一不二”的做事方针，促使员工用心践行。

（四）质量品牌

重视品牌管理。路之遥一直重视品牌建设，把成为国内EMS行业最具价值、最具领导力的品牌作为近期目标，把成为全球EMS领域具有较高价值及领导力的品牌作为品牌建设的长远目标。

从创立起，董事长周荣就树立了“要争做行业领头人、做全球超一流企业”的志向。早在1998年路之遥已成功注册了多个中文“路之遥”、英文“LZY”商标，结合企业文化对商标图案等进行策划，把所有商标进行了45类全保护。到目前为止，企业已注册“路之遥”“LZY”等一系列有效商标100件，其中中文“路之遥”、英文“LZY”商标已先后被认定为苏州市知名商标、江苏省著名商标。2014年9月，“LZY”商标还被认定为中国驰名商标（中国EMS行业首家获奖企业），目前中文“路之遥”的驰名商标认定工作也在加快推进中。

在企业发展过程中，路之遥逐渐意识到商标和企业名称一致的重要性，把企业名称从“天虹”更名为“路之遥”，成立了苏州路之遥科技股份有限公司，并把知名字号、驰著名商标的创建贯穿到企业生产制造销售的全过程。从产品铭牌到产品包装，从厂房建筑标志到员工衣帽着装，建立了现代化的一整套VI形象标识体系。

（五）经营绩效

路之遥近年来整体发展情况良好，资产总额、销售收入、利润总额、净利润均呈大幅度上升趋势，资产负债率呈逐年降低趋势。2020年路之遥通过提升服务质量，大大提高了利润率，净利润较2019年上涨63%。通过产品全生命周期管理系统的部署，微电脑控制器产品销售、产品检测等服务收入大幅上涨。

路之遥结合产品研发中心强大的研发服务能力和产品检测中心的CNAS检测服务能力以及知识产权部的知识产权特色服务能力，打造成智能控制器一体化解决方案集成商，形成研发、检测、生产、销售、售后一体化服务。

（六）产业协同

路之遥不断完善产业链，提高产品的综合竞争力。为摆脱行业内企业只能做单一产品的格局，路之遥多年来牢牢抓住行业产品的制高点，放弃传统的有规模、有产值但技术含量低的产品，专精于高科技、高品质、高质量、新工艺、新技术的“三高二新”产品，努力打造具有路之遥特色的智能控制产业生态链，目前已形成微电脑控制品、精密连接器、特种电线电缆、精密部件独一无二的高端EMS产业生态链。

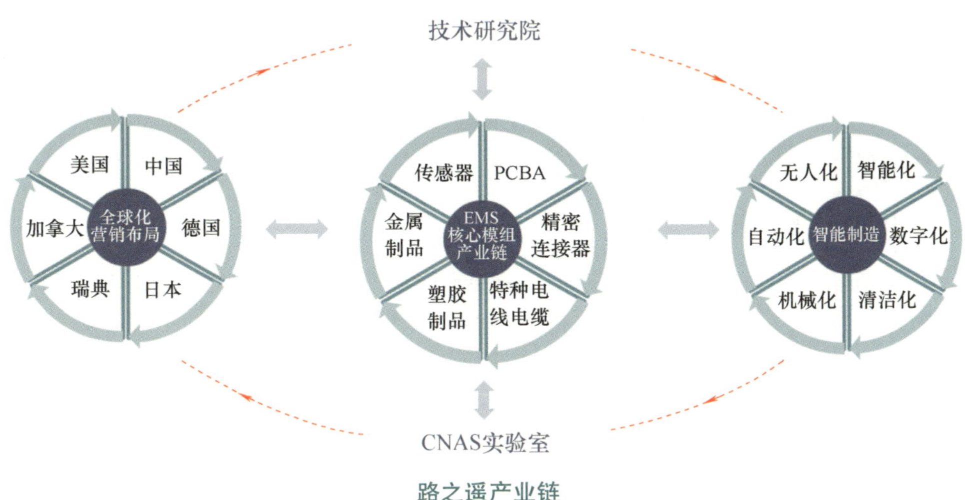

路之遥产业链

（七）国际化发展

全球化市场定位，打造高端客户群。路之遥进行全球化营销的布局，在国内外设立全资子公司、办事处，服务全球 25 个国家和地区的客户。

四、未来发展展望

路之遥不仅关注特定细分产品市场，也坚持制造业服务化是企业在国际市场上形成核心竞争力的关键，是全球价值链当中的主要增值点，也是国际产业竞争的焦点。面对全球制造业向服务化转变的重要趋势，找准制造业服务化切入点，将价值链由以制造为中心向以服务为中心转变，成为企业战略任务的重要组成部分。路之遥顺应时势，从以加工组装为主向“研发 + 制造 + 检测服务”转型，以多种形式从单纯出售产品向出售“研发 + 产品 + 服务”转变，提高全要素生产率、产品附加值和市场占有率。路之遥未来发展规划如下：

1）加快制造与服务的协同融合，培育发掘适合企业产业发展需求的潜在新服务业务。

2）增加承包电子产品一站式整体服务项目数，延伸开发领域，增加智能环境检测、医护等健康方向，增加智能家居互联、资源共享、硬件软件化的平台技术研究。

3）重点打造检测实验室，拓宽检测范围，扩充人员和设备配置，增加对外业务及范围，提高定位。

4）继续加大制造过程的自动化、信息化、智能化的建设投入以及智能电器专业实验室的建设，向工业 4.0 方向迈进，提升一体化解决方案的生产能力。

5）在已有电子网基础上，拓展企业主营产品的推广和网络营销系统，增加销售渠道。

6）产业从核心部件向整机发展，发展自主品牌终端产品产业，实现从智能控制器向终端产品的跨越。

五、专家点评

制造企业作为实体经济的主体，在我们经济提质增效的大背景下，承担了主力军的作用。而制造业服务化是制造企业转型升级的主要方向，是企业因应供应侧改革需求的主要措施。

路之遥结合市场需求、行业特色和自身特长，长期专注于深耕特色细分市场，形成了独特的一站式服务能力，其在转型升级道路上成功地发展和增强了制造服务能力，打造了一条适合路之遥自身的可持续发展之路，可作为其他企业参考的成功范例。

苏州科技大学教授　樊斌

海信宽带接入网光模块冠军之路

一、总体情况简介

青岛海信宽带多媒体技术有限公司（以下简称“海信宽带”）成立于 2003 年，隶属于海信集团，是光通信行业技术领军企业。海信宽带致力于成为全球领先光模块供应商，为全球光通信市场提供完整解决方案，产品销往北美、欧洲、亚洲多个国家和地区。海信宽带拥有最先进的全系列光芯片制造、封装和测试设备，拥有全球顶尖的光模块开发和测试系统，其中包括 100G、400G、800G 高端研发测试系统，具有 10G、25G、50G、100G、200G、400G、800G 等高端光模块产品的研发能力。海信宽带接入网光模块连续十年全球领先，拥有多款填补国内空白的光模块产品。

自成立以来，海信宽带高度重视光通信产业链的纵向集成。目前公司具备从外延生长到激光器芯片、OSA 封装、光模块和子系统垂直整合能力，致力于高端半导体激光器芯片产品的研发及产业化，具备从晶圆生长到芯片封装验证的整个工艺链条，拥有 TO-CAN 封装、COB 封装、微光学封装、混合集成四大高端光模块及组件研发平台，引领了国内高性能光器件工艺制造及自动化生产。

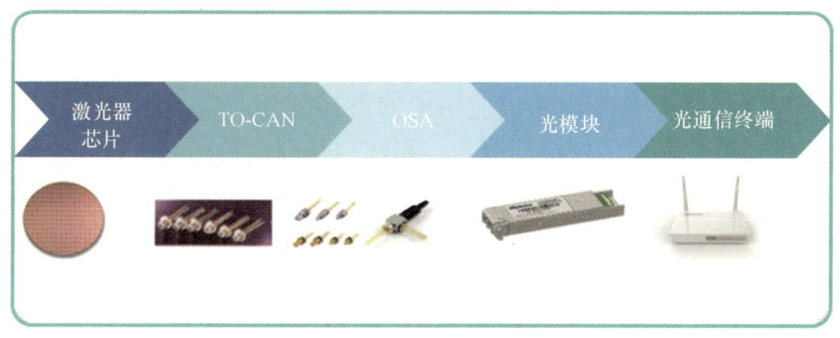

海信宽带光通信产业链整合能力

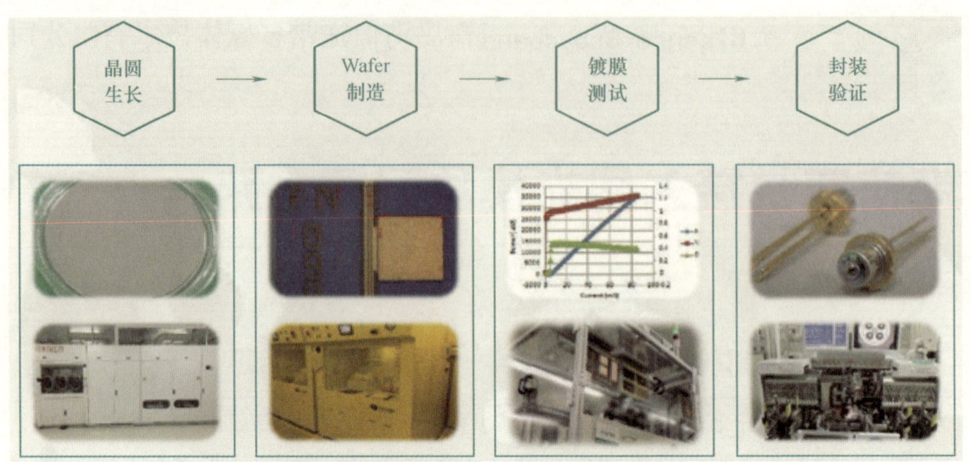

海信宽带从晶圆生长到芯片封装验证的整个工艺链条

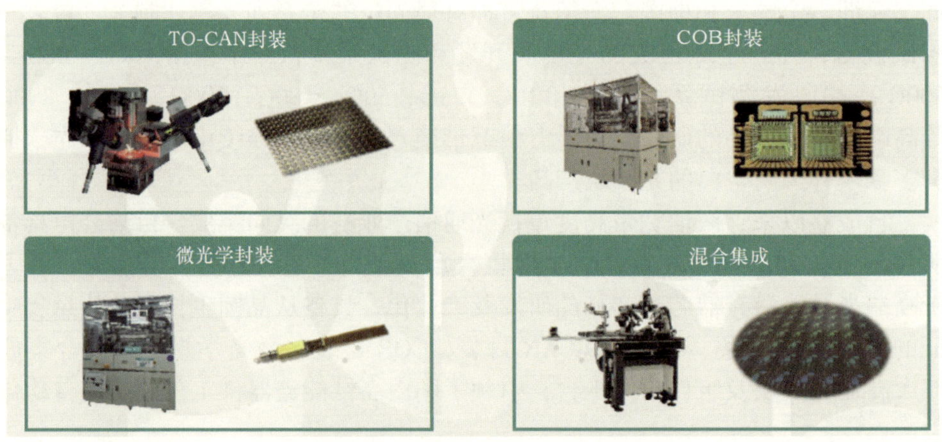

海信宽带四大高端光模块及组件研发平台

二、突出优势

接入网光模块是整个光通信应用中的重要细分市场。通信用光电子芯片与器件技术是整个光通信网络的源头、支柱与基础，是光电子领域中具有前瞻性、先导性和探索性的战略必争高技术，最能够代表一个国家在光电子技术领域的水平和能力。海信宽带经过 10 多年的发展，在光模块、光器件、激光器芯片的设计、生产、测试等方面积累了丰富的经验，企业接入网光模块产品使用自研的光芯片，多款产品性能达到国际领先水平，填补了国内空白。近年来，海信宽带在业界首家完成 CPON 模块产品开发；作为国际化组织 FSAN 的一员，行业率先完成 NG-PON2 光模块研发和批量交付；率先实现新一代接入网核心技术突破，完成 50G PON OLT 模块的开发。

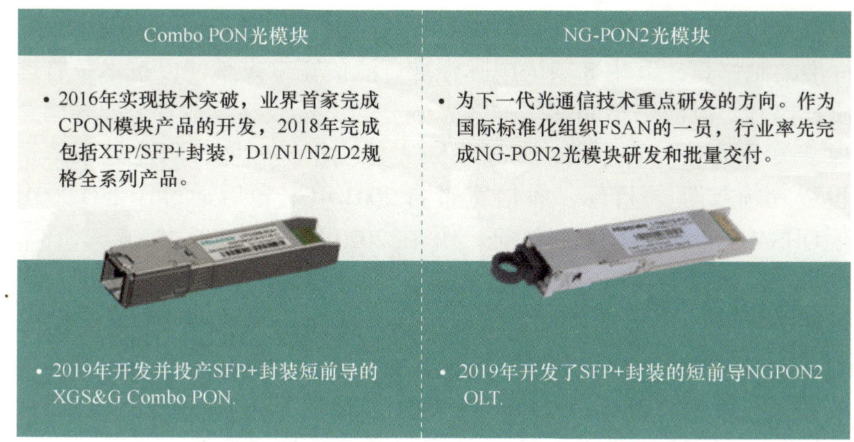

海信宽带接入网光模块产品

三、典型经验

（一）坚持先进研发和智能制造双引擎驱动，深度整合产业链资源

创新研发是支撑海信宽带主营业务发展的核心竞争力之一，海信宽带在长期发展中始终贯彻“应市一代、预研一代、储备一代”的核心发展思路，坚持先进研发和智能制造双引擎驱动成长，在工程技术、效率驱动两个层面持续创新。在双引擎驱动创新的战略指导下，海信宽带持续进行规模化的研发投入，与供应商和合作伙伴在技术上深度合作，通过整合技术，符合市场趋势的新产品不断丰富、技术性能持续提升。同时在前瞻性技术上不断加大预研投入，密切跟踪产业动向，随着产品技术标准和需求的更新换代，迅速进入新的产品和技术领域。

（二）以全球市场、客户需求为导向，全球化布局研发、制造、销售网络

海信宽带总部位于山东青岛，拥有青岛、武汉、美国硅谷三大研发中心；拥有青岛、江门、美国、泰国四大制造中心；拥有海外和国内两大全球销售中心。海信宽带全球化的研发、制造、销售布局及围绕市场、客户需求的高效研发，是保持企业核心竞争力、实现长远发展的关键。

（三）始终秉承“人才是本、技术是根、创新是魂”的海信发展理念

汇聚全球人才，招贤纳士。海信宽带员工 4000 余人，专业研发技术团队 700 余人，其中行业经验达 20 余年的专家 20 余人，硕士以上学历占比超过 70%。

技术立企，质量至上。海信宽带注重技术研发和创新，已拥有有效专利800余项，其中发明专利400余项。近三年新增接入网光模块产品相关的发明专利60余项。海信宽带先后加入10个国际/国内行业标准化组织，参与17项行业标准的制修订，其中8项为国际标准。海信宽带秉承“以技术及管理创新推动质量提升，以海信精品赢得顾客忠诚”的质量战略，本着“顾客满意、绿色环保、关爱员工”的原则，通过不断完善质量、环境、职业健康体系，实现向世界一流接轨的目标。海信宽带自2003年来先后通过了ISO 9001、ISO 14001、OHSAS 18001、TL 9000认证，并在2020年通过ISO 45001：2018认证。海信宽带产品还通过UL、TUV、CDRH、FCC等国际环保及安规认证，产品严格执行相关行业国际标准，技术指标达到行业领先水平。海信宽带始终秉持“质量优先，质量是一把手工程”的核心质量理念，以客户满意为导向。采用先期质量保证策划、DFMEA、PFMEA等先进质量工具保证产品设计质量，采用质量控制前移、先进先出、人员稳定化管控等过程管理方法保证产品制造质量。

四、未来发展展望

未来，海信宽带将继续秉承“诚实、正直、务实、向上”的核心价值观，坚持“技术立企”的发展战略，始终把技术创新作为企业发展的不竭动力，不断提升研发实力，加强未来产业布局，打造出更多、更优质的产品和解决方案，助力我国制造强国的建设，推进全球光通信产业发展。“十四五”期间，海信宽带将主要在以下领域进行布局：

1）持续拓展在光通信器件领域布局，提升国产化光模块芯片市场占有率。目前国内核心光通信芯片及器件仍然严重依赖进口，高端光通信芯片与器件国产化率不超过10%。未来，海信宽带将依托现有资源，持续拓展在光通信器件领域布局，努力扩大在光电子芯片领域的研发、生产、封装、测试能力，提升光模块芯片及器件市场占有率。

2）面向下一代大数据中心，研发高速率、多通道、小型化、低成本化的国产高端光模块。面向下一代大数据中心的主流产品，研发400Gbit/s及以上速率的高端光模块，同时形成我国拥有自主知识产权的、400Gbit/s及以上速率光模块从仿真、设计、开发到生产制造的全流程技术平台能力。预期产品性能可以达到国际领先水平，满足大数据中心未来高速发展需求，为国内新基建的大数据中心领域快速发展注入强大动力。

五、专家点评

海信宽带在光纤接入网光通信模块领域处于国内外领先地位，现在已成为全球最大的接入网光模块供应商，在业界享有“光纤到户光通信模块专家”的称号。

在接入网领域，海信宽带持续保持PON模块的传统优势，海信自制PON激光器芯片大幅度弥补了产业链供应不足的瓶颈，有力支撑了10G EPON/GPON/CPON产品的大规模交付。针对新一代接入网，海信宽带率先实现核心技术突破，完成50G PON OLT模块的开发，持续引领高速PON模块市场。凭借在PON产品技术上的领先优势，海信宽带“FTTH专家”的口碑被行业客户广泛传播，光通信行业内已普遍认可海信宽带为国内光模块厂商的领军企业。

中国信息通信研究院泰尔系统实验室基础产品与设施部主任　王晨

SCC 深南电路股份有限公司

深耕射频功放金属基印制电路板十年研发四代产品

一、总体情况简介

深南电路股份有限公司（以下简称“深南电路”）成立于1984年，总部位于广东省深圳市，专注于电子互联领域，是行业内首家国家高新技术企业、国家认定企业技术中心及国家技术创新示范企业，是CPCA（中国电子电路行业协会）理事长单位、中日电子电路友好促进会会长单位。经过30余年的发展，深南电路已成为中国印制电路板行业的龙头企业，中国封装基板领域的先行者，电子装联制造的先进企业。根据Prismark行业报告，2019年深南电路在全球印制电路板厂商中位列第八名。近年来，深南电路一直保持快速稳健的发展，具有优秀的盈利能力与运营能力。

深南电路主要从事高精度、高密度、高可靠性高多层印制电路板和封装基板的研发、生产及电子装联业务。产品涵盖通信背板、系统板、微波射频板、二次电源板、刚挠板、埋入式元器件板、金属基板、高密度封装基板等八大类产品及电子装联产品，形成了以通信产品为核心领域，重点覆盖工控、医疗、汽车电子、服务器等五大领域的业务格局。

二、突出优势

（一）单项冠军产品研发背景

射频功放金属基印制电路板是无线通信基站的RRU系统中承载射频功放模块的核心PCB部件。从20世纪80年代开始，通信产业在全球一直保持着迅猛发展的态势，移动通信技术实现了从1G到4G LTE的快速发展，但自始至终无线基站中RRU系统的射频信号功率放大模块的散热问题一直存在，所以承载射频功放模块的PCB需要采用散热结构设计。深南电路2006年开始关注RUU系统中射频功放模块的散热问题，结合自身业务开始研发具有散热功能的集成化、小型化、低成本的射频功放金属基印制电路板产品，无线基站的RRU系统为无线通信系统的核心部件，是整个无线通信系统的关键硬件。

（二）单项冠军产品技术创新

射频功放金属基印制电路板产品是近年来 PCB 制造业中具有特殊化性质的产品，产品从预研到开发、中试、批量再到产业化，历时十年从技术创新层面不断推陈出新，整整经历了四代产品，并不断完善，散热解决方案可分为 pre-bondnig 工艺、post-bonding 工艺、埋铜工艺、pressfit 工艺、sweating-solder 工艺、多功能集成技术，在 2G 网络到 4G 网络的建设中都采用了相适应的产品技术。由于多功能集成整合了多项技术工艺，对企业的技术储备和发展非常有益。一方面，应用的一些技术深南电路已经具备成熟的量产工艺，如背钻、阻抗控制；另一方面，该方案集成了“埋入式金属基”“局部混压”“局部 post-bonding”等多个较为前沿的工艺技术，一些设计规则在当时行业内尚是一片空白，且部分技术还没有进行批量验证，同行业内也未有大批量应用的先例，加工技术实现难度较高。因此，深南电路主要针对局部混压、埋入式金属基等新技术进行攻关，并做到将这些技术合理、成功地应用在一块电路板上面。同时，针对射频功放金属基印制电路板建立了完善的检验检测手段和体系，保证了产品质量的高可靠性，满足客户设计的产品需求。

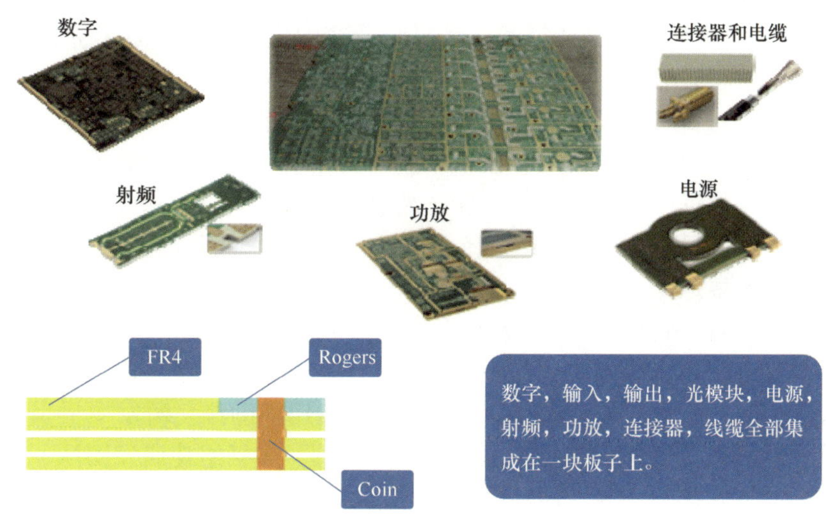

深南电路多功能集成工艺示例图

（三）单项冠军产品发展效益

深南电路采用嵌入式技术开发模式，在多功能集成 PCB 技术项目的成功开发和推广中及时把握市场信息，引导客户设计，为客户提供兼具技术优势和价格竞争力的解决方案以帮助客户赢得市场。

与此同时，深南电路将该技术创新成果及时推广至行业市场，使其迅速转化为经济效益。因多功能集成 PCB 技术使得产品成本大幅降低，射频功放金属基印制电路板产品获得了全球前五大通信设备制造厂商的青睐。

射频功放金属基印制电路板是无线通信基站的 RRU 系统中承载射频功放模块的核心 PCB 部件，拥有自主加工能力，对完善国内通信设备制造产业链至关重要。尤其是在 4G/5G 标准国产化的进程中，深南电路为全球一流通信设备制造厂商提供质量可靠的产品，同时完善了国内通信产业链。

三、典型经验

（一）企业技术研发机构建设

深南电路坚持以市场为导向的技术创新体系，构建了以研发部为核心的企业技术中心，并先后经深圳市经济贸易和信息化委员会、广东省科学技术厅和国家发改委认定为深圳市企业技术中心、广东省工程技术研究中心和国家企业技术中心。深南电路企业研发机构以企业现有专业技术研发人员为基础，以大学研究机构、客户为依托，广泛地与国内外高等院校、研究机构、客户研发中心展开合作，致力于高端印制电路板、封装基板等产品的研发推广、工艺技术基础理论研究、制造技术、设备改进、生产流程优化等。深南电路技术中心不断开辟产品领域，满足企业产业发展需要，提升企业市场竞争力。

深南电路对技术研发机构给予高度重视，将技术研发机构作为核心部门加以规划建设，加大了创新投入、技术改造与技术攻关力度，加大了新产品、新材料、新技术的推广应用力度，在新产品研发、工艺改进、基础研究方面取得了较大成果，满足企业发展需要。企业自主创新能力显著提高，技术创新工作取得了良好效果。

（二）研发经费保障情况及激励机制

为保证企业技术研发机构的正常运行，深南电路制定了《研发经费管理制度》，建立了研发投入核算体系，编制了研发费用辅助账。研发项目采用项目组长负责制，项目组长负责整个项目的研发过程，包括组建研发团队、项目方案制定、计划安排与实施、风险及失效评估、组织评审、过程加工、过程分析及阶段性报告等。项目使用新产品新技术研发流程，整个项目需要输出的项目文档有立项申请表、项目计划书、研发项目书、研发总结报告，各个阶段的完成，都需要经过评审。依托 RDM 研发项目管理软件，对项目的实施进度、实施质量、阶段性评审进行可视化、可量化的信息化监控，使项目的所有推进措施尽可能地细化、量化、可评估。

同时，为激发研发人员的积极性，深南电路制定了《研发项目奖励制度》

《论文发表及奖励制度》《专利申请及奖励制度》等激励制度，对取得研发成果的人员给予奖励，保证技术创新的持续性。

（三）知识产权

深南电路在积极开展技术创新活动的同时，对技术的总结与推广工作也非常重视。目前，深南电路在细线路制作工艺、PCB 产品散热技术、真空微孔填充技术、高精度层间对位技术、小孔径钻孔技术等高端印制电路板制造工艺方面拥有一系列专利技术。

截止 2019 年底，深南电路拥有专利 455 项，其中发明专利 357 项，PCT 专利 22 项。2019 年获得“国家知识产权优势企业”荣誉称号。多年的跨越式发展，造就了深南电路国内印制电路行业的高端市场龙头地位。

（四）完善质量体系

深南电路建立了完善的质量管理体系，制定了各类业务标准操作流程。通过标准化操作，规范业务处理流程，保证制造流程的每个环节、每项业务均处于可控范围，产品品质得到了客户的高度认可，多次被世界一流的通信、医疗等行业客户评为杰出供应商。此外，深南电路还先后通过了 ISO 9002、ISO 14000、AS 9100D、ESD 20.20、IATF 16949、Nadcap、OHSAS 18001、ISO 27001、ISO 50001、GB/T 23001、QC 080000、GB/T 36132、GB/T 29490 等体系认证。

四、未来发展展望

深南电路首创 PCB、PCBA、SUB“三合一”的战略性业务协同新模式，始终以客户需求为导向，以互联为核心，逐步发展成集高端印制电路板（PCB）、高密度多层封装基板（SUB）、高端电子装联（PCBA）为一体的，电子信息互联产业的集成商。坚持以客户为导向、“嵌入式开发”的技术创新体系，成立以研发管理部、产品研发部和工厂技术部为主导力量的三级研发体系，加大研发投入，优化配置设施设备，完善企业技术中心建制；注重产学研结合，建立研发人员与知识产权相关的绩效考核奖励制度，有效实现产品创新、工艺创新、过程创新和服务创新。

在行业结构调整浪潮中，深南电路将把握产业发展新机遇，加快汽车电子、服务存储市场开发；跟进原有成熟市场（如 ICT）发展新动向，把握行业调整机会；保持技术领先优势，关注行业领先客户及新技术发展动向，建设国际化的研发及市场开发能力；为客户创造价值，持续推动业务协同，坚持一站式服务模式；推动商业模式变革，整合内外部资源，优化资产组合，提升增长质量与速度；提升运营水平，推进信息化与自动化建设与融合，构建“智慧工厂”；推动内部管理精细化，加强成本管控力度。

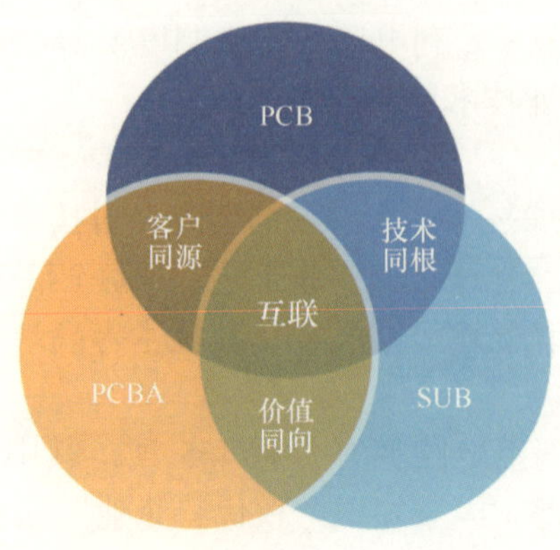

深南电路“三合一”战略

深南电路一站式服务示意图

发力信息化和智能化建设 稳居国内 FPC 厂商第一梯队

一、总体情况简介

深圳市精诚达电路科技股份有限公司（以下简称“精诚达”）成立于 2003 年 6 月，是 FPC（软性线路板）与 FPC 元器件组装行业领先的专业制造商，“激光头用挠性电路板”于 2017 年荣获制造业“单项冠军产品”称号。

二、突出优势

（一）行业先进性

软性线路板产业是国家发改委鼓励发展的新兴战略产业，在西方发达国家和日本，软性线路板产业有近 60 年的发展历程，在我国开始于 2000 年左右。精诚达是国内投入 FPC 产业最早的一批企业，目前年销售额约 7 亿元，纳税 2000 多万元。

当前 FPC 主要的应用领域是手机和电子计算机等消费类电子产品，精诚达合作的客户有：华为、OPPO、VIVO、中兴、联想、京东方、天马、欧菲光、舜宇光电、友达、索尼、日立、夏普、LG、Synaptics 等。企业也积极布局工控和车载领域，尤其在电动汽车领域已经和比亚迪、宁德时代开始合作。按照工信部《汽车产业中长期发展规划》要求：2020 年新能源汽车年产量将达到 200 万辆，到 2025 年，新能源汽车销量占总销量的比例达到 20% 以上（目前中国年度汽车销售总量在 2600 万辆左右，20% 即 520 万辆）。FPC 作为新能源汽车电池、电子智能化模块和电子显示模块的重要载体，未来 10 年新能源汽车对 FPC 的需求仅中国市场规模就将近千亿人民币，全球市场将超过万亿人民币。

（二）技术先进性

董事长盛光松任 CPCA 行业协会副理事长，专心、专业、专注电子制造业 20 年，管理团队大部分成员深耕行业逾 10 年，行业经验和管理经验优秀。

精诚达是国家级高新技术企业、国家级绿色工厂（2018 年 2 月），国家级两化融合示范企业，全球单项冠军产品企业、博士后创新实践基地、省级企业技术中心、省工程技术中心、拥有近百项专利和研发成果。

精诚达非常重视信息化和智能化建设，是国内 FPC 生产厂家唯一一家上 oracle ERP 和 MES 系统的企业，于 2017 年荣获由工信部颁发的首批两化融合管理体系贯标国家级示范企业。

（三）生态竞争

1. 产品竞争思维

产品创新或独特，“一招鲜，吃遍天”；做专、做精，“精于此道，以此为生”。

2. 产业链竞争思维

竞争对手，可能不是争夺市场份额的人，可能是产业链的上下游；用产业链的整体效率和风险分担，去展开竞争；沿着产业链进行投资，推动产业链的整合和成型，对冲单个项目的投资风险。

3. 产业生态竞争思维

以设计和营造商业生态作为商业模式（比如产业园区、产业集群、硅谷 / 中关村等）；以产业生态作为企业的生存发展模式、核心能力和资源整合平台（比如耐克、苹果、腾讯等）。

（四）客户群

印制线路板定制化程度高，主要为下游客户提供定制化产品和服务。行业的特殊属性决定了印制线路板缺乏原创性创新的基础，精诚达成长的核心是为客户创造价值，深入洞察并研判行业发展趋势，结合企业长期发展战略对目标客户进行锁定。客户和供应商是双向选择，在技术、管理、规模、其他软实力（信息化）方面必须相匹配，有明显的“护城河”。精诚达擅长选择客户和提升客户黏性。

精诚达目前有四个事业部：深圳工厂单面板事业部，目标市场是电脑光驱产品和天线板，深圳工厂拥有国际最先进的 Roll To Roll（卷对卷）全自动生产线，电脑光驱占全球细分市场 35% 以上。单面板光驱产品于 2017 年底获得工信部和中国工业经济联合会共同颁发的制造业单项冠军产品。双面板事业部，目标市场是手机终端、LCM，目前合作客户有华为、OPPO、VIVO、BOE、天马。多层板事业部，目标市场是摄像头 CCM、高端指纹、OLED 多层板，目前合作客户有舜宇、丘钛、东聚、群光、欧菲、信利、BOE（OLED 成都）。车载工控事宜部，目标市场是汽车产品、工控医疗，目前客户有友达、天马、长信、超声。客户黏性的形成依靠保持技术的先进性、品质的一致性，以及成本的可竞争优势。加大技术和管理手段的创新，技术 - 人才储备培养，品质、成本的智能化建设。

（五）行业地位

经过 18 年的发展，精诚达已成为中国印制电路板行业的优秀企业，稳居国内 FPC 厂商第一梯队。精诚达在车载软板和高端多层软板领域填补国内空白实现进口替代，企业的综合实力和行业地位逐年提高。精诚达深入洞察并研判行业发展趋势，在前沿技术和前瞻性布局方面，围绕企业核心业务，紧跟客户需求，积极开展研发投入，加大技术和人才储备，提升核心技术创新能力，以匹配企业的长期发展战略，并致力成为 FPC 行业领导者。

三、典型经验

（一）精益管理

精诚达自成立以来，对接 ISO 9001、ISO 14001、QC 080000、ISO/TS 16949、ISO 45001 等管理体系标准，引入精益管理，并引入 oracle ERP 和 MES 系统、全流程跟踪产品生产流程。

精诚达不仅引入精益管理，还要确保精益管理的落地实施，有专门的体系部门专门推动精益管理体系落实，每年、每月、每周，都有针对精益管理的施行、检验、反馈的闭环，做到从董事长到一线员工，都有精益管理的概念和意识，并将这些意识贯彻到生产和管理的每一个环节上，以确保流程高效、可靠。

（二）敢于革新，保持活力

精诚达于 2017 年开始规划和布局汽车工控和车载领域生产线，2020 年正式投产并开始盈利。汽车工控和车载领域产品的生产线布局较为复杂，一般需要 3 年左右的时间、金钱、人力投入，更为重要的是，这一决定将改变企业的生产布局和战略结构。精诚达本着实事求是、脚踏实地又勇于创新的精神，经过专业详尽的分析，早早布局汽车工控和车载领域。目前，精诚达的车载产线是唯一一家大批量量产，替代进口填补国内空白的产线。

（三）注重环保

安全和环保一直是精诚达不可动摇的两条“红线”，安全环保永无止境，是精诚达经营发展的前提，同时精诚达也会认真履行好社会责任。

线路板企业生产过程中会产生废水、废气和固体废弃物等污染排放物和噪声，若处理不当会污染环境，给居民生活带来不良影响。精诚达的环保工作主要有四个步骤：规划、建设、运营、管理，一是每一项新建或技改项目都进行严密论证，使企业的“三废”排放达到环保法规的要求；二是污染物处理设施的相关规划、建设都由第三方专业机构完成，运营也由第三方专业运营机构驻厂运营。精诚达已建立系统的污染物处理管理制度和设备体系，力求将环保打造成为精诚达核心竞争力之一。精诚达 2018 年获得国家级绿色工厂荣誉，绿色工厂的重点在环保和节能，绿色制造是解决国家资源和环境问题的重要手段，是实现产业转型升级的重要任务，是行业实现绿色发展的有效途径，同时也是企业主动承担社会责任的必然选择。

四、未来发展展望

精诚达未来的发展目标，是希望通过全体精诚达人的努力成为国内 FPC 企业销售额排名前三，技术领域与国际先进技术接轨，与国内车载、高端 HDI、CCM 客户建立战略合作关系，加大新技术、新产品开发的投入，以提升企业的品牌价值；优化研发队伍，通过企业博士后工作站的研发平台努力吸收高端技术人才的加入，以提升企业的技术能力；选择客户和提升客户黏性，保持技术的先进性、品质的一致性、成本的可竞争优势，通过扩大产能，提升销售额，加强管理，控制成本，提升企业的经济效益；优化生产布局，提升生产能力，实现年销售额以每年 25% 以上的幅度持续增长。

中色奥博特铜铝业有限公司
CNMC Albetter Albronze Co., Ltd.

厚植独特优势　凝聚发展动力

一、总体情况简介

中色奥博特铜铝业有限公司（以下简称“中色奥博特”）坐落在历史悠久的千年古县、风景秀丽的运河名城——山东省临清市，2001 年 9 月 30 日，依托电热资源优势成立了山东奥博特铜铝业有限公司；2009 年 9 月 8 日，临清市国有资产管理局与中国有色矿业集团有限公司签订了《关于无偿划转山东奥博特铜铝业有限公司国有产权协议书》，于 2009 年 10 月 14 日经国务院国资委批准；2009 年 11 月 12 日，山东奥博特铜铝业有限公司更名为中色奥博特铜铝业有限公司。

历经多年的发展，中色奥博特现已发展成为集科研、开发、生产、销售于一体的大型铜加工企业，占地 1167 亩，资产总额 36 亿元，员工 1900 人，年铜加工能力 18 万 t，注册资本 81923 万元，主要从事空调制冷铜管、高精铜合金板带、高精压延铜箔三大主营业务板块产品的研发、生产和销售，辅以电力、热力的生产和供应。

中色奥博特是中国有色金属工业协会常务理事单位、国家技术创新示范企业、中国铜管材十强企业、中国铜板带材十强企业、中国名牌产品企业、国家海关总署评定的 AA 类企业、ISO 9001 质量管理体系认证和 ISO 14001 环境管理体系认证企业、中国“海水淡化铜管产业技术创新战略联盟”成员单位，是山东省最大、国内知名的高精度空调制冷铜管、高精度铜合金板带和高精度压延铜箔生产基地。拥有国家级企业技术中心、国家认可实验室、国家级重点实验室联合技术中心、博士后科研工作站、山东省院士工作站、山东省高精铜加工工程技术研究中心、山东省重点实验室等研发平台，先后承担了国家重点研发计划“高性能高精度铜及铜合金板带制造技术”“易反偏析铜合金喷射沉积及超高强高耐蚀带材”“无枝晶 Cu/Li-LiB/Si-C 复合锂负极”，以及国家火炬计划“高精度铜合金板带项目”、国家发改委“产业振兴技术改造项目”等国家、省部级重大项目 17 项；参与制定铜加工材国家标准 7 项；获批专利 81 项；通过省部级鉴定的新产品新技术 18 项。

2017 年 6 月，中色奥博特“空调铜管”成功申请了第 1 批制造业单项冠军产品。

二、突出优势

（一）技术优势

中色奥博特无缝铜管、高精度内螺纹铜管与普通铜管相比，传热效率提高了 2~3 倍，可节省铜材 30%，适用于对大气臭氧层破坏系数为零的新型制冷剂，有利于环保、节能、节材，其各项关键性能指标均居国际先进水平，尤其是中色奥博特自主研发的 ϕ 5mm 系列无缝内螺纹铜管，突破了细径、薄壁、复杂齿型内螺纹管生产技术的“瓶颈”，与传统的内螺纹铜管相比，在平均每米管材减重 18g 的基础上，热交换效率提高了约 16%，适应了空调制冷行业不断提高换热效率、节能节材及小型化的发展趋势，开创了我国高效换热空调铜管的先河。内螺纹铜管技术指标国内外对比见下表。

内螺纹铜管技术指标国内外对比

技术指标	国外		国内	中色奥博特
	JISH 3300：1997	ASTMB75M—99	GB/T 20928—2007	企业内控标准
w(Cu+Ag)(%)	≥ 99.90	≥ 99.90	≥ 99.90	≥ 99.92
w(P)(%)	0.015~0.040	0.015~0.040	0.015~0.040	0.015~0.030
抗拉强度 /MPa	≥ 205	≥ 205	215~270	235~255
延伸率(%)	≥ 40	≥ 40	≥ 43	≥ 43
扩口性能	60° 冲锥扩口 30% 不裂	扩口 40% 不裂	60° 冲锥扩口 30% 不裂	60° 冲锥扩口 40% 不裂
晶粒度 /mm	≤ 0.040	≤ 0.040	0.015~0.035	0.015~0.035
米克重 /g	—	—	± 3	± 2.5
清洁度 /mg	≤ 38	≤ 30	≤ 25	≤ 20
外径 /mm	± 0.05	± 0.05	± 0.05	+0.05
底壁厚 /mm	± 0.03	± 0.03	± 0.03	± 0.02
齿高 /mm	—	—	± 0.02	± 0.02
螺旋角 /(°)	—	—	± 2	± 2
齿顶角 /(°)	—	—	± 5	± 5

（二）市场优势

中色奥博特多年来一直与空调行业的主要企业合作，成为主要空调企业的战略供方，主要客户有格力、美的、TCL、奥克斯、海信等，上述企业空调产量达到国内空调总量的90%，目前奥博特在主要空调企业的铜管供应商中排名前列，拥有稳定的市场。中色奥博特随着格力、美的的扩建，迅速对格力、美的的武汉、邯郸、石家庄、郑州、芜湖、合肥等基地进行相应的供货认证和供货覆盖。

（三）成本优势

中色奥博特内部运行精细化管理，各项费用降低，在成本优势上仍排在同行前列，与行业竞争对手从主要指标对标情况看，中色奥博特铜管业务EBITDA利润率更高，说明中色奥博特铜管业务的加工成本（不含折旧）在行业内最低。

中色奥博特厂区

三、典型经验

（一）重视人才引进，为科研攻关提供强力支撑

中色奥博特共引进长期工作的高水平专业人才21名，其中宁夏东方技术专家12名，长期聘用专家1名，短期聘用专家3名（日本专家2名），引进海外高层次人才1名。依托企业博士后科研工作站引进博士1名，现已完成博士后进站相关工作。目前，拥有海外引进高层次专家1名，博士研究生4人，硕士研究生15人，本科101人；高级职称17人，中级职称37人，高级技师9人，技师38人，高级技工117人。初步组建了一支以国家海外高层次引进人才佟庆平博士为核心的84人研发团队。

（二）实施品牌培育，促进企业快速发展

品牌建设是一个企业科技、管理、质量水平和核心竞争力的综合体现。近年来，中色奥博特围绕"以质量求生存、以创新促发展"的主题推进实施品牌

战略。成立了以公司董事长为组长的品牌培育工作领导小组，下设办公室、资料组等工作小组，各司其职，全面负责创品牌具体工作。

营造品牌建设的良好环境。将此工作纳入目标责任制考核，如对生产名牌产品的公关，对新工艺的探讨与发明创新，拨付足额的经费，满足人力、物力和时间的需要，确保名牌的战略实施，形成自上而下的品牌建设氛围。

以国家产业政策和市场需求为向导，以主导产业、高技术含量及附加值高的产品为主要重点，培育新的名牌产品，企业着眼市场制定了战略目标，重点发展技术含量高、附加值高的薄壁高齿细径高端系列内螺纹产品。

加快名牌产品的技术进步，提高产品的档次和水平。中色奥博特利用企业自有的专利技术等雄厚技术优势，不断开发新的产品，以技术创新、技术引进促进名牌产品的更新换代，引进国内外先进技术和设备，从技术上改进和提高名牌产品质量、扩大名牌产品的生产规模。

多年来，中色奥博特品牌培育工作成效显著，企业生产的“奥牌”内螺纹铜管获得中国名牌产品称号，无缝铜管获得山东省名牌称号。

（三）建立军用产品质量管理体系，为打开军品市场奠定基础

产品质量是企业的生命，牢固树立质量经营理念，切实提高全员质量意识，是促进质量与效益实现良性循环和共同发展的有效方式。中色奥博特先后通过了 ISO 9001 质量管理体系和 GJB 9001C—2017 军用产品质量管理体系认证。在贯标认证过程中，企业将军品、民品质量管理体系进行了整合，形成了企业质量环境“双标一体”的综合质量管理体系。

长期以来，中色奥博特以顾客为关注焦点，把不断满足顾客的质量需求作为组织生产的出发点，持续改进产品质量和服务质量，增强顾客满意度。为了保证顾客的权益，中色奥博特在严格执行 ISO 9001 标准要求的基础上更进一步，贯标执行了更加严格的 GJB 9001C—2017 军用产品质量管理体系，经过不懈的努力，以优质的产品质量进军军品市场，成功实现零的突破。空调铜管产品进入军用领域，军品客户有合肥天鹅、重庆铁马、北方车辆等，为中色奥博特进一步拓宽军品市场奠定了基础。

（四）加强知识产权保护，激发员工创新动力

为了保护企业的知识产权，鼓励发明创造，调动员工在研究、开发及其他工作中创新创造的积极性，制定了《中色奥博特铜铝业有限公司知识产权管理办法》，成立知识产权主管部门，设立知识产权办公室，明确管理职责，确立、规范了知识产权管理范围及归属，对知识产权相应的环节及获得的专利情况进行有效的管理，对在知识产权的管理、实施、许可转让、保护工作中做出较大成绩的部门和人员给予奖励，配套相应的奖励和报酬的分配原则，对有突出贡献的给予重奖。知识产权保护制度的实施，有力地激发了广大员工创新创造的热情，专利申请、实施效果明显。

（五）加强内控体系建设，有效防范经营风险

为加强企业内部控制体系建设，努力降低经营风险，中色奥博特逐步建立健全了各项管理制度，制度贯穿决策、执行和监督的全过程，覆盖了企业及所属单位的各种业务和事项，涵盖内部环境、风险评估、控制活动、信息与沟通、内部监督五项要素，有效保证了企业经营管理合法合规、资产安全、财务报告及相关信息真实完整，提高了经营效率的效果，促进了企业实现发展战略。

四、未来发展展望

随着铜管制造行业整合进程加快，空调制造行业深度“去库存”调整结束，国外新兴市场需求不断扩大，我国铜管制造企业特别是领导级企业面临诸多发展机遇。随着人们对生活品质要求不断提高，对铜加工产品的需求也在不断提升。此外，海洋工程、海水淡化、国防军工等行业发展也在一定程度上提振了高端应用领域对铜管产品的需求。在此背景下，中色奥博特一方面加大研发投入，调整产品结构，进一步提升无缝内螺纹铜管在产品产销量中的占比，另一方面加强管理创新，进一步提升管理水平，提质降本增效，持续推动企业高质量发展。

五、专家点评

高精密无缝铜管采用先进的“连铸连轧—高速盘拉—在线退火—精密成型”生产工艺和设备加工而成。该产品内外表面高清洁、超光亮、组织均匀致密、尺寸精度高，具有良好的传热性能、焊接性能和成型性能，可用于空调与制冷系统中的冷媒、热媒传输管道及管路件。此外，因其具有超强的抑菌性，也可用于高档供水系统和国家饮用水示范工程等高端领域。中色奥博特生产的高精度无缝内螺纹铜管具有组织均匀致密、尺寸精度高、齿形规范完整、内腔残留物低等特点，内表面积比同规格光面铜管增大 65%~100%，传热系数相对于同规格光管提高 1.8~2.0 倍，该产品处于国际先进水平，符合空调与制冷行业节能、环保、健康发展的新趋势，是海洋工程、海水淡化、军用特种空调等高端领域的理想材料。

中南大学材料学院院长 / 教授　李周

拟除虫菊酯特色明显　领跑民族菊酯工业

一、总体情况简介

江苏扬农化工股份有限公司（以下简称“扬农化工”）成立于1999年12月，股票代码600486.SH，是先正达集团中国植保业务的中流砥柱、国家高新技术企业、江苏省创新型领军企业。现已形成以菊酯为核心、农药为主导、精细化学品为补充的多元化产品格局，单项冠军产品拟除虫菊酯体系完善，特色明显，国际领先。

扬农化工旗下拥有沈阳中化农药化工研发有限公司、江苏优嘉植物保护有限公司、江苏优士化学有限公司、中化作物保护品有限公司四家全资子公司，通过研产销一体化深度布局，实现业绩的良好增长。2020年度，企业总资产110.5亿元，销售收入98.3亿元，净利润12.1亿元，中国农药行业销售百强第2名。

拟除虫菊酯是世界三大杀虫剂之一，是排名第二的触杀型杀虫剂，在杀虫剂领域一直占据着十分重要的地位，在家庭卫生害虫和农业害虫防治两个领域均有广泛应用。在今后相当长的一段时间内，由于菊酯类杀虫剂活性高，对环境相对安全，而且尚未出现可替代的新型化合物，故其仍将是杀虫剂领域的支柱。特别是当前新烟碱类杀虫剂的禁限使用，为菊酯的未来发展提供了新的机遇。

二、突出优势

（一）技术先进性

扬农化工作为民族菊酯工业的领跑者，一直把目标瞄准国际先进同行，坚持自主创新战略，拥有雄厚的技术力量，构筑了行业的领先优势。

1. 新品创制取得重大突破

扬农化工基于拟除虫菊酯行业多年的科研积淀，通过自主研发和不懈创新，围绕菊酸、菊醇关键中间体，相继衍生开发出活性达到或超过市场主流品种的卫生用新化合物40余个。已公开化合物专利、工艺路线专利的创制品种主要有氯氟醚菊酯、右旋反式七氟甲醚菊酯、右旋反式氯丙炔菊酯、四氟苯菊酯、四氟醚菊酯，一举突破跨国公司垄断，保护了民族菊酯工业的发展。其中，氯氟醚菊酯是我国农药创制产品中第一个年销售额过两亿的品种，成果惠及千家万户。

2. 工程转化能力全国领先

扬农化工拥有雄厚的农药中试开发与成果转化实力，已经熟练掌握了格氏、氢化、重氮化、卤化、氟化、溴化、witting、臭氧化等系列核心产业化有机合成技术。依托关键中间体，构建了卫生菊酯、农用菊酯产品群，所有原料均来自基础化工原料，成为国内菊酯行业唯一能够实现中间体完全自行配套的企业，实现产品内在品质与国际先进水平的全面接轨。

3. 工艺技术创新国际先进

（1）生物拆分关键技术　首创了高活性生物酶拆分顺式/反式-（+）菊酸、R/S 丙烯（丙炔）醇酮分离关键技术，得到高活性的右旋反式菊酸、S 体菊醇等中间体。首次将超滤膜分离技术应用于菊酸拆分过程，实现连续化控制及酶和反应底物循环利用。

（2）水相法酯合成共性技术　开发了酰氯与醇水相法酯化合成的关键共性专利技术，替代行业常规的油相法合成，避免负面清单中原料的使用，大幅简化工艺过程，废水规模化减排，产品质量更加稳定。

（3）关键中间体合成技术　一是设计了反应-精馏耦合的塔式连续化合成贲亭酸甲酯的专利技术，精馏残液经处理后直接套用回贲酯合成，废液产生量较行业常规工艺减少 80%。二是首创以氯甲烷为甲基化试剂合成 2，3，5，6-四氟-4-甲氧甲基苄醇的专利技术，结合高效相转移催化剂和氯化反应釜的巧妙设计，实现高含盐废水零排放。三是发明了 2-甲基-1-乙炔基-2-戊烯-1-醇的专利格氏化反应技术，杜绝了行业普遍采用氨基钠和液氨合成，生产现场安全隐患大，气味控制难的问题，实现高含盐废水减排。

4. 三废末端治理突显社会责任

1）通过承担国家高技术研究发展计划项目“菊酯类废水综合治理成套技术开发”，建成菊酯类农药废水综合治理示范装置，首次实现对高浓度废水的直接处理，废水减排成效明显，技术水平达到国内先进。

2）针对国内酰氯化混合尾气（HCl/SO_2）一般经稀碱水吸收后再用水稀释排放，消耗液碱的同时会产生大量废水的问题，开发了配套的资源化利用技术，副产 30% 盐酸和亚硫酸钠，实现产业化废水的规模化减排。

5. 应用技术开发支撑下游发展

强化制剂研发协同，将菊酯原药优势进一步传导至制剂。熟练掌握了液体蚊香、蚊香、电热蚊香片等家庭卫生剂型和 SC、WP、EW、EC、ME、CS 等公共卫生剂型开发技术，针对风扇、驱蚊挂件、定向喷雾、微囊技术等未来剂型发展趋势亦有较强储备，实现了原药制剂一体化发展。

6. 品性能国际领先

拟除虫菊酯为系列产品，品种较多，下表以扬农化工最具代表性的创制菊酯品种与竞争对手对标产品进行对比，数据说明扬农化工菊酯产品具有药效相当或更高、成本更低的优势。

扬农化工最具代表性的创制菊酯品种与竞争对手对比情况

扬农化工创制产品及含量指标	跨国公司对标产品	药效对比	先进性
氯氟醚菊酯(≥ 90%)	四氟甲醚菊酯（日本住友）	活性为右旋反式烯丙菊酯的15~20倍，对淡色库蚊的室内药效是四氟甲醚菊酯1.77倍	创制品种国际领先
右旋反式氯丙炔菊酯(≥ 96%)	Momfluorothrin（日本住友）	药效为老一代胺菊酯的10~15倍，与Momfluorothrin相当，但成本更低	创制品种国际领先
右旋反式七氟甲醚菊酯(≥ 93%)	甲氧苄氟菊酯（日本住友）	药效是老一代富右旋反式烯丙菊酯的76.7倍，药效比甲氧苄氟菊酯高3倍以上，且蒸气压更高	创制品种国际领先

（二）发展效益

1. 市场占有率

扬农化工在拟除虫菊酯销售方面，坚持国内、国际双轮驱动，通过持续深化与战略客户的合作，优化调整产品销售组合，跟进做好销售服务等方式，使拟除虫菊酯系列产品的市场占有率稳步攀升。目前农用、卫生用菊酯产品全球市场占有率32%，排名第二；国内市场占有率48%，排名第一。其中卫生用菊酯全球市场占有率42%，排名第二；国内市场占有率75%，排名第一。

2. 荣誉奖励

扬农化工立足科技创新，紧跟安全环保新形势，致力于拟除虫菊酯类农药清洁生产关键技术的开发与应用。拟除虫菊酯获中国工业大奖，制造业单项冠军产品，获江苏省科技进步二等奖1项、三等奖4项，中国石油和化学工业联合会科技进步一等奖1项、二等奖3项，中国农药创新贡献（技术创新）一等奖4项；氯氟醚菊酯、四氟醚菊酯、右旋反式氯丙炔菊酯等8个菊酯产品被认定为国家重点新产品；联苯菊酯、高效氯氟氰菊酯、丙烯菊酯等13个菊酯产品被认定为江苏省高新技术产品。

三、典型经验

（一）管理创新为研发保驾护航

扬农化工在完成沈阳中化农药化工研发有限公司和中化作物保护品有限

公司战略兼并后，整合了研发、生产、销售等各业务板块，成立了“一院四中心”，即植保研究院、生产运营中心、营销中心、工程设计中心、HSE 管理中心及其他职能部室的新的组织架构，形成了研产销一体化的战略布局。

研发创新层面，在“创新目标国际化、创新课题市场化、创新成果商品化”的创新战略引领下，以“仿创结合”的思路开展研发工作，“生产一代、研发一代、储备一代”。项目立项时即体现出强烈的市场导向，研发端充分贴近市场端。最大化发挥南北研发体系的协同优势和关键技术的联合攻关能力，形成了原药制剂互为支撑，共同赋能企业高质量发展的良好态势。

（二）点点对标、久久为功

点点对标、久久为功，这是扬农化工一直坚守的产品对标策略。所谓点点对标，就是在具体产品层面对标世界首创。例如，功夫菊酯对标先正达、联苯菊酯对标 FMC、卫生菊酯对标日本住友。通过与世界一流产品在工艺、质量、管理等方面对标分析，不断找出差距，不断追赶，实现“对强则强”，最终超越对手跻身一流。点点对标的策略为企业产品推陈出新、持续优化工艺、改进产品表现提供了不竭的创新动力。正是缘于 20 多年来坚持不懈的对标管理，使“扬农化工”上市 19 年，业绩增长 50 倍。

（三）成果转化谋定后动

1. 高效协同，开发设计阶段做足“纸上谈兵”

产品开发设计阶段，可以多种方案，多次讨论，甚至推翻重来，但建设阶段投入“真金白银”时，必须方案明确，市场确定，一次成功。为此，扬农化工制定了明确的协同方案，例如，在产品研发方面，不论是立项、小试、中试还是产业化，都需要由研发、生产、营销共同参与，开发阶段就注重源头清洁、本质安全，工艺开发与三废治理技术开发同步完成；研发人员跟班开车并确保稳定生产，才能正式移交生产；安全和清洁方面实行一票否决，构建 HSE 核心竞争力。

2. 竣工投产后，持续创新升级

投产并不意味着一劳永逸。在产品线投产后，扬农化工始终大力推进工艺改进，坚持滚动式技改，力争使产品的成本、质量、清洁生产及本质安全水平得到进一步优化。

四、未来发展展望

未来，扬农化工将坚持稳中求进的工作总基调，立足新发展阶段和新发展格局，贯彻落实新发展理念，深化研产销一体化高效运营，稳业绩促增长，夯基础增后劲，全方位推动企业高质量发展，一步一个脚印地把“行业领先，受人尊敬”的企业美好愿景变为现实，以更加优异的产品服务国家战略和“三农”发展，为“实现巩固拓展脱贫攻坚成果，同乡村振兴有效衔接”目标贡献力量。

五、专家点评

扬农化工是目前国内唯一一家拥有“基础化工原料—专用中间体—拟除虫菊酯产品”全产业链生产能力的企业，代表了国产菊酯的最高水平和最强实力，品牌积累了良好口碑。长期以来，扬农化工聚焦卫生用和农用菊酯产品市场，持续加大研发投入，不断开展“卡脖子”技术攻关，在菊酯产品核心技术上实现重大突破，填补国内国际空白，彻底改写了我国菊酯产品长期依赖进口、关键技术受制于人的历史，一举打破跨国公司在中国市场的多年垄断，不仅以优质的产品在国内市场压制对手，而且成功打入竞争对手本土市场，赢得了国际市场的话语权。扬农化工成长为制造业单项冠军的历程，体现了我国企业在产业链关键环节或薄弱环节“补短板，锻长板”的奋斗历程，也充分说明了创新驱动、强化企业创新主体地位是我国实体经济实现高质量发展的必由之路。

石油和化学工业规划院教授级高级工程师　杨光亮

千禧氨纶：冠军是这样炼成的

一、总体情况简介

氨纶产品，被誉为纺织品的“味精”，曾享有贵族纤维的美誉，弹性好、贴附性强、拉伸恢复能力高，这些与身俱来的优点使它比涤纶等化纤产品有更加突出的优势，添加氨纶的泳衣、西服、牛仔布、织带等纺织面料，让人们享受了美好的高质量生活。华峰化学从1999年开始涉足氨纶产业，如今氨纶年产量已突破20万t，国内市场份额超过四分之一，规模和综合实力已成为国内氨纶行业的冠军，为我国民族纺织行业的高质量发展贡献了重要力量。

千禧氨纶，作为一家土生土长的温州民营企业——华峰化学的主打产品，20多年来，她杀出外资氨纶企业重围，冲破21世纪初世界品牌主导国内氨纶市场的樊笼，持续深耕，坐稳国内氨纶龙头地位，更是在世界氨纶行业中稳站生产规模第二的高位；如今，她又瞄准了“十四五”期间争夺世界龙头的宏伟目标。为什么在以传统行业见长的温州大地，千禧氨纶作为一种高性能的化学纤维，能够成长为国家单项冠军产品？这成功背后的密码是什么？

二、突出优势和典型经验

（一）高质量创新发展，成为打开冠军之门的“金钥匙”

1999年创业初期，氨纶作为市场紧俏货，但全国只有一家国营企业生产，国内市场成了多国品牌争夺点，如美国莱卡氨纶、韩国晓星氨纶、日本旭化成氨纶。华峰人审时度势，引进国外先进技术，成为全国首家氨纶民营企业，并以最快速度实现了稳定生产，建设速度被世界知名氨纶技术提供商称为“世界氨纶行业的奇迹”。当年，氨纶产品的销售可谓是不愁卖，但是华峰人居安思危，从创业初期就开始了国外技术的消化，自主产品的研发，高质量发展的探索。

首期生产线投产后，第二期工程就进行了自主化改造，并逐步提升国产化设备的占比。如今，代表行业最先进生产工艺和装备的新工程建设，国产化设备已经成了主角。民族氨纶产业链的可持续发展，必须要有民族氨纶企业的担当，华峰化学氨纶产业的大发展，也离不开国内氨纶产业链的配套支撑，否则，“卡脖子”的案例已不在少数。

华峰化学的千禧氨纶之所以能一步一步走向“冠军”领奖台，这第一把解码钥匙就是“追求高质量发展”。2020年，华峰化学被浙江省工业和信息化研究院和浙报集团《浙商》杂志社等联合推选为“2020浙江民营上市企业高质量发展十大优秀案例”，并被主办方评为“新材料产业自主创新的先锋”。华峰化学坚持“先进技术领跑行业”的理念，从创新平台搭建和创新团队建设等方面多管齐下，已打造出一支代表省级创新团队最高水平的省领军型创新团队。通过持续科研攻关，实现经编用氨纶、低温易粘合氨纶、卫材用氨纶等十多个差异化产品的产业化，覆盖了市场应用的各个领域，在行业内首创多项产品，并有多项产品打破国际企业垄断。在环保型产品领域，成功产业化的GRS产品，成为国内氨纶行业首家通过GRS国际回收标准认证产品，并与世界知名品牌商耐克等实现合作；在高端氨纶领域，华峰化学打破了国外氨纶企业的市场垄断，成功研发的高均一经编氨纶，实现国内外市场稳定供货，且价格和品质与世界一线品牌并驾齐驱。截至2020年，华峰化学已经拥有国家重点产品2个，省级新产品20个，有效发明专利在世界同行中名列第一。

（二）绿色发展，让冠军健康成长

绿色发展，不仅是社会对华峰化学的外在要求，更是企业内生求发展的自我要求，是企业履行社会责任的一种担当。华峰化学将绿色发展当作一场“生死战”，依靠技术创新和管理创新，全力开展绿色设计制造、节能技改、清洁生产和资源循环利用，并以突出的成就，成为国家首届“资源节约型、环境友好型”试点企业，并获得由中国工经联和联合国工发组织联合颁发的第一至第三届“中国工业行业履行社会责任五星级企业”荣誉。

绿色发展，不是临时抱佛脚的攻关行动，是企业长远发展大计。早在企业创立开始，华峰化学就坚持清洁生产，并在2004年以突出的成效成为浙江省清洁生产试点企业，以清洁生产为目标，华峰化学当年就提出了31个改进项目并获得了显著的成效。同时，作为创建国家环境友好企业的重要措施，2006年，华峰化学就提出并实施废水零排放目标，并引入当时代表环保先进技术的中水处理方法予以解决，处理后的水质达到可饮用水的标准。

多年来，华峰化学坚持绿色发展必须依靠技术创新，瞄准了行业最先进技术，持续推进节能降耗。无论是硬件的投入，还是软实力的提升，都走在了世界氨纶行业技术前沿。当前，华峰化学最核心的卷绕机技术，采用了代表世界最先进的120头卷绕机生产，相比多年前的36头、48头卷绕机，生产效率上有了极大的提升，几乎同等规模的场地和人员配置，实现的产量提升达2~3倍。同样，在工艺配方的软技术提升上，华峰化学尤其注重对产品生产纺速的提升，好比用同一个旋转的轱辘，如何让它转得快，而且又能平稳运转、不影响产品质量，这就成为生产和研发长期攻关的难题。以前多头纺的最高纺速基本是800~900m/min，而在2020年，华峰化学已经实现了120头卷绕机最高纺速1000m/min，这样的多头纺速度，代表了当前世界氨纶行业最高纺速、最先进技术成果。节能降耗大投入、大技改，华峰化学全力以赴。多年来，针对节能降耗的精益生产活动，华峰化学已经连续坚持10多年，每年都有大量的节能降耗成果得以实现，以2020年实施的12台高效率节能水泵的改造为例，就实现年平均节约能耗27%，年节省用电接近300万千瓦时，年创效突破200万元。小改进、小创新、小节约、全员参与更是蔚然成风，“十三五”期间，全员提出各类合理化建议达到1.4万条，自主自发参与节能降耗的“金点子”，成了合理化建议的主力军。

2020年，华峰化学通过各种举措，实现了氨纶产品综合能耗下降10%以上，吨丝产品的综合能耗不足1t标准煤，远低于代表清洁生产的国际先进标准，硬是把“能耗大户”这一劣势做成了参加市场竞争强有力的优势。华峰化学的低能耗运行，也成了行业广泛认可的绿色标杆，被国家评为“绿色工厂”单位。

（三）智能制造，培育冠军领跑新优势

华峰化学智能化、自动化的不断提升，彻底实现了机器换人。早在2015年，华峰化学就建设了一座现代化全智能的立体仓库。从包装分级、自动输送、机器扫码、机器人码垛、自动入库、自动出库，实现了氨纶丝成品物流仓储的全自动化，仅需几个人对自动化流水线进行监控，所有的机器就能实现24h有条不紊地运转。立体仓库10层16800个储存库位，与企业同等储量9000t的传统平库投资比较，节省投资4000多万元，提高土地7倍的空间利用率，人力精简50%。立体仓库的运营，让华峰化学再次尝到了自动化的甜头，这是华峰化学第一座全自动立体仓库，全国氨纶行业第一座自动化立体仓库秀出的“智能”力量。

如今，智能制造已经由之前的局部实施，扩展到整体车间的全自动化生产。在新的生产车间，以前需要人工操作的各个工序，都实现了机器人操作。人工落筒操作变成了机械手自动操作，以前一名工人在8h的班次内，弯腰取成品，弯腰取空纸管，再到弯腰放置空纸管，重复动作不下1000次，如今这样烦琐的体力劳动全部由机械臂自动完成。推运承载成品的重物周转车，在几年前，人工操作是华峰化学常见的劳动，放眼整个工业行业也是普遍现象，但华峰人就要改普遍成创新，引入了最先进的机器人自动识别“背货托盘”转运，一个个自动机器人负重前行的场面，就像一台台自动送菜机器人一样来回穿梭，通过智能识别，有路线、有辨别、有障碍提示……几百斤的货物，从

此告别了人工推运。加上自动化聚合和纺丝流程、智能化包装分级和自动化立体仓库，整个车间实现了从进料到出库的一条龙全自动运行。没有先例可以借鉴，华峰化学自动化创新团队就自己出想法，自己提改进，与合作伙伴一道，历经数年时间，实现了全行业第一条全自动流水线，也是行业最先进的智能化流水线。

“机器换人”不仅实现成本的有效降低，更是实现了劳动的保护和高效高质的创新。“机器换人”能够作为一张“华峰名片”再造传统行业新优势，以创新把握机遇，是创新驱动发展的成功实践。如果说传统的发展是做加法，那么创新驱动发展就是做乘法。突出智能不仅快速深刻地改变着我们的工作方式，更为企业培育供给效率新优势插上了腾飞的翅膀。

三、未来发展展望

20 多年的发展，华峰化学始终将领先发展作为企业内生动力，执行聚焦客户、研产销联动的“同心圆”管理模式，努力实现由“国内氨纶行业龙头企业”向“国际氨纶行业龙头企业”跨越、“国际氨纶行业龙头企业”向“全球聚氨酯制品材料龙头企业”跨越、“优秀民营企业”向“卓越现代企业”跨越的“三大”跨越式发展。展望未来，华峰化学将继续坚持高质量创新发展之路，保持专、精、特、新特色，实施绿色发展、智能发展。冠军之路，漫长而又艰辛，唯有奋斗，才能让华峰化学的冠军奖牌永不褪色。

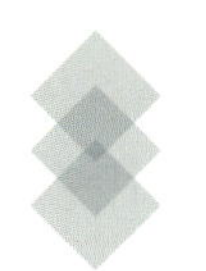

坚持走科研创新道路
为世界橡胶工业服务

阳谷华泰办公楼

一、总体情况简介

山东阳谷华泰化工股份有限公司（以下简称“阳谷华泰”）是一家拥有近30年历史的橡胶助剂专业生产企业，拥有行业内唯一的以企业为载体的国家级研究机构——“国家橡胶助剂工程技术研究中心”，专业研发人员120人左右，具备剖析、合成、评价、分析等完善的研发创新能力，是首批国家高新技术企业。现有注册商标“阳谷华泰”（注册号6419328）；于2010年12月获得认定“山东名牌”，代表产品为橡胶防焦剂CTP（证书编号2010-1503）；于2011年3月获得认定“2011年度中国橡胶工业协会推荐品牌”，代表产品为橡胶防焦剂CTP；于2006年9月获得认定“山东省著名商标”；2017年产品防焦剂CTP被评为“国家级单项冠军产品”。

阳谷华泰始终坚持“科技华泰，绿色华泰”的经营理念，不断通过技术革新、产业升级提高产品品质、扩大产能与市场，打造出了阳谷华泰的国际化品牌。其中橡胶防焦剂 CTP 产业化项目获得国家授权专利 7 项，其中发明专利 5 项，并在 2007 年度列为国家火炬计划项目，改进的生产技术于 2011 年获山东省科技进步一等奖；从 2005 年至今阳谷华泰的橡胶防焦剂 CTP 产销量一直稳居世界第一位。

二、突出优势和典型经验

（一）打造品牌战略，实施优势化模式

阳谷华泰大力推进品牌建设，努力提升产品品质，巩固本土市场，拓展国际市场，持续保持在国内外市场的主导地位。依据企业经营战略和经营战略举措，形成了两大优势模式：

（1）创新实施了“品牌战略与创新相结合模式”　始终推行“科技创新 + 精细产品 + 企业文化”品牌宣传模式，对产品及品牌进行了广泛宣传，使阳谷华泰产品的知名度不断提升，营销网络不断拓宽，先后与米其林、普利司通、固特异等国际知名轮胎企业建立战略伙伴关系，与杭州中策、三角集团、风神股份、玲珑轮胎、佳通股份、青岛双星、上海轮胎等国内知名轮胎企业建立技术协作关系。

（2）创新实施了“研发与市场营销结合模式”　推行“营销人员产品技术培训”“研究开发人员市场营销论证会议制度”“课题组直接参与新产品推广计划”“研究中心技术人员与营销人员对接营销计划”，将技术创新成果与产品推广应用进行了有机结合，不断提升我国企业在国际同行业中的竞争力，扩大出口量，努力增加在国际同行中的话语权，确定了在其他橡胶助剂领域的主导地位。

（二）坚持技术创新　把控科技最前沿

阳谷华泰以“为世界橡胶工业服务”为宗旨，长期致力于新型高效、绿色环保橡胶助剂新工艺、新技术、新产品的研究开发，经科技部批准，组建的国家橡胶助剂工程技术研究中心，是以企业为载体、引领行业科技进步的橡胶助剂高新技术研究及橡胶助剂新产品研发平台，先后与中科院化学研究所、中科院物理化学研究所、山东大学等十几所高等院所建立技术协作关系，建立产学研联盟，形成产学研联盟单位 11 家；与山东省科学院、青岛科技大学、山东省化工研究院、聊城大学建立了 4 个合作实验室；与多家上下游企业建立了战略伙伴关系。阳谷华泰在橡胶助剂工业基础研究、成果转化、资源共享和创新发展，特别是绿色制造、清洁化工艺研究开发、推广应用和新旧动能转换方面发挥了重要支撑作用，通过典型示范化推动橡胶助剂行业绿色化工的技术进步，引领了中国橡胶助剂行业技术创新的发展方向。

国家橡胶助剂工程技术研究中心以解决橡胶助剂行业关键共性技术难题为

己任，通过承担纵向和横向科研课题，突破了多项橡胶助剂生产的关键共性技术，包括有毒有害橡胶助剂产品替代和适应节能环保，绿色轮胎及新型聚合材料的新工艺、新技术、新产品、新装备及成套工程化技术的研究开发，氧气氧化法合成促进剂清洁生产技术，溶剂萃取法橡胶促进剂 M 清洁生产工艺技术，抗硫化还原剂系列产品生产工艺技术等，打破了国外的技术垄断，提升了我国橡胶助剂生产技术及在国际同行中的竞争力，有效地扩大了橡胶助剂产品的出口量，获得了显著的经济效益。

（三）加强橡胶助剂科技兴贸出口创新基地建设，以技术创新拉长特色产业链

阳谷华泰与所属的国家橡胶助剂工程技术研究中心和山东阳谷华泰进出口有限公司、山东阳谷四通亚胺厂、时风巨兴轮胎有限责任公司组建了新型绿色环保型橡胶助剂产业集团，2009 年 9 月经山东省商务厅认定为山东省科技兴贸出口创新基地，通过对科技成果的转化，形成了助剂原材料、橡胶助剂、橡胶加工产业链。组建了“橡胶助剂新材料产业技术创新战略示范联盟”，成员单位 7 家，构建了以橡胶助剂新产品、新剂型清洁生产工艺研究开发为主体的产业技术创新链，联盟通过共同承担国家科技支撑计划课题、山东省自主创新专项计划等形式，联合开发助剂共性和关键技术，推动了技术创新和产业发展。2010 年阳谷华泰获得了山东省科技厅等部门颁发的“山东省首批创新型企业”，2012 年阳谷华泰牵头组建的“橡胶助剂及新材料产业技术创新联盟”被山东省科技厅等部门确定为山东省第三批产业技术创新战略示范联盟。

阳谷华泰作为中国橡胶助剂工业龙头企业，长期致力于新型高效橡胶助剂产品的研究开发，实现了产品市场理念创新与技术创新机制有机结合，创新实施了“技术创新数据化模式”：严格按照 ISO/IEO 17025 检测和核准实验室认可标准要求运行，为企业新产品、新技术和新工艺开发提供科学、公正、权威的检测数据，融入持续的技术创新与再创新，使产品的技术水平不断提高，产业化规模不断拓展，其产品质量、生产技术始终保持同类产品国际水平。

阳谷华泰长期致力于新型绿色环保型橡胶助剂的研发、生产和销售，形成绿色环保型橡胶助剂产业，打造橡胶助剂原材料、橡胶助剂、轮胎加工特色产业链，集聚开放创新资源，打造创新型橡胶助剂产业集群的同时，根据同行业发展趋势和市场需求，进行领域内前瞻性、战略性和关键性应用技术研究，充分利用大专院校、科研院所取得的实验室成果、小试成果和科研课题，发挥中心优势，利用中心创新平台进行小试、中试开发和集成开发，不断为同行业输送新产品、新技术、新工艺。将来自于企业和市场发展中新的技术问题带到新一轮技术开发循环中去。经过创新研发、集成化开发，形成成熟的科技成果，持续向行业和下游行业或企业群体转移，形成橡胶助剂产业集群，提高和促进行业的技术进步。

（四）健全企业生产安全保障制度，提升应对各类风险机制

在安全生产方面，阳谷华泰自成立以来始终坚持“安全第一、预防为主、综合治理”的方针，不断强化全员安全教育培训，定期开展应急救援演练和隐患排查治理工作，企业安全生产管理水平逐步提升。

在宏观领域，阳谷华泰积极关注宏观经济形势的变化，并根据实际情况适时调整经营战略，预防环境变化的风险；在市场领域，阳谷华泰加大市场营销和技术研发的投入力度，未来将继续坚持在这方面的投入，不断提高产品市场的竞争力；在成本上，原材料受供给侧改革及经济周期影响较大，在此阳谷华泰将继续加大科技投入，利用新工艺、新技术在市场方面掌握先机，降低成本变化带来的市场风险；在安全生产领域，阳谷华泰建立了一整套生产管理制度，要求员工严格按照生产流程组织生产，并在未来进一步加强员工安全生产培训；在研发领域，阳谷华泰重视产品研发，加大技术投入；在账款回收方面，阳谷华泰加强合同审核、发货控制应收款项催讨等措施，实现应收款项事前、事中、事后阶段控制，另一方面阳谷华泰逐步建立大客户的战略合作关系，建立紧密型客户关系。

三、未来发展展望

（1）高性能绿色轮胎配套助剂产品研究开发　开展轮胎磨耗、滚动阻力及抗湿滑的机理研究，实现三者之间的平衡，开发新型填料、偶联剂、分散剂及胎面树脂助剂产品，提升汽车行驶舒适性能。

（2）新型树脂类新产品的开发　开展粘合机理研究，开发高性能粘合树脂，解决钢帘线与橡胶之间结合力和持久性差的问题；开展增粘机理研究，开发长效型增粘树脂，解决轮胎或橡胶制品企业因采用低端增粘树脂造成的残次品率居高不下的问题。

（3）绿色高效抗硫化返原剂类新产品的开发　开展动态生热和耐疲劳机理研究，开发新型高性能抗硫化返原橡胶助剂产品，解决轮胎动态生热性能差、易开裂和鼓包问题，提升轮胎的使用寿命和汽车的行驶安全性能。

（4）产品清洁生产工艺的开发　开展溶剂法制备 M 工艺研究、绿色氧法制备促进剂 NS、CBS 及 DM 工艺研究，通过开发新工艺、新技术，做到工艺环保，解决当前末端治理的弊端。

（5）新型低气味橡胶助剂的开发　针对轮胎气味问题，开展新型低气味橡胶助剂的开发及应用。

（6）绿色高性能硫化助剂的开发　针对轮胎使用过程易喷霜、分解产生有害物质等问题，开展多种绿色高性能硫化助剂的研究开发。

四、专家点评

阳谷华泰拥有高层次的国家级研究开发平台，形成了产学研用一体、完善的技术创新体系，具备了新型、高效、环保型助剂研究与成果转化能力、清洁工艺技术研发能力、绿色轮胎及新型聚合材料及成套工程化技术研发能力、工程化工艺技术和产业化研发能力、产品标准的研究、制修订能力、应用评价能力。解决了橡胶助剂行业关键共性技术难题，突破了多项橡胶助剂关键共性技术，包括连续结晶法防焦剂 CTP 生产工艺、连续法不溶性硫黄新技术，打破了国外的技术垄断。该企业创新能力强、市场整合度高，符合“国家级单项冠军产品”制造企业要求。

中国橡胶工业协会橡胶助剂专业委员会秘书长　王延栋

鳌头独占的高空“舞者”

2020年12月17日1时59分，“嫦娥五号”返回器携带月球样品在内蒙古四子王旗预定区域安全着陆，探月工程“嫦娥五号”任务取得圆满成功。令人骄傲的是，“嫦娥五号”返回器安全着陆的背后，有着中国化工株洲橡胶研究设计院有限公司（以下简称“株洲院”）的助力。12月15日，株洲院生产的“中国制造业单项冠军产品”——探空气球从远望3号上启程到大气层打卡，为“嫦娥五号”回家探路；12月16日，酒泉卫星发射中心、西安、太原、西昌、文昌……相继施放探空气球把脉“气象”、探测“天情”，株洲院的这位高空“舞者”如往常一样顺利完成了为“嫦娥五号”平安回家保驾护航的任务。这是该院在多次圆满完成“神舟”系列、“嫦娥”系列、“天宫”二号、“雪龙”号等国防科技工业重大专项工程和气象组织对台风的专业监测等重要任务之后，再一次顺利完成的高空探测任务。

一、总体情况简介

株洲院创建于1964年，原名“化学工业部乳胶工业研究所”，现隶属于中国化工集团公司，是中央驻湘企业。企业占地面积3.85万m^2，注册资本3198万元，资产总额1.7亿元，是全国胶乳行业唯一专业研究机构、全国胶乳制品军工配套产品开发研制生产单位、国家火炬计划重点高新技术企业、国家乳胶制品质量监督检验中心、全国工业（乳胶制品）产品质量控制和技术评价实验室、国家高新技术企业、临近空间探空气球材料与技术湖南省重点实验室、世界气象组织（WMO）供应商、世界水文气象设备行业协会（HMEI）会员、中国气象局和各兵种探空气球定点研制生产企业，也是中国仅有的两家探空气球生产企业之一。同时，株洲院担任全国橡胶与橡胶制品标准化技术委员会胶乳分技术委员会主任委员。湖南省橡胶与橡胶制品质量监督检验中心、株洲市特种橡胶工程技术中心均设在株洲院。

二、突出优势和典型经验

（一）苦练内功，只为顺利“升空”

2010年，第8届世界气象组织（WMO）国际探空仪系统比对实验确定在广东阳江举行，中国气象局要求此次比对实验必须使用国产气球。株洲院2009年年底接到任务，次年8月份就要投入使用。当时，该院探空气球的最大规格为1600g，为了确保比对试验不出差错，最终决定研制2000g的探空气球。虽然只有400g的差距，但对于气球工艺来说却是一次质的跨越。

探空气球在升空过程中经过-80~-60℃的低温区，体积膨胀达到6倍以上，而且保持这种膨胀状态至少在1h以上，这期间的膨胀性能决定了气球能否达到预定高度。在经过臭氧浓度较高的环境时，紫外线的强烈辐射会引起球膜的龟裂，也会加速球膜的老化，极易使球体炸裂。再加上气球使用的主体材料为天然胶乳，受树种、树龄、产地、加工等诸多因素的影响，天然胶乳存在非胶成分复杂、稳定性和一致性较差、变异性较大等不足，生产出来的胶乳制品的性能也有所差异。

株洲院探空气球爆破实验

确保探空气球飞得高、耐得寒、抗老化一直以来是株洲院致力的课题，为攻克这些难关，株洲院成立了攻关小组，孙建华亲任小组组长。万般辛苦，换来的是惊艳亮相：比对试验期间，株洲院的“华一”气象气球，先后经历了强热带风暴“康森”“灿都”等恶劣天气，平均升空高度为31643.5m，3万m升空有效率超出全球最大探空气球生产企业产品近20%！株洲院在世界各国面前的惊艳表现，让市场道路越走越宽。

（二）全球逐鹿，只为磨砺“重器”

业内常言“得标准者得天下”。2010年，瞄准制定气象气球国际标准的目标，株洲院的“8年抗战”开始了。从2010年10月第一次参加荷兰召开的ISO/TC 45第58次国际年会上，专家组对首次提交国际标准《气象气球规范》的提案不认可，到2017年8月株洲院代表中国胶乳行业首次主导制定的国际标准《气象气球规范》正式发布，历时8年时间，株洲院坚持不懈参与多次国际标准化会议的讨论，积极主动与ISO/TC 45/SC4/WG5小组中分别来自日本、印度、英国、美国、泰国等20多个国家的专家进行技术交流，取得各国专家的信任和支持，克服了世界气象大国日本针对注模旋转成型工艺提出的各项技术参数难题等困难。连续8年的试验、改进，株洲院的技术水平跨越式提升：熟练掌握2种气球生产工艺，产品品类从10g到5000g，探空高度更是达到 48000m，遥居世界领先水平。

从此，株洲院彻底打开了世界的壁垒，掌握了世界话语权，整体技术跻身世界领先水平，并得到了世界气象组织采购部门、国外政府气象部门、气象研究机构、学院等高度关注，顺利列入世界气象组织采购商名录，自主参与国际化竞争的能力显著增强。

2018 年，在央视热播的纪录片《大国重器》第二季的第一集，株洲院的探空气球被搬上了荧幕。这集名为“构筑基石”的纪录片里，株洲院的探空气球，跟随“远望七号”远赴太平洋，为天舟一号的发射做前期准备。“远望七号”是航天工作者的眼睛，可以实时追踪火箭的轨迹和运行数据，但火箭升空之前，“远望七号”上的这些测控仪器需要探空气球带着设备升空，进行追踪校准。天舟一号进入预定轨道后，“远望七号”比预定时间早 9s 捕获到信号，株洲院多年磨砺的“重器”为其顺利运行提供了安全保障。

高空空气稀薄，存在电离、臭氧、污染物、辐射和动力学过程，高空大气物理参数除了常规的温度、气压、密度和风之外，还包括大气气辉强度、太阳强度和 X 射线、紫外线、太阳微粒辐射、宇宙射线强度、电离层结构和高层大气物理化学过程等多种非常规项目。对航天而言，运载火箭、发射场建设、气象保障条件等缺一不可。气象条件不是参考，而是“发令枪”，只有在符合发射的气象条件时，火箭才能点火上天。探空气球能够战胜升空过程中各种恶劣环境，升到高空直接“切中”气象要素，堪称高空气象环境中的“舞剑医者”。

（三）厚积薄发，只为高空“舞剑”

核心技术买不来，等不来，只有自己干出来。1989 年，株洲院在工业新城株洲批量生产首批探空气球，并于 1991 年核准注册为“华一”牌商标。2005 年，生产的某胶乳制品成功应用于“神舟五号”载人飞船，获得原解放军总装备部嘉奖；同年，该院用注模旋转成型工艺成功研制出的某新型探空气球打破了该领域由日本垄断的局面，荣获中国气象局研究开发二等奖。自主研发的 800g 探空气球荣获中国化工科技进步二等奖；1600g 气球获得中国化工科学技术三等奖，填补了国内空白；2000g 探空气球取代日本产品；2018 年“一种气象气球及其生产方法”获得中国专利优秀奖。尤其是近年成功研制的 NSL-40 探空气球平均升空高度突破 40000m，最大升空高度达到 48000m，刷新了全球天然胶乳探空气球最大升空高度，为保障临近空间中低层 20~50km 空域武器装备研制、部署作战应用、大气科学研究等提供强劲有力的后勤技术支撑，展现了丰富的实际经验和先进的技术力量。

“嫦娥”探月、“神舟”回家、“蛟龙”入海、“雪龙”探极等均离不开株洲院的高空“舞者”——探空气球的指引。着陆场的天气，是影响他们安全着陆和开启任务的关键因素。无论是飞船返回前，还是潜水艇下海等各种大型国防科技专项工程开启或结束前后，着陆场的工作人员均会密集放飞株洲院的探空气球，收集高空的气象数据。

探空气球携带着仪器在高空中“舞剑”，准确预测风向和风速指标，保证了地面控制系统随时根据风向和风速对飞船、考察船、潜水艇等的着陆姿态进行调整，确保了安全着陆。

除了服务于航空航天，在日常生活中，株洲院的高空“舞者”与我们的生活也息息相关。目前世界各国进行高空气象观测的手段主要包括卫星、飞机、地面雷达和探空系统等，并相互结合以期获得最准确的气象数据。其中，只有探空气球能够升到高空直接“切中”气象环境，投资少、成本低、见效快，其获得的气象数据通常被认为是最准确的，因此在大气遥感观测真实性检验和校准检验中发挥着无可替代的基准作用。气象部门每天发布的天气预报，其基础数据有很多都是通过探空气球获取。

全国 200 多个高空气象站，每天都要放飞株洲院的探空气球，以此来获取高空中的风向、风速、温度、湿度等气象要素。目前，株洲院已牢牢占据国内八成以上的探空气球市场，产品远销俄罗斯、法国、美国、德国、英国等 40 多个国家和地区，占据国际市场 20% 的份额。

三、未来发展展望

2021 年是“十四五”的开局之年，株洲院将继续贯彻以技术、研发创新带动产业发展的运营思路，通过形成核心技术以巩固竞争优势及行业领先地位。围绕“价值创造”和“高质量发展”要求，强化战略引领，优化布局结构，提升效率效益，提质降能耗，强化风险管控，加快创新深化改革，继续做优做强气象气球这一拳头产品。

（一）临近空间大规格气球研究开发

研究开发临近空间 40~50km 高度的大规格胶乳探空气球，并形成系列产品，为临近空间飞行器研制考核应用及高空基准站业务运行做好技术与产品保障支撑，积极开展临近空间系列探空气球尤其是 40km 以上大规格探空气球的应用推广。

（二）智能充气小柄球的产业化

加快推进智能充气小柄球产业化研究，在现行浸渍法工艺基础上实现可规模化批产、产品质量与现行浸渍法大柄球相当的生产技术，为开拓出口业务提供强有力的技术支撑。

（三）临近空间胶乳气球浮空平台应用技术研究

拓展探空气球应用功能，研究开发胶乳探空气球定高浮空技术、长时浮空技术、浮空高度自适应控制技术等，探索以胶乳探空气球为载体的临近空间浮空平台原型应用试验。

四、专家点评

探空气球利用充灌氢气产生的浮力，携带探空仪器进行升空，在升空过程中对大气温度、湿度、气压、风等进行实时原位探测，是开展气象探测的有效载体。株洲院自 20 世纪 70 年代起，开展了天然胶乳探空气球系列化研究，成功开发了拥有 75 型雷达校准用气球、10g、30~750g、1600g、系列化探空气球等几大系列产品，形成了自主知识产权和成果，产品在国内市场占比超过 80%，并远销东欧、西亚、东南亚、北美等地区。株洲院牵头制定了探空气球国际与国内标准，在国际市场上形成了有效的话语权。希望株洲橡胶院继续秉持这份精益求精、刻苦钻研、甘于奉献的工匠精神，来修炼自身“内功”，对国家气象事业发展做出更大更多的贡献。

中国化工株洲橡胶研究设计院有限公司

执行董事、党委书记、总经理　孙建华

教授级高级工程师

专注水处理剂六十余年 市场占有率国内外领先

一、总体情况简介

衡阳市建衡实业有限公司（以下简称“建衡实业”）成立于2003年，是由1958年建厂的原国营衡阳市建衡化工厂改制组建的民营企业，主要从事铝铁盐水处理剂系列产品的研发、生产、销售与服务。建衡实业位于全国循环经济工业园湖南衡阳松木经济开发区，占地130余亩，总资产20036万元，员工285人；具有年产65万t铝铁盐生产能力，现为国家高新技术企业和湖南省新材料企业，是亚洲最大的铝铁盐系列产品生产基地。近年来，建衡实业获得了第六届“湖南省省长质量奖”“中国标准创新贡献奖”“全国石油和化学工业先进集体”“全国石油和化学工业环保先进单位”等荣誉。

建衡实业成立以来，牢记“保护地球水资源”的企业使命，坚持“小行业、大作为”的理念，通过技术创新和管理创新，保持企业的技术和产品质量在行业处于绝对领先的地位，有效推动质量和品牌强企建设，实现了年均25%以上的增速发展；从一个年产值不足500万元濒临倒闭的小国有企业，发展成为现在年产值近5亿元的国内铝铁盐行业的领导者和龙头企业，为全国铝铁盐行业实现高质量发展起到了很好的示范作用。

二、突出优势

（一）市场占有率国内外领先

建衡实业专注生产铝铁盐水处理剂明矾、聚氯化铝、硫酸铝，其广泛应用于生活饮用水、各类工业废水及生活污水的净化处理，是目前国内外应用范围最广、使用量最大的净水药剂。建衡实业产品以质量高、功能强、品种全等特点领先同行，成为市场竞争的拳头产品，国内市场占有率达60%以上，顾客满意忠诚度达99.5%。

（二）产品综合效益突出

近年来，建衡实业共开发了取得国家专利的铝铁盐生产新工艺技术18项和新产品 8 个，新产品产值率达到 80% 以上，大幅提升了产品技术含量，促进产品向高端化转型升级。建衡实业依靠技术和质量水平绝对领先的优势，产品赢得国内外广大客户的高度信赖和称赞，市场不断扩展，经济效益高速增长，产品市场占有率、主营业务收入、人均利税、万元产值综合能耗等经济指标处于国内同行首位。

（三）技术工艺全国行业标杆

建衡实业采用了同行业先进的生产工艺和自动化设备，是我国唯一一家实现所有产品自动化生产的企业，彻底解决了传统生产方法劳动强度大、生产流程复杂、能源消耗高的行业难题。生产过程不再需要使用蒸汽，而且无废水、废渣排放，能耗下降 30% 以上。生产成本大幅降低，产品质量显著提高，在节能、环保方面有明显效益，对国内铝铁盐行业转型升级具有推广应用价值。

（四）满足顾客差异化需求

由于需处理各种水质的温度、浊度、所含的物质等参数不同，所以，顾客对产品的品种、规格型号和质量指标等要求有较大差异，建衡实业通过研发先进的工艺技术、优化工艺指标和采用新型原材料生产各种规格型号的新产品，保证能适应各种不同类型的生活用水、工业废水及城镇污水的处理，满足顾客的差异化需求。

三、典型经验

（一）构建独具特色的质量管理模式，推动质量强企建设

建衡实业牢固树立“质量是政治、质量是生命、质量是效益”的理念，以提高企业质量和效益为中心，坚持走质量强企的发展道路，推动质量强国建设。建衡实业作为国内铝铁盐行业的龙头企业，坚持以引领行业高质量发展为己任，以产品市场发展趋势和顾客差异化需求为导向，根据行业的特点，结合企业实际情况，创建了独具特色的“基于顾客需求驱动的四平台全过程”质量管理模式，为顾客提供解决水处理技术的最优解决方案。

建衡实业通过市场调查和营销先期介入收集顾客对产品差异化需求的信息，结合企业质量战略目标，采用产品质量先期策划（APQP）、统计过程控制（SPC）、失效模式与影响分析（FMEA）等多种质量工具对产品设计、原料采购、产品制造、售后服务等全过程进行质量策划和管控，采用 PDCA 进行质量持续改进，并打造优秀的企业质量文化和一流的体系平台、技术平台、信息平台、服务平台作为质量过程控制的支撑；不断给客户提供优质的产品和服务，从而实现“满足顾客需求，超越顾客期望”的质量战略目标。

（二）坚持技术创新发展，开创国内铝铁盐行业新生产模式

建衡实业把技术创新作为企业的灵魂，大力弘扬创新精神，营造良好的创

新氛围，倡导全员参与创新，把企业打造成创新型组织。

近年来，建衡实业投入大量资金打造了省级企业技术中心、水处理剂工程技术研究中心和取得 CMA 资质的检测中心三个创新平台；大力培养、引进专业技术人才，现拥有博士 1 人、硕士 6 人、高级职称 8 人的涵盖多学科多专业的技术研发团队，建衡实业董事长何朝晖现任全国无机盐铝铁盐专家组组长，为国内铝铁盐行业技术领军人才；建衡实业创新团队 2019 年被评为湖南省企业科技创新创业团队，每年科技创新成果奖励达到 100 万元以上。

建衡实业依靠“三中心一团队”的技术平台和产学研机制，加大研发投入，确保每年研发投入占销售收入的 4% 以上，自主开发系列铝铁盐提质节能等核心技术，颠覆国内铝铁盐传统落后的“高能耗、高污染、劳动强度大”生产方式，开创了“低能耗、低污染、自动化、智能化”的新生产模式，大力推动了国内铝铁盐行业的技术进步和质量提升。

建衡实业聚氯化铝自动化生产车间

（三）实施品牌强企战略，拓展国内国际市场

建衡实业以“实力缔造品质，创新成就未来”作为企业发展理念，从国内铝铁盐行业中脱颖而出，高速成长，成为国内铝铁盐行业的领先者和龙头企业。建衡实业“荷花”品牌经 60 年历史的积淀，融传承与创新于一体，现已成为国内水处理领域的知名品牌。

建衡实业成立了以董事长为组长的品牌管理委员会，负责品牌培育、推广、维护等工作。根据企业品牌战略规划，加大品牌推广投入，创新品牌营销与推广模式；采用媒体、网络进行企业文化营销和全面市场营销，发表论文、主导起草国家及行业标准、举办行业学术研讨会，参加公益赞助、社会热点等活动，多渠道多方式进行品牌推广，以品牌为导向，向客户和社会宣传、传播企业的产品和文化，树立良好企业形象，扩大品牌影响力和知名度。掌握核心技术，提升核心竞争力，做到“人无我有，人有我优”。

（四）打造爱心企业，积极承担社会责任

建衡实业始终坚持“品质为先、诚信为本”的经营理念，遵纪守法，诚实守信，全面履行各项社会责任，将公司打造成为具有强烈的社会责任感和受人尊重的企业。

“产业报国，造福社会”，这是建衡历年来的经营理念。建衡实业现安排农民工就业达 180 人，并无条件给予技术培训，帮助他们脱贫致富，现人均年收入达到 7 万元，并建立了工资增长机制，每年达到 10% 的速度递增。依据国家政策为员工缴纳五险一金，劳动合同签订率达 100%，保障了职工的合法权益，解决了员工的后顾之忧。

四、未来发展展望

（一）树中国品牌，立质量标杆

围绕“中国铝铁盐水处理剂龙头企业”称号，塑造建衡实业的整体品牌。以铝铁盐、水处理剂系列产品品牌运作为主线，努力在国内、国际市场确立建衡专业生产铝铁盐和水处理剂的企业形象。巩固扩大国内市场，加大国际市场的推广力度，加强与行业协会和同行业企业的沟通与合作，进一步增强企业在行业的地位和影响，持续引领行业发展方向。

以高端产品定位，确立绿色环保主题。“荷花”牌铝铁盐水处理剂系列产品定位为中高端产品，以“绿色、环保、健康”为主题，树立大环保产业概念，推进产品在生活饮用水、工业废水及生活污水、各种工业循环用水的处理，造纸，医药，食品，新能源汽车电池等领域的应用。加大产品品牌延伸推广，不断开发新型系列产品。继续延伸下游产品，适应各个领域及各层次的需求，提高产品价值差异化竞争优势。实现产品多元化发展，提高产品附加值，拓展品牌的文化内涵。

（二）从制造商转型到服务商

近年来，随着我国工业化与城镇化的快速发展和新修订后的环保法律、法规及标准的实施，用于水处理的铝铁盐系列产品市场需求量大幅增长，而我国的铝铁盐企业也在行业发展的大潮中，面临着新的挑战与机遇，行业的发展向集成化、系统化、网络化、智能化、专业化发展。

建衡实业不断强调与强化自身的系统整合和集成服务的竞争能力。独创行业“产品 + 技术 + 应用”的商业模式，由传统模式“只供应产品，不提供技术”转变为“解决方案、产品到家、技术指导”的一条龙水处理服务模式，依

靠技术支撑，解决水处理应用单位的难题，如低温冷浊水处理技术、重金属检测技术等。

五、专家点评

建衡实业专注铝铁盐水处理剂行业60余年，走出了一条“专利技术化，产品标准化”的创新之路，始终树立“科技兴企，质量兴企”的发展理念，致力于绿色环保、自动规模化、高品质制造的生产技术新模式发展，在节能减排、智能制造、双循环经济发展方面取得多项显著成果，为行业的技术进步和转型升级起到了良好的示范和推动作用。

中国化工学会无机酸碱盐专业委员会秘书长　杨玉梅

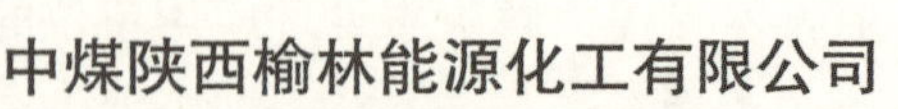

创新激发内生动力　推动企业高质量发展

一、总体情况简介

中煤陕西榆林能源化工有限公司（以下简称“中煤陕西”）是中国中煤能源股份有限公司的全资子公司，主要负责中煤集团在陕西省煤炭、煤化工、电力、铁路等项目的投资筹建和生产经营活动。中煤陕西主要建设项目有：360 万 t/ 年煤制甲醇、135 万 t/ 年聚烯烃（分两期建设，一期项目规模 180 万 t/ 年甲醇、60 万 t/ 年烯烃），1500 万 t/ 年大海则煤矿及选煤厂项目，与延安车村煤业集团均股合作建设 500 万 t/ 年禾草沟煤矿及选煤厂。河北平乡聚烯烃改性项目正在建设，化工二期项目正在积极办理环评手续。

中煤陕西先后荣获“中国石化行业质量标杆企业”“中国煤炭工业协会煤炭工业两化深度融合示范项目”“水利部黄河流域大型项目水保治理先进单位”“全国企业管理创新成果一等奖”“全国能源企业信息化卓越成就奖”等多项荣誉，煤制聚乙烯被评为全国制造业单项冠军产品，智能工厂建设被评为全国智能制造 63 家试点示范企业之一，是煤化工行业获得此项荣誉的首家企业。

二、突出优势

中煤陕西化工一期项目设计规模为年产 180 万 t 甲醇、60 万 t 烯烃，总投资 217 亿元。2011 年 8 月开工，2014 年 5 月建成，7 月产出合格聚乙烯、聚丙烯产品，投料试车一次成功，顺利进入试车生产，与同等规模、同类装置相比，在建设周期、工程质量、试车进度、创造效益等方面刷新了多项纪录，填补了集团公司煤制烯烃产业空白，促进了集团公司转型发展，成为陕西省率先投产的煤制烯烃项目，2015 年 8 月获得了部级化学优质工程奖。

化工一期项目 2015 年初正式生产运营以来，生产经营业绩持续保持行业领先。与同等规模、同类型生产装置运行相比，在物耗、能耗、运营成本等方面达到国内先进水平。一是单耗低，与投产之初相比，甲醇耗原料煤由 1.35 降为 1.28，乙烯、丙烯耗甲醇由 3.173 降为 2.908，各项重要指标均低于设计值，处于国内同类企业先进水平。二是成本低，通过提高产量、差异化生产、技术革新、严格成本管控等措施，聚烯烃单位完全成本连续5年保持行业最低。三是运行稳，化工一期项目是国内连续运行时间长、负荷高、生产稳的煤基甲醇制烯烃装置。四是能耗低，万元产值综合能耗3.72tce/万元，烯烃产品综合能耗3.517kgce/t，均达到了行业先进值。

三、典型经验

（一）技术先进

在化工一期项目筹建之初，就确定了打造成为国家级煤化工示范项目的目标，在项目设计上瞄准世界前沿，综合考虑物料的平衡及能源的梯级利用，集成了国内外绿色、先进、成熟的技术工艺。

气化装置采用日处理煤（干基）1500t，压力6.5MPa的美国GE公司水煤浆气化技术；净化装置采用德国Linde低温甲醇洗技术；甲醇合成装置采用英国DAVY公司低压合成技术；甲醇制烯烃装置采用大连化物所DMTO技术；烯烃分离装置采用美国鲁姆斯公司工艺技术；C4综合利用装置采用山东齐鲁石化工程有限公司MTBE/丁烯-1工艺，美国鲁姆斯公司OCT（C4制丙烯）技术；聚乙烯、聚丙烯装置分别采用美国尤尼维讯公司（Univation）和陶氏化学公司（DOW）的Unipol气相流化床工艺技术。

（二）技术创新

根据装置运行实际，持续跟踪国内外先进的节能降耗技术，深入钻研、探索优化改进工艺途径，中煤陕西先后实施了多项关键技术改造，取得了显著成效，填补了国内多项技术领域的空白，极大地提升了企业竞争实力，奠定了行业标杆地位。实施的主要技术改造项目包括：丁烯异构化增产丁烯-1项目；第8台气化炉建设项目；煤浆提浓改造项目；甲醇装置增产扩能改造项目；气化炉捞渣机改造项目；大力实施聚烯烃新产品开发。科学稳妥开发聚烯烃新牌号产品，牌号由最初的2个扩展到24个，7个牌号产品通过了国家（GB）食品卫生标准、美国（FDA）、欧盟（ROHS）食品级认证检验，2个牌号通过了国家医药级、食品级认证，标志着公司聚烯烃产品已达到高端市场质量要求，其下游产品具备出口欧美市场资格。几年来，新产品共创效近2000万元，不仅创造了可观的经济效益，而且显著增强了市场竞争力。

2017年，聚乙烯被工信部、中国工业经济联合会评为制造业单项冠军产品，产品产量创行业最高。

（三）经营绩效

投产5年以来，累计生产聚烯烃产品350万t，创效46亿元，生产经营保持了行业领先地位。甲醇装置实现连续稳定运行。甲醇日均产量稳定在7120t

左右，甲醇合成反应器单系列加工量成为戴维工艺全世界最大的一套装置。烯烃装置实现连续稳定运行。烯烃装置自 2014 年投入运行至 2017 年 4 月大修前连续稳定运行超过 1000 天，目前聚烯烃产品日均产量稳定在 2100t 以上，比设计产量高出 300t，处于同行业领先水平。

（四）物耗、能耗及环保

以装置高负荷稳定运行带动降本增效，建立了化工单耗分析机制，定期分析诊断并考核消耗指标，各项重要指标均低于或接近设计值。2015 年消耗原煤 489 万 t，新鲜水 1436 万 t，吨烯烃综合能耗 3586kgce/t；2016 年消耗原煤 481 万 t，新鲜水 1652 万 t，吨烯烃综合能耗 3685kgce/t。从指标上看，项目综合能耗优于 GB 30180—2013 先进值（先进值为 3700 kgce/t）。

以“节能降耗，减污增效，清洁生产，和谐发展”为指导，牢固树立“控制总量，达标排放，事故为零，力争排头，国内领先”的环境保护总体工作目标，严格执行国家环保政策，采用先进的工艺技术，加大环保设施投入力度，提高现场监控和管理水平，规范企业环境保护行为。

1. 废水治理

废水采用三级预防控制措施：在气化、甲醇等装置区内有污染的区域及罐区均独立设置事故缓冲池，全厂低点设置一座消防废水收集池。全厂未设置任何排污口和雨排口与外界环境相通，生产废水全部回收利用。

2. 废气治理

厂内的废气主要来自工艺气和锅炉烟气。硫回收工艺气处理采用荷兰荷丰克劳斯 + 低温 SCOT 技术 + 尾气胺液吸收技术，总硫收率达 99.9%，排放尾气 SO_2 浓度可控制在 200mg/m^3 以下。热电锅炉为循环流化床工艺，采用炉内、炉外两级脱硫技术，烟气出口 SO_2 排放浓度可控制在 35mg/m^3 以下。脱硝采用炉内 SNCR（选择性非催化还原法）+ 烟气 SCR（选择性催化还原法）混合法脱硝工艺及低氮燃烧技术，烟气出口 NO_x 排放浓度可控制在 50mg/m^3 以下。烟尘采用新型布袋除尘技术，烟尘排放浓度在 5.8mg/m^3 以下。

3. 固废处置

气化灰渣、锅炉灰渣送至园区灰渣场综合利用，废催化剂送有资质的厂家回收，废分子筛、废油剂等危险废物交有资质单位处理。

（五）管理创新

中煤陕西认真落实国家创新驱动战略，科学谋划企业管理，深入推进管理创新，不断强化“和”文化引领，稳步提升了企业管理效能。

1. 构建了新型的扁平化组织模式

中煤陕西通过创造性的机构设置方式成功克服了扁平化与多层级两种管理模式的缺陷，构建了新型的扁平化组织模式。集中了扁平化与多层级管理模式的优点，打破了“管理层次与管理幅度成反比”的定式思维，经过三年来的生产经营实践检验，证明了这种组织模式分工明确，反应迅速，办事高效，具有一定的管理优势。同时，也最大限度地优化了组织机构，减少了用工人数，化工分公司用工比对标企业编制减少 667 人，比集团公司核定人数减少 125 人，也是国内同类型企业中用工最少的。

2. 开展纵向与横向相结合的绩效考核

纵向绩效考核采用以 KPI 为工具的分级考核，即公司考核分公司、分公司考核生产中心、生产中心考核生产班组；在横向考核方面，开展了“横大班生产竞赛”，打破了以装置为管理单元的生产组织方式，把同一生产时间的装置运行班组划分为一个横大班，共建立了 4 个横大班，将分散的“点”状生产单元连接成“线”性的有机整体，强化了各生产装置之间的协调配合，避免了当班人员只关注本装置或本岗位的生产运行情况，不关心上下游装置是否平稳、顺畅的状况。凭“化工企业以提高生产效率为目标的横大班管理”获得中国企业联合会企业管理现代化创新成果二等奖。

（六）深化“和”文化建设

中煤陕西在强化管理创新的同时，结合组建时间短、员工来自五湖四海的实际，着力推进以“尊重、包容、合作、共赢、沟通、融合”为主要内容的“和”文化建设。一是以文化“融”和促进身份认同。二是以关怀“聚”和促进情感认同。常态开展形势任务教育，凝聚员工思想，形成工作合力；解决员工关心的热点难点问题，提高全体员工获得感。三是以典范“育”和促进榜样认同。开展各类先优评选表彰活动，塑造爱岗敬业典型，形成良好带动、辐射效应。

（七）产品创新

中煤陕西加大研发投入，积极开发聚烯烃新产品，使企业产品向高性能、高附加值和多功能方向发展，现已开发生产 20 个多牌号产品。其中，聚乙烯 7 个牌号产品均通过国家、美国及欧盟食品级认证检验，铬系膜料 6098 及中空 6147 是国内煤化工项目首家采用气相流化床工艺成功生产的无规共聚产品；聚丙烯无规共聚产品取得 FDA 食品级及医用级认证，达到高端市场质量要求。

（八）创建智能工厂

中煤陕西依照“三化两促进”（信息标准化、资源集中化、全局可视化、促进管理卓越、促进生产高效）的整体要求，信息化建设与项目建设同步设计、同步实施、同步投用，努力打造煤化工行业“智能工厂”示范工程。项目建设期间，紧盯项目建设及试车进度，集中优势资源，统筹组织实施，采用了云计算、物联网、虚拟现实、数据集成等信息前沿技术，与项目建设及试车生产同步完成并投用大机组监测、智能巡检、物料与能耗管理、实验室管理等一批应用系统。进入生产运营期后，紧紧围绕高负荷安稳生产、高效科学运营管控，持续深化应用已有信息系统，着力推进生产执行、辅助决策等关键系统的有效集成，实现了生产自动化、管理精益化和决策智能化，信息化建设示范引领作用不断增强。

四、未来发展展望

为保证化工项目原料供应稳定，在化工项目建设初期，同步规划建设配套煤矿项目，计划在2022年大海则煤矿将建成投产。为实现煤制烯烃产业规模化，正在推进中煤榆林煤炭深加工基地项目前期工作，该项目将为企业高质量发展提供重大支撑。“十四五”期间，中煤陕西资产规模将突破600亿元，年产值达到200亿元，年利润达到35亿元以上，努力打造成为煤电化一体化的一流企业。

五、专家点评

专家一致认为，该项目主要生产装置采用的工艺技术均处于国际先进水平。该项目2014年5月建成投产，与同等规模、同类装置相比，在建设周期、工程质量、试车进度、创造效益等方面刷新行业多项纪录。项目投产后，企业持续改进工艺技术、创新管理模式、深挖装置潜能，煤制烯烃设计产能从60万t提升至70万t（扩能改造），提高17%，并实现了装置安全、稳定、长周期运行。企业通过引入数字化、智能化能源管理系统，煤制烯烃项目能源消耗逐年降低，原料煤消耗、新鲜水消耗、综合能耗指标均优于国家最新标准，处于行业先进水平。中煤陕西对项目废气、废水处理高度重视，经过几年的持续改进，实现了煤化工废水全部回收利用，锅炉废气达到超低排放标准。中煤陕西煤制烯烃项目的成功运营，对国家发展煤炭清洁高效利用起到了良好的示范作用。

中煤科工集团首席专家　徐振刚

中国天辰工程有限公司总工程师　林彬彬

中国石化集团上海工程有限公司副总经理　陈明辉

专注棒形支柱瓷绝缘子产品研发 助力特高压工程建设

一、总体情况简介

中材江西电瓷电气有限公司（以下简称“中材电瓷”）隶属于中国建材集团有限公司，是一家专业从事高压输变电用绝缘子新材料和制品、高速电气化铁路绝缘子新材料，以及相关技术的研究、开发、生产、销售、技术咨询和进出口贸易业务的国家高新技术企业。

2017 年，中材电瓷生产的棒形支柱瓷绝缘子产品荣获工信部“制造业单项冠军产品”称号，并已于 2020 年通过复评。中材电瓷是国家电网、南方电网、平高电气、长高电气、泰开电气、思源电气等国内大型输变电和电气制造企业的棒形支柱瓷绝缘子的主要供应商，也是西门子、阿尔斯通、ABB 等国际电气巨头的国内主要供应商。

中材电瓷先后开发制造的交流 750kV 和 1100kV、直流 ±800kV 和 ±1100kV 棒形支柱瓷绝缘子产品，已成功应用到我国建成投运和在建的所有特高压重大工程中。中材电瓷特高压直流棒形支柱瓷绝缘子产品占据了 80% 以上的市场份额，特高压交流棒型支柱瓷绝缘子占据了 70% 以上的市场份额，为我国特高压建设做出了突出贡献。

目前中材电瓷具备年产 25000t 棒形支柱瓷绝缘子的生产能力，已成为全球最大的超特高压输变电用棒形支柱绝缘子生产制造商。其中干法工艺生产能力为 10000t/ 年，湿法工艺生产能力为 15000t/ 年，主要产品包括交流 220kV、330kV、550kV、750kV、1000kV 和直流 400kV、600kV、800kV、1100kV 系列棒形支柱瓷绝缘子。220kV 及以上电压等级产品占据国内市场份额的 45%，其中 550kV 占 60%、750kV 占 50%、800kV 以上的特高压占 80%。

二、突出优势

（一）技术先进性

中材电瓷联合研发的防“污闪”无机憎水涂层技术有效解决了制约我国

电网和铁路轨道交通发展的“污闪”问题；自主研发的 ZSW-1100kV/16k-3 耐污型交流户外棒型支柱瓷绝缘子、ZSZ-800kV/12.5k 耐污型直流户外棒型支柱瓷绝缘子和 ZSZ-1100kV/16k 耐污型直流户外棒型支柱瓷绝缘子产品均达到国际领先水平。作为国内首家自主开发出 CVT 瓷套和直流 1100kV 棒形支柱的厂家，填补了国内空白；制定了 150 多项工艺管理制度和规范，拥有 4 位绝缘子标准委员会、行业标准委员会委员，参与修改制定了多项行业和国家标准。

（二）产品质量

中材电瓷是国内首家通过 C130 国际认证的企业，生产的特高压交流棒形支柱瓷绝缘子、特高压直流棒形支柱瓷绝缘子，经评价，技术和产品达到国际领先水平，并获 2017 年度江西省科学技术进步一等奖、建筑材料科学科技进步一等奖。产品已成功应用到我国建成投运以及在建特高压重大工程中。

中材电瓷特高压交流棒形支柱瓷绝缘子

中材电瓷特高压直流棒形支柱绝缘子

（三）发展效益

中材电瓷经过多年的攻关，研究开发了微晶刚玉相 / 玻璃相 / 二次莫来石晶须的物相结构设计、控制和制备技术；发明了两步成型法、保温冷却的超大尺寸复杂形状陶瓷部件低应力制备技术；研究开发了超大尺寸陶瓷部件微形变烧成等规模化生产的关键技术。在国际上率先研发出全球电压等级最高的直流 ±1100kV 用瓷支柱绝缘子和交流 1100kV、直流 ±800kV 系列特高压用支柱绝缘子，已具备年产 25000t 的生产能力，实现了超大尺寸特高压瓷绝缘子的规模化生产和工程应用。

2016—2018 年，中材电瓷累计实现销售收入 95966 万元，上缴利税 7033 万元。其产品已在我国建成的所有特高压工程中得到应用，满足了我国特高压输变电工程的建设需要，此技术不仅在我国高铁技术中推广应用，还带动了我国电瓷行业的技术进步和发展。

以上述技术为依托，中材电瓷开发了新型瓷芯复合支柱绝缘子，重点解决了瓷釉面与硅橡胶界面结合的关键技术，并建成了年产 10000 件瓷芯复合瓷绝缘子生产线。产品通过了型式鉴定和中国电力企业联合会组织的鉴定，综合性能达到国际领先水平。

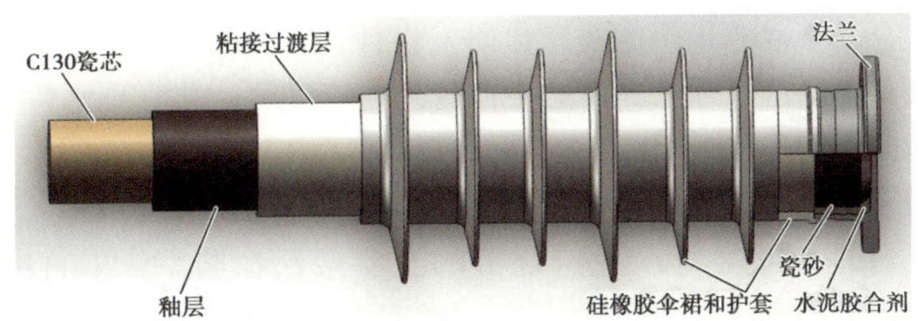

中材电瓷瓷芯复合支柱绝缘子结构示意图

三、典型经验

（一）技术创新

1. 氧化焰快速烧结技术

针对我国传统瓷绝缘子的生产工艺均采用还原气氛烧成，存在燃耗高、烧成周期长等问题，中材电瓷开发了氧化焰快速烧结技术。通过调整产品配方组成，添加抑晶剂，抑制刚玉和莫来石晶相在氧化气氛下的晶粒径向长大，促进其轴向方向长大，促进刚玉和二次莫来石晶须的生长。刚玉晶须和莫来石晶须含量的增加提高了产品强度。产品在氧化焰气氛下烧成，不仅大幅缩短烧成时间，提高生产效率，而且燃耗降低 30% 以上。

2. 防“污闪”无机憎水涂层技术开发

中材电瓷与德国弗劳恩霍夫研究协会共同开展了国家国际科技合作专项《防“污闪”无机憎水涂层制备技术的联合研究》，成功开发出防“污闪”无机憎水防污瓷绝缘子，解决了用于不同污染特征条件下涂层微观结构的调控难题，在不同区域、不同气象气候条件下，产品在长期运行中体现出优异的防“污闪”性能。项目从根本上解决了制约我国电网和铁路轨道交通发展的“污闪”问题，提高了其运营的安全性和可靠性，2017—2019 年项目累计实现销售收入 95966 万元。项目已授权专利 10 项，其中发明专利 6 项，为我国瓷绝缘子制备技术实现由大变强、走向世界起到了示范作用。

（二）管理能力

1. 管理体系贯标

在加大技术创新的同时，中材电瓷不断加大管理创新，提高管理水平，通过了 ISO 9001：2015 质量管理体系、ISO 14001：2015 环境管理体系等五体系认证。

2. 智能制造新模式示范项目建设

中材电瓷完成了工信部智能制造专项“大规模超特高压用绝缘子生产线智能制造新模式示范工程”。该项目建成了国际先进、国内首创的大规模定制化超特高压用绝缘子智能化生产线和集研发设计、物流采购、生产控制、仓储物流、远程服务、经营管理为一体的生产管理与调度智能化管理平台。

3. 5G 项目建设

为打破分割组网模式，实现人机料、车间、工厂等主题以及设计、研发、生产、管理、服务等产业链环节的全要素泛在联系，中材电瓷于 2019 年启动建设 5G 通信网络覆盖生产应用场景，深度支撑企业 ERP 应用、MES 应用、智能仓储应用等，达到企业流程优化、规模生产、柔性生产的最终目的。

（三）企业文化

中材电瓷认真履行作为中央企业应担负的政治责任、社会责任和经济责任，崇尚“创新、绩效、和谐、责任”的核心价值观，倡导“敬畏、感恩、谦恭、得体”的行为准则。

（四）产业协同

中材电瓷积极推动电瓷原料标准化建设，通过开发电瓷原料计算机信息数据库，推动上游原料企业科学发展，减少资源浪费、稳定电瓷产品质量、降低中小企业产品配方难度。这对促进行业智能制造生产及保护矿山资源有着重大意义。同时，中材电瓷建设物联管理和“互联网 +”平台，积极探索“实验室共享经济”发展新模式。

（五）国际化发展

作为全球最大的超特高压输变电用棒形支柱绝缘子生产制造商，中材电瓷已经成为西门子、ABB、通用、VE（美国）、传奇（TRENCH）等国际著名高压电器制造公司的绝缘子全球重要供应商。中材电瓷按照美国标准生产的TR系列灰釉产品畅销美国、欧洲、加拿大、墨西哥等世界各地。

四、未来发展展望

未来5~10年，中材电瓷将围绕电力、轨道交通、新能源、智能制造、绿色制造、集成电路等方面开展研究。突破一批研发关键技术，特别是要在棒形支柱绝缘子、憎水防污涂层材料、产业智能制造升级改造等特色专业方向获得多项显示度高、带动性强的创新成果；进一步夯实高压绝缘材料技术创新平台。企业的核心产品数增加，具备一支能快速响应市场需求、开发能力强的高水平技术队伍，突破多项产业关键技术，形成支撑电瓷产业发展的技术能力，为社会做出更大贡献。

五、专家点评

由中材电瓷自主研发的交流1100kV、直流800kV和直流1100kV特高压棒形支柱产品处于国际领先水平，交流800kV特高压棒形产品已达到国际先进水平。中材电瓷有着卓越的科技实力和产品品质，自主攻克的特高压棒形技术、蓝灰釉技术、富氧燃烧技术等关键技术均稳居行业领先地位，产品具有化学稳定性高、机械强度好、质量轻、防污闪能力强等“轻质高强”的特性。

伴随国家“一带一路”战略的实施，中材电瓷已成为国际电力企业的主要供应商，其产品不仅畅销国内，更远销国外西门子、ABB、阿尔斯通等国际电力行业巨头。

中国建材检验认证集团股份有限公司总工程师
博士生导师 / 工学博士、教授级高级工程师　　包亦望

坚持自主研发创新　做大做强玻璃主业

一、总体情况简介

中国南玻集团股份有限公司（以下简称“南玻”）成立于1984年，总部位于改革开放前沿阵地深圳蛇口，是一家三十余年专注节能建材、新材料及光伏新能源产业领域的大型国际化高端制造集团。1992年，南玻A、B股同时在深圳证券交易所上市，是中国最早的上市企业之一，目前南玻总资产近200亿元，年营业收入逾100亿元，员工超过1万人。

南玻始终坚持自主研发创新，先后建立了中国第一条具有自主知识产权的浮法生产线、镀膜生产线、电子玻璃生产线、全氧燃烧生产线、太阳能玻璃生产线、全闭环生产的多晶硅产线等。同时，“南玻”及“SG”商标均为“中国驰名商标”，是国内玻璃行业唯一同时持有两件驰名商标的企业。南玻低辐射镀膜玻璃被工信部列为第二批“制造业单项冠军产品”，超薄电子玻璃被列为第五批“制造业单项冠军产品”，是国内玻璃行业唯一同时获得两个单项冠军产品的企业。

经过30余年的发展，南玻已拥有节能玻璃、电子玻璃及显示器件、太阳能光伏三条完整的产业链，六大生产基地分布在华东长三角、华南珠三角、西南成渝地区、华北京津冀地区及华中湖北地区。南玻拥有全国性、国际化的运营网络，产品行销海内外数十个国家及地区，让全世界体验南玻技术，享受品质生活。

二、突出优势

（一）低辐射镀膜玻璃

南玻是国内最大的高档工程及建筑玻璃供应商之一，拥有天津、东莞、咸宁、吴江、成都五大建筑节能玻璃加工基地，目前还在筹建肇庆及西安的节能玻璃加工基地，镀膜技术的研发与应用保持与世界同步，产品质量同时满足美英澳等国家的标准，使南玻在国际性的招标中占据优势。从1988年开始，南玻的工程技术人员就已不间断地主导或参与了该领域多项国家标准及行业标准的制定与编写，高端产品技术达到世界尖端水平。继第二代低辐射节能玻璃产品之后，南玻相继开发出第三代和复合功能节能玻璃产品，产品的节能、保温、安全性能一代比一代高，高品质的节能环保 LOW-E 中空玻璃始终引领国内高端建筑节能玻璃市场，先后运用在港珠澳大桥人工岛、中国平安金融中心、华润总部大厦、腾讯滨海大厦、深业上城、深圳湾科技生态园、世贸前海中心、澳门文化中心、澳门新葡京、香港四季酒店、保利鱼珠港、广州西塔、白云机场、成都天府国际机场、厦门英蓝国际金融中心、上海渔人码头、北京首都机场、北京大兴机场、央视新台址、北京行政副中心、雄安新区、阿布扎比天空塔、墨尔本机场等诸多海内外城市的地标建筑上，产品质量过硬，经受住了时间及气候的多重考验。

与此同时，南玻越来越多地关注全新功能产品的研发工作，近年来相继推出了建筑保温玻璃产品、博物馆减反射玻璃产品、建筑减反射玻璃产品、晶玉玻璃等。建筑保温玻璃产品率先在国内推出，并成功取得知识产权，为设计师提供了全新的以更低的成本达到甚至超过更高的建筑节能标准的方案。博物馆减反射玻璃产品填补国内空白，成功取代国外相关公司产品，产品也被应用于如故宫博物院、国家博物馆等多个国家级、省市级博物馆，逐步取代国外同类产品超过 50% 的市场占比。

南玻减反射玻璃运用在国家园林博物馆展台

（二）超薄电子玻璃

南玻是国内最早从事超薄电子玻璃生产的企业之一，2011 年南玻首条采用“全氧燃烧”技术的超薄浮法电子玻璃产线在河北廊坊南玻基地投入运营；2016 年国内首条高铝超薄浮法电子玻璃产线在广东清远南玻基地转入商业化生产，南玻高铝超薄电子玻璃的成功量产，助力实现了进口产品的国产替代，有效降低了国内手机等行业的生产成本。

通过持续的产品研发和技术创新，南玻相继开发出超白中铝电子玻璃、超白高铝电子玻璃、高铝二代电子玻璃KK6等系列产品。2019年10月，南玻在咸宁南玻光电生产基地投入约8000万元进行高铝二代电子玻璃新产品的集中开发及产业化，经过企业研发团队的努力，2020年1月正式量产高铝二代电子玻璃KK6，新产品主要应用于手机盖板玻璃，产品质量达到国际先进水平，填补了国内行业空白，打破了康宁、AGC、肖特等国际巨头对高端电子玻璃的技术壁垒及市场垄断、对我国高等级高铝盖板玻璃生产技术的封锁。

南玻的KK6，铝含量高达20%（质量分数），透过率高出竞品0.4%，色泽晶莹剔透、无色，具有优越的机械、物理及光学性能，后端二次强化工艺加工，进一步提升了玻璃盖板的耐划伤、抗冲击性能。手机整机跌落稳定在1.2m高度100%不碎裂，1.5m高度80%不碎裂，给消费者带来不一样的触感和体验。南玻KK6产品获得了国内几家头部手机终端企业的青睐，产品质量经受住了市场的考验，受到客户的高度认同。随着国内5G通信的快速发展，南玻新产品KK6将迎来广阔的发展前景。

经过多年的沉淀和发展，南玻目前已经建成河北视窗、宜昌光电、清远南玻、咸宁光电四大电子玻璃生产基地，市场占有率在国内稳居首位，全球仅次于美国康宁公司。

三、典型经验

创新是立企之本，南玻的核心竞争力源于独立自主创新能力、清晰的发展战略及战略执行力，这些都基于拥有一支勇于进取、锐意创新且具有丰富专业经验的管理团队和技术骨干队伍。南玻始终坚持差异化经营的发展及产品策略，各事业部均设置了研发中心，每年不断加大研发的人员及资金投入，以保证企业在行业中的技术优势。目前投入生产运营的清远南玻二期项目，将采用全球首创的新工艺和新技术，为南玻打造国际一流的高端电子玻璃生产研发基地提供有力支撑。

清远南玻二期项目已正式投入生产运营

质量是企业的生命线，南玻低辐射镀膜玻璃、超薄电子玻璃被广泛运用在诸多国家级或地标级场所、精密智能设备等，产品质量的高要求不言而喻。高品质的超薄电子玻璃、低辐射镀膜玻璃源自于南玻自有的优质石英砂原料和环保技术先进的浮法玻璃生产加工基地；除此之外，面对全球化市场，南玻不断摸索、改进，各生产基地的质量文化浓厚，建立起了完整、成熟的质量管理体系及销售服务体系。此外，南玻率先在玻璃制造业中使用生产 ERP 管理系统，订单中零单补片实现了工厂中的计划管理和可追踪性，能够为全国不同区域客户提供高效、稳定的产品供货。南玻完整的产业链的创新生态优势不断提升了产品质量及附加值，塑造南玻品牌影响力。

四、专家点评

南玻的独特之处在于，从一开始，就是一家“胸怀天下”的公司。在所有人都舍不得投入研发的时候，南玻从研发开始，一步一步踏实地走过每一个关口；在所有人都觉得转型升级是一道重要关口的时候，南玻自然而然走向了行业领袖。

有一句话形容南玻的国际化最为贴切——“胜似闲庭信步”，当然，并不是说南玻真的就闲庭信步，但南玻把所有的压力释放在了过去很多年，所以，当机会到来的时候，没有犹豫，没有踌躇，直接奔向机会的中央，成为制造业转型升级的全国样板，成为品牌国际化的全球样板。

北京外国语大学国际商学院院长、硕士生导师 / 副教授　牛华勇

自主研制“好望角”型散货船 打造船舶出口“第一品牌”

一、总体情况简介

“好望角”型散货船（Capesize Bulk Carrier）是指在远洋航行中可以通过好望角或者合恩角最恶劣天气、载重在18万t左右的干散货船。从第一代的17.5万t“好望角”型散货船，经历了175K、176K、186K、206K、208K等11型产品，均由上海外高桥造船有限公司（以下简称“外高桥造船”）自主开发。典型船型有第六代18万t标准“好望角”型散货船，采用环境友好型双壳保护，在节能低碳设计上具有良好的引领作用；21万t纽卡斯尔型散货船是目前最新型的第十一代双燃料散货船，无限航区，续航能力较强，满足最新HCSR（散货船共同结构规范）要求和IMO（国际海事组织）环保要求。“好望角”型散货船是我国船舶行业中拥有完全自主知识产权和较强市场核心竞争力的精品船型之一，被业界誉为由“中国制造”转变为“中国创造”的成功范例。

外高桥造船始终坚持“绿色创新”的管理理念，使中国“好望角”品牌长盛不衰，成为名副其实的世界绿色船型研发建造中心，是国内建造最多、国际市场占有率最大的中国船舶出口“第一品牌”，占据世界船队16%的份额，成为当之无愧的市场主导者、技术领先者、价格制定者，也是市场运费的定价基准船型。

二、推进名牌战略，打造SWS国际品牌

外高桥造船自成立起就确立了建造世界一流产品的目标，大力弘扬“学习创新、务实执行、和谐发展、追求卓越”的企业精神，致力推行绿色造船，建造优质产品，着力打造SWS品牌，产品类型覆盖散货轮、油轮、超大型集装箱船、海洋工程钻井平台、钻井船、浮式生产储油装置、海洋工程辅助船、大型邮轮等。自主研制的“好望角”型绿色环保散货轮已成为国内建造最多、国际市场占有率最大的中国船舶出口“第一品牌”，11万t级阿芙拉型原油轮获

外高桥造船 18 万 t“好望角”型散货船

得“中国名牌产品”称号。在海洋工程业务领域，外高桥造船先后承建并交付了 15 万 t 级、17 万 t 级、30 万 t 级海上浮式生产储油装置（FPSO），3000m 深水半潜式钻井平台是世界上最先进的第 6 代深水半潜式钻井平台，被列入国家高技术研究发展计划项目，填补了我国在深水特大型海洋工程装备制造领域的空白，荣获国家科学技术进步奖特等奖。2019 年 10 月 18 日，由外高桥造船承建的我国首艘国产大型邮轮正式开工点火，全面进入实质性建造阶段，标志着中国船舶业实现了零的突破，正式跨入大型邮轮建造新时代。

（一）突破关键领域，掌握核心技术，提升国际竞争力

作为全球领先的船舶与海洋工程装备制造商，外高桥造船重视科技创新平台的建设，拥有国家级高新技术企业、国家企业技术中心、海洋工程总装研发设计国家工程实验室、上海高技术船舶数字化建造工程技术研究中心、国家 CNAS 认可实验室、国防 DILAC 认可实验室、海工联盟等创新平台。外高桥造船承担了国家重点领域研究的重任，承担国家发改委海洋工程装备研发级产业化、工信部高技术船舶、国家高技术研究发展计划和“深远海关键技术与装备”等项目，以及多项上海市战略创新、地方海洋工程等专项课题和科研项目。

近 20 年来，外高桥造船专注核心技术能力提升，以科技创新带动民船迈向中高端，承担了多个国家重大技术装备国产化创新研制项目、国防科工委高技术船舶科研项目等研发任务，获得了数千万元的科研经费支持，有力推动和支撑了企业的产品创新。“好望角”型散货船突破了高效节能、轻量化等关键技术，曾获得国家重点新产品、上海市名牌产品、上海市科学技术进步奖二等奖等荣誉；创造了多个绿色第一，第一个安装环保型压载水处理设备，第一个

满足 EEDI（船舶能效指数）第二阶段要求，第一个满足 NOx TIER Ⅲ（氮氧化物排放区控制区机制）排放要求，第一个安装脱硫塔设备，第一个研发出双燃料“好望角”型散货船。特别是近年来研发的具有自主知识产权的 21 万 t 双燃料散货船，是目前获得船级社认可的全球最大吨位双燃料散货船，无须安装任何废气排放处理装置即可满足最新 NOx TIER Ⅲ和 2020 年全球航行 0.5% 硫含量上限的环保要求；在保证载货量有效提升的基础上，进行线型与节能装置的多方案评估，并结合水池船模试验验证，从而在航速不降低、载重量提高的原则下，有效降低船舶综合能耗，提升船舶性能指标。产品一经推向市场，就获得市场青睐。从第一代到第十一代，外高桥造船形成了独树一帜的“好望角”型散货船系列产品，充分体现了外高桥造船科技创新的企业文化、精益求精的工匠精神。

（二）以“精品、精益、精诚、精细”为质量理念，为客户打造精品工程

外高桥造船始终将质量管理放在企业发展的首要位置，坚持贯彻“顾客、管理、品牌、效益”的质量方针和“精品、精益、精诚、精细”的质量理念，营造“第一次就把事情做对，合格产品给下道”的质量文化氛围，为企业快速、高质量发展奠定了基础。外高桥造船成立了质量管理委员会，总经理亲自挂帅，发挥领导作用，各相关职能部门、生产部门共同参与，统筹协调企业的质量策划工作。根据产品全生命周期理念和实际需要下设工作组，开展重点业务管理。积极导入《卓越绩效评价准则》，建立卓越绩效管理团队，通过学习标准、内部自查、完善优化，规范了各相关部门的质量工作，将全面质量管理的思想融入各项业务中，曾获得全国现场管理五星级现场、上海市质量金奖、亚太质量组织（APQO）追求卓越绩效奖等荣誉。

外高桥造船获亚太质量组织（APQO）追求卓越绩效奖

（三）以“三化造船”为基础，打造高效船舶制造体系

外高桥造船积极响应中船集团关于坚决打赢提质增效攻坚战的总体要求，以自动化、机械化、工装化“三化”造船为基础，成立了工时效率推进领导小组，完善工时效率推进组织体系，同时进一步完善考核制度，健全激励机制，组织开展提质增效活动，确保各项指标落地，提升企业工时效率管理水平，生产效率在国内造船企业中保持领先水平。

三、加强信息化建设，贯彻实施工业化、信息化深度融合

近年来，外高桥造船加快推进新一代信息技术与先进制造技术融合，不断提高企业信息化、数字化、智能化水平，促进造船过程降成本、提效率、防风险，全面塑造企业发展新优势。2009 年外高桥造船成为工信部两化融合示范企业，2015 年通过了工信部两化融合贯标评定，成为首批贯标认证公示单位，并获得两化融合最佳实践单位。外高桥造船利用新的设计理念和设计工具，提高全三维设计能力和设计数据管理能力及辅助设计能力，丰富设计数据基础和对现场业务的支撑，同时也向前端延伸，提升与国内外设计团队及设计院所之间的协同和“无缝”衔接，打造全球化设计协同环境。外高桥造船研发了具有自主知识产权、行业领先的造船企业管理信息平台，实现设计、建造、管理一体化，逐步构筑造船产业信息化生态，打造了智能造船云平台“SWS TIME”。在 2019 中国（天津）工业 APP 创新应用大赛中，获得 2018 工业互联网 APP 优秀解决方案表彰。外高桥造船积极推行智能制造，涂装爬壁机器人、智能焊接机器人等智能化设备成功投入一线，智能车间成功纳入国家示范项目。

（一）持续提升智能制造水平

逐步转变传统民船生产管理模式，以邮轮建造场地适应性改造项目为契机，加速“智能车间”建设和车间级 MES 系统的研发和应用，提高现场管控能力和生产效率。先后实施了智能焊接装备（单机）、智能单元、智能化生产线等典型短板装备单元开发、引进与应用，实现了焊接自动化率稳步提升、智能涂装机器人生产应用、智能冲砂机器人生产应用、先行小组立机器人焊接单元进入生产主流程、小组立机器人焊接流水线生产应用，对部件作业区等内场焊机、切割机、外场大型起重设备进行联网管控，实时监控其工作状态。

（二）实现工业互联和移动互联两个互联

大力推动工业互联网平台和“互联网 +”应用模式的探索和引入，以现场派工、物流、质量、安全为试点方向，改变传统管理方式，实现业务数据的标准化数字化、业务节点的“碎片化”、业务流程的灵活重组化、应用载体的移动化，让业务以更高效、便捷、实时的方式开展。建立专业大数据平台，推动工业大数据在船舶设计建造各业务领域的广泛应用。重点打造“SWS TIME”

智能造船移动互联云平台，实现外高桥造船移动互联网平台的建设。

（三）打造基于“互联网+”供应链协同云平台

通过构建船舶产业供应链生态体系，外高桥造船大力推进供方数字化仓储与船舶产品建造保障服务平台集成，实现智能物流管控和仓储物流信息透明化、配料智能化、送货规范化。加快船舶产业供应链生态体系标准建设，不断健全服务于平台建设的标准规范体系和安全体系，制定相应的标准化管理制度，明确责任主体与目标节点，夯实标准体系管理基础。推动供应链编码标识体系研究，逐步摸索与推进，行业联盟共同制定行业级物品标识规范与体系，并深入应用。通过创新驱动，建设自主、安全、可控的船舶产业供应链管理体系，并开发协同管理平台。发挥龙头企业在产业链上的核心地位，通过协同平台应用带动供应链上下游企业的降本提质增效。

四、未来发展展望

作为“好望角”型散货船的冠军企业，外高桥造船将积极牵头组织“好望角”型散货船的各项创新活动，着力提升原始创新能力、升级换代能力、建造管理水平，逐步确立在综合建造成本及可靠性、环保性、经济性、数字化智能化水平等方面的绝对领先地位，推动企业由“制造”向“设计+制造+服务”一体化发展转型；紧跟市场趋势，把握前沿技术，重点研究满足未来碳排放限制的船用燃料技术和针对大型船舶的混合动力技术，包括LNG双燃料、氨燃料船的研发和制造，确保船型的空船重量、载重量、航速、油耗、EEDI等主要指标全球领先，突破航行态势智能感知、自动靠泊等核心技术，逐步介入国际海事新规范规则制定和更新，从被动适应向提前预判、参与制定、主导制定转变，抢占行业话语权。

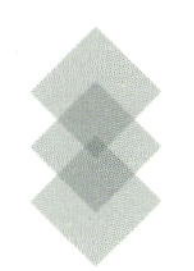

专注双燃料液化乙烯气体运输船高技术引领型船舶自主研制创新

一、总体情况简介

江南造船（集团）有限责任公司（以下简称“江南造船”）前身是创建于1865 年即清同治四年的“江南机器制造总局”，至今已有 156 年的历史，是国家特大型骨干企业和国家重点军工单位，是我国历史最悠久的造船企业之一。江南造船拥有现代化的军、民品建造体系，形成了军民融合的现代化总装建造生产线。在民船方面，可承建的主要船型包括全谱系液化气船、大中小型集装箱船、公务科考船、特种船等。

江南造船从事船舶研发、设计和建造领域，37500m^3 液化乙烯气体运输船是江南造船自主研发的全球最大的半冷半压式双耳液罐液化乙烯运输船，属于全球首创船型。该项目属于单层船壳、双层底、单螺旋桨和低速机双燃料发动机推进、IMO 2G 型半冷半压型液化气船，设计温度 -104℃，可装载多种液化石油气和化学气体，包括聚氯乙烯单体、乙烷、乙烯、丙烷、丙烯、丁烷、丁烯、丁二烯、无水氨等多种货品，主要用于跨大洋的中长途、大批量运输。项目研制过程中采用高达 14 项的数值分析技术，配备江南造船自主知识产权的“VS-BOW”（即隐形球鼻艏）和自主设计的“CAPRO”桨后节能装置，能耗水平大幅降低；该船配备了采用 LNG 双燃料动力系统的双燃料主机和发电机，解决了 NO_x 和 SO_x 排放的污染问题；全球首创的组合式多介质液货及高低压供气系统，堪称全球最复杂的液化气船；同时，江南造船自主研制的高压双壁管，更是填补了国内该项技术空白。该船是江南造船里程碑式的液化气船型，具备灵活、经济、节能、环保的优良性能，达到了当代国际领先水平，对国际 LEG 船领域的技术发展具有引领作用。

二、突出优势

（一）技术先进性

江南造船“Camel E”品牌船型

1. 首次设计建造了全球最大的双耳 C 型独立液货舱的乙烯运输船

该船是目前世界上最大的半冷半压式液化乙烯 / 乙烷气体运输船，属于全球首创船型，在研发过程中，没有任何类似的船型技术资料可供参考，技术人员运用偏差和可信度分析方法，进行了大量的基础计算和分析工作，平衡了快速性、稳性和总布置之间的各种矛盾和冲突，最终确定了该船的设计方案。

该船采用了江南造船自主知识产权的垂直球艏设计“VS-BOW”（国家发明专利），它是国内垂直球艏在小方型系数船舶的首次应用，该垂直球艏方案取得了完美的效果。

江南造船自主知识产权的垂直球艏设计“VS-BOW”

2. 国内首次提出了高压供气双燃料 ME-GI 主机的安装调试方法

双燃料主机及其相关高压供气系统的设计及实船安装调试是该船的一大技术难点和技术创新，目前在国内其他船厂还没有成功的先例。通过对高压燃气系统布置的研究，合理地设计了从天然气燃料舱到机舱主机的传输管路，实现从低压到高压的压力控制，同时满足危险区域的要求。在燃气加注和燃气试航中，克服了主机调试的诸多困难，制定了合理严谨的调试技术方案，实现了质量控制和安全管理要求。通过对高压燃气系统的设计要点、难点进行研究和创新性的设计与制造，极大地提高了江南造船在液化气船领域的技术领先优势，使江南造船品牌在绿色、节能、环保方面获得国内外船东广泛认可。

3. 自主研发、设计、制造、安装了高压双壁管

江南造船自主研发、设计、制造、安装了高压双壁管，在国内尚属首次应用，填补了这一技术空白。经过设计团队反复讨论研究，完成了“高压燃气管安装工艺”“高压燃气管路强度 / 密性试验工艺”“高压燃气 / 氮气管路清洗工艺”等多项重要工艺的编制工作，成功完成了实船安装调试工作，并申请了多项专利。

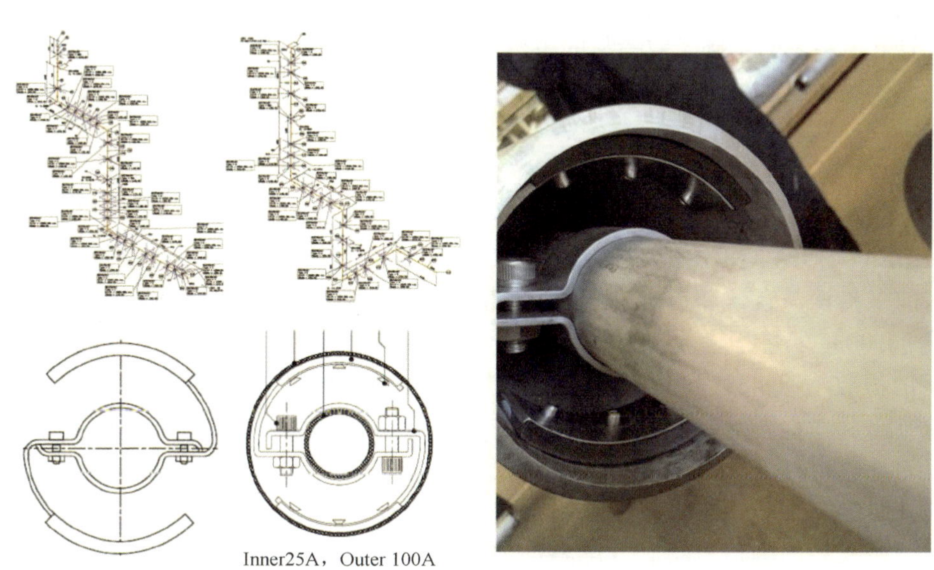

江南造船高压双壁管

4. 独创性地设计了大容量碟形封头 C 型独立液货舱

该船独创性地设计了目前国内最大容量的碟形封头 C 型独立液罐，并顺利完成了生产吊装工作。研发人员通过碟形封头的合理设计，调整液罐与外板间隙，提高液罐设计和线型优化的相互匹配，可以在有限船长条件下，实现舱容最大化，最终达到 37500m^3 的最大载货量。在研发设计阶段，通过应用江南造船自主研发的液罐重量重心计算软件，快速评估不同液货舱设计方案对稳性、结构设计、操纵性快速性的影响，选择最优方案。同时，通过成功完成超大容量 C 型独立液罐的浮吊吊装工作，实现了浮吊吊装精度控制的有效管理，为江南后续船型的设计建造积累了宝贵经验。

5. 创新设计了大容量 LNG 和货物组合使用的甲板罐

该船配置了两个 LNG 燃料罐，总容积达到 2300m^3。如此大容量的 LNG 罐设计，可以满足船东整个往返航程的燃气需求，可满足当前规范公约的绿色环保要求。同时为了尽可能方便船东的实际使用，当以燃油为燃料时，LNG 燃料罐可以用于部分货物的装载，增大了实际载货量，提高了燃料罐的使用效率，增强了装载选择的灵活性。

6. 国内首个能同时采用高压主机供气系统和低压双燃料发电机供气系统的设计

该船采用双燃料动力系统，同时配备了双燃料主机和双燃料发电机，综合考虑高压供气系统和低压供气系统的协调布置，充分利用了有限的空间。顺利完成了高压低压系统的控制设计和安装调试工作，为后续双燃料船型设计工作打下了坚实的基础。双燃料的主机、发电机系统的设计满足了船东低碳、绿色、环保的运营需求。

（二）发展效益

37500m^3 乙烯运输船一经推出，就给市场带来了惊喜，不仅再次得到老客户 Navigator Gas 公司的高度认可，还吸引了包括 PETREDEC、ANTHONY VEDER、SOLVANG、EVERGAS、ELCANO 在内的多家国际知名液化气船船东前来洽谈。近三年已取得了共 4 艘乙烯运输船建造订单，建造并交付了 2 艘 37500m^3 乙烯运输船和 3 艘 21000m^3 乙烯运输船。按完工百分比结算，2017 年销售收入 89439 万元，2018 年销售收入 125034 万元，2019 年销售收入 319117 万元，取得了显著的经济效益，提升了江南造船在国际液化气船市场上的竞争能力。

通过 37500m^3 液化乙烯气体运输船项目的实施，江南造船攻克并掌握了大型低温乙烯围护系统和双燃料动力系统等系列关键技术，在此基础上进一步突破了以 B 型独立液舱为核心的新一代大型 / 超大型乙烷 / 乙烯低温货物围护系统，LNG/LEG、LPG 燃料动力系统等关键技术，并依托上述核心关键技术，推出了双燃料超大型全冷式液化气船（双燃料 VLGC）和 Type B “超大型乙烷运输船（VLEC）”。先后为壳牌、陶氏化学、埃克森美孚等世界一流化工企业，提供“大型全冷式液化乙烷气体 VLEC 运输”解决方案，并在 2019 年度成功取得首单突破，单价超过 1 亿美元。双燃料 VLGC 主要技术指标国际领先，2020 年江南造船液化气船产品手持订单全球市场占有率达 43%，接单全球市场占有率达 57%，位居世界首位。

三、典型经验

（一）文化品牌建设

由于卓越的经济和环保性能，37500m^3 液化乙烯气体运输船被江南人称作“Camel E”品牌船型，“Camel”代表着该船型犹如“沙漠之舟”骆驼一般“Eat Less and Carry More”，“E”代表着“Ethylene/Ethane”（乙烯 / 乙烷）、“ECO”（经济）、“Environment Friendly”（环保）和“Energy Saving”（节能）。为推进品牌建设，江南造船内部制定了一系列管理规定持续推动科技创新与品牌建设，组织激励研发人员进一步去激情开发与升级换代，勇于面对市场竞争与挑战，继续巩固和提高江南造船在“中国江南型”船舶品牌的研发、设计和建造上的领先优势，以保持这一细分市场的领先地位；对外积极参加国际海事展、船舶展会等，积极推介品牌船型，2020 年，江南造船“37500m^3 液化乙烯气体运输船（Camel E）自主研制”项目获上海市科学技术进步奖一等奖、第 22 届中国国际工业博览会创新银奖等多项奖项。

（二）知识产权保护

“Camel E”型 37500m^3 液化乙烯气体运输船成功运用了知识产权全过程管理，项目立项之初就设立了知识产权专员进行专利布局与挖掘，对技术创新提出前瞻性、战略性和全局性部署，系统梳理重点领域产品关键技术，搭建完整、准确、清晰的技术体系和技术图谱，在液化气船关键技术和产品领域形成一批核心技术。该项目申请 20 项专利，其中 19 项已获得授权，取得了 5 项软件著作权，发表论文 23 篇、完成了作业指导书 29 篇，工艺文件 62 份。在通过此项目关键、核心技术突破带来的液化气船产品专利方面，近三年申请了 172 件专利，包括 57 件发明专利，获得授权的有效专利 146 件，包括 28 件发明专利。

（三）质量品牌建设

江南造船秉承“讲百年信誉，出一流舰船”的质量理念、“产品即人品”的质量道德观，创新构建“百年信誉”质量管理模式，创新应用数字化的“巨系统”平衡质量管理、“三化”质量管理、焊接诚信管理等方法，确保产品建设质量总体水平达到国际先进水平、产品各项性能指标处于国内领先水平，顾客满意度等质量指标处于行业领先水平。江南造船传承“悬规植矩，器惟求新”的质量基因，通过构建质量文化、资源、体系等质量“三保障”，强化设计管控、生产过程控制、售后服务质量控制等质量“三控制”，基于数字化和“三化”等质量管理方法的支撑，以“诚信”为核心，对产品建造质量全过程进行管控，追求永续卓越质量经营。

四、未来发展展望

高技术引领型船舶自主研制创新，是中国造船做大做强的核心动力，中国现已成为世界上举足轻重的造船大国，但目前国内船舶制造业仍存在落后产能过剩、产品结构单一、综合竞争力不强等一系列问题，产品转型升级是船舶业高质量发展必由之路。

灵活、经济、节能、环保是未来船舶设计和建造的发展方向，江南造船秉承着以技术创新为引领的新船型研发思路，紧密结合国际海运市场的新趋势和新领域，以创新技术引领新船型的研发，为中国造船业高质量发展做出更大的贡献。

五、专家点评

江南造船（集团）有限责任公司自主研制的 37500m^3 LEG 运输船，准确地预判、把握了因页岩气革命而催生的潜在乙烷 / 乙烯运输需求，创新性地提出了这一船型概念。大胆突破单体 C 型液罐的尺度限制，攻克了大容量碟形封头 C 型液仓研发，低温钢加工、焊接，大尺度低温液舱收缩变形下的应力分布控制，自主研制了高压双壁供气管路、LEG/LNG 多用途甲板罐，创新提出了高压 / 低压燃气组合式供气系统，并在国内首次自主完成了高压供气双燃料主机的安装、调试等关键建造技术。此项目为全球首创船型种类，技术起点高，研制难度大，具有完全自主知识产权，交付后经实船营运验证，性能指标优异，获得船东和市场的肯定。该项目所攻克和突破的核心关键技术，为大型、超大型乙烷 / 乙烯运输船的研发、拓展奠定了坚实的基础，是中国造船史上划时代的国际领先型产品。

上海外高桥造船有限公司副总工程师　郭勇

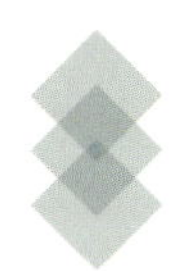

巩固油轮产品领先地位
重点开拓高技术船型

一、总体情况简介

广船国际有限公司中程运输（MR 型）成品油船（以下简称“MR 型船”）自 2017 年入选国家制造业单项冠军名单，通过持续的船型优化和可靠的产品质量，始终保持国内市场领先地位，取得了较好的经济效益。同时，广船国际积极推广 MR 型船的先进经验，有效开拓了其他油轮产品和客滚船、半潜船、极地运输船等高技术、高附加值船舶，产品结构转型升级成效显著。

（一）企业基本情况

广船国际有限公司（以下简称“广船国际”）是中国制造业 500 强、国家高新技术企业，拥有国家认定企业技术中心、国防二级计量检测中心、广东省企业技术中心、广东省重点工程技术研发中心、广东省博士工作站，是华南地区最大最强的军辅船生产和保障基地，可设计和建造符合世界各主要船级社规范要求的载重 40 万 t 级以下的各类船舶。广船国际在成品油船、半潜船、客滚船等高技术、高附加值船舶和特种船等船型方面掌握拥有自主知识产权的核心技术。

（二）主要业务领域

1. 成品油 / 化学品船

自 20 世纪 90 年代开始广船国际就专注于灵便型油船的设计建造，性价比已达到国际一流水平，已开发多型拥有自主知识产权的灵便型油轮，在同类型船舶中具有前瞻性，已经形成“广船型成品油船”的品牌效应。

2. 客滚船

自 20 世纪 90 年代开始，广船国际就承担客滚船的设计建造。2003 年，广船国际成功为瑞典 GOTLAND 航运公司建造出中国第一艘 1600m 车道豪华客滚船，攻克了多项国家重点科研项目，填补了中国造船史上客滚船的空白，该船先后荣获中国国防科学技术工业委员会科技进步二等奖，入选中国企业新纪录。2019 年先后成功交付了两艘瑞典 GOTLAND 航运公司的新型 1600 客

位 /2000m 车道的双燃料豪华客滚船，各项技术填补国内空白。

3. 其他高技术船舶

在高技术船舶市场领域方面，2002 年，广船国际成功为中远集团建造出中国第一艘、世界上最先进的、被誉为“水上大力神叉车”的 18000t 大型半潜船，攻克了多项国家重点科研项目，填补了中国造船史上半潜船的空白，该型船先后荣获中国国防科学技术工业委员会科技进步二等奖，入选中国企业新纪录。2017 年、2018 年先后建造并交付了海工重载领域的两艘被誉为“极地上的明珠”的极地破冰型重载模块运输船（服务于全球最大气田 Yamal LNG 项目，全球首艘常年航行于北极，满足 PC3 和 Arc7 的极地重载运输船）和“超大力神”10 万 t 级半潜船（国内设计建造的最大吨位半潜船），一系列明星船舶订造使广船国际已经成为国内最知名的高新技术船舶制造企业之一。

广船国际极地破冰型重载模块运输船

广船国际双燃料豪华客滚船

二、突出优势

1. 广船国际单项冠军产品 MR 型船关键性能指标、主要技术、工艺情况（见下表）

广船国际单项冠军产品 MR 型船目前设计版本的相关情况

设计版本（名称）	主要技术与性能指标			满足主要的国际规则规范情况
	序号	名　称	数　值	
5 万 t 成品油 / 化学品船	1	载重量	50000t	满足最新有效国际法规、规则，如 SOLAS、MARPOL、IBC CODE；及地区性规则，如 USCG、NECA、巴拿马运河规则、苏伊士运河规则等
	2	合同航速，油耗	14.5knots，20.0t/ 天	
	3	SO_x 排放 NO_x 排放	3.5%s， Tier Ⅲ	
	4	液舱舱容	54000m^3	
	5	EEDI	Phase 2	
	6	化学品类	2 类有毒化学品	

5万t化学品/成品油船是广船国际研制出的一型具有自主知识产权和较强市场竞争能力，符合安全、环保、节能需求的大灵便型成品油船船型。5万t级MR型化学品/成品油船的实船，具有绿色环保低油耗的特点，其技术指标处于国际领先水平，具有很强的市场竞争力。在各项性能指标优化方面，通过对船舶阻力性能优化、节能附体优化，使得船舶主机功率、油耗及航速达到最优化，EEDI指标比基准值降低20%，达到国际先进水平。同时通过结构优化、舱室合理布置和精确的建模计算，该船型在振动和噪声控制方面卓有成效，满足了最新国际规则规范的要求。

该船型在同行业中非常具有竞争力，成本低，性能优越，为广船国际精品船型。

2. 广船国际单项冠军产品MR型船发展效益

经中国船舶工业经济与市场研究中心统计，2017—2020年全球造船市场共计成交5万t载重吨级MR型船259艘。期间，广船国际共承接35艘MR型船，以艘数计，全球市场占比13.51%，排名全球次席。国内船厂方面，同期国内船厂共承接MR型船订单67艘，广船国际占比52%，排名国内第一。

从具体年份来看，过去四年，广船国际MR型船承接量均位居全球前列，并在国内保持领先地位。其中，2017年广船国际承接10艘，全球排名第三，国内排名第一；2018年广船国际承接13艘，全球排名第二，国内排名第一；2019年广船国际承接2艘，全球排名第七，国内排名第三；2020年广船国际承接10艘，全球排名第二，国内排名第一。

作为全球主要的MR型船制造商，广船国际已向全球交付了超过220多艘MR型船（3万~5万t），2017—2020年共交付37艘，其中出口31艘，创汇约10.9亿美元。广船国际现已成为全球前三、国内第一的全球知名MR型船制造商，现在主要的竞争对手是韩国的现代尾浦、STX造船海洋及现代越南船厂。主要客户包括丹麦、瑞典、意大利等欧洲主流船东和新加坡、中国等主要航运巨头，该船型可在全球无限航区航行。

三、典型经验

1. 强化研发投入和管理，持续做好船型研发及优化

广船国际每年的研发经费纳入年度预算，近年来研发投入占企业总收入的比例均达到3%以上。广船国际技术中心拥有华南地区最具实力的研发团队，多年来先后承担多项科研项目，研究领域囊括了新产品研发、产品优化升级、工法工装技术、信息化技术等方面，“十三五”期间，承担国家级项目3项、部级项目18项、省级项目5项，在船舶研发设计、制造中发挥重要作用，使企业的技术处于行业领先地位。

在 MR 型船方面，广船国际不断进行产品优化升级，运输货品从运载成品油到运载三类化学品，再到运载二类化学品；货舱数从 5+1 对舱发展到 6+1、7+1、8+1、10+1 对舱；主机选型不断随市更新，船体线型设计持续优化，大量先进技术和优化设计运用到新船，如不锈钢货油管系、船舶性能监测系统、氮气系统、开式 / 混合式脱硫塔、无机锌和 Marineline 货舱特涂等方案；在冰区加强 / 极地破冰方面，早在 2004 年广船国际就开展冰区船舶研发并建造交付了一艘当时国内最大的 5.18 万 t 冰区加强型成品油船，2018 年 12 月，广船国际建造交付了世界首艘极地凝析油船，该船载重达 44500DWT，按照俄罗斯船级社最高冰区级别——Arc 7 级破冰能力设计，配置全回转吊舱电力推进系统，双向破冰，能在 –50℃极地低温环境下航行供应凝析油。这艘船的成功建造，向世界和航运界充分展示了广船国际在油船制造领域的非凡实力。

2. 加强人才队伍建设，充实科技人才队伍

目前广船国际大专以上科技工作人员共有 1186 人，其中本科及以上学历 938 人，享受国务院特殊津贴的高级专家 9 人，国防科工委 511 工程人才 9 人，人才队伍涵盖了研发、设计、制造、管理、工艺、信息化等各专业。同时，广船国际还建立了 24 人的企业高级专家队伍，有 4 人为中船集团公司高级专家：陈灏、蔡睿眸为学科带头人，陈庆城、欧海真、黄建伟为技能带头人。

科技人才队伍建设方面，采取多项措施，使得广船国际的科技人才队伍得到不断成长和壮大。主要措施如下：

1）依托科研项目以及新产品、新工艺和新技术的研发等加强对后备科技人才的培养；

2）以国家级技师工作室、技师创新工作室及劳模创新工作室、博士后工作站等各种科技人才培养机制的平台资源为依托，大力推进科技人员队伍建设工程，加快复合型人才培养，同时推进“专家队伍建设工程”“高技能人才队伍培养工程”的进一步实施，逐步培养了一批学科学术带头人及优秀高技能技术人才，为企业转型发展提供强有力的科技人才保障。

3）建立了高级专家和大师工作室聘任制，以现场生产一线的难题和技术创新为标的，下达专家任务书，通过对专家年度任务实际完成的业绩考核，给予实施月度津贴和年度奖励，激励着广大科技人员深入开展创新活动，推动企业科技发展。

4）实施科学、系统的职业规划发展体系，多渠道多形式推进各类科技人才队伍后备梯队的建设工程。

3. 积极做好市场营销，巩固优质客户合作关系

广船国际已在全球建立了稳定的客户网，其中 MR 型船主要客户有全球最大的航运公司丹麦马士基（Maersk A.P.MOLLER）集团、丹麦 TORM 公司、丹麦 Norden A/S 公司、丹麦 LAURITZEN 公司、丹麦 Hafnia Tankers 公司、希腊 Dynacom 公司、瑞典 Stena 公司、瑞典 Wisby Tankers 公司、中国远洋海运集团公司，南京油运、新加坡 IMC 公司等海内外知名企业。

4. 加强生产过程控制，有效提升产品质量

通过广船国际现有质量体系对在建船舶产品进行有效的控制，在质量管理过程中，大胆突破，积极创新，采取多种措施提高产品质量，包括强化质量巡查、班级建设与实名制稳步推进、推进群众性质量改进活动等。

提供整个开工建造过程中（包括内厂制作、外厂组合、船台组装、系泊试验、航行试验）每项工序的质量控制要求，例如，每一道工序完成后需要进行什么检验，控制哪些方面的质量要求，合格后才能转向下一道工序。对各道工序都编制了对应的作业指导书，对每一道工序都明确了质量检验的方法和要求。广船国际严格执行三级检验制度，确保产品质量。

四、未来发展展望

展望 2021 年，疫情影响有望总体减弱，世界经济将快速恢复，能源消费将逐步回涨，对国际成品油海运贸易发展带来显著利好，再加上运力供需关系前景总体较好，且现有运力存在较大更新空间，船东投资信心将明显提振，预计全年成交总量或回升至 70 艘左右。广船国际将结合规范要求持续做好船型优化和产品建造质量和周期控制，有望巩固国内“单项冠军”地位，同时努力缩小与现代、尾浦的差距。

优化调整产业结构
构建黄埔文冲船舶新格局

一、总体情况简介

中船黄埔文冲船舶有限公司（以下简称“黄埔文冲”）始建于1851年，现为中国船舶集团公司下属大型骨干造船企业，是全国重点保军企业之一，是华南地区军用舰船、特种工程船舶及海洋工程的主要建造基地，也是目前中国疏浚工程船和支线集装箱船最大最强生产基地。

二、突出优势

（一）技术先进性

黄埔文冲通过加大产品研发力度，结合工程船船型技术特点，重点突破了一系列关键技术。掌握了DP动力定位系统设计及装船技术、复杂巨型总段水上合拢、减振降噪技术、“一人驾驶”人机工程技术、重量重心控制技术研究、重型海洋起重机装船技术、高强度钢焊接技术、主船体总段吊装搭载工艺技术、铝质上层建筑总组工艺技术、分段/总段密性试验工艺技术等多项工程船设计建造关键技术，成功开发出国内首艘军用新型水声船、首艘军用大型远洋救助船、国际首创1600t深潜坐底风电多功能船、首艘智能船、首艘全电驱挖泥船、首艘4000t级大洋科考船、南极磷虾船等先进装备，多项技术填补国内空白，进一步提升了我国先进舰船和海洋装备的发展水平。

近三年来，黄埔文冲在工程船研发设计建造技术领域不断突破，累计共获得国家、省部级、省市区及学会科技进步奖39项，其中“海上大型绞吸疏浚装备的自主研发与产业化”荣获国家科技进步特等奖，“水面舰船数字化设计、制造、管理、一体化平台技术研究”荣获工信部国防科技进步二等奖，“南海深水勘察船设计与建造”“600吨级海上执法通用平台”获得中国造船工程学会科技进步一等奖，“铝合金特种船舶高效焊接与变形控制及应用”荣获广东省人民政府科技进步二等奖。

（二）产品质量

“十三五”以来，黄埔文冲始终秉承高质量发展要求，坚持“质量第一、用户至上、可靠顶用、精益求精、诚信服务”的质量方针，始终把产品质量放在首位，把产品船质量提升作为抓手。经过多年积累的工程船建造经验，打造出了高素质的质量管理团队，培养了一批经验丰富的工程船质量检验人员。在工程船质量控制方面，形成了精心策划、严格三检、过程管控、持续改进的成熟工程船项目质量管理模式，各项质量指标均达到或超过考核要求和合同、技术规格书指标要求，产品船质量持续提升，获得顾客的好评。

（三）发展成效

黄埔文冲工程（工作）船业务领域为以防务装备、公务船、特种工程船、海洋工程船等为代表的船舶建造业务和船舶修理业务。具体产品船型已覆盖防务装备、测量船、渔政船、海监船、海警船、巡逻船、救助船、半潜船、钻井船、科考船、海洋工程平台、海洋平台支持船、多用途工作船、海洋工程起重船、油田增产作业船、饱和潜水船、海上风电工程船等，是企业最重要的产品业务领域，占企业年度营业收入的 90% 左右。

三、典型经验

（一）技术创新

1. 研发创新机构建设情况

黄埔文冲持续发展自主研发创新能力，聚焦创新平台建设。黄埔文冲现拥有 2 个国家认定企业技术中心，其中“中船黄埔文冲船舶有限公司企业技术中心”于 2011 年通过国家认定，“广州文冲船厂有限责任公司技术中心”于 2010 年通过国家认定。黄埔文冲先后成立博士后科研工作站，组建“广东省舰船先进焊接技术企业重点实验室”省级重点实验室 1 个，省级工程技术研究中心 4 个，参与组建了“海洋工程总装研发设计国家工程实验室”等国家工程实验室 1 个、国防创新中心 2 个，不断巩固和提升了企业研发创新基础能力。

2. 研发经费与激励机制

“十三五”以来，黄埔文冲在不断优化科技创新投入的制度化管理的同时，每年创新投入按照不低于 5.0% 销售收入额比例计提并列入年度预算，编制详细的研发经费使用计划，保证科研经费合理有效使用，确保项目研究按计划出成果、出效益。

黄埔文冲深入推进创新工作有序开展的同时，根据研究开发的任务、技术含量、效益、贡献情况等要素进一步深化激励和考核等机制，针对科学技术研究开发绩效、科技成果产出、科技成果评优等明确和完善了多种形式、多层次的创新考核奖励措施，近几年年度科技创新奖励金额均超 400 万元，有效提高了研发人员的积极性和主动性，有力地促进了企业创新发展。

3. 知识产权积累和运用情况

近年来，黄埔文冲知识产权运用和管理水平大幅提升，连续两年获得“集团专利先进单位”荣誉，先后获得了“广州开发区知识产权优势企业”“广州市知识产权示范企业”“广东省知识产权优势企业”荣誉，于 2019 年 7 月成立中国船舶专利中心广州分中心，是广东省第一家具有国防专利代理资质的机构。2020 年 12 月，黄埔文冲通过了《企业知识产权管理规范》国家标准 GB/T 29490—2013 的现场审核并获得认证证书，这标志着企业知识产权进入规范化管理新阶段。截至 2020 年 12 月 31 日，黄埔文冲有效专利达 980 余项，其中发明 335 余项、计算机软件著作权登记 189 项。

（二）企业文化

黄埔文冲经历了 170 年的风雨洗礼，百年军工传统凝聚了黄埔文冲“忠诚奉献、强军报国”的理想信念，催生了无数精品舰船的诞生，孕育了黄埔文冲人“朴实无华、低调务实”的军工传统和“特别能吃苦、特别能战斗、特别能攻关、特别能奉献”的军工品质。新时期，黄埔文冲在深重的历史积淀和文化底蕴中不断传承、发展与创新，形成了以军工文化为核心的企业文化体系。黄埔文冲人以“致力于打造精品海洋装备，强军报国，深耕海洋，让客户满意，让员工快乐工作，让企业和谐发展”为使命，为圆强军梦，为圆中国梦，与海共舞，面海而荣，共创人民幸福和谐。

（三）质量品牌

黄埔文冲坚持通过对法规依据的明确，将船舶产品质量与国际接轨，形成品牌质量竞争的基础；通过对核心技术水平进行明确，形成排他性的技术优势，形成开拓市场和品牌创建的原动力；通过对服务保障能力的确定，增强顾客的品牌信任度；通过健全质量管理体系、严格过程控制、强化量化考核、坚持持续改进、倡导质量管理创新，厚植质量文化，深化完善质量指标体系，形成涵盖控制、评价、反馈、整改各环节的系统性的方法，持续有效提高船舶建造质量，为船东成功建造安全可靠、性能先进的船舶，创建黄埔质量品牌。

（四）经营绩效

根据工程（工作）船业务特点，黄埔文冲的防务装备及公务船销售区域以国内市场为主，近年不断开拓国外市场；特种工程船、海洋工程辅助船产品不断开拓国外市场，逐步走向高端装备。

2020 年，黄埔文冲全年坚决贯彻中船集团公司“一手抓疫情防控、一手抓经营生产”的目标，全年主要经济指标、经营生产任务目标达到预期，全年完成工业总产值 112 亿元，承接合同金额 111 亿元。防务装备圆满完成国家重点装备建造交付任务，军修军保业务实现新突破，公务船及特种工程船方面逆势而上，成功承接了天然气水合物钻采船项目，是我国保护和合理利用海洋能源资源、增强国际竞争力和话语权的重要支撑；承接的 8.5 万 t 散货船和 1900TEU 箱船是企业自主研发产品，对主建船型品牌建设具有里程碑意义。

（五）产业协同

船舶工业属于复杂程度高、综合性强的大型装备制造产业。在船舶行业产业链中，上游为原材料、船舶设计及船舶配套设施供应；中游为船舶总装制造；下游为航运、维修等船舶应用及服务环节。由于配套产业涉及产品种类多、技术壁垒高、船东指定品牌等特点，无法完全通过内部生产满足市场需求，因此对于船舶企业来说，配套产业链安全稳定是确保产业链稳定安全的重要因素，但同时产业协同也是产业发展的关键因素。近年来，黄埔文冲通过以下三个方面进一步构建多元并举的产业协同发展格局：

1）夯实技术基础。通过加大船舶智能制造总体技术、工艺设计、智能管控、智能决策等技术的研发投入力度，持续推进研发设计与智能制造，通过加快相关知识、成果转化，指导产品生产制造。随着研发设计由独立设计向无缝设计转变，将逐步打破研发设计的空间、时间、组织限制，不断向跨专业、跨部门、跨企业协同研发设计发展。

2）优化供应链配套。依托工业互联网加强上下游企业生产需求计划的对接，逐步减少交期提前或拖期现象。通过建立云端数字化库存管理机制，逐步推广“需求拉动计划、仓储动态调整”的自由型库存控制模式。

3）服务化延伸。利用得天独厚的地理优势，打破军民壁垒、创新经营模式，积极开拓舰船维修保障及其他相关业务服务，持续推进维修保障基地建设，通过不断提升服务流程化、标准化、专业化、透明化能力，使一体化保障、全寿命周期保障等业务形成企业新的经济增长点。

（六）国际化发展

近三年，黄埔文冲进口总额达 3 亿美元，主要以船舶配套设备设施为主；出口总额达 13.7 亿美元，主要以船舶产品及海洋工程装备为主。出口方面，通过积极开拓国际市场，客户涉及亚洲、欧洲、北美洲等多个国家，在船海产业、应用产业方面均有出口业务。截至目前，黄埔文冲支线集装箱船在手订单 33 艘，全球市场占有率排名世界第一；应用产业方面首次实现了订单出口，承建的越南海上风电项目单桩制造已顺利发运首批产品。现阶段，受近几年全球船舶与海洋工程装备市场整体不景气影响，产品出口面临造价低迷、船东接船意愿不高、国际市场开拓营销较为困难的主要问题。

四、未来发展展望

展望未来，世界正经历百年未有之大变局，新一轮科技革命和产业变革深入发展，国内国际双循环新发展格局加速形成，国家强军建设、海洋强国和制造强国建设将为企业发展创造广阔发展空间和机遇。

“十四五”期间，黄埔文冲将遵循中船集团“坚持制造服务并重”的发展理念，大力发展防务装备、船舶海洋工程、应用产业，以工程（工作）船大型化、智能化、集成化、绿色化，以及海上风电、天然气水合物作为代表的清洁能源开发利用，向先进制造业、服务业转型升级，特别是向产业链、价值链高端延伸，实现制造与服务协调发展，推动企业走向高质量发展，为船舶工业发展做出新的更大的贡献。

连续八年全球冰箱压缩机销量第一 四大技术优势突显

一、总体情况简介

长虹华意压缩机股份有限公司（以下简称“长虹华意”）是以研发、生产冰箱、冷柜、饮水机、制冰机及除湿机等制冷电器的各类压缩机为主营业务的大型国有控股企业，是全球最大的环保、节能、高效冰箱、冰柜压缩机专业企业。长虹华意于1996年在深交所挂牌上市，是江西省第二家上市公司。

长虹华意控股股东为四川绵阳国资委下属的四川长虹电器股份有限公司，持股占比30.68%。长虹华意总部位于瓷都景德镇市，旗下拥有加西贝拉压缩机有限公司、华意压缩机（荆州）有限公司、华意压缩机巴塞罗那有限责任公司、长虹格兰博股份有限公司、景德镇虹华家电部件有限公司等二级独立法人子公司和上海威乐汽车空调器有限公司、景德镇科技服务公司、加西贝拉科技服务公司等三级独立法人子公司。长虹华意现有总资产110亿元，全球员工7800余人，年销售收入103亿元，年产销压缩机5500万台以上，全球市场份额占比20%以上，自2013年起连续8年稳居全球冰箱压缩机行业第一位。长虹华意压缩机制造技术与研发能力全球领先，在行业规模和技术等方面有较强的核心竞争力，稳居全球行业龙头地位。

长虹华意拥有国家级企业技术中心、省级压缩机技术研究院、省级工程技术研究中心和重点实验室、院士专家和博士后工作站、欧洲技术和美国技术中心，是冰箱压缩机国家标准修订组长单位，中国家用电器标准化技术委员会冰箱压缩机工作组组长单位。长虹华意各类专业技术人才占比15%以上，与浙江大学、西安交通大学、海尔等知名大学和客户建立了良好的技术研发合作机制，长期开展各项行业前沿技术、产品联合开发项目。长虹华意研发、生产的压缩机各项技术指标均达到国际先进水平，畅销世界各个国家，与海尔、海信、美菱、美的，以及博西、伊莱克斯、惠而浦、意黛喜、利勃海尔、三星、东芝、夏普等国内外著名冰箱公司建立了良好的战略合作伙伴关系。

长虹华意先后荣获联合国环境署“示范项目贡献奖”“全国五一劳动奖

状”“全国模范劳动关系和谐企业”“全国机械工业先进集体”、全国“安康杯”竞赛优胜企业、“中华全国总工会模范职工之家”“全国安全文化示范企业”“中国驰名商标”“中国名牌”、中国家电协会“艾普兰核心奖”、中国家电协会“中国家电科技进步奖”等荣誉。

二、突出优势

长虹华意经过 20 多年的发展壮大，在技术研发、产品质量、产销规模等方面具有许多突出的优势和核心竞争力。

（一）技术研发方面

1. 数字化仿真设计

长虹华意组成了一支由外国专家、博士和硕士为骨干的专业技术团队，配置了结构有限元、流体动力学、声学、运动学等仿真分析软件，并和多所国内外高校院所开展技术项目联合攻关，先后完成压缩机吸排气系统流固耦合分析、压缩机润滑系统轴芯解析、压缩机吸排气系统声学 - 流体联合仿真等 20 多项核心技术研究课题，确保冰箱压缩机的技术水平走在行业前列。

2. 高效化设计

长虹华意应用数字化仿真技术，成功推出高效阀组、高效吸气消声器、高效润滑系统等多项专利技术，产品性能始终保持行业领先水平。冰箱压缩机的技术水平用能效比（COP 值）来评价，长虹华意产品的 COP 值在 2.0 以上（ASHRAE 工况），比国家 A 级能效标准（COP 值 1.80）高 10% 以上，最高效产品 COP 值 2.15，达到国际领先水平。

3. 低噪声设计

长虹华意充分利用数字化仿真技术和声全息、声品质等实验验证手段，在行业内率先推出模态识别、吸气消声器承担损失分析、压缩机和冰箱系统声品质评价等技术规范，确保压缩机降噪减振技术行业领先。压缩机的噪声水平用 dB（A）评价，长虹华意 R600a 压缩机噪声平均水平约 36dB（A），比同行平均水平低 3dB 以上，其中静音压缩机噪声在 30dB（A）以下，达到国际领先水平。

4. 高可靠性设计

长虹华意应用数字化仿真技术，在产品设计阶段开展强度校核分析，确保设计方案的可靠。同时，长虹华意应用可靠性分析和试验方法，开发成功了阀片冲击试验、曲轴泵油试验等多种零部件和整机专项可靠性试验标准，确保压缩机可靠性技术行业领先。工程下线率是客户评价压缩机可靠性的重要指标，长虹华意出口欧美的冰箱压缩机，工程下线率约 $20 \times 10^{-4}\%$，国际先进是 $35 \times 10^{-4}\%$，处于行业领先水平。

（二）产品质量方面

长虹华意整体产品质量处于行业领先水平，用户工程下线率达 $80\times10^{-4}\%$，三包不良率低于 $1000\times10^{-4}\%$，用户满意度 95% 以上，整机一次交验不合格率低于 $200\times10^{-4}\%$，均优于行业水平。

（三）产销规模方面

长虹华意在冰箱冰柜压缩机产销规模发展方面有规模优势，目前四个基地冰箱冰柜压缩机产能规模达到 6000 万台以上，2020 年生产压缩机 5636 万台，销售压缩机 5562 万台，自 2013 年起连续 8 年稳居全球冰箱压缩机行业第一位。

三、典型经验

（一）技术创新方面

1. 创新历程

引进技术消化阶段（1992—1995 年）——引进消化吸收美国 Tecumseh 压缩机技术；引进技术再创新阶段（1996—2005 年）——国内率先实现 R600a 压缩机产业化及设计优化，产品性能赶超行业标杆；自主创新阶段（2005—2010 年）——国内率先研发成功小型化压缩机和变频压缩机，填补国内技术空白；技术引领阶段（2010 年—至今）——开展压缩机应用基础技术研究和前瞻性产品研发，引领行业技术进步。

2. 创新体系

多年来，长虹华意持续加大研发投入，搭建行业领先的技术创新平台，集聚一流人才，完善创新机制，拓展技术创新渠道。目前，长虹华意拥有 300 多名专业研发人员，包括外籍专家、博士等 100 多人的核心研发团队，并且与浙江大学、西安交通大学、上海交通大学、美国 Technalysis、意大利 STRATEGIE 等高校院所开展长期的产学研技术合作。

3. 创新成果

在冰箱压缩机领域，长虹华意掌握高效化、变频化、小型化、降噪减振、数字化仿真和可靠性等六大核心技术，涉及结构静力学、结构动力学 - 运动学、流体动力学 - 热力学、声学、电气 - 电子、可靠性等多个学科。

4. 产品平台

长虹华意拥有家用冰箱压缩机与轻型商用压缩机等 20 多个大产品平台，产品性能国内领先、国际先进，规格品种齐全，满足全球用户需求。

5. 知识产权

2012 年长虹华意导入 GB/T 29490—2013《企业知识产权管理规范》，建立企业知识产权管理体系，截至 2021 年 2 月，共授权专利 357 项，其中发明专利申请 43 项。

（二）企业文化建设方面

企业宗旨：员工满意，顾客满意，股东满意；核心价值观：敬业，担当，同创，共享；企业愿景：成为全球受尊敬的压缩机企业。

近年来，长虹华意大力培育和践行“四个文化”（追求卓越的激情文化、公平务实的竞争文化、以客户为中心的奋斗者文化、赏罚分明的绩效文化），大力开展企业文化建设，收到了事半功倍的良好效果。

长虹华意的企业文化建设首先是狠抓思想意识，结合实际采用了一系列切实可行的方法与举措。通过开展“直面挑战、转变观念、攻坚克难、创业创新”“四个文化”学习大讨论活动，使企业干部员工思想观念得到根本性转变，形成了浓厚的学习氛围，通过行之有效的学习宣传引导，员工精神面貌焕然一新，企业形成团结、奋进、积极向上的文化氛围。

同时，长虹华意推出了一系列人文关怀的新举措。出台了《员工职业规划方案》，员工可根据自身长处，选择适合自己的职业生涯，给员工提供了实现自我价值的平台。实行干部竞聘制度，普通员工可以直接参与干部竞聘，同时也有一批中层干部落聘，公正公平的用人环境使员工信心倍增，激发了员工的积极性与创造性。每年都举行各种类型的文体活动，开展技术比武、劳动竞赛，授予员工“明星员工”“技术能手”等荣誉称号，构建企业与员工对于相互责任的期望，营造了和谐的企业文化氛围。

（三）质量管理方面

长虹华意始终坚持以质量目标为牵引，以质量问题为导向，以持续改进为抓手，全员、全过程、全方位提高产品和服务质量。严格贯彻落实“质量是竞争市场的有力武器”思想，以优质的产品和服务，满足用户、赢得市场。经过多年实践积累，长虹华意总结出“5310”质量管理法：“5”：五个层面全员推进——公司领导、中干、班组长、专业职工、员工明确指标。“3”：三个维度——五个服务提质量意识；五张表强质量基础；五项监控管结果。“1”——十张图促进改进。5S、TPM、防差错、精益生产、质量技术等。“0”——零缺陷管理。零浪费、零缺陷、零投诉。

四、未来发展展望

未来，长虹华意将整合资源，进一步加大技术开发投入，加强技术创新，提升产品质量，加强全球营销队伍和网络建设，到“十四五”末实现“冰箱压缩机全球第一强，轻型商用压缩机全球第一大，家庭服务机器人、电动汽车空调压缩机进入行业前列，智能装备集成服务业务及其他新业务有新发展”的产业布局，实现主营业务收入 120 亿元，净利润 3 亿元，全球压缩机销量达到

8000 万台。

五、专家点评

长虹华意经过不断加大产品技术开发，加强自主技术创新、生产质量管理和全球市场销售，其冰箱压缩机在行业规模、技术和质量等方面有较强的核心竞争力。自 2013 年起长虹华意连续 8 年全球冰箱压缩机销量位居行业第一位，其中冰箱压缩机出口销量占比达到 40% 左右。这些成绩的取得实属不易，制造业单项冠军企业（产品）的称号当之无愧，不仅是我们冰箱压缩机行业的骄傲，也是我们中国制造和中国企业的骄傲。希望长虹华意继续加大技术创新力度，提质增效，由大到强，在“十四五”末实现由全球第一大向全球第一强的跨越。

无锡物联网产业研究院副院长 / 高级工程师　陈书义

改写全球儿童乘车安全标准
构建科学育儿生态圈

一、总体情况简介

好孩子儿童用品有限公司（以下简称“好孩子”）创立于 1989 年，注册地为昆山市陆家镇。集团目前已成为一家跨越三大洲（亚洲、欧洲和美洲）的全球化企业，世界儿童用品行业的领导者。好孩子总部位于中国昆山，在中国、德国和美国分别建立了品牌营销中心。七大研发中心位于中国昆山、德国拜罗伊特、捷克布拉格、奥地利维也纳、美国波士顿、夏洛特和代顿。在中国、美国和墨西哥拥有自己的制造基地，在全球建立有 50 多个销售分部。好孩子全球员工总数超过 1.2 万人。

32 年来，好孩子始终坚持技术创新、研发创造、品牌创标，实现了品牌体系化、产品多元化、市场全球化、人才国际化和能力世界级。截至目前，好孩子拥有国内外专利 10600 余项，主导和参与制修订国际国内行业标准 209 项。集团产品累计获得 43 个中国工业设计优秀奖金奖、中国专利金奖、“红点”设计大奖、iF 奖、G-mark 设计奖等。

2014 年 1 月和 7 月，好孩子通过资本经营先后在德国和美国并购了两大世界著名品牌，奠定了企业全球化经营的核心格局。好孩子拥有中国、德国和美国三大母市场，自有品牌在中国、欧洲和北美均处于市场领导地位、在全球范围内广受欢迎和好评，在中国、美国、欧洲地区市场占有率长期稳居第一。

二、突出优势

（一）实现结构转型升级，打造全产业链

好孩子实现了从中国到全球、从产品到品牌等五大转变，是中国企业创新创业、走向全球品牌经营的典范，为中国企业实践出了一种生态化的发展模式。

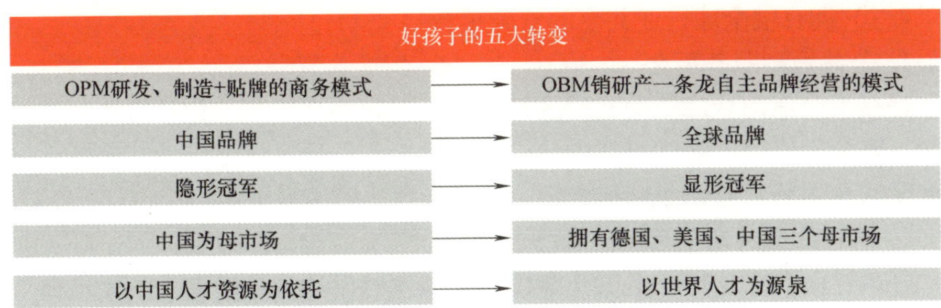

好孩子的五大转变

在国际市场，好孩子依靠研发 + 制造 + 贴牌的 OPM 模式，做了数十年隐形冠军，2014 年完成两起跨国并购，历经资源、文化、组织的整合，实现向全球销研产服一条龙的自主品牌经营模式（OBM）转型，成功打造成为欧美顶级品牌。

在欧洲，2014 年自有品牌销售额只有 6800 万美元，仅仅 6 年后，销量超过 4 亿美元，增长超过 340%；在美国，2014 年收购的品牌收购前已连续多年严重亏损，收购后当年就扭亏为盈。经过重塑升级，如今在美国市场占有率 29%，位列第一；在全球，2014 年以前，好孩子自有品牌业务占比只有 30%，贴牌业务 70%，仅仅 6 年，自有品牌业务占比达 82%，彻底实现转变。

好孩子全球各分公司在渠道、品牌、研发、制造等方面各有优势。通过文化融合、组织重组、协同效应、品牌重塑、模式转型，美国、德国、中国三个母市场在渠道、品牌等五大核心竞争力方面实现了优势互补，产生了化学反应，实现了共生共赢。

（二）改写全球儿童乘车安全标准，巩固行业领导地位

1. 技术引领

好孩子以“自己打倒自己”的精神，不断推出原创性、颠覆性、前瞻性的产品，引领市场潮流。

2. 标准引领

好孩子拥有强大的标准研究技术力量，拥有 50 多名标准研究人员，是中、美、欧、日标准委员会的重要成员。

3. 以科技颠覆世界安全标准

发明 GBES 吸能技术，推出高速汽车安全座椅。普通儿童汽车安全座均按欧美或中国国家标准，测试时速为 50km，好孩子高速汽车安全座测试标准可达 80km/ 小时，吸收的能量相当于可保护孩子从 8 楼坠落依然安全。好孩子这一创新技术的运用，改写了世界行业标准，进一步巩固了在全球行业的领导地位。

（三）拥有供全球行业共享的资源平台

1. 公共检测服务平台

好孩子全面向全球婴幼儿用品行业提供包含物理检测、化学检测、纺织品检测、安全座椅撞击测试等在内的检测试验、产品质量认证等公共服务，引领全球婴幼儿用品行业企业标准指定，质量规范，健康发展。

2. 信息数据共享平台

好孩子面向全球行业提供儿童用品领域发展设计信息咨询、人才培训、知识产权发展、时尚趋势等报告与数据服务，并定期面向全球举办创新成果展，引领全球行业科学、健康发展。

三、典型经验

（一）科创引领、设计置顶

1. 布局业界领先的全球化研发体系

好孩子在全球战略性布局，形成了“6+1”的全球研发创新模式，合理的布局充分考虑了市场属性和地区资源。好孩子全球化研发布局完成了从以研发竞争为导向向以生活方式和市场研究为导向的转变。既注重前瞻性研究及应用基础的研究，同时以产品研发设计为本，侧重于产品工程化及商品化的技术研发。好孩子各设计功能优势互补、形成合力、高效运作、快速反应。

2. 集聚国际一流的生态圈协同资源

好孩子按照“建设一流城市、集聚一流人才、培育一流产业”的目标，吸引全球各类创业人才和专业人才，提供创新、创意、创业的适然生活和工作环境、卓越资源和要素配置环境，进行平台赋能，将昆山变成全球孕婴童产业资源和要素的聚集地。

（二）推行极致质量管理模式

好孩子以研发创新为基础，打造“质量第一、零缺陷、零容忍”质量文化，结合汽车和食品行业标准，运用国际先进的质量管理工具，建立了 QRCSI（快速反应持续标准改善）、DNS（现场质量控制数位神经系统）、DFX（卓越设计）、零返工、“六开三停”（开工原则和停工原则）、“一线员工培训 333 原则”等质量管理工具和方法，创新性地构建了“好孩子极致质量管理模式”，致力于以安全优质的儿童用品服务全球育儿家庭。

好孩子是欧、美、日及中国的儿童用品标准委员会成员，主导或参与 209 项国际国内外标准制修订；获国际标准化组织授权，成立了 ISO/PC 310 儿童乘用车项目委员会秘书处，带领全行业发展进步。好孩子曾多次获得“中国标准创新贡献奖”。

好孩子始终坚持高标准严要求，产品质量技术水平各项指标远超行业国际

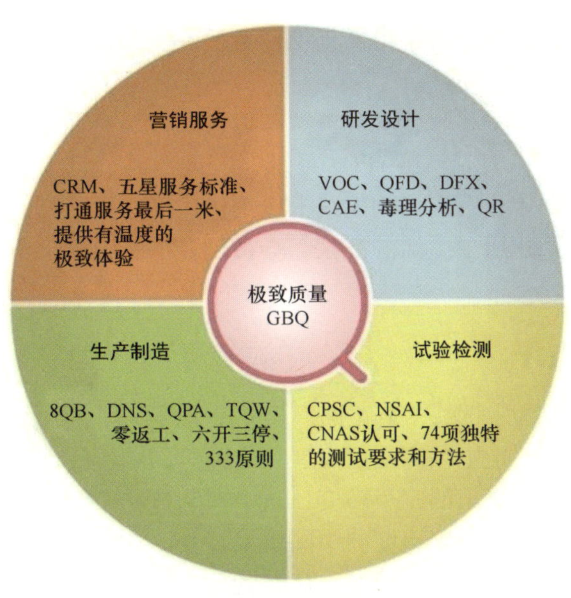

好孩子极致质量保障模式

先进水平和竞争对手。

（三）加强信息化建设，实施两化融合

好孩子紧密跟随国家政策与战略，提出了“生产过程自动化、商务运营电子化、管理方式网络化、决策支持智能化”的两化融合方针。不断完善现有业务系统，升级 IT 基础架构，新建工厂信息系统灾备中心，新上数据仓库项目，自主开发了新的 WMS 系统，完善和升级 ERP，重点打造了全新的基于标准 API 接口的企业中台系统。同时不断提高企业在信息化建设方面的投入，打造企业的核心竞争优势和新型化能力。

（四）企业文化建设持续发力

好孩子在物质层、行为层、制度层、精神层系统性建立企业文化体系。好孩子企业文化的形成与发展是逐渐丰富、持续沉淀的过程，经历了“自发探索、充实完善、自主自觉、共创共赢”四个阶段。

四、未来发展展望

未来，好孩子要从点、线、面、体来构建一个“育儿生态圈”，从最开始的点，变成一条线，变成一个面，然后变成一个体，构成完整的生态圈。解决育儿家庭的一切所需，无论是产品、服务，还是医疗、教育、保险等，都可以在这个生态圈里找到解决方案。商品、服务、社交、教育、医疗、体育、娱乐等物质与文化的需求都将融为一体，为上游供应商提供消费需求，为中游品牌商提供协同平台，为下游渠道商提供商业模式，为消费者提供生活方式解决方案。

好孩子将通过进一步整合全球资源，以多品牌、全品类覆盖全球市场，线上线下全渠道经营；打造 APP+POS 系统，实现商品、订单、支付、配送、服务、会员、营销一体化管理；构建线上线下供应商、渠道商、零售商协同合作的利益共同体；创建用户生活的社区、会员创业的平台，聚集粉丝群，构建全球育儿生态圈。

五、专家点评

好孩子因创造而创立，“走正路”实现中国第一；“走大路”成为世界第一；通过资本经营，走上“高质量发展”之路。回顾过往，好孩子的发展完美诠释了习近平总书记提出的三个转变：从中国制造向中国创造转变、从中国产品向中国品牌转变、从中国速度向中国质量转变。在新发展阶段，好孩子提档升级，从经营资产向经营能力转变、从经营品牌向经营用户转变、从经营产业链向经营平台转变、从创造物理价值向创造社会价值转变。32 年毕露褴褛的创新创业历程，实现了创立好孩子时提出的企业使命：“关心孩子、服务家庭、回报社会”，坚守了创业初心——“做一个为社会创造价值的企业”。

中国工业报社党委副书记、副社长　温舜方

引领国家标准制定
电子皮带秤产销额连续十七年全国第一

一、总体情况简介

（一）公司简介

赛摩智能科技集团股份有限公司（以下简称“赛摩”，股票代码 300466）创建于 1996 年，是中国智能制造系统解决方案供应商联盟理事单位、江苏省智能制造领军服务机构、江苏省中小企业数字化智能化改造升级服务商、国家高新技术企业、双软认定企业。赛摩上市后整合了智能制造领域近 15 家公司，建立了赛摩智能制造生态圈。赛摩先后起草了国家标准 8 项，拥有上百项国内外知识产权证书。赛摩工业互联网平台荣获工信部双创平台示范项目，是江苏省重点工业互联网平台；电子皮带秤被工信部评为制造业单项冠军产品；机器人全自动制样系统荣获中国工业优秀设计奖和江苏省首台套重大装备产品，并多次荣获部级科技进步一、二、三等奖，赛摩被授予部级卓越绩效先进企业。

赛摩围绕“智能制造和工业互联网平台服务提供商”战略目标，利用赛摩智能制造生态圈资源优势，规划形成了智能装备业务、自动化与系统集成业务、信息业务三大业务板块，致力于智能工厂整体建设、智能物流系统建设、自动化产线建设、信息管控系统建设、工业机器人应用、工业互联网应用、大数据与物联网应用等相关领域的产品及服务。

赛摩抓住全球制造业分工调整和我国智能制造快速发展的战略机遇期，面对智能制造巨大市场，充分发挥上市公司的优势，加大研发力度，迅速打造智能工厂和智能制造全面解决方案的核心竞争力，强化智能制造系统解决方案集成商的战略定位。赛摩致力于为火电、钢铁、水泥、化工、粮食等行业提供智能工厂系统解决方案；同时拓展汽车、机械、电子等离散制造业市场的智能制造；积极拓展医院后勤智能化市场，寻求企业快速发展。

（二）电子皮带秤简介

电子皮带秤是皮带输送机输送固体散状物料过程中对物料进行连续称重的一种计量设备，它可以在不中断物料流的情况下测量出皮带输送机上通过物料的瞬时流量和累积流量，广泛应用于冶金、煤炭、化工、电力等行业。赛摩电子皮带秤涵盖输送机皮带秤和称重给料（煤）机两大类产品，其中输送机皮带秤安装在用户现场的皮带输送机上，主要用于贸易结算、企业内部计量管理和生产过程监控；称重给料（煤）机是由皮带秤和皮带输送机构成的，主要完成输送物料流量控制，在食品、烟草、化工、水泥、发电、钢铁等工业生产过程控制中的应用非常广泛，按其输送能力分为轻载、中载、重载三种不同形式。赛摩电子皮带秤具有阵列式、浮衡式、杠杆式等多种自主知识产权的称重结构，适合各种工业应用场景。

赛摩紧紧抓住市场行情，为长远销售积极准备。电子皮带秤产销额连续 17 年居全国第一，连续 7 年居全球市场占有率第一。赛摩同时根据行业政策及客户需求加大对皮带秤云联监控平台、高精度配料秤、新一代仪器仪表等研发投入，为企业的可持续发展打下扎实的基础。

二、突出优势

（一）阵列式高精度皮带秤

阵列式高精度皮带秤是根据赛摩独创的称重误差理论“内力理论”和“皮带效应理论”而研制的具有多项国家专利的高准确度、高稳定性的新型电子皮带秤。该秤拥有赛摩自主发明、世界上最新的“散状物料高精度皮带称重阵列系统”专利技术，称重传感器和秤台使皮带秤具有超强稳定性和抗偏载性能，皮带张力补偿、状态跟踪补偿等专利的应用，以及首创的传感器实时温度补偿，使得皮带秤的称量准确度有着显著的提高，长期稳定性也有本质突破，准确度误差可长期保持在 0.2% 以内。

赛摩阵列式高精度皮带秤

（二）三计称重技术

三计称重技术采用的是 N 个称重传感器经过 N 路 A/D 转换进入称重仪表，通过每 1 路称重传感器的不同组合，形成三组计量值。基于三计称重技术的皮带秤使一台皮带秤具有三组累计量：一组主累计量和两组辅累计量。两组辅累计量进行实时在线比对，如发现辅累计量超差，则分别对每个称重传感器进行比对判别，确定称重传感器是否有故障或异常（秤架卡料、支撑变形、结构变化、螺栓松动等），将有故障或异常称重传感器的一组辅累计量加以隔离，采用另外一组正常的辅累计量自动替代主累计量。此时，皮带秤称量工作不中断，系统继续运行，从而保证在皮带秤的某一称重传感器有故障或异常时，系统仍可以进行可靠的计量，大大提高了皮带秤运行的可靠性和计量精度的准确性。

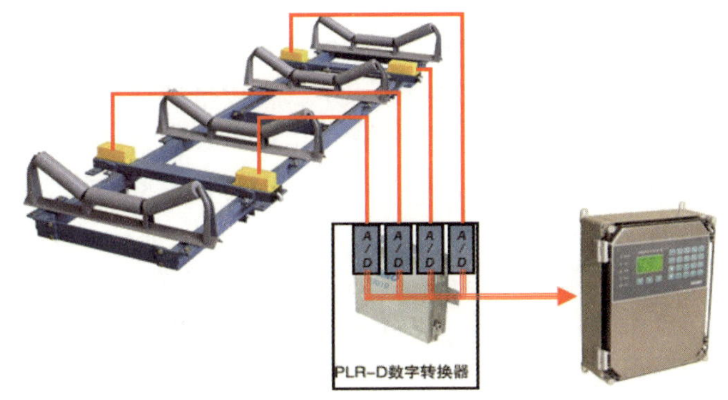

赛摩基于三计称重技术的皮带秤

（三）物料叠加自技术

基于物料叠加自校准技术的皮带秤使用两个独立的皮带称重单元，配合一个小型料斗秤，进行不中断皮带秤正常运行工作的在线物料自校准。一致性校准使得两台称重单元经过相同物料时累计量相同，保证了在进行在线物料自校准时，两台皮带称重单元所经过物料累计量的差值与小料斗的放料量成完全比例关系。这样才能通过计算小料斗的放料量和两台皮带称重单元的累计量，得出两台皮带称重单元的间隔值，达到传统物料校验的目标。在线自校准是在完全自动的情况下完成的，操作简单、方便、快捷，这就使得以往数月才进行一次的物料校验可以每周甚至每天都进行一次，保证皮带秤始终保持在较高的精度水平。

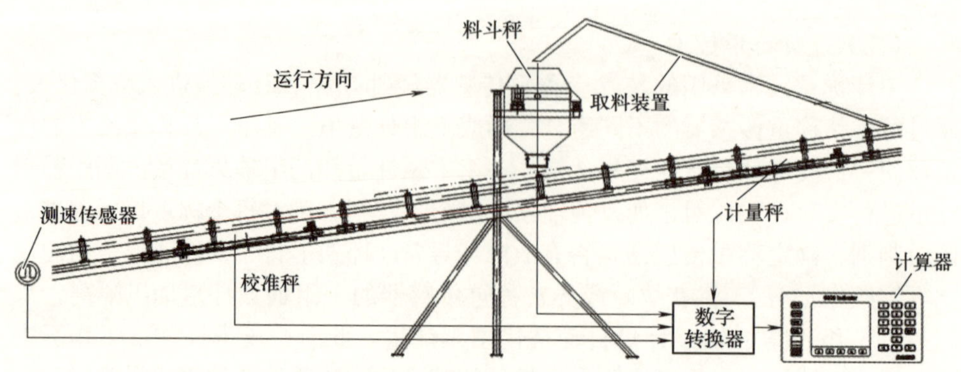

赛摩基于物料叠加自校准技术的皮带秤

三、典型经验

我国是皮带秤生产和使用大国，赛摩也是我国电子皮带秤国家标准的制定者，赛摩的皮带秤达到了世界先进技术水平，在皮带秤技术攻关的过程中，为了研发高精度、高可靠性皮带秤，赛摩建设了皮带秤综合试验平台，平台采用在实验室标准条件下的循环物料试验方法，实现对各种型式的皮带秤集成式的智能检测和性能评估，提升了皮带秤产品质量水平，促进了皮带秤的技术发展。平台采用“开放式端口 + 自动称量控制机构 + 输送带”为依托的“N”型循环设计架构，皮带倾角安装设计，并采用叠加控制衡器的独特结构设计，可实现物料计量的分离法和集成法试验，可提供不同规格、不同流量和速度的物料循环测试，满足皮带秤试验要求。平台将系统位于密闭空间内，实现环境数据和试验环节的精确控制和测量，排除了以往在使用现场物料试验的各种影响试验准确性的不稳定因素，并能准确模拟现场使用工况，得出的测试数据可信度很高。

正是基于赛摩皮带秤综合试验平台的大量研发工作，赛摩将皮带秤国际标准中最高准确度等级由原来的 0.5 级提高到 0.2 级，同时赛摩也是世界上第一个取得 0.2 级皮带秤证书的企业，为世界皮带秤技术的发展贡献了自己的力量，也为企业带来了很好的经济效益和社会效益。

四、未来发展展望

赛摩云联皮带秤基于工业物联网技术，利用具有物联网网关、数据采集、智能运算和可操作的决策反馈等功能的赛摩边缘计算智能器，采用多参数、多变量传感器、保护开关及检测装置，多维度智能采集与皮带秤健康密切相关的状态信息，通过基于神经网络和数据驱动的特征提取、融合和分析技术，对故障类型进行诊断和预警。同时通过基于人工智能技术的决策方案，预估组件的剩余使用寿命，提高设备的备品备件的准确率，延长设备的维修周期，提升人对物的实时控制、精确管理和能效分析的能力，实现对于现场皮带秤的健康管理。

五、专家点评

赛摩作为行业内动态称重技术的领跑者，基于多年设计制造皮带秤的经验，研制开发的高精度阵列式皮带秤、三组累计量皮带秤、物料叠加自校准皮带秤、上给式称重给煤机等产品，广泛应用于电力、化工、冶金、港口、矿山等行业。赛摩拥有自主知识产权的称重技术使得赛摩的产品在动态称重领域取得了重大创新及突破，不仅提高了皮带秤的计量精度和可靠性，还解决了皮带秤实时在线校准的技术难题，达到国际先进水平，为大宗散货的贸易结算提供了准确的计量，有效解决了贸易结算中由于计量不准而引起的纠纷，得到了客户广泛认可，也为企业带来了良好的经济效益和社会效益。

太原理工大学教授　梁跃武

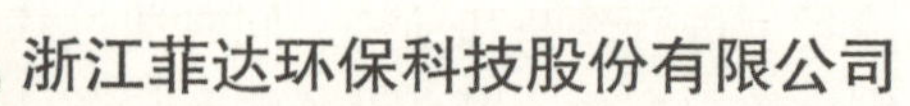

专注静电除尘器技术 为“中国制造”增光着色

一、总体情况简介

浙江菲达环保科技股份有限公司（以下简称“菲达”）是全国大气污染治理行业的龙头企业，为全国环保机械行业唯一的国家重大技术装备国产化基地。1979 年在原国家机械部定点部署下，菲达开始经营燃煤电站静电除尘器，为中国最早从事静电除尘器设计研发、生产制造、系统服务的企业。1981 年，由联合国开发计划署（UNDP）援助建立的电除尘器行业研究所落户菲达，为企业的发展奠定了良好的基础。菲达是行业中公认静电除尘器的领军企业，制造生产静电除尘器总台套数全球第一，在国内市场占有率达 15% 左右，在 1000MW 超超临界燃煤机组配套静电除尘器市场占有率高达 60%，产品已出口 43 个国家和地区，出口量国内第一。鉴于菲达在全球环境领域所做出的贡献和示范作用，2011 年联合国环境规划署授予菲达“中国区环境规划示范企业”证书。

二、突出优势

静电除尘器是大气污染控制的主要装备之一，为燃煤烟气的主流除尘设备。菲达牌静电除尘器凝聚企业 40 年技术研发和工程经验，静电除尘产品总装机容量已超 5.0 亿 kW，市场占有率居全球首位。菲达已基本掌握了国际先进的静电除尘技术，研制的低低温电除尘器、湿式电除尘器、高温电除尘器、旋转电极式电除尘器、电袋复合除尘器、电凝聚器、相变凝聚器、脉冲电源、高频电源等系列静电除尘技术均已突破在 1000MW 机组的示范应用，总体技术水平达到国际先进、部分技术达到国际领先。

菲达结合锅炉燃烧、烟气脱硝、烟气除尘、烟气脱硫、余热利用等环保工艺统筹考虑，采用燃煤烟气多种污染物协同治理技术路线，强化协同控制理念，形成整体智能解决方案。2014 年 5 月菲达承担的国内首套“超低排放”示范工程国华舟山电厂 4 号 350MW 机组投入应用，采用“旋转电极式电除尘 +

湿式电除尘”组合，烟尘排放浓度2.46mg/m^3，优于燃气轮机组粉尘排限值，标志着我国首个燃煤电站“超低排放”工程取得成功；2015年7月，国华三河电厂300MW机组“湿式电除尘器”投入运行，粉尘排放浓度为0.41mg/m^3，刷新国际纪录。菲达实施的以低低温静电除尘器、湿式静电除尘器为核心的烟气污染物协同治理技术路线，破解了静电除尘器存在$PM_{2.5}$脱除效率低、高比电阻粉尘导致反电晕、振打引起二次扬尘等技术瓶颈，已成为国内实现燃煤电站烟气污染物“超低排放”的主流技术路线，在烟尘控制及雾霾治理方面发挥了重要作用。同时随着国家节能减排战略的实施，菲达有效降低产品自身能耗，进一步提升产品在特殊工况的应用，实现从“粗放”向“效能”转型。

通过技术创新，菲达静电除尘器业绩在国内外市场上业绩突出。2019年底菲达承建的全球单台处理烟气量最大的申能安徽平山电厂二期1350MW机组静电除尘器投入运行，标志着菲达继续抢占燃煤发电配套静电除尘技术的制高点。2020年菲达承建完成新疆天山铝业股份公司140万t电解铝配套烟气除尘脱硫EPC工程，是目前国内最大规模、最大投资额的电解铝烟气除尘脱硫EPC工程。2020年菲达承担的国投电力北疆电厂二期4号炉1000MW机组钛管烟气冷凝脱水装置移交投运，SO_3、烟尘、可溶性盐等污染物排放浓度达到天津市最新地方标准要求，为国内首个百万机组烟气有色烟羽脱除项目。在国际市场上，2018年11月，中标印度GODDA2×800MW机组配套静电除尘器工程，合同金额超2亿元人民币，创中国单台除尘器出口型号最大、成套合同额最高纪录。2019年11月印度尼西亚芝拉扎三期1000MW机组配套静电除尘器项目投入商业运行，产品运行稳定可靠，各项性能指标均优于合同值，为中国首台出口海外的1000MW机组级静电除尘器项工程。

“十三五”期间，菲达通过技术创新为煤电行业超低排放提供了坚实的技术保障，为煤电超低排放持续稳定运行做出贡献。现菲达结合在煤电行业超低排放取得的技术成果和经验，已将静电除尘器先进技术应用于钢铁、建材、有色、工业锅炉等非电行业超低排放治理工程。目前我国已经成为世界静电除尘器大国，生产、使用静电除尘器的数量均居全球首位，不仅能满足国内需求，还出口至30多个国家和地区。我国现行的排放标准已达到或超过欧、美、日等发达国家要求，菲达生产的静电除尘器制造成本、运行成本低于国外产品。

三、典型经验

（一）引领行业技术发展的创新能力

菲达建有国家认定企业技术中心、国家级工业设计中心、全国示范院士专家工作站、燃煤污染物减排国家工程实验室除尘分实验室、国家级博士后科研工作站、浙江省重点企业研究院、浙江省院士专家工作站、浙江省重点实验室，为浙江省环保装备科技创新服务平台牵头单位。菲达已承担实施国家高技术研究发展计划、国家重点研发计划、国家重大装备创新研制等国家级项目30多项，省部级科技攻关项目50多项，获国家科技进步二等奖1项、省部级科技进步一等奖13项，菲达授权的有效专利和软件著作权223项，起草已颁布实施的国家标准15项、行业标准115项和浙江制造标准2项。产品荣获“中国名牌产品”“国家自主创新产品”“国内首台套产品”“国家重点新产品”“浙江制造”等荣誉，为推动我国环保装备技术的快速发展和赶超国际先进水平做出了杰出贡献。

为进一步提升产品技术水平和质量稳定性，菲达新建一批中试和工业化热态综合试验装置，填平补齐科研仪器设备，以实现单项研发测试与综合试验验证相结合，全面提升静电除尘器综合研发能力。现菲达拥有试验仪器科研设备资产10087.97万元，拥有主要检测设备367台套，其中VDI滤料动态过滤性能测试仪（全球9台、中国4台）、TESTO烟气分析仪、静电低压冲击仪、MALVERN激光粒度仪等均为国际一流的专用试验设备，其中计量理化测试中心为国家认可委员会（CNAS）认可实验室。菲达形成了全球实验规模最大的静电除尘器热态中试研发基地，可模拟多种烟气工况开展试验研究、中试验证和性能测试。

菲达按长板做长、短板补齐原则，坚持自主创新和技术引进“两条腿”走路，进一步加强关键核心技术攻关，打造核心竞争力。菲达长期与瑞典ALSTOM、日本三菱重工、浙江大学、东北大学、上海电力学院等国内外优势企业和大院名校保持良好合作关系，通过强强联合、优势互补，不断打造适于市场竞争的核心竞争力。

（二）构建以“环保产业报国”为核心的企业文化

菲达以环境保护为使命，致力构建以“环保产业报国”为核心的企业文化体系。经过长期积淀、提炼、升华，已将环保报国理念融入员工的思想与行动中，形成了以“环境保护，造福人类”为企业使命，以“立足国内最佳，争创世界一流”为企业发展目标和以“忠诚、团结、勤奋、创新、报国”为企业精神的企业文化体系。

（三）厚积的品牌优势

菲达电除尘研究所于1981年由联合国开发计划署援建，是国内最早从事烟气污染治理的科研厂家之一，具有行业先发和厚积优势，长期承担国家和行业标准化组织牵头及秘书处工作，积极承担行业工作。以“一等品质赢得市场，一条龙服务保障市场，一流科技引领市场”的市场理念和“技术多元化、成套化和一条龙服务”的产品经营模式，构筑了行业引领者的品牌形象。先后获得“浙江省首批诚信示范企业”“浙江省政府质量奖”“全国五一劳动奖状”“全国模范职工之家”“中国区环境规划示范企业”等荣誉称号。同时，菲达担任“浙江制造”品牌促进会会长单位，发起筹建“浙江制造”产业基金，协助浙江省政府推进“浙江制造”品牌建设，推进供给侧结构性改革，组织制定出“浙江制造”等一批高水平的产品标准、制造标准。通过菲达的引领和带动，环保装备产业已发展成为诸暨市特色产业和支柱产业，先后促成“国家火炬计划环保装备特色产业基地”“浙江省环保装备科技兴贸创新基地”“浙江省现代环保装备示范园区”等落户诸暨，为地方实体经济的发展做贡献。

（四）强大而敏捷的制造体系

菲达建成了浙江省诸暨市（占地 731 亩）和盐城市（占地 300 亩）南北两大制造基地，总生产厂房面积超 25 万 m^3。菲达拥有一流的环保专用生产、检测设备以及一批具有美国、德国国际认证资格的高技能员工，先后实施了 FDMC、PLM、U8-ERP 等信息化项目，并采用菲达自行设计并委托厂家定制的方式，建成阳极板冷弯成型、阴极线自动成型焊接等 9 条智能化生产线，提高制造精度和生产效率，生产设施和制造能力处于国际先进水平，被浙江省质量协会授予“浙江省现场管理五星现场”。同时与当地 37 余家中小企业结成区域制造联盟，派驻技术、工艺、质量等专业人员，培育和孵化配套当地中小企业，形成菲达为龙头、承接国内外大项目大订单、联合中小企业协同制造模式，实现快速敏捷生产。2017 年菲达被浙江省科技厅确认为“浙江省国家科技成果转移转化示范区首批示范单位”，2019 年菲达获浙江省政府颁发的“浙江省级先进质量管理孵化基地”证书，菲达已成为行业、区域人才集聚地，在当地被称为静电除尘器的“黄埔军校”。

四、未来发展展望

立足节能环保主业，实施技术领先战略，重点深化烟尘、SO_2、NO_x 等常规污染物深度脱除技术，重点推进汞、SO_3、气溶胶等非常规污染物脱除技术，开发智慧环保岛技术服务平台，解决复合性、系统性大气治理环境问题。在静电除尘器领域，按“智能、协同、节约、安全”技术方向，融合与应用大数据、人工智能、新材料等多领域新技术，优化电源控制技术和智能化水平，开发适用于冶金、水泥、化工等非电行业及海外工况的新型除尘技术。

五、专家点评

菲达 40 多年来坚守环保主业，以环保产业报国为己任，在科技攻关、技术创新、市场引领、装备制造、海外拓展中不断彰显出引领力量，为社会、行业、企业创造了卓越的价值和贡献。

菲达强化技术创新，在行业内率先开展微细颗粒物排放控制技术研发，破解了静电除尘器难捕集 PM2.5 行业技术难题，解决行业的痛点和难点，为加快静电除尘器的升级换代，为我国燃煤烟气超低排放提供了技术装备支撑。在菲达等国内龙头企业和科研院所的共同努力下，静电除尘行业已成为我国环保产业中与国外厂商相抗衡且最具竞争力的行业之一，促进了我国由静电除尘器制造大国向静电除尘器科技强国和制造强国的转变。

中国环境保护产业协会电除尘委员会秘书长　刘学军

立足本职　提升品质　助力制造强国建设

作为全球最大的棉纺织企业，魏桥纺织股份有限公司（以下简称“魏桥纺织”）在棉纺织领域深耕 30 余年，技术和工艺国际领先，专注创新和产品质量提升，专注细分产品领域精耕细作，以实际行动积极响应国家制造业强国战略，拥有较高的国际知名度和竞争力。

一、总体情况简介

魏桥纺织是世界 500 强企业——山东魏桥创业集团控股的上市子公司，主要从事纯棉精梳纱、高支高密坯布及牛仔布的生产、销售及分销，是具有全球竞争力的棉纺织企业。魏桥纺织于 2003 年 9 月 24 日在香港联交所有限公司主板正式挂牌交易（股票代码 2698）。魏桥纺织共有邹平、魏桥、滨州、威海 4 个生产基地，技术实力雄厚。近年来建设的绿色智能一体化生产线，采用世界最先进的生产设备，并配以强大的大数据平台和先进的管理系统，实现了“生产全程智能化”“控制系统智慧化”“在线监测信息化”“制造过程绿色化”。“魏桥”牌纯棉本色纱线、纯棉本色坯布、纯棉牛仔布被中国棉纺织行业协会推荐为“最具影响力产品品牌”。“魏桥”品牌连续 17 年入选《中国 500 最具价值品牌》排行榜，2019 年、2020 年连续两年跻身世界品牌 500 强。“魏桥”牌产品作为世界著名品牌产品，以其档次高、质量好、规格全的优势，覆盖欧、美、日、韩、东南亚等 120 多个国家和地区。

二、突出优势

（一）技术优势

近年来，魏桥纺织坚持把技术创新作为转型升级的核心动力和中心环节，不断加大科技投入，加强创新平台建设和产学研合作，着力增强技术研发能力，持续推动产品结构优化升级，使企业步入创新驱动、内生增长的良性发展轨道，在激烈的市场竞争中赢得了更大的市场空间。魏桥纺织绿色智能一体化生产线项目，是公司加快新旧动能转换、推动企业转型升级、实现高质量发展的重点项目，也是继 2016 年建设的 12.5 万纱锭智能化纺纱生产线之后，建设的又一绿色智能纺纱、织布一体化项目。项目全部采用世界最先进的生产设备，并配以强大的大数据平台和先进的管理系统，实现了“生产全程智能化”“控制系统智慧化”“在线监测信息化”“制造过程绿色化”，年产高档紧密纺纱 1.5 万 t、高档面料 3500 万码。

（二）产品优势

魏桥纺织产品结构合理，主要生产两纱两布（各类纯棉纱、布，各类涤棉纱、布），包芯纱，新型纺纱类（紧密纺、赛络纺、涡流纺、段彩纱、雪花纱、棉包长丝类）及各类差别化新型纤维纱线，高支高密、弹力面料，牛仔布（常规类、弹力类、竹节类），各类大提花、小提花面料等十大类 2 万多个品种，棉纱最高纱支达到 500 支，坯布最高密度达到 1800 根，各项质量指标均处于国际先进水平，共有 200 多项创新成果获得了专利。魏桥纺织是 ISO 9001 质量管理体系、ISO 14001 环境管理体系、ISO 45001 职业健康安全管理体系和 ISO 50001 能源管理体系认证企业，出口棉纱全部达到国际 2013 乌斯特公报 5%~25% 的水平，棉布出口合格率达 100%。公司在巩固传统优势产品的基础上，以出口产品和进口替代产品为主攻对象，大力开发高技术含量、高档次、高附加值、高创汇产品，实现产品结构的高级化。

在国家纺织产品开发中心的组织下，魏桥纺织联合行业内同行开展了“抗菌纤维产业技术联盟”建设，开发的纳米银抗菌系列床品，获得了专利及新产品设计奖；与国家纺织产品开发中心合作开发的一系列面料及服装、床上用品等，充分提炼文化精髓，导入文化内涵，这些新产品大都赢得了国内外客户的青睐，满足了市场需求，创造了良好的经济效益和社会效益；纯棉 140~500 支用量少、附加值高的高支高密产品，赢得了高端客户的长期订单；开发的功能性纯纺或混纺面料，以新颖的花型、流行的色彩、时尚的工艺设计展现了魏桥牌产品的档次和设计能力，赢得了国内外高端客户群的长期合作；大力推行差别化管理，重点研发以碳纤维防静电面料等新型环保纤维、差别化纤维、功能性纤维；构思新的织物结构和性能，开发如多元混纺、交并交织织物、细支轻薄织物、新性能新功能织物；运用新型纺织技术，采用后加工新技术开发纳米技术织物等新产品，自主研发的抗菌防病毒功能面料和永久免烫整理面料，填补国内空白。成功研发升级版的单向导湿舒适面料，首创花式赛络纺蓬松纱，引领时尚潮流趋势。

（三）管理优势

魏桥纺织不断完善企业各项管理制度建设，规范各项工作的有效开展，实现企业与社会的协调发展。公司高度重视制度落实，切实做到经济效益与社会效益、短期利益与长远利益、自身发展与社会发展互相协调，实现企业与员工、企业与社会、企业与环境的和谐健康发展，逐步形成完善的管理模式。

魏桥纺织开展一系列的内部管理改革，在各工业园实施大分厂制，对管理架构进行优化组合，使管理干部更加年轻化、专业化、知识化，机构更加精简，人员更加高效，生产成本也明显降低，管理水平整体提升。强化成本管理，提速、降捻、提升效率，加强落棉管理，提高了一次性制成率，实现了低成本下的产品质量提升，提高整体毛利率。

三、典型经验

魏桥纺织的生产与研发一直以满足客户需求为导向，以市场调研为基础，建立起以客户需求为导向的市场驱动型产品开发模式。产品开发准确把握目标客户，关注客户的需求、用途、偏好和行为，将客户的个性化需求融入到产品开发的设计、生产、物流、服务和客户体验的全过程中，并激励公司各相关环节积极满足客户需求，实现与客户的价值共建。

魏桥纺织产品开发战略的三大主题：高支高密、功能和环保、特色纱线及面料。高支高密品种以纯棉高支纱和特高支纱为主，定位于高端家纺及服装面料市场；功能与环保以采用新材料、新工艺为主，定位于特殊工种、特殊领域的高端防护服，以及孕婴等特殊消费群体的功能性需求；特色纱线及面料采用特殊整理或工艺生产风格各异的纱线和面料，定位于满足下游纺织产业“高端定制”和“快时尚”趋势对产品个性化、差异化的创新需求。

魏桥纺织研发中心涵盖企业技术中心、山东省棉纺织行业技术中心、工程技术研究中心、设计中心、重点实验室等，致力于加强产学研用合作，重点开展市场需求和流行趋势研究、产品研发、技术创新、设计创意、成果转化等工作，推动企业创新发展，形成技术创新体系，并在体系中的决策、开发生产、营销等环节之间形成了一种相辅相成的良性关系，不断进行资源整合和人才队伍建设，建立起了多级产品开发体系，整合内、外部科研资源，与国内外多所大学及研究机构进行联合开发和合作，在国际处于领先水平。

在科技投入方面，魏桥纺织不断加强科技投入，每年的科技投入在销售额中所占的比例逐年递增，投入总量逐年增长，多年来，公司研发投入均超过销售收入的 3.6%，2019 年科技投入占公司销售收入的 3.71%。不断增强全员创新意识，注重加强舆论引导，大力营造“勇于创新、尊重创新、鼓励创新”的文化氛围，引领广大干部职工勇于创新，形成敢为人先、勇于竞争、鼓励成功、宽容失败的科技创新文化，强化创新意识，提高创新能力。

在发展理念方面，魏桥纺织坚持新发展理念，始终以提高质量和效益为中心，加快结构调整、转型升级，在推动高质量发展上不断迈出新步伐。企业发展取得了全方位、开创性的历史成就，为开启高质量发展新局面奠定了坚实基础。魏桥纺织产业结构持续优化，创新能力显著增强。围绕产业链部署创新链、资金链、人才链，不断加大技术研发投入，深化产学研合作，分别设立了院士工作站、院士研究院、博士后科研工作站、山东省制造业创新中心、魏桥国科研究院，打造了高层次的创新平台。智能制造深入推进，数字化车间和智能工厂逐步完善。魏桥纺织生态文明建设力度空前，绿色制造水平显著提升。围绕构建资源节约、环境友好、绿色生态型企业，综合采取结构调整、技术进步及资源综合利用等措施，加快推进绿色制造工程，单位能耗持续下降。

在经营方面，魏桥纺织倡导诚信经营。制定完善质量控制体系和标准，确保从原料到生产全过程的监控和检测。强化质量意识，持续质量攻关，并设立售后服务部门、制定售后服务管理制度，为客户提供高质量、高效率的产品和服务。深化诚信教育，提升诚信高度，严谨对合同管理的制度，严守对金融机构的承诺，严细对供应商的合作，严惩对违法乱纪的袒护，严究对销售产品的监督，严促对消费者的服务。

在产业协同方面，魏桥纺织与国家纺织产品开发中心、中国纺织工程学会以及东华大学、青岛大学、武汉纺织大学等各纺织专业院校或科研机构开展广泛合作，开展市场需求和流行趋势研究、产品研发、技术创新、设计创意、成果转化、人才培养等工作，提升企业创新能力，推动产品结构优化升级。坚持走开放式、联合式的合作创新之路，以引进消化吸收再创新为科技创新着力点，充分利用国内外两种资源，采取走出去、引进来和本土化相结合的方式，进一步扩大和深化国际国内的科技交流与合作，通过更高层级、更高起点上的嫁接，实现引进技术改造型再创新，引进设备工艺型再创新，引进人才发明型再创新。魏桥纺织充分发挥龙头带动作用，大力开展双招双引，区域布局不断优化，各地特色产业集群加快发展壮大，带动滨州传统产业转型升级、新兴产业培育壮大、各类产业跨界融合，助力滨州打造世界高端纺织家纺服装产业基地。

在质量管理方面，魏桥纺织围绕产品质量的不断提升，全面推行 ISO 9001 质量管理体系，全面提高企业质量管理效率和能力，同时积极推行全面质量管理、5S 管理和 QC 小组活动，使企业获得较强的质量控制和质量保障能力，巩固了产品质量，提升管理能力。魏桥纺织在强化质量意识和全面质量管理的基础上，全面贯彻执行 ISO 9001 质量管理体系，并对原有的管理模式和管理方法进行有机整合，把“一票否决，两个不准，三不放过”的管理办法进一步细化，使每一位员工都全力以赴地承担起相应的责任，从原料购进、贮运直到产品生产层层把关，强化提升管理能力，注重过程质量管控，确保了用户对产品质量的要求。

在品牌管理方面，魏桥纺织积极推行名牌战略，将人才优势、资金优势、技术优势向品牌集中，坚持走质量效益型的名牌发展之路，有力地带动了企业的快速健康发展。在实施名牌战略的过程中，一手抓基础管理，一手抓科技创新，走出了一条高效务实的品牌发展之路，使魏桥品牌在国内外市场的知名度和美誉度不断提升。“魏桥”品牌连续 17 年入选《中国 500 最具价值品牌》排行榜，2019 年成功跻身世界品牌 500 强。

四、未来发展展望

在百年变局之中，魏桥纺织将以崇高的使命感和强烈的责任感，不忘产业报国初心，牢记强国富民使命，进一步坚定信念，以恒心办恒业，主动为国担当、为国分忧，围绕以国内大循环为主体、国内国际双循环相互促进的新发展格局，深入融入制造强国建设，努力建设具有全球竞争力的世界一流企业，为纺织行业的高质量发展多作贡献！

五、专家点评

多年来，魏桥纺织一直是纺织行业的一面旗帜，无论是规模还是经济效益，一直都处于行业领先地位。这得益于始终坚持把技术创新作为转型升级的核心动力和中心环节，不断加大科技投入，加强创新平台建设和产学研合作，持续推动产业产品结构优化升级。这也为整个纺织行业的发展带来借鉴意义。国家提出了制造业强国的伟大战略，在新形势下，希望魏桥纺织乘势而上，用科技赋能产业链再造和价值链提升，努力打造更高水平、更高质量、可持续发展的制造企业，为纺织行业高质量发展作出新的更大贡献。

心心在一艺
康斯特深耕仪表细分领域二十载

一、总体情况简介

北京康斯特仪表科技股份有限公司（以下简称“康斯特”）自成立以来始终从事压力、温度校验仪器仪表的研发、生产、销售和服务。经过十年艰苦创业，2008 年康斯特在新三板挂牌，并在 2011 年在美国洛杉矶成立全资子公司，2015 年在深交所创业板 IPO，2016 年数字压力校验装置智能制造项目入选工业和信息化部智能制造试点示范项目，2017 年荣膺中国智能制造百强企业称号。康斯特是亚洲规模最大的压力校验装置生产企业，主要竞争对手是美国 FLUKE 公司和 GE 公司。康斯特研制的现场全自动压力校验仪 ConST811 和手持全自动压力校验仪 ConST810 等产品技术水平已经处于世界领先水平，完全取代进口产品并畅销欧美国家。

二、突出优势

康斯特专注于为全球用户提供压力、温度及过程仪表的校准及检测技术专业解决方案。以极致创新为根本、极致品质为目标、极致交付为通道、极致服务为导向，通过人才、技术、市场、制造、产业链等优势，成为具有国际独特地位的高端校准及检测产业集团。

（一）厚植技术优势人才，不断激发人才活力

康斯特注重技术优势，拥有强大的研发实力和专业研发团队，专职研发人员的占比约为 40%，技术实力得到国家相关技术主管部门认可，其中有两名科技人员分别被聘请为国家压力计量技术委员会委员、国家温度计量技术委员会委员与全国工业过程测量和控制标准化技术委员会委员。康斯特参与起草多项国家检定规程、校准规范与国家标准、行业标准。凭借先进的技术和优秀的品质，“ConST811 现场全自动压力校验仪”这一产品获得客户的高度认可，在同类产品中具有很高的市场占有率和知名度，被中国仪器仪表学会授予科技创新奖。

（二）全球布局，24h 快速响应

康斯特以市场为导向，加强国内外营销体系的建设与完善；构建了以北京总部、洛杉矶全资子公司、犹他州分部、欧洲分部为中心的全球 24h 快速服务体系，满足市场多样化需求。在国际市场，通过洛杉矶全资子公司以点带面，结合高端产品的技术优势，完善经销商体系；在国内市场，以优势产品及整体解决方案为依托，增强用户的黏性，挖掘新兴市场的潜力，巩固市场领导地位。

（三）智能制造转型，工业互联创新发展

围绕“制造”向“智造”转型升级的发展需求，康斯特积极推动价值链的数字化和网络化转型，推进数字信息化平台的建设。继 2016 年成为工业和信息化部全国智能制造试点，2017 年又承担北京经信委高精尖产业发展重点支撑项目专项项目——“数字压力检测仪表数字化车间项目”。

康斯特已组建了专业的信息化智造团队，并初步完成智能化的加工中心、数字化组装中心和发货中心的建设。在生产过程中生产信息可视化，将生产周期或材料耗损数据进行收集筛选后发送到云端进行存储、分析与预测，通过备货系统进行订单自动分单，有效减少了制成品库存，为公司的下一步生产规划提供了坚实的基础；精益管理也降低了作为计量标准的产品生产周期，通过自主开发的计量管理系统将不同量程、不同精度的产品测试需求智能优化，充分带动了高附加值产品的导入速度；同时工艺检测技术应用的商业化，也促进了公司产品性能的整体提升。

康斯特数字化车间

（四）自主研发传感器，完善产业生态链布局

传感器的评价与测试是康斯特的核心工艺技术，也是实现传感器项目商业化的基础。在传感器产业的发展趋势中，集成化、微型化的高精度传感器仍将是稀缺资源，可靠性则是制约传感器发展的瓶颈。为响应国家深化供给侧改革

的号召，加快推进科技体制改革，促进高技术含量、高附加值产业的发展，康斯特在积累了一系列的压力传感器相关检测、筛选工艺技术及数据后，通过拟建传感器生产项目、全资子公司 Additel 参股 Superior Sensor 公司，积极构建产业生态链、向上延伸高附加值的传感器环节，提升自身核心竞争力，培育未来业绩增长点，以应对更加广阔的工业 4.0、智能汽车、生物医疗、智慧城市等新兴市场。

（五）加大自主知识产权研发力度，储备相关领域的技术和研发经验

康斯特于 2015 年成立了北京康斯特仪表科技股份有限公司检测技术研究院（以下简称“研究院”），是北京市级企业研发机构。研发费用营收占比接近 20%，拥有原值近千万的仪器设备，研究院使用面积近 2000m^2。研究院先后建成了压力实验室、电学实验室、长度实验室、环境实验室、电磁兼容实验室等，研制了数字压力校验仪、现场全自动压力校验仪、压力校验器、压力控制器、过程校验仪等性能优异的产品。

康斯特目前拥有 21 项发明专利，多项国际发明专利，其中欧洲专利 4 项，并在英国、德国生效，美国专利 4 项，在保护期内知识产权近 200 项。康斯特对这些知识产权拥有 100% 的权利，而且已经成功转化为产品并实现产业化。

康斯特电波暗室

三、典型经验

（一）传承企业内涵，铸造品牌核心价值

康斯特的企业内涵由愿景、使命、价值观三位一体构成。愿景是在全球范

围内，成为最受客户和同行尊敬的企业；使命是专注高品质仪表行业，助力社会进步；价值观是为客户创造价值，以奋斗者为本，持续创新，追求卓越。康斯特自发自觉形成了以“和谐、创新、学习、质量、效率”为核心的“企业十大文化”。其中，“和谐文化”是康斯特发展的压舱石，“质量文化”是康斯特发展的基础，“学习文化”是康斯特茁壮成长的保证，而“创新文化”与“效率文化”则是康斯特发展的核心竞争力。

康斯特始终以“让检测更轻松”为核心理念，深耕仪表检测行业，战略定位是成为世界一流的高端仪器仪表公司，品牌的核心价值是为顾客提供高效便捷的体验感受。康斯特先后注册了“ConST”“恒矩检测”与“Additel”等多个品牌，经过20年不懈努力和奋斗，在国内外均培育了良好的知名度与影响力。消费者对康斯特的认可，不仅为消费者提供了良好的使用体验，也带来了可观的经济效益与社会效益。

（二）严格把控产品质量，支撑核心竞争优势

质量是核心竞争力。康斯特在品质管理上一向十分严苛，于2004年首次通过GB/T 19001质量管理体系认证，至今已有17年。在逐步改进和完善的过程中，康斯特的质量管理已由最初单纯的产品质量检验逐步转变到全面质量控制阶段。无论是从研发立项到大批量生产，还是从基层员工到高层领导，康斯特都秉持着精益求精的工匠精神和一丝不苟的工作作风，从质量管理体系、质量管理部门、质量标准、质量运行和改进等多方面严把质量关，确保“6S”质量管理意识扎根于康斯特全体员工的心中。

康斯特始终将产品的全面质量控制放在第一位，采取高层策划、基层执行、中层检查和处理的策略，从市场的需求出发，研发设计满足顾客需求的高质量产品，严格控制产品设计过程、生产过程，加强各过程中的监察力度，提高销售服务质量，最终打造满足客户需求的ConST品牌。康斯特的压力校验产品先后通过了欧盟CE认证，北美CSA认证；数字压力表通过了国际ATEX本安防爆认证、DNV船级社认证。以康斯特部分产品为例，生产环节要经过60多道工艺，在测试环节，康斯特自主设计了大量自动化工艺设备，确保核心工艺参数的稳定性与准确度。

（三）加大研发投入力度，提高科技创新能力

持之以恒谋创新。康斯特实施差异化创新战略，聚焦仪器仪表产业，围绕数字型校准检测领域，研发部署传感器，构建核心共性协同平台，重塑行业价值链。20年来康斯特始终专注于压力检测和温度校准领域前沿技术产品的研发制造，逐年加大研发投入并加强高附加值产品的研发创新，积极提升产品的极致品质及数量，提高自身的科技创新能力，在高端数字压力及温度检测产品方面，正逐渐引领行业的发展趋势。

（四）打造绿色花园工厂，践行企业社会责任

勇于担当社会责任。作为国内仪表行业知名企业，康斯特积极响应国家号召，将企业社会责任上升到战略高度，更将环境保护视为重要使命，积极实施绿色发展战略。康斯特新建项目位于北京延庆产业园区内，以节能、低碳、无污染的智能仪表产业园为目标，确保绿色节能、低碳环保。目前生产环节主要在不锈钢等合金材料智能制造过程产生能源消耗，所需能源主要为电力和自来水。由于康斯特已经完成数字化车间改造，其能源利用率较普通车间提高 20% 以上。以 2017 年为例，公司全年用电量为 77 万 kW · h，相当于 94.66t 标准煤，全年用水量为 2435m^3，产值为 22317 万元，2017 年万元工业产值能耗为 0.0042t 标准煤 / 万元、万元工业取水量为 0.11m^3/ 万元，万元工业产值能耗和万元工业取水量远低于北京市工业能耗水耗指导指标。

四、未来发展展望

随着国内结构调整的深入，2021 年是国内支柱性产业调整的重要时间节点，康斯特将以此为契机，深入挖掘战略新兴产业，对接飞机制造、高铁装备、核电装备、特高压输变电等现代制造业；进一步巩固优势区域及优势行业的市场占有率，推进大客户战略和重点项目的突破，迎接新工业经济时代。

在国际市场方面，康斯特将继续以美国子公司 Additel 为中心向国际市场辐射影响力，加强品牌建设与市场活动，大力开拓美国、欧洲市场，在日本、新加坡、澳大利亚等地区扩展代理商层级，加速构建一个可以触及全球 90% 区域的销售体系，继续塑造国际知名品牌。

未来，康斯特将以成为世界第一的数字压力检测仪表企业为目标不懈努力，致力于为全球的广大用户提供专业的压力、温度校准解决方案，不断为用户创造更大的价值！

五、专家点评

康斯特秉承着要将“命脉”牢牢把握在自己手里的原则，自主创新、攻坚克难，继续走中国特色、独立自主的仪器仪表发展之路。

“康斯特的智能制造和自主研发之路具有示范性。”作为制造企业，更要弘扬工匠精神，追求精益求精，生产更多有创意、品质优、受群众欢迎的产品，坚决淘汰不达标产品，提振消费者对“中国制造”的信心，支撑制造业提质增效、提升国际竞争力。

希望康斯特继续发挥龙头优势，更好地发挥引领作用的同时，提升计量校准的科学性和规范化水平，推进计量校准服务在保证量值准确可靠、测量结果的计量溯源性水平提升上发挥更大的作用。不断创新，为计量事业的发展作出贡献。

深耕压缩机产业　打造世界的华翔

华翔总部产业基地

一、总体情况简介

山西华翔集团股份有限公司（以下简称“华翔”），注册资金42500万元，总部位于山西临汾经济开发区，集团在广东、湖北、山西等地设有子公司7家，是一家混合所有制大型高新技术企业，于2020年9月17日在上海证券交易所主板上市。

华翔拥有成熟的迪砂垂直分型、水平分型、真空负压造型（V法）、树脂砂等铸造和精密加工工艺，专注聚焦白色家电、汽车、工程机械、电力、高铁等领域，形成了年产2亿件机加工产品、35万t精密铸件的生产能力，是2018年工业和信息化部认定的制造业单项冠军示范企业。

二、突出优势

（一）技术先进性

华翔积极推进产业升级并拓展新领域、新产品、新工艺，依托华翔在精密铸造领域的丰富经验，围绕铸造业智能化、绿色化、高效化的发展趋势，大力发展面向铸造行业增材制造技术，基于3D打印、智能数控、快速铸造、“互联网+”协同制造等新技术，发展智能铸造、绿色铸造。华翔在提升自身铸造产品品质及市场竞争力的同时，也服务于全行业转型升级，提供面向铸造行业增材制造的设备、材料、工艺技术及整体解决方案，推动传统铸造行业生产方式的变革，并以此作为华翔新的战略方向和未来发展的重要增长点，由精密铸造及机加工零部件企业向增材制造、高端装备制造以及制造业服务化企业转变。

目前，华翔正在向全球的白色家电企业供应压缩机零部件，包括美的、格力等国内一流家电企业以及恩布拉科、青岛瑞智等全球知名企业。2020年，华翔生产的各类压缩机零部件约占全球制冷压缩机零部件细分领域市场的23%。

（二）产品质量

华翔始终贯彻“产品质量是企业之魂”的质量战略，制定了全套生产和质量管理制度指导作业，建立了完整的品质管理体系，实现产品生产全过程的程序化、流程化、精细化管理，并严格按照相应的检验标准进行质量控制，先后通过了 ISO 9001：2015 质量管理体系、ISO 14001：2015 环境管理体系、ISO 45001：2018 职业健康安全管理体系、T/CFA 0303-01—2017 质量管理体系铸造企业认证要求以及 IATF 16949：2016 汽车行业质量管理体系等认证。华翔良好的产品质量为赢得客户信任、建立长期稳定的合作关系奠定了重要基础。

压缩机被称为制冷系统的“心脏”，是将低压气体提升为高压气体的从动流体机械。压缩机零部件的质量决定了制冷设备的寿命周期，制造高品质压缩机零部件是保证白色家电迈向高端制造的基础。华翔压缩机零部件主要以迪砂垂直工艺为主，有国内规模最大的垂直铸造工厂，技术水平处于全球一流地位。目前，产品成品率达 95%，已实现大批量、高质量生产。

案例：2017 年，广东家电巨头万宝收购意大利家电龙头 ACC，但是，压缩机零部件一直无法通过意大利的质检，在引入华翔压缩机零部件产品后，实现一次性全部合格，见证了华翔压缩机的过硬质量，更是华翔专业、专注的高质量发展成果。

三、典型经验

（一）技术创新

华翔自 1999 年成立之初，率先从日本全面引入 V 法铸造工艺，发展精密铸造；2006 年华翔围绕我国家电行业核心零部件国产化，突破了家电压缩机核心零部件的多项关键批量化生产技术，产品质量、成品率超过同类外企与合资企业，成为格力、美的等家电企业战略合作伙伴，有效促进了我国空调、冰箱压缩机核心零部件的国产化；2013 年华翔布局汽车零部件行业，通过多年的技术研发，实现产能、技术、质量的突破，有力促进了国内中高端汽车零部件的国产化，并成为奔驰汽车零部件的供应商；2018 年华翔进一步推进技术装备升级，实施“材料成型工业自动化及信息化技术改造项目”和“‘互联网+’协同制造机加工智能化工厂升级建设项目”，全面提升了企业自动化、绿色化、信息化的发展水平。

（二）管理能力

华翔始终坚持从精益管理、QC管理和人才管理三个方面推进管理创新。在生产经营中，对标国际先进企业，先后引入了精益管理、看板管理、6S管理、全面质量管理（TQM）等日本和美国等国家的先进管理模式、理念，建立并完善了生产和质量等管理体系，建立了战略管理、人力资源管理、财务管理、采购管理、营销管理、资产管理、投资管理、项目管理等现代企业经营管理制度。

1. 精益管理

华翔建立健全完整的精益管理（HBS）体系。聘请精益咨询专业机构，并在内部设置精益管理专属职能部门，通过实施“战略部署”“VSM价值流绘图”“QC全员自主改善”及“TPM全员自主维护保养”等精益项目，对工艺流程、品质控制、日常生产管理等方面不断进行改善优化。目前，已成功转化精益标准化工具16项，完成可复制、可推广的精益改善重点项目逾129个。塑造了精益化管理（HBS）体系，提高了企业核心竞争力。

2. QC管理（质量控制）

华翔在生产经营中始终贯彻“持续改善”的理念，通过大力实施QC管理，开展形式多样的提质增效活动，引导员工积极参与产品质量改进提升，让制造精品成为每个员工的自觉追求。

3. 人才管理

华翔在发展中始终坚持高起点，走人才引领发展道路，已形成一支专业结构与年龄结构合理、富有创新精神与创造能力的高水平创新团队，研发人员达到372人，其中高级专家29人，享受政府津贴的专家9人；实施人才驱动战略，积极引进国内外高端人才，累计引进外部精英67人，其中外籍专家9人，推动企业转型升级。

华翔同时与华中科技大学、湖北工业大学、太原理工大学等院校建立了长期稳定的合作关系，通过产学研相结合，发挥各自优势，积极开展相关领域的技术研发、成果转化及人才培养。

（三）企业文化

华翔始终坚持以文化的力量打造企业向心力、战斗力和竞争力，进而推动企业持续健康发展，概括为“亲情文化”和“学习型文化”。

1. 亲情文化

（1）爱心捐助

坚定“以人为本”信念，华翔积极以实际行动关爱员工的工作、生活和职业发展，同时积极承担社会责任，设立“华翔爱心互助基金”，对困难员工在医疗、住房、子女教育等方面进行支持，帮助员工渡过难关，解决实际问题，得到了全体员工的一致认可和拥护。

（2）扶贫扶智

华翔依托主导产业，根植发展基因，激活发展动力，促进贫困区域协同发展。并根据现有条件，着力将自身打造成为吸纳下岗劳动力、贫困劳动力的就业基地，以就业扶贫、技能扶贫为核心，积极为下岗职工、农村贫困劳动力提供就业岗位，并进行各类知识技能培训，面向扶贫第一线推出“华翔精准扶贫大讲堂”。截至目前，累计招收各类下岗职工1200余名，招收社会农民工就业3000余名，有效地促进了地方社会的稳定发展。

2. 学习型文化

（1）职业技能培训

华翔一直把提高员工职业技能当作企业发展的“秘密武器”，制定了员工职业技能培训条例，借鉴日本丰田道场培训模式，聘请韩国技术专家当校长，在企业内部建立了“华翔奋进学校”职业技能培训机构。华翔奋进学校成立以来，通过采取岗前培训、学徒培训、在岗培训、脱产培训、业务研修、岗位练兵、技术比武、技能竞赛等方式，培养了拥有熟练职业技能的技工队伍，让更多的年轻人成为“能工巧匠”。

（2）工匠精神，师徒传承

华翔坚持师徒传承，弘扬工匠精神，注重“手把手”“一对一”的言传身教，将传统技艺的传授和“工匠精神”的养成融入华翔的文化体系之中。华翔用工匠文化培养人们的工匠习惯，再把工匠习惯上升为工匠精神，让工匠精神成为引领员工的风向标。

（四）质量品牌

目前华翔对自主商标“华翔”和“huaxiang”进行了注册保护和大力宣传。通过多种形式了解和探索国内市场需求，制定科学的营销策略。下大力气实行品牌区域化管理，借助品牌优势，增加产品国内市场占有率。紧密围绕公司现有核心业务，进一步提高公司专业化经营管理水平和制造能力、丰富产品线、顺应市场发展趋势，从而有利于提升公司的综合实力。

（五）产业协同

华翔经过多年深耕主业，与上、下游细分领域企业建立了长期稳定的战略合作，积累了丰富的产业链协同经验，充分发挥与战略合作伙伴的协同优势，与产业链上下游企业“共建共研共享”，合作进行工艺提升、技术改进和产品开发。

在上游产业链方面，华翔与DISA技术咨询公司、Norway Elkem公司、埃肯碳素等设备及原材料供应商深入合作，通过定期现场跟踪、设计优化以提高供应商工艺与公司产品之间的匹配度，提升现有产品竞争力，抢占新产品先发优势；在下游产业链方面，华翔与格力电器、美的集团、恩布拉科、丰田集团、大陆集团等行业龙头企业在各产业领域进行技术合作，通过建立项目制研发团队，准确进行产品开发、模具研发和项目规划，降低新产品研发风险，提升产品与终端应用领域的契合度。对于重点客户，华翔安排技术人员常驻项目，及时跟进下游生产应用、反馈品质情况，与客户在技术研发、质量管理上形成统一标准，提升品质管理体系，保证了持续的竞争优势。

（六）国际化发展

随着华翔出口业务的逐年增加，为最大限度地满足市场需求并优化现有产品供应链，华翔针对性地做了一系列战略规划，针对不同区域的海外市场，逐步将所有客户延长供应链，做到门到门服务，同时客户周边配套建立仓储发运修理等售后机构和人员，最大程度地提升客户满意度，提升华翔核心竞争力。目前已运营以及建设中的海外营销体系（海外公司、办事处、仓库以及配套售后服务等）有美国区域（运营中）、意大利区域（运营中）、芬兰区域（运营中）、德国/法国区域（建设中）、荷兰分公司（筹备中）、日本分公司（筹备中）和泰国分公司（筹备中）。

四、未来发展展望

（一）改革与创新

持续推动体制转型创新。在“双创模式”“精益生产模式”的基础上，营造创新生态，培育创新文化，推动体制创新，适应华翔高速发展下的转变，为其提供有力的制度保障，为转型发展铺路。

（二）新技术

一是通过技术改造，向工业自动化、智能制造工厂转型。通过对传统制造模式进行综合性的技术改造，机器人及视觉集成应用、自动质量检测、车间物联网、RFID 技术应用等，实现材料造型自动化，在机加工领域全面迈向智能制造。二是由传统制造持续向绿色制造转型。从供应链循环利用、工艺与集约化、发展高质量产品三个方面进行推进，取得新的成效。三是华翔将加快推进 3D 打印的产业应用。

（三）新材料

2017 年华翔开始布局有色金属，在钛、锆、镍、钼等方面正在全面布局，打造优势产业集群，大力发展战略性新兴产业，建设现代化国家级高端制造示范基地。

聚合优势精耕细作　打造冠军企业

一、总体情况简介

瑞声光电科技（常州）有限公司（以下简称“瑞声科技”）成立于1993年，是享誉全球的精密制造龙头企业，也是工业和信息化部认定的“三料”（微型声学 / 触觉反馈 /MEMS 麦克风）制造业单项冠军示范企业。2005 年在香港上市，2019 年营收达 179 亿元，是《财富》中国 500 强及中国制造业 500 强企业。

瑞声科技坚持创新驱动的发展策略，每年研发投入占营业收入的 10% 以上，研发中心分布在全球 20 多个国家和地区。瑞声科技在微型声学、精密光学、电磁传动、MEMS 传感器等领域拥有自主核心技术，已申请专利超过 12000 项。在声学领域，全球超过 90% 的智能旗舰手机的声学方案来自瑞声科技；在光学领域，拥有全球独家的 WLG 晶圆级玻璃镜片技术，是全球三大镜头供应商之一；在电磁传动领域，诞生了全球第一颗 X 轴触控产品，也是全球最大的 X 轴触控产品提供商；在 MEMS 传感器领域，首次真正实现从电路设计、晶圆制造、芯片封测、器件封装的全产业链国产化。

瑞声科技生产技术力量雄厚，主要生产设备和检测仪器达到行业内一流技术水平。已建立“江苏省电声元器件工程技术研究中心”“江苏省企业技术中心”“江苏省工业设计中心”、深圳市企业技术中心、深圳市微型声学传感器技术工程实验室等平台。凭借强大的科技研发能力、高水平的成果转化能力，瑞声科技先后获得深圳市、广东省和国家知识产权优势企业等荣誉，江苏省企业技术创新奖、国家专利优秀奖和国家科技技术进步奖。

二、突出优势

（一）技术先进性

瑞声科技致力于自主研发，每年的研发投入都达到当年营业收入的 10% 以上，近年每年研发投入总额接近 20 亿元。强大的研发投入保证了高密度的研发产出，每年新申请专利 3000 项以上，且大部分为发明专利。公司创新地将研发中心分为三层：基础研究、产品研究、工艺研究，并配备了完善的软硬件设施，拥有GP分析实验室、声学测试实验室、车载音频实验室、Klippel、B&K和LISTEN测试系统等先进的研发设施和检测设备；配备有专业的电磁仿真软件：Comsol Multiphysics电磁模块；齐全的铁磁实验测量设备，能够分析软磁的完整磁化曲线、硬磁的剩磁及矫顽力性质。国际一流完善的软硬件研发、测试、检测、制造平台为企业高水平的研发、高质量的制造提供了强有力的保障基础。

1. SLS超线性结构扬声器，实现准HiFi音效

国际领先的新一代经典级SLS超线性扬声器，革新了微型扬声器的业界标准。该技术通过创新性的双支撑结构，采用自主开发的全新振膜材料，彻底改变了微型扬声器的设计理念及结构设计，配合自主开发的失真消除算法，失真进一步降低，并不断逼近高保真音响器件的水平。目前SLS超线性结构扬声器已经广泛地应用于全球主流手机品牌的高端旗舰机型，市场占有率达30%以上，并且搭载最新的SLS超线性结构扬声器的某全球性手机品牌的旗舰手机，其外放音效在DXO的评分中，得分高居第一名。

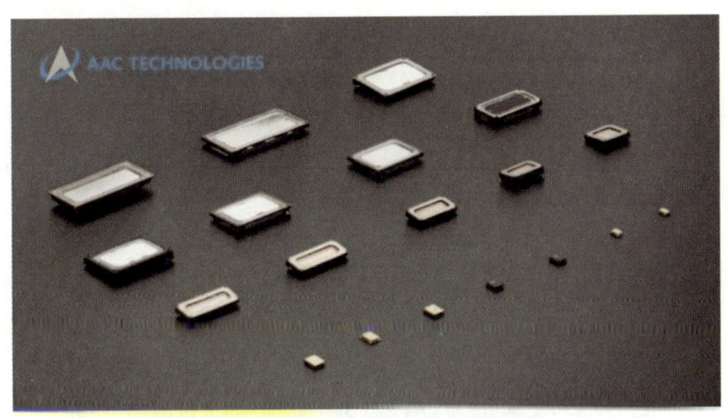

瑞声科技SLS超线性结构扬声器产品

2. 横向线性触控马达，提供更细腻的触感

全球第一颗X轴线性触控马达诞生于瑞声科技。在手机进入全面屏虚拟触控时代，公司的横向线性触控马达极大地提升了终端用户的使用体验和丰富了终端产品的使用场景，相比传统马达，不仅在启停速度、响应时间、噪声、振动量等方面具有全面的领先优势，而且具有极强的可塑性，可以根据算法提供无级振感反馈并模拟高达150种应用场景，带来不同的振感效果。

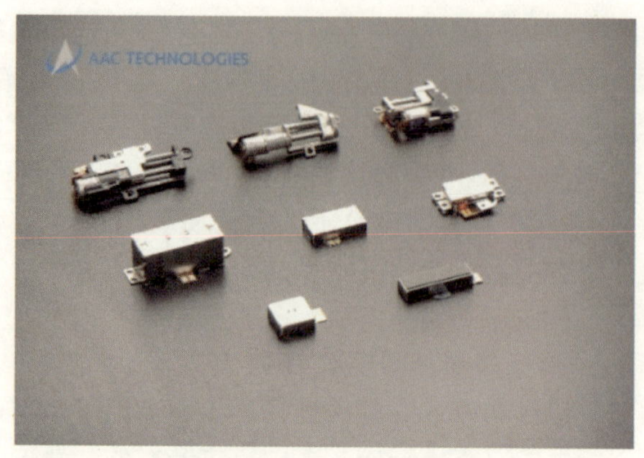

瑞声科技横向线性马达产品

3. 完全自主的高性能 MEMS 麦克风，填补国内空白

瑞声科技是我国最早开展 MEMS 半导体麦克风研发与生产的企业之一，掌握了从电路设计、晶圆制造、芯片封测到器件封装的全流程核心技术，实现了 MEMS 麦克风产业链核心技术自主国产化。2014 年瑞声科技承担了工业和信息化部工业强基工程“单芯片 MEMS 声传感器”项目，该项目产品技术性能指标被专家组一致评为国际先进、国内领先水平，意味着我国 MEMS 麦克风产业正式进入全球头部行列；2020 年瑞声科技推出国内首颗自主研发设计、信噪比高达 70dB、综合性能达到国际一流的 MEMS 麦克风芯片，不仅实现了我国高端 MEMS 半导体麦克风芯片的完全国产化，更是打破国外对高端 MEMS 半导体芯片的垄断、填补了我国在该领域的空白。

瑞声科技 MEMS 半导体麦克风芯片产品

（二）产品质量

作为全球领先智能设备解决方案供应商，瑞声科技致力跟随专注研发的发展蓝图，为客户提供质量卓越的产品。牢固树立“质量为先”的理念，秉承“基于预防、持续改善、达到零缺陷”的质量方针，将质量绩效与管理者、员工绩效考核结合在一起，从单独的质量体系管理发展为集质量、研发、生产、产品、检测、安全、环境、测量、能源、两化融合等多种管理体系相整合的大质量管理体系。

为达至零缺陷，通过自动化生产、大数据管理、六西格玛流程以及加强内审，将质量管理体系提升至更高水平。所有生产厂房获得 ISO 9001：2015 质量管理体系认证，而位于中国的生产厂房则获得 QC 080000 的认证，确保产品质量符合国际标准。

在大数据管理和自动化生产的支持下，瑞声科技建立质量数据管理系统（QDMS）和编制管理方法，以指导自动化设备的项目调研、制作和验收等步骤，从而促进瑞声科技由手动作业到智能制造的转型。

对关键过程“采购供应链管理过程、产品质量先期策划过程、产品过程质量管理过程、销售市场管理过程”四大过程进行流程优化，制定和完善了公司级关键质量目标，并层层分解到各岗位。实现从原料采购到成品交付的全过程质量管控。通过深入推进卓越绩效管理模式，不断持续提升产品和服务质量，提升企业经营质量，从而赢得用户和市场。

三、典型经验

（一）坚定不移聚焦主业，专注细分领域谋发展

瑞声科技成立 28 年来，一门心思做强主业，建立在各细分领域的优势。一是虽然拥有手机整机制造能力，却坚持只做元件不做终端产品。目前，三星、华为等 25 个全球主要消费电子品牌，均成为瑞声科技的长期客户。二是坚持只做技术门槛高、附加值高的微型元件，提升盈利水平。瑞声科技只做微型声学、光学、触控、RF 等超精密元件，在这些细分领域均做到全球市场占有率第 [illegible]。

（二）持续加大研发投入，不断提升核心竞争力

瑞声科技从成立之初就确立了技术领先的竞争策略。一是持续开展核心技术研发。先后与斯坦福大学、普渡大学、新加坡国立半导体研究院、南京大学等开展产学研合作，已在全球建立了 20 个研发中心，拥有超过 4300 名研发人员，在相关细分领域掌握超过 12000 余件核心专利，其中发明专利占比达到 50% 以上；二是不断向产业链上下游延伸。瑞声科技在电磁、光学等领域打造最先进的通用技术平台，并以此进入微型声学、触控马达、镜片和 3D 玻璃等细分市场，实现了技术的集约利用和高度整合，大幅降低了细分领域的研发成本，还将研发延伸到新材料、固态电池、精密装备等多个相关前沿领域，提前

做好 5~8 年的技术储备。

（三）实施研发制造同步，实现“双轮驱动”发展

瑞声科技是行业中少有的可实现自主研发、自研装备、自动化生产、全流程一体化的高科技研发 + 制造企业。一是自主研发自动化核心装备。为了摆脱核心装备受制于人的被动局面，瑞声科技通过自主研发具备了自动化装备的二次改装能力，自主研发的多套核心自动化装备，在生产效率和精度等参数上超过国际同类装备水平，装备的通用性也进一步增强，得以迅速跟上快速变化的产品和技术需求，大幅降低装备投入成本；二是注重制造“效率 + 良率”，提升企业生产标准化、数字化水平。

（四）加快全球战略布局，实现最大效能提升

一是在研发方面，更注重“外脑”与“内脑”的结合。瑞声科技持续关注国际尖端的技术发展趋势，加大国外科研人才与国内研发团队的协同，保证公司在业内始终处于领先地位；二是在生产制造方面，充分发挥国内、国际的比较优势。瑞声科技制造基地分布国内华东、华南、东北地区及全球“一带一路”沿线地区，将高附加值、机器人生产为主的价值链高端部分放在国内，将附加值较低、依靠人手较多的简单装配转移至东南亚等劳动力密集地区，将对工人技术水平要求高、贴近研发支持的部分安排在东欧地区。

四、未来发展展望

瑞声科技自成立以来，树立了以创新驱动发展，用科技助力用户感知美好体验的发展使命，通过极致的技术创新、创造极致的用户体验，成为具备全球领导力和体验方案引领能力的多元价值创造型企业。展望未来，瑞声科技将持续创新应对市场挑战，针对智能手机、智能驾驶、机器人、IOT、TWS、AR/VR/MR 等需求强劲的未来产业方向，专注突破技术门槛高、业务难度大的领域，在巩固微型声学、电磁传动、精密结构件等领域冠军地位的同时，大力发展光学、新材料、MEMS 以及超精密自动化装备，沿产业链上下游进行拓展，形成电子信息产业核心器件产业集群。

五、专家点评

该企业是全球声学领域的龙头企业，也是全球精密元件产业链的风向标，坚持 20 多年的自主创新研发，用“瑞声奇迹”走出了一条迈向全球价值链中高端的先进制造发展之路。

南京大学教授、博士生导师　卢晶

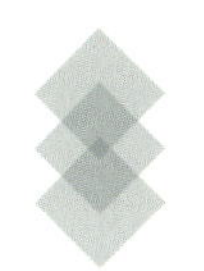

坚持创新驱动　引领行业发展

一、总体情况简介

江苏丰东热技术有限公司（以下简称“丰东”）是国内最大的热处理装备制造及连锁加工服务企业。公司产品线覆盖面广，涉及可控气氛热处理炉、真空炉、感应炉、等离子炉和大型非标工业炉，是全球热处理行业产品及服务领域最广的企业，产品及服务遍布航空航天、军工、汽车、工程机械、轨道交通、新能源和标准件等行业；产品定位高端，大量填补国内空白及替代进口，已批量出口至欧美、俄罗斯、南美和东南亚各国，同时丰东在北京、上海、广州等地成立了 20 家子公司，提供热处理加工连锁服务，以满足客户高质量的要求。丰东主营产品可控气氛热处理炉，成功上榜工业和信息化部制造业单项冠军示范企业，实现了盐城国家级制造业“单项冠军”零的突破。作为目前我国热处理行业唯一主板上市企业，丰东已形成热处理设备制造和热处理加工服务业务相互补充、相互促进的业务发展格局，两个板块均居全国第一。

丰东厂区全景

二、突出优势

丰东是中国热处理行业协会副理事长单位、全国热处理标准化技术委员会副主任委员单位和中国机械工程学会热处理分会副理事长单位，主持及参加起草热处理行业国家标准 17 项和行业标准 9 项，为行业技术进步和促进节能减排做出了重要贡献。

丰东是经科技部认定的“国家火炬计划重点高新技术企业”，“Fengdong”商标被评定为“中国驰名商标”和“江苏省著名商标”，先后获得“国家科学技术进步二等奖”“教育部科技进步一等奖”“江苏省科技进步二等奖”“工信部两化融合贯标试点企业”“江苏省技术创新示范企业”等奖项及荣誉。

丰东长期坚持走产学研联合发展的道路，与上海交通大学、大连理工大学、南京航空航天大学等高校建有长期紧密的合作关系；建有国家认定企业技术中心、国家级企业博士后科研工作站和省级企业院士工作站、江苏省热处理及表面改性工程技术研究中心等研发机构；热处理综合实验室，通过“国家实验室认可”审核，获得国家认可委（CNAS）的授权；已建成了具有国内行业领先水平和较高知名度的产学研合作平台。近年来，丰东相继引进了“国家千人计划人才”“教育部长江学者”“省双创人才”等一批创新人才团队，公司的研发实力获得了显著的提升。

三、典型经验

（一）研发模式的创新

目前丰东正积极申报江苏省制造业创新中心建设平台项目，该创新中心平台运用互联网共享经济思维，以国内制造业各行业龙头骨干企业为客户，以制造业关键零部件国产化为目标，以研发替代进口、打破国外技术封锁的热处理及表面改性工艺装备为出发点，与客户深度合作，把握客户的最终需求，提供系统的热处理解决方案。从客户上游的冶金材料质量控制，到热处理前道的铸、锻、焊及机加等工艺的质量跟踪，到后期的精加工、产品使用寿命及失效分析，实施全程参与，梳理出急需攻关解决的问题点，在国内外广泛检索，寻找相关科研成果领先的机构及个人，由平台实施资源整合，协同工艺开发、设备制造、软件数据库、金融投资机构及最终客户组成利益共同体，推动关键共性技术的联合攻关，促进科研成果的工程化及产业化。

（二）创新发展制造型服务业

为了提高企业的竞争力，在装备领域受到经济形势冲击时保证企业的高速成长，丰东于 21 世纪初投资成立江苏丰东热处理及表面改性工程技术研究有限公司，主要从事热处理工艺研发、推广、热处理技术、质量咨询服务、热处理来料加工服务、热处理从业人员培训服务等业务，以提高热处理装备在关键零部件热处理加工过程中的技术有效性、创新性、加工管理的规范性。同时开始尝试细分零部件制造企业的服务需求，展开区域性热处理来料加工服务，以满足各相关企业对高质量、高可靠性和专业化的零部件加工服务要求；近年来，受经济周期的影响，热处理装备市场销售有所下滑，降幅一度曾达到20%，客户纷纷暂缓增加设备，但是客户又寻求高档设备进行高质量的专业化热处理加工服务，丰东分别在上海、青岛、盐城、广州、天津、重庆、南京等地开始逐步建立独资或合资控股的专业化规范化的热处理加工厂，服务于周边区域的零部件制造企业，获得了稳定的市场份额并实现业绩的增长；为了积极开拓加工服务领域，丰东还积极探索创新性的服务方式，与东风日产乘用车有限公司发动机分公司进行充分沟通并达成一致以“厂中厂”的模式在其工厂内成立广州鑫润丰东热处理有限公司，专业为其提供发动机零部件的热处理加工服务。截至2020年底，丰东热技术已建成17家专业加工服务子公司，形成加工服务收入超3亿元，占集团总收入比重近50%。丰东计划在未来5年内在不同区域再建10家加工服务企业，以满足广大客户专业化分工合作需求，实现丰东从装备制造向服务型制造转型，建立热处理服务与装备制造双轮驱动的战略目标。

（三）大力发展互联网热处理技术

丰东大力发展互联网热处理技术。近年来，相继完成了工业和信息化部两化融合专项、工业和信息化部智能制造专项等互联网创新项目，并以此为基础，开展了智能化热处理设备、无人化热处理工厂等方面的前瞻性应用研究。2015年，丰东申报的“无人化智能热处理工厂”获得工业和信息化部首批智能制造专项立项（江苏仅2项）。

丰东智能化生产线

以此为契机，丰东正大力推进热处理装备智能化、生产过程自动化、服务远程化、工艺数据云端化等方面的研发，目前该项目已顺利通过国家验收。该项目的顺利实施，实现了热处理加工服务的智能化，不仅大幅降低了生产成本，提高了劳动生产率，大幅度节能减排，最重要的是转变了传统热处理加工服务严重依赖于人工经验的现状，实现了生产的全自动化和加工工艺的在线智能化，有效解决了当前热处理加工服务面临的产品小批量、多品种、定制化等难题。配合公司建设的“国内外热处理及表面改性工艺数据库”“新工艺研发创新平台”“高层次热处理工艺及管理专业人才培训体系”等项目，有力地强化了丰东的热处理加工服务布点能力，推进了热处理加工“厂中厂”及“热处理工厂及车间的托管”业务，加速公司从传统的装备制造商向热处理加工服务商的转变。

四、未来发展展望

（一）企业使命

提供热处理及表面改性系统解决方案，助推制造业产业升级。

（二）企业愿景

成为国际一流的热处理及表面改性综合解决方案提供商。

（三）企业未来 5 年及 10 年发展目标

用 5 年时间实现销售额翻一番，达 12 亿元，净利润突破 1.5 亿元，其中设备制造销售 5 亿元，配件供应及售后服务 1 亿元，热处理加工服务 6 亿元。

丰东将充分整合国内外优势资源，构建全新开放共赢的政产学研用联合创新平台，瞄准国内重点领域技术，坚持技术创新引领，强化企业装备在国内的领先地位。加大力度推进制造业的服务化转型，稳妥推进专业热处理加工连锁，使丰东服务性收入占总收入的比例达到 60% 左右，在国内及东南亚形成“丰东热处理”强势品牌形象。

作为热处理行业的龙头企业，丰东将以承担社会责任为已任，以服务型制造转型升级、两化深度融合、制造业创新平台建设为主要抓手，致力于智能热处理装备研发、制造、销售，高质量零部件的专业热处理加工服务，热处理设备的售后服务、热处理零部件的理化检测、热处理装备检测、热处理专业人员的培训、热处理技术质量咨询等服务三大业务的提升，为广大客户提供一流的热处理及表面改性综合服务方案，助推我国制造业产业升级。

五、专家点评

丰东是国内热处理装备及加工服务的龙头企业，在热处理装备市场特别是可控气氛热处理装备市场长期居于第一的位置，近年来，在加工服务市场也有长足的进步，逐步形成了装备与服务的双轴战略。丰东能取得这样的成就，主要来自于公司管理层的远见卓识与锐意进取，公司成立之初就与上海交通大学展开了产学研合作，不仅仅是项目的合作，也有人才的培养。同时公司还积极参与了国家级的科研项目，如国家智能制造专项、国家重大研发计划等，作为地处苏北地区的中等民营企业，这是难能可贵的。过往的 30 年，丰东一路走来，取得了显著的成绩；未来，希望丰东能在现有的热处理装备及工艺领域的基础上，再接再厉，向更广阔的材料表面改性领域拓展，为国家基础工业的发展再立新功。

上海交通大学材料学院教授　顾剑锋

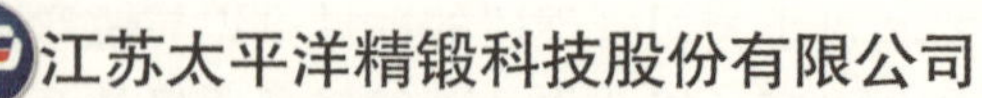

创新助力精锻　铸就民族典范

一、总体情况简介

江苏太平洋精锻科技股份有限公司（以下简称“太平洋精锻”），注册资本48177.0753万元，银行资信AAA级。主营业务为汽车精锻齿轮及其他精密锻件的研发、生产与销售，是行业领先的精锻齿轮供应商。

太平洋精锻是一家具有自主创新能力、拥有完全自主知识产权、掌握先进的齿轮模具设计开发与制造核心技术和冷温热精密锻造成形工艺专业化制造汽车齿轮的高新技术企业，先后被命名为国家知识产权示范企业、制造业单项冠军示范企业、国家技术创新示范企业、工业企业知识产权运用试点企业。太平洋精锻建有国家企业技术中心、国家博士后科研工作站、江苏省近净成形用长寿命模具设计工程技术研究中心和江苏省塑性成形与高精度模具设计制造工程中心，与华中科技大学、上海交通大学等建有长期紧密的产学研合作关系，并成为首批国家级工程实践教育中心建设单位。

太平洋精锻主要产品为汽车差速器锥齿轮、汽车变速器结合齿齿轮等，产品得到了国内外主流整车制造商或其动力总成供应商的高度认可，进入了VW、Audi、Benz、GM、GKN、MAGNA、GETRAG、AAM、DANA和JohnDeere等著名企业的全球采购体系，是国内同行企业中为数不多的同时与大众、奥迪、通用、福特、丰田、宝马、奔驰等汽车公司众多车型配套精锻齿轮的企业，是目前国内乘用车精锻齿轮细分行业的龙头企业，轿车精锻齿轮产销量位居行业前列。

二、突出优势

（一）技术处于领先

经过近30年的研究与积累，太平洋精锻掌握了一系列独特的模具设计开发和制造核心技术，包括锥齿轮三维建模技术、锥齿轮齿形修形理论及方法、高速铣加工程序编制、模具齿模加工工艺和硬切削加工技术、模具表面处理、高精度锥齿轮齿形定位夹具、新产品开发过程中的逆向补偿与修正技术、自主的集成设计开发系统流程等；掌握了先进的冷温热复合精锻齿轮成套工艺制造技术，在模具加工、精密锻造、热处理和检测、试验等方面的工艺制造技术处于国内领先或国际先进水平；研究开发的渗碳齿轮钢锻坯少无氧化等温正火和球化退火的齿坯预处理工艺、冷温热复合锻造工艺、轿车差速器直齿锥齿轮内孔及球面加工工艺、齿轮的精密热处理技术和表面强化技术实现了轿车齿轮产品的高精度、高可靠、长寿命。

太平洋精锻现拥有授权专利 179 项，其中发明专利 42 项（美国、日本发明专利 2 项，德国、韩国、巴西发明专利各 1 项），实用新型专利 137 项。多项研究成果获国家、省（部）级科技进步奖，其中作为第二完成单位申报的“多工位精锻净成形关键技术与装备”获得 2016 年度“国家技术发明奖”二等奖；作为第三完成单位申报的“汽车齿轮精锻成形工艺及装备”项目获得 2018 年中国产学研合作创新成果奖一等奖；作为第三完成单位申报的“热模锻件在线自动化三维测量技术及装备”项目获 2020 年度中国机械工业科学技术进步奖一等奖。太平洋精锻自制模具的精度和品质达到了国际先进水平，完全满足了高档轿车齿轮对精度和品质的要求。

太平洋精锻锥型齿

（二）质量体系完善

太平洋精锻始终以顾客满意为宗旨，以“零缺陷”为目标，把产品质量体系建设作为公司持续发展的重大战略，强化严格检查、严格奖惩、严格追溯的产品质量全程管控体系建设。大力开展 QC 竞赛活动，充分发挥 QC 小组、员工提案（“我的创意、我的改善”）等对提升企业产品质量改进的积极作用，不断完善评价体系，实施绩效考核；全面推行质量、环境、职业健康安全、两化融合等管理体系，实施卓越绩效评价，形成了董事长亲自抓、质量部门主动抓、全体员工协同抓的质量管理体系，明确公司全球同行的赶超目标，致力成为行业标杆企业。

太平洋精锻产品多次荣获齿轮行业优秀新产品特等奖、一等奖、中国锻压协会优质锻件一等奖等奖项。太平洋精锻获 2010 年度江苏省企业质量奖、2014 年度江苏省企业技术创新奖、2015 年度江苏省创新示范企业、2017 年度江苏制造突出贡献奖优秀企业、2018 年度强国之基 - 精工品质突破奖、2019 年度江苏省省长质量奖、2020 年“中国造隐形冠军”、2020 年度大众汽车集团奖等。

（三）“PPF”享誉同行

太平洋精锻始终坚持质量领先和自主研发战略定位，把企业经营理念、经营方针、企业文化、运行机制以及未来的发展方向通过 VI 这一视觉传播系统有组织、有计划的准确、快速、广泛传播，提升企业的知名度。为更好保护

“PPF”商标依法享有的权益，太平洋精锻特制订了《江苏太平洋精锻科技股份有限公司商标管理制度》，设专员负责商标等知识产权的注册申请、变更及维护工作，并在涉及商标使用的部门设立兼职商标管理员，形成了商标管理的网络，把商标管理纳入企业管理规范化轨道，有效地保护“PPF”的信誉和企业形象，形成良好的品牌效应。

2019 年太平洋精锻被评为“中国齿轮行业最具影响力企业”，“PPF”品牌荣获“中国齿轮行业最具影响力品牌”、2020—2022 年度江苏省重点培育和发展的国际知名品牌。

（四）产学研用合作紧密

太平洋精锻与华中科技大学、上海交通大学、武汉理工大学、南京理工大学、机械科学研究总院等国内知名高校院所建有长期紧密的产学研合作关系，先后共同承担完成了国家重大科技专项、江苏省重大科技成果转化等重大科技产业化项目，共同建有博士（硕士）研究生工作站、国家级工程实践教育中心等。

（五）智能化业内领先

太平洋精锻以智能制造为目标，通过实施 MES 项目打通了 PLM、OA、邮件、设备底层等运营层与车间层壁垒，在仓储物流、车间执行、质量控制、设备管理四大领域进行流程优化与开发应用，打造实时化、数字化的透明工厂；建立了内部互联、内外互联、虚实互联的一体化数字化工厂，实现“生产制造自动化、物流控制精准化、生产指挥可视化、设计制造一体化”，逐步改善与提升管理效率，在管理上实现了质的飞跃，极大地提升了公司的经营绩效；太平洋精锻建有两个省级智能车间，是两化融合管理体系贯标试点企业，2020 年成功获批国家第五批“绿色工厂”。

太平洋精锻生产车间

三、典型经验

1. 强化创新平台建设

依托国家企业技术中心这一完备的科技创新体系，在原有塑性成形工艺优势的基础上，通过自主研发、产学研合作等方式，攻克了多项近净成形技术难题，掌握了多工位成形技术及装备等一系列关键核心技术，为企业开发新产品、扩大核心技术领域的竞争优势提供了重要技术支撑。依据创新体系建设要求，太平洋精锻制定了操作性强、管理规范考核激励机制，确保创新研发平台高效运行。

2. 强化人才团队建设

太平洋精锻始终坚持人才强企战略，致力打造一支精技术、懂管理、会经营的技术创新管理团队。公司自有团队中享受国务院特殊津贴 2 人，江苏省突出贡献的中青年专家 3 人，江苏省“333 高层次人才培养工程”培养对象 3 人，泰州市突出贡献的中青年专家 4 人，泰州市“311”高层次人才培养对象 12 人。

3. 强化研发创新投入

为保证公司技术创新工作顺利开展，太平洋精锻十分重视研发创新投入，规定每年从销售收入中提取不低于 3% 以上的经费用于技术创新投入，并实行专款专用，对技术创新需要添置的研发检测设备，太平洋精锻都是购买世界一流、国内最先进的。2018 年研发费用 6143 万元，占比 4.85%；2019 年研发费用 6112 万元，占比 4.97%；2020 年前三季度，太平洋精锻研发费用 4773 万元，占比 5.80%，近 3 年研发投入占销售收入之比均在 4.5% 以上。

4. 强化产学研用合作

太平洋精锻在强化企业创新体系和人才团队建设的同时，始终将产学研合作作为企业创新的重要组成部分，充分发挥企业技术中心创新的主体作用。提出具有深度和前瞻性的项目，选择具有行业知名和专业特长的高校院所共同研发，坚持“以我为主、优势互补、共同创新”的产学研合作模式，既充分利用了外部科技资源，又较好地解决了产品开发与市场需求相结合的问题，通过联合攻关推动了公司技术研发团队的迅速成长，使公司技术创新成果源源不断涌现。

5. 国际化发展

太平洋精锻历经近 30 年的不懈努力，成为奔驰、宝马、奥迪、大众、通用、福特、丰田、日产、克莱斯勒等终端客户全球配套商，同时进入了 GKN、MAGNA、AAM、DANA、JOHNDEERE、博格华纳、舍弗勒等全球知名客户的配套体系，充分体现了公司在战略规划能力、研发能力、质量保证能力、成本控制能力、现场管理能力、可持续发展能力等方面的全球竞争力。为进一步打造“世界先进、国内领先、业内标杆”精密锻造企业，太平洋精锻还积极参与国际化竞争。2020 年经江苏省商务厅批准和日本政府备案，在日本设立“太平洋精锻科技日本支店”（日本分公司），已取得营业执照，具备办公条件，并已有 2 名博士生和 1 名工作人员正常办公；在上海设立“太平洋精锻科技（上海）有限公司”，注册资本 1000 万元，目前研发人员招聘工作正持续进行中。

四、未来发展展望

展望未来，太平洋精锻将在经济全球化进程中，继续坚持理念创新、技术创新、管理创新，以更雄厚的技术实力和过硬的产品质量推动企业的持续健康发展，以国际化的规范管理和运营方式参与国际竞争，以富有精锻科技特色的企业文化和品牌不断增强企业核心竞争力，致力打造全球同行百年企业，铸就民族典范。

五、专家点评

人才是企业发展的第一生产力，技术是企业立足的基础，质量是企业生存的根本，创新是企业持续发展的灵魂，合作共赢是企业发展的引擎，国际化是企业必须的战略选择。太平洋精锻能成为精锻领域排头兵，与这些方面突出的做法密不可分。希望太平洋精锻百尺竿头更进一步，持续健康发展，将太平洋精锻的品牌发展成为世界品牌。

华中科技大学副教授、湖北省企业工程学会副秘书长 / 理事　金俊松

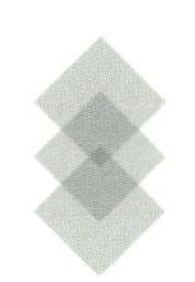

实施品牌战略　提升服务质量

一、总体情况简介

南通市通润汽车零部件有限公司（以下简称“通润”）作为汽车配套千斤顶行业的龙头企业，以科技创新、产品优异、服务满意推进企业可持续发展。公司专业从事汽车配套千斤顶的研发、制造和销售，在螺旋千斤顶细分领域精耕细作21年，主要客户为福特、通用、大众、NISSAN、捷豹路虎、吉利等全球知名的汽车生产厂家，产品远销美国、德国、泰国、巴西、土耳其、日本、韩国等80多个国家。通润是高新技术企业、江苏省民营科技型企业，建有江苏省轻小型起重运输设备及新型汽车维修工具工程技术中心、江苏省螺旋千斤顶装配示范智能车间。

通润螺旋千斤顶装配示范智能车间

通润旨在生产优质的汽车配套千斤顶及维修工具，在细分领域掌握核心技术又有先进的生产工艺和设备，始终保持千斤顶行业龙头地位，是千斤顶行业规模最大、技术领先、最具竞争优势和发展前景的企业，在全球汽车配套千斤顶产业链中占主导地位。

二、突出优势

（一）产品开发平台优越、技术先进

为给技术研发提供平台支持，通润不断加大研发投入。2018—2020年研发费用达1亿元，占收入比4.35%。通润建有汽车配套千斤顶及维修工具研发

中心，该中心占地面积 3000 多 m^2，拥有技术研发人员 60 多名，拥有满足国际、国内千斤顶和维修工具实验要求的检测仪器 100 多台（套）。该中心已成为江苏省汽车起升装置及新型维修专用工具工程研究中心。

通润自主研发的螺旋千斤顶自动化装配线，是国内乃至国际最先进的螺旋千斤顶生产设备。在产品开发上，应用了目前世界先进的设计制造软件 UG、CATIA 及 PROE，结合 CAD、CAE 等软件，使千斤顶的设计更简捷、合理。在设计、制造、销售、采购、物流、财务、人力资源管理等方面采用 MES 智能制造系统与 ERP 相结合，建立了覆盖全公司的信息管理网络，2019 年被认定为省级智能化生产车间。

通润每年研发新产品 30 多个，申请专利 10 余项，目前拥有该领域内核心专利 50 余项，其中发明专利 14 项，实用新型专利 44 项，拥有高新技术产品 7 个；负责起草了 3 项千斤顶行业标准，也参与了螺旋千斤顶标准的修订和编制，2020 年公司制订了《车用螺旋千斤顶》团体标准，并获得了“江苏精品”的称号；“通润”商标被认定为中国驰名商标，“通润”牌千斤顶被评为中国名牌产品。

（二）产品优越，质量稳定

通润严格按照 IATF 16949 的要求建立了质量管理体系，并不断提高产品质量，满足汽车厂的要求。通润是福特全球 Q1 供应商、通用 A 级供应商和全球质量优秀供应商、NISSAN 的 B 级供应商、大众 A 级供应商等，已经通过了全球 80% 的汽车厂的体系评审，是他们的合格供应商。

通润研发的产品成本低、结构新颖、性能稳定可靠。出色的产品设计和优胜的产品质量深受各大汽车厂的信赖，成为中国政府指定的国内唯一的千斤顶出口基地，汽车配套千斤顶产销连续多年蝉联世界第一。

2020 年，经历了新冠疫情、公司内外销产品停止发货近两个月的状态下，完成超 7 亿元的销售，实现 4000 多万的利润。

通润始终把质量放在首位，求品质、重细节，更是将重视产品质量的思想落实到企业的每一名员工心中，形成牢固的质量意识。

近 3 年向顾客供货 PPM

年　份	2018 年	2019 年	2020 年	合　计
向顾客总交付数 / 台	12097439	10815292	9093969	32006700
顾客主机厂不良数 / 台	15	13	11	39
市场退货数 / 台	0	0	0	0
顾客总拒收 PPM	1.24	1.20	1.21	1.22

（三）服务意识强、顾客满意度高

通润制定了“创新设计、精细制造、持续改进、质量第一、服务一流”的质量方针，要求员工时时刻刻站在顾客的立场，为客户提供优质的产品和满意的服务。为满足主机厂本地化服务，通润在美国底特律、德国汉堡、泰国、印度、土耳其等地都建有分公司或服务部，为各大汽车厂实施全方位的配套服务，并承诺 24h 无条件响应的问题处理机制，产品终身保修，连续 3 年获得“通用全球优质供应商”的荣誉称号。

（四）知识产权与科研成果

通润注重科技创新，目前拥有千斤顶和配套工具类的专利 50 余项，其中有 14 项为发明专利，技术中心自主研发的 7 个产品被评为高新技术产品，目前已经有多个项目实现了科技成果转化，为公司创造良好的经济效益。同时，通润还与许多高校建立了产学研合作关系，2020 年，公司与上海交大研究院在千斤顶装配自动化、机器人焊接、装箱等方面进行了深入的研究。

通润螺旋千斤顶

三、典型经验

（一）实施品牌战略，提高产品和服务质量

通润在从一家中国本土小企业成长为跨国经营、融入国际大市场的千斤顶细分行业龙头企业的历程中，创立了自己的品牌，包括 TORIN（通润）、BIG RED、BLACK JACK、Proformance、TCE（Torin Commercial Equipment），并在激烈的国际市场中占有一席之地，成为行业内极具影响力的国际品牌。

1. 品牌意识、国际化意识强，不断推广自主品牌

一是管理层较早地确立了国际化发展战略。20 世纪 90 年代初，通润就已经成功实现了“走出去”投资，在美国洛杉矶成立了通润美国公司（TORIN JACKS，INC.），从此走上了快速增长与国际化的发展道路；二是国际化的品牌管理，有效地进行品牌推广。品牌建设首先是定位正确，与市场相适应，TORIN BIG RED、TORIN BLACK JACK 从形象设计、产品定位各方面均考虑适应国际市场需求；三是推广自主品牌，走品牌发展道路。在国内同行中较早通过专业的国际展会来树立、宣传通润自主品牌，运用多样化、有效率的手段进行广告宣传，包括面向境外的网站、刊物、样本、品牌包装物、宣传品等；四是关注产品质量的改进、产品研发创新、服务的提升，包括海外仓储物流建设、海外研发机构建设等，使得产品与服务给客户带来良好的体验，提升了品牌美誉度。

2. 紧贴国际市场的商业模式与自主品牌的发展相互促进

在国际化战略的指导下，通润形成了紧跟国际市场运营的商业模式。在美国设立了负责销售、仓储、服务的海外机构后，引入、利用了发达国家市场诸多的先进人才、技术信息、市场信息、管理方法等资源，结合中国企业的制造能力，形成企业的竞争优势。

（二）弘扬企业文化，营造良好企业氛围

“天道酬勤，商道酬信”。通润一直本着诚信、共赢的商业理念，与客户进行深入长久的合作，一路稳扎稳打，坚持稳中取胜。

1. 构建企业文化框架体系

高层领导通过对各类数据的分析，依靠严格的工艺指标控制，实施科学的规范化管理，在实践中落实有效标准化的操作来改进产品质量，提高经营业绩。在双向沟通和全员实践中，通润编写了《员工手册》，在多层次多渠道宣贯集团公司文化精髓的同时，通过开展活动、督查考核等方式，自上而下，自下而上，层层推进，逐步落实，形成了特有的企业文化框架体系。

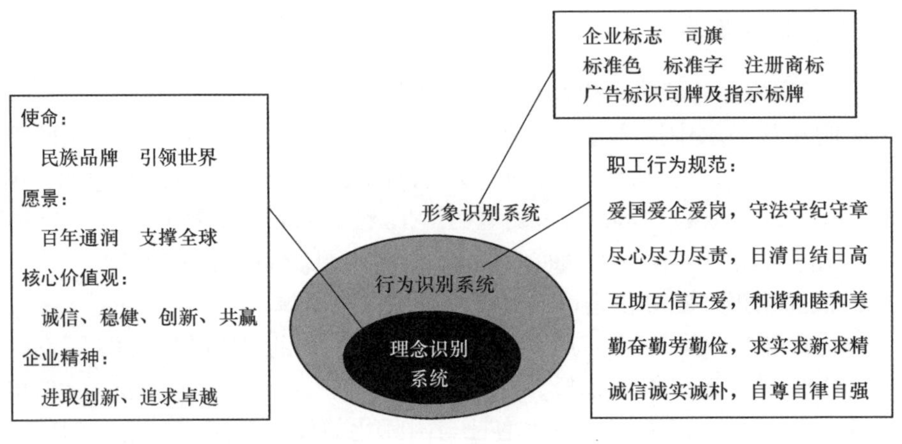

通润企业文化框架

2. 弘扬主人翁精神、创建员工主动参与的氛围

通润在质量、安全、环境、生产等方面先后制定了多项管理办法，坚持开展群众性的 QC 小组、员工合理化建议等活动，对以上活动评比和表彰，调动了员工参与管理、改进工作的积极性，增强职工的归属感。

3. 优化学习环境，创建知识型企业

通润注重员工培训，建立和健全了职工技能和按劳分配考核制度，调动职工学习技术、钻研业务的积极性；逐步建立起培训、考核、使用、待遇相结合的激励机制；与常熟理工学院、南通理工学院等院校合作进行在职员工业余再教育学习，中层管理人员进行管理学习和技能提升，还成立了“通润商学院”，每年选派优秀的骨干到美国公司进行为期 3 个月的深入学习，营造全员学习的氛围。

（三）全球化战略的实施

通润目前的主要客户为全球知名的汽车制造商，包括福特、通用、NISSAN、大众、吉利、佩卡、克莱斯勒等，产品远销世界各地。通润在底特律建有仓库和技术中心，在德国汉堡设有仓库和售后服务中心，在泰国、印度和墨西哥分别设有仓库和装配工厂。通润将继续进行市场调研及分析，了解竞争对手优势产品情况和相关顾客要求，通过新产品开发、新技术推广、行业范围内交流合作等积极开拓市场，尽可能地吸引、获得潜在顾客的注意，扩大市场占有率。

四、未来发展展望

通润制定了“十四五规划”，给企业未来 5 年提供了明确的目标及方向。一是开拓市场，扩大占有率。二是产品多元化发展，实施多元化战略，分散企业的内外风险，促进企业发展。三是全球化布局，针对目前南美地区运输周期长，物流成本高，以及部分国家关税的保护、服务不能够及时的现状，未来 5 年内在南美地区寻找合作伙伴，扩大和服务好南美市场；基于现有的泰国仓储和现场服务商的资源，在泰国建立剪顶组装生产线，服务于泰国、东南亚以及北美地区的部分客户，利用本地生产的优势，开拓出泰国等新客户。

展望未来，通润仍将以千斤顶为载体，坚持健康、永续发展，打造精品、服务客户，推动企业向现代化、国际化发展，担负起国际领先民族品牌的社会责任，代表中国动力嫁接全球市场，创造“百年通润”。

五、专家点评

通润是专业从事汽车配套千斤顶研发、生产和销售的厂家，全球市场占有率超过 20%，拥有国际、国内先进的汽车配套千斤顶生产设备、生产工艺和研发水平，是行业的龙头企业。该企业所生产的千斤顶质量均达到国家行业标准及各国汽车配套千斤顶的特殊要求，该企业产品的研发和千斤顶生产工艺的研发，提升了国际竞争力，该企业的发展有效地带动了我国汽车配套千斤顶行业的发展。

广州中国科学院先进技术研究所研究员　张弓

厚植创新优势　实现强基突破

一、总体情况简介

江苏恒立液压股份有限公司（以下简称“恒立液压”）成立于2005年，注册资本13.05亿元，其前身是注册于1990年的无锡恒立液压气动有限公司。经过多年不断创新发展，恒立液压已经发展成为在全球范围内拥有4大研发中心、9个制造基地、年销售超70亿元、总资产超100亿元、市值超1300亿元的公司。恒立液压是一家集高压液压油缸、液压泵、液压阀、液压系统和高精密液压铸件、气动元件等系列产品研发、生产和销售为一体的中国液压件行业龙头企业、工业和信息化部单项冠军示范企业、工业和信息化部强基工程“一条龙”应用计划示范企业、国家高新技术企业、国家知识产权示范企业、中国绿色铸造示范企业、国家和行业标准制定单位。恒立液压是国内四大挖掘机用油缸品牌（KYB、东洋机电、日本小松、中国恒立）中唯一的自主品牌。

目前，恒立为全球最具规模的挖掘机专用高压油缸和盾构机专用液压油缸生产企业，中小型挖掘机用液压泵阀国内市场占有率处于领先地位。恒立液压先后投资建立了恒立油缸、恒立铸造、恒立液压三大基地；并出资并购了上海立新、德国INLINE液压品牌和工厂；布局全球，成立了欧洲、美国、日本海外销售服务公司，开拓海外市场；产品销往20多个多家和地区，服务于全球各领域2000多家企业。

二、突出优势

（一）技术先进性

1. 液压油缸领域

液压油缸作为恒立液压的主营业务产品，主要分为挖掘机用液压油缸和海工船舶用液压油缸以及其他非标定制油缸。作为目前世界前列、亚洲最大的专业液压油缸生产企业，恒立液压在该领域已达到国际领先的技术水平。一是液压油缸无泄漏设计。综合考虑了液压缸密封系统流体力学、宏观固体力学、微观接触力学、热力学及传热学等多物理过程的耦合作用，建立了复杂工况液压缸密封全系统压力 - 流动 - 温度等多物理场耦合非线性数值仿真方法，定量预测了密封静态条件下的性能参数，实现了产品开发阶段对产品全过程服役性能变化的模拟，提升了密封系统无泄漏服役寿命。二是液压油缸高精度制造工艺。针对液压缸制造工艺流程与设备工装空间尺寸，安排了各生产设备的合理工序位置，并依据各制造环节的生产能力与工艺时长，对生产线节拍进行了柔性化设计，建设了大尺寸机床与珩磨机等联动的精加工生产线，使得液压缸关键部件加工精度达到 1μm 以内，极大提高了生产效率并保证了产品的批次稳定性。三是海工油缸耐蚀耐磨复合涂层技术。恒立液压开发了“高速激光喷涂 & 高超声速火焰喷涂”和“超音速等离子喷涂 & 高频感应加热重熔”两种复合能场成形技术，通过提升涂层结合强度、内聚强度，减小缺陷密度、残余应力，大幅提升了涂层耐磨、耐蚀和抗疲劳性能。

2. 液压铸造领域

一是精细铸造合金熔炼技术。针对高耐压性、组织致密性的严苛要求，采用高纯净原料和创新的精细化成分调控技术，通过数理统计分析、合金收得率建模、严控元素波动范围 0.05%，保证材质性能稳定、减少气孔缺陷、提高产品耐压性、降低生产成本 10%；优化熔炼工艺，确保球化率达 90% 以上，珠光体含量稳定，组织致密。二是砂芯均质化及 RP 成型技术。针对流道复杂、尺寸精度和表面光洁度要求高的难点，研发了非均质阀体型芯芯骨、热芯盒温控装置和砂芯修整装置等；创新采用二次射砂技术，使砂芯精密成型、固化均匀、一致性优良，砂芯表层硬度差值小于 10%，主流道尺寸精度达到 0.25mm（DCTG5），表面粗糙度达 *Ra*3.2，对于小批量试制采用 RP 快速成型技术。三是全流程仿真和柔性制造技术。基于 PDM 数据库建立了全流程仿真模型，采用全流程仿真设计和控制，持续优化生产工艺，使不良品率降低 20%，研制周期缩短 33%；针对多品种小批量生产特点，开发了计划排程算法及生产管控平台，实现了铸造工艺、系统运行及生产节拍的均衡，形成高精密液压铸件柔性制造模式，提升生产率 25%。

3. 液压泵阀领域

一是泵内关键摩擦副改性延寿技术。采用了双金属浇注技术并应用于泵缸体的制造中，在缸体表面复合一层减小摩擦的青铜，提升泵的耐磨性能。攻克了滑靴一次收口成型技术，减小了球铰副窜动间隙，提高了临界拖靴力。二是紧凑型电比例控制技术。开发了一种新型的柱塞泵功率控制装置及其控制方法，其特点是在一定的工作压力范围内，通过功率控制使得泵的输出功率恒定，结构简单，零件加工难度低，批量加工成本低、误差小、变量灵活。三是高压柱塞泵减振降噪技术。采用孔槽结合式的防气蚀抗冲击配流结构，降低柱塞腔压力冲击正负超调幅值；针对双泵串联结构，提出具有转位角的同轴驱动双转子结构，通过削峰填谷降低流量脉动幅值；发明基于肋板拓扑结构优化的高刚度壳体结构，在不增加壳体重量的前提下显著降低壳体噪声辐射强度。

（二）产品质量

恒立液压作为国内高端液压件领域的领军企业，追求“科学管理，追求卓越，务实创新，用户满意”的质量理念，建立了完善的质量管理体系、环境管理体系、职业健康安全管理体系、知识产权管理体系、两化融合体系等五大体系，实行严格的5S管理；投资配备了全球领先的生产制造设备，运用先进的工艺技术，打造高质量产品，产品出口到欧美、日本等发达国家和地区，积累了一批行业优质客户（卡特彼勒、神钢、三一、徐工、柳工等）；并以产品质量优势，连续多年荣获美国卡特彼勒有限公司“铂金供应商”的最高荣誉。此外，生产的高精密铸件产品已批量供应至丹麦丹佛斯、德国哈威液压等液压元件行业国际巨头。实现国产液压元件行业“从低端到高端、从跟随到领先”的历史性跨越，具备与国际液压元件行业龙头企业同台竞技的硬实力。

（三）经济效益

恒立液压始终保持良好的经济成长性，多年来，营业收入以年均20%的速度递增。2020年（1—9月）母公司恒立液压股份实现销售收入37.67亿元，税金3.33亿元，实现利润11.48亿元。

三、典型经验

（一）技术创新

恒立液压长期致力于液压元件核心关键技术的研发，建有亚洲最大的高压油缸研发中心以及江苏省唯一的超高压油缸小型化轻量化设计工程技术研究中心，另建有江苏省工程中心、江苏省企业技术中心、常州市工业设计中心和江苏省博士后创新实践基地，拥有一支来自日本、德国、美国等国家液压行业技术专家组成的总数450余人的国际化液压元件及系统研发团队，年均研发投入达4%左右。

2013年以来，恒立液压先后承担了江苏省科技成果转化项目2项、江苏省战略性新兴发展专项资金项目1项、江苏省科技厅国际合作项目3项、国家强基工程项目1项、国家技术改造项目2项。产品技术多次获得江苏省科技进步奖、中国机械工业科学技术奖、行业技术进步奖等。

（二）管理能力

在高效管理模式方面，以生产和技术为核心，工作权责直接划分到团队，单部门负责、多部门协助并相互监督；在管理团队建设方面，坚持加强内部培训选拔与引进外部优秀人才相结合的人才策略，建立一支团队协作、高效务实、忠诚敬业的高素质专业化管理团队，管理团队的凝聚力、对所处行业的洞察力、专业的知识以及市场从业经验是恒立液压实现发展愿景和战略目标的有力保障。

恒立液压机器人生产线

（三）企业文化

恒立液压坚持关注客户需求，以为客户、股东、员工、社会创造价值为使命。积极推进技术创新和合理化建议工作、认真开展岗位培训、劳动竞赛、成人再教育的宣传推广等活动，发动员工钻研业务、奋发向上，在生产经营中发挥良好作用；鼓励每位员工都可以参与到公司改革发展中去，提出对岗位工作或者公司发展的意见和建议；公司还制订了《员工合理化建议、改善提案管理制定》，设立不同的奖励标准。

（四）质量品牌

作为高端液压件领域的领军企业，恒立液压目前实行严格的5s管理，投资配备了全球领先的生产制造设备，运用先进的工艺技术，实现了产品的高质量。恒立液压拥有“江苏省示范智能车间”3个，省示范智能工厂1个，连续4年获得了卡特彼勒的铂金奖章，同时获得了三一、徐工、柳工等知名主机企业颁发的“优秀供应商”称号。“恒立及HENGLI”商标被认定为江苏省著名商标、江苏省重点培育和发展的国际知名品牌，并入选2018年省“自主工业品牌五十强”。

（五）产业协同

恒立液压主要研发的液压油缸、液压泵、液压阀在工程机械产业链条中处于十分重要的位置，2012年恒立液压进军液压泵阀产业领域，通过8年多的自主研发，掌握了高压柱塞泵和液压多路阀的多项关键核心技术，实现了中小型挖掘机用液压泵阀的批量化配套，打破了日本、德国等少数企业在此领域的垄断，降低了国内整机厂的采购成本和周期，提升国产工程机械的核心竞争力，扩大了国产品牌挖掘机的市场销售占比。恒立液压是目前国内唯一真正意义上直接进军整机 OEM 市场、可以为整机厂提供全系列液压元件及系统解决方案的液压供应商。

恒立液压挖掘机油缸智能生产车间

（六）国际化发展

恒立液压在日本、美国、德国等国家设立了海外研发中心，整合和吸收全球优质的人才。2015 年 11 月，恒立液压以自有资金 1370 万欧元收购了德国哈威茵莱液压有限公司 100% 的股权，依托哈威茵莱为平台，实现恒立液压与哈威茵莱的优势互补，进一步丰富产品，提高技术水平。继续优化产品产业链布局，拟在全球领域开展的销售、采购、技术研发、品牌拓展、智能工厂等方面的战略合作，是恒立液压进行全球液压资源整合的关键一步；2018 年 2 月，公司以 1165 万美元收购了服部精工株式会社，该公司成立于 1947 年，以液压机器及建设机械精密零件的制造、航空宇宙方位机器零件的精密加工为主营业务，进一步完善了恒立液压关键部件的全球化供应链体系。

四、未来发展展望

恒立液压将以“做有国际影响力的液压元件与液压系统领域的百年老店”的美好愿景为动力，“有国际影响力”是恒立液压所追求的企业地位，“液压元件与液压系统领域”是恒立液压所追求的产业方向，而“百年老店”则是恒立液压所追求的品牌传承与积淀。

未来恒立液压将继续深化和巩固内资品牌挖掘机高压油缸龙头的产品发展战略。加大研发投入，保持技术、质量的绝对优势，强化和巩固公司产品在内资品牌挖掘机高压油缸的龙头地位并逐步加大公司产品在外资品牌挖掘机高压油缸的市场份额，加快国际化进程；加大特种油缸的研发与投入，保持技术领先，保证特种油缸生产、销售持续稳步的增长；依托公司高精密液压铸件、液压元件及系统的研发生产基地，不断提升挖掘机用主控泵阀、高端液压系统的市场份额。同时，加大外延式并购力度，全面实施“走出去”战略，寻找国际优质液压资源不断进行整合；加大对机械、电子、液压三维一体高端综合集成设计和应用能力的建设，特别是加大对机电液综合控制技术的研发和复杂机电液系统智能运动控制技术应用，努力成为国内一流、世界知名的高端液压设备供应商和液压技术方案的提供商。

五、专家点评

恒立液压是高端液压产品主要生产企业，产品涵盖高压油缸、高压柱塞泵、液压阀、液压系统高精密铸件；是集研发、生产和销售为一体的国家高新技术企业，国家强基工程代表企业，并具有完善的质量保证体系及售后服务体系。恒立液压生产的液压元件产品是工程机械用关键核心零部件，是细分产品市场重点发展产品。根据行业重点联系企业数据统计表明，恒立液压生产的挖掘机专用高压油缸及中小型挖掘机用液压泵阀产品国内市场占有率在行业同类产品中处于领先地位，恒立液压坚持自主创新，不断提升产品质量和服务质量，在国内外市场中有良好的知名度和信誉度。

燕山大学机械工程学院副院长、海洋科学与工程学院副院长 / 教授　姚静

今创集团股份有限公司

振兴实体经济　做全球轨道交通内装行业领军者

一、总体情况简介

今创集团股份有限公司（以下简称“今创”）创建于2003年，主要从事轨道交通车辆配套产品的研发、生产、销售及服务，主要产品包括车辆内装产品和设备产品，是相关领域设计、研发、生产规模及综合配套能力方面的领先企业。今创先后被评为国家火炬计划重点高新技术企业、江苏省创新型企业等，建有国家级博士后科研工作站、江苏省企业技术中心、江苏省工业设计中心、江苏省轨道车辆内饰装备工程技术研究中心。2018年2月27日在上海证券交易所挂牌上市。

在动车组配套产品领域，今创参与了包括内装、侧拉门机构、厨房、座椅等产品的国产化任务，以及标准化动车组的配套研发工作；在城轨车辆配套产品领域，目前今创产品几乎全面覆盖到全国各主要城市，广泛参与了包括北京、上海、天津、广州、深圳等几十个城市近百条城轨线路项目。在国际市场上，今创产品已出口并应用于英国、法国、意大利、比利时、新加坡、印度等数十个国家的轨道交通车辆项目。

二、突出优势

（一）技术先进性

在技术研发方面，今创坚持自主研发与产学研相结合的方式，与专业研究机构和客户建立起长期合作研发关系。今创设有技术研发中心，技术研发水平处于行业领先地位，拥有包括内装材料复合技术、不锈钢薄板箱盖与箱体的焊接加工工艺技术、铝合金大型超塑气胀成形模具技术、侧拉门机构系统技术等核心技术，并具备与整车制造企业同步设计开发的能力。

（二）产品质量

今创以“零缺陷”的管理理念制定质量方针，强调有效识别风险源，强化过程风险监控，提高风险管理水平，确保轨道交通产品运用安全零风险。今创

今创轨道交通外装设计

根据订单交付计划，科学统筹调度各项资源，加强计划和定额管理，持续推进精益生产，优化现场作业流程，进一步提升了产能。同时，积极推进生产现场无纸化作业并扩大移动终端在生产现场的应用，以部分生产基地为试点，打造数字化工厂，有效提升了生产效率。为保质保量及时交付订单，今创还通过分析客户要求，做好质量策划和内外部首件质量管理，重视售后意见反馈，提升验收环节的把关水平，贯彻“零缺陷”管理，不断优化和提升公司产品质量。

（三）发展效益

今创通过“互联网 +”思维实现工厂数字化管理。业务流程的数字化管理，极大地提升了今创的竞争能力，促进了企业的现代化、智慧化转型升级。作为轨道交通内装设计制造行业的龙头，今创信息化项目的实施起到了强烈的示范作用，为同行业提供了宝贵的智慧管理经验。同时，由于协同商务的推行，今创对下游供应商信息化应用的拉动作用，将带动整个产业链的信息化应用。

三、典型经验

（一）技术创新

今创作为高新技术企业，建有国家级博士后科研工作站、江苏省企业技术中心、江苏省轨道车辆内饰装备工程技术研究中心、江苏省工业设计中心。今创坚持自主研发与产学研相结合的方式，与专业研究机构和客户建立起长期的合作研发关系，打造出经验丰富的专业高铁动车内装、城轨内装、复合材料、FRP 产品、设备件、结构件以及电气控制设计团队，具备为客户从设计输入、概念设计、三维结构设计、有限元分析、模型车验证以及装车指导服务的一站式总承包能力。2019 年获得江苏省首批先进制造业和现代服务业深度融合试点企业。

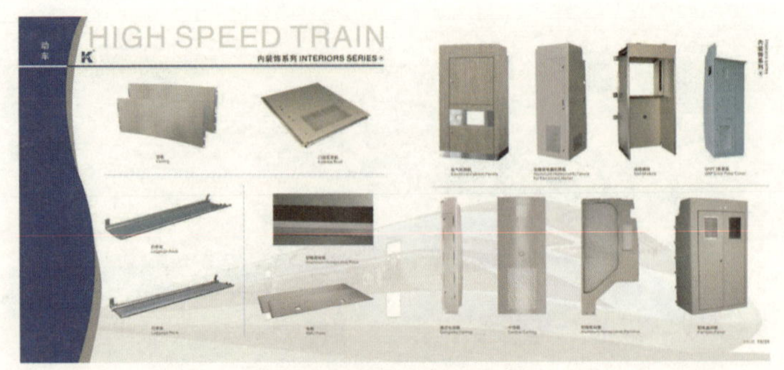

今创城轨内装系列产品

（二）管理能力

今创与国内外主要轨道车辆整车制造企业建立了稳定合作关系，在现场管理、流程控制、质量维护等方面取得较大进展，今创按照国际标准建立健全各项管理制度，形成了“十位一体”的管理标准体系平台，既能适应不同产品系列的生产经营管理，又能满足不同客户对产品质量、技术要求、管理体系标准的各种要求。并通过引入卓越绩效模式、BPR 流程再造、ERP 系统上线运行、信息云管理平台等管理系统的建设，大力推动信息技术与企业管理的融合，促进信息技术在研发设计、生产制造、物流运输、营销服务等环节的广泛应用，有效推进智能制造和智慧管理进程，形成今创对客户需求的快速响应能力，优化公司小批量、定制化产品生产管理，提升公司运营效率，促进公司核心竞争软实力的形成。2018 年获得江苏省管理创新示范企业。

（三）企业文化

今创倡导“携手今日，创新未来”的企业文化，秉承“以人为本、客户至上、诚信立业、质量兴业”的经营理念，奉行“立足轨道交通，做专、做精、做强，实现跨越式发展”的战略方针，建立起一整套能够适应并促进企业发展的技术创新体系。公司始终坚持用不断的技术创新满足国内外市场需求，以院士、博士后工作站、工程中心、技术中心为主体，带动产销研和产学研紧密结合的研究开发体系，确保满足客户及终极客户的需求。

（四）质量品牌

今创始终坚持“要不折不扣地满足下道工序和顾客的真正要求”的质量方针，不断为客户创造价值，以高品质产品为导向，以精益制造为准则，建立完备的质量管理体系，着力提升产品的先进性，确保产品安全可靠。今创全面及时、品质卓越的产品与服务，保障了产品全寿命周期的运行，获得了国内外客户的信赖与好评，KTK 品牌已享誉全球，是中国驰名商标。

（五）经营绩效

今创战略管理委员会制定了“十四五”规划，明确了发展方向和预期目标。高层领导紧扣平衡积分卡涵盖的产品与服务、顾客与市场、财务、资源、过程、领导六个维度，开展全面对标管理。今创以整合的质量、环境、安全等一体化标准管理体系为主线，推进 QC 小组、合理化建议、5S 等活动，着力提升研发、采购、生产、销售等价值创造和关键支持过程绩效的提升。逐步建立了统一的绩效评价指标体系。

（六）产业协同

今创根据自身生产经营情况，通过建设智能车间进行整体转型升级，坚持科技创新思路、顺应时代发展趋势，积极投入建设智能车间，争取成为业界的典型示范。今创内部通过信息共享和透明化整合资源，在各事业部、各子公司的众多环节实施协同创新，提高了劳动生产率和产品质量。

（七）国际化发展

今创有多家境外子公司，分别为欧洲今创、新加坡今创、印度今创、澳大利亚今创等。欧洲今创主要负责欧洲市场轨道交通车辆内装、设备产品的市场开发、售后维护以及物流管理等业务；新加坡今创主要负责产业投资等业务；印度今创主要负责印度市场轨道交通车辆内装、设备产品的制造和销售等业务；澳大利亚今创主要负责澳大利亚市场轨道交通车辆内装、设备产品的制造和销售等业务。

公司拥有稳定的客户群。国际市场上，公司参与了多个国外项目的执行，积累了丰富的国际项目经验，产品设计能力、交付及时性、产品质量稳定性等能力得到了国外客户的充分认可。随着我国轨道交通装备产业逐步走向海外，今创与庞巴迪、阿尔斯通、西门子等公司的合作将进一步加深。

四、未来发展展望

今创以“为全球轨道交通提供一站式配套解决方案”为使命，以“成为全球交通配套标杆品牌”为愿景，倡导“携手今日，创新未来”企业文化，充分利用国内外轨道交通行业的发展机遇，拓展全球业务，布局维保市场，深化一站式配套经营服务模式，推动今创从纯“制造工厂”向“智慧工厂 + 总包服务”全产业链经营模式转型升级；同时在轨道交通主营业务稳增长的基础上，拓展产业布局，重点在 3C 电子、5G 行业的建设和发展中寻求业务发展机会，提升综合盈利能力，也为今创发展智能制造提供支持。

1. 推进智慧工厂建设，支持企业健康发展

“智慧工厂”的建设是今创提升综合竞争力、快速应对市场的重要手段。今创将紧抓智慧城市建设的机遇，持续从“智慧产品”“智能制造”和“智能管理”三方面推进“智慧工厂”建设，加快智能产品研发以及智能产品运维系统开发，发展“智能新造”“智能运维”。根据今创生产制造特点，深化物联网最新技术应用，进一步推广自动化设备的数字化联网，提升自动化生产水平和智能制造管理水平；持续完善云管理平台，加速推进企业数据中心建设。根据公司各部门的管理流程和需求，逐步开发相适应的管理模块，细化智能管理体系实施，使公司管理更加简捷、高效、精准。

2. 发展总包服务模式，提增企业竞争实力

围绕“为全球轨道交通提供一站式配套解决方案”使命，今创将继续从“产品总包”“设计总包”“智能运维”等多方面探索总包服务经营模式。进一步加强与客户沟通，了解客户需求，不断丰富产品系列，满足客户采购需求；持续强化设计和研发水平，增加联合设计业务，提增设计总包能力，为客户快速、精准提供一站式设计解决方案；推进运营、维保、服务等各阶段业务，贴近客户布点服务，布局项目全生命周期，延伸服务产业链，为客户缩短采购链、采购周期，方便客户项目管理，进一步增强客户黏性。

3. 大力发展新造业务，加快布局运维市场

今创将紧抓城市轨道行业快速发展的机遇，保持国内新造业务增长；针对国际市场，今创将持续深化与客户的战略合作关系、贴近客户布局驻客户办事处、办公室以及区域制造基地等机构，提升国际市场业务营销能力，集中资源发展好新造市场，为后续运维市场的发展奠定基础。

今创一方面将持续加强服务网络建设力度，完善以总部检修中心为核心，各地区服务网点为依托，覆盖各路局、各地铁公司、整车制造企业的国内运维服务网络；另一方面，随着智能化进程快速发展，密切跟踪轨道交通运营公司“设备健康管理”新趋势，关注未来轨道交通行业维保业务从“定级修”发展为“状态修”的趋势，今创将加快智能产品运维系统的开发，通过互联网、物联网及 5G 等技术，对数据进行采集、大数据分析，实现对产品状态的实时监测，形成“产品全寿命周期成本”最优化的管理能力。

4. 持续保持创新研发，完善人才培育机制

今创将继续立足以自主研发为主，持续提升一站式设计研发解决方案能力，同时强化基础研究以及新产品、新材料、新工艺等四新技术的基础研究和应用。深化技术平台的建设和产学研用的合作，在智能管理平台的持续优化下，保持领先的创新研发水平。

推行持续人才战略，持续利用全球化平台，拓展招聘渠道，加强人才引进；加快人才教育、培养、成长体系建设，优化晋升通道；完善薪酬、福利、长期激励政策和绩效考核制度，保持人才工作积极性和稳定性，为公司技术创新、科技引领提供关键人才、储备人才队伍。

专业化优势突出
擎起平地机行业民族脊梁

一、总体情况简介

徐州徐工筑路机械有限公司（以下简称“徐工筑路”），是徐工集团工程机械有限公司的下属子公司，拥有全球规模最大、工艺技术水平领先的平地机研发制造基地。2017 年，徐工筑路平地机智能制造车间获评为行业唯一的江苏省智能制造车间；2018 年，公司荣膺工业和信息化部制造业单项冠军示范企业。

平地机为徐工筑路专注经营的工程机械细分领域产品，主要用于公路、机场、农田等大面积的地面平整和挖沟、刮坡、推土、松土、除雪等作业。目前已形成涵盖 100~550 马力全球最完善的型谱构架，诞生了一批代表中国乃至全球先进水平的高端产品，徐工筑路平地机在行业内具有性能领先、作业高效、安全可靠、机动灵活、驾乘舒适、适应性强 6 大竞争优势，成为行业标杆，多次荣获“江苏省名牌产品”称号，并荣获“全国用户满意产品”称号。

徐工筑路 GR5505 平地机产品

二、突出优势

（一）技术先进性

1. 引领行业发展

徐工筑路致力于掌握平地机全球科技竞争先机，打造“技术领先、用不毁”的高端产品。依托徐工集团国家级技术中心和企业国家重点实验室 2 个研发平台、徐工国家级博士后科研工作站、院士工作站等坚持创新驱动发展，结合产品使用难题和现代施工的发展方向，围绕智能化、轻量化、人性化、节能 4 大技术方向，形成了全球最前沿平地机产品技术平台；掌握了发动机变功率多模式控制技术、平地机湿式桥技术、涡轮箱过载保护技术、转向随动技术等关键核心技术；主持制修订 10 余项国家行业标准，有效推动平地机行业产品技术高质量发展。

2. 工艺制造智能化

徐工筑路平地机智能制造车间采用精细数控切割机集群切割下料，实现切割全过程的自动控制，采用大型加工中心机群与小型机加设备群落相结合，平衡工序，实现产能最大化，全方位打造自动化、智能化焊接工作站；配备先进智能焊接控制系统，实现少人化、自动化、智能化焊接；平地机装配线集现代化、智能化、模块化于一体，可实现地下、地面、空中三位一体装配作业，同时为各生产单元配备 MES 系统机，结合水蜘蛛物流配送体系，有效地实现准时化、节拍式生产；产品下线前通过在线检测系统和行业首创的跑合试验台检测整机的多项性能参数，有效诊断故障类型，保证产品质量。

徐工筑路平地机智能制造车间

（二）产品质量

徐工筑路全面推进质量责任文化，坚持开展八小改善提案、QC 小组、六西格玛等系列质量活动，营造徐工特色质量管理文化。始终以顾客满意为目标，坚定不移深入践行“技术领先、用不毁，做成工艺品”的产品理念，先后通过了 ISO 9001 质量管理体系、OHSAS 18001 职业健康安全管理体系、ISO 14001 环境管理体系、GJB 9001C 武器装备质量体系认证；配备高精尖检测设备63件，并依托徐工集团各门类实验室，使得产品质量进一步得到保障；产品过程质量控制更是注重人、机、料、法、环、测6大方面，从人员资质，到制造设备，从成熟的工艺到先进全面的质量保障手段，每一道工序都严格控制，每一个工位就是一个质量门；同时建立产品终身追溯质量数据库，全价值链确保整机质量各项指标达到国际一流水准。

（三）发展效益

徐工筑路平地机销量已连续15年获得中国市场第一、出口规模第一的“双冠王”称号，超过40%以上的产品销往亚洲、欧洲、美洲、非洲等大洲的100多个国家和地区。

徐工筑路凭借在平地机领域专业化的优势，相继开发了一批标志性、带动性强的平地机重点产品和重大装备。开发并应用了众多徐工自主知识产权的矿用平地机关键技术，推动中国平地机产业向高端攀升，由“中国制造”向“中国创造”、“中国产品”向“中国品牌”转变，开发GR3505、GR5505平地机，填补了国内大型矿山平地机空白，打破国际品牌在高端、大型矿用平地机行业的绝对垄断，并在全球重点市场和大型矿山领域不断实现突破。

三、典型经验

（一）技术创新

徐工筑路在全球产业“珠峰登顶”的过程中，关键核心技术再瞄准、再聚焦：一方面进入到高端领域，开拓绿色节能、智能化、可靠性等方面的领先技术；另一方面在细分市场有研究、有重点突破、有领先“独占”技术。以企业技术中心为依托，加强技术创新体系建设和研发队伍建设，制定《研发项目立项管理流程》等25项管理制度，规范技术创新体系研发活动，持续加大研发投入；高度重视运用工业设计、科技研发、技术改造等措施，深入开展技术创新与产学研合作，与长安大学、中国矿业大学等高等院校开展技术研究、研究生工作站等合作，形成了以我为主、产学研相结合的开放式技术创新模式，全面提升企业创新能力和产品质量。

（二）管理能力

以客户需求为中心，搭建“全价值链满足市场需求”的管理体系。以“客户需求识别—解决方案打造—制造全过程控制—后市场增值服务”核心业务流程为主线，构建“基于提升全价值链满足市场需求”的管理体系。根据核心业务流程，各部门在业务层面和管理层面双重管控，确保体系运行高效：在业务层面，面对客户需求，营销部门召集研发、生产、采购等开展合同评审，为客户打造整体解决方案，在转化为生产指令后，通过内部各部门围绕交货期、成本、质量等核心要素进行组织与管控，产品进入市场后，注重客户的增值服务；在管理层面，重点从供销方管理共同提升、内部激励机制等进行保障，同时在全过程辅以信息化手段对处理效率和质量进行支持。

（三）企业文化

徐工筑路始终秉承“担大任、行大道、成大器”的核心价值观，“严格、踏实、上进、创新”的企业精神，传承光荣历史，增强文化自信，全面推进徐工大器文化落地和企业特色子文化建设：内塑文化，从物质文化、制度文化、绩效文化、精神文化四个层面夯实文化根基，全面提升员工对企业的文化认同度和忠诚度，打造更具人本和谐、富有活力的企业文化体系；外扬品牌，从品牌管理、品牌传播、品牌关系维护等方面不断提升产品品牌知名度和美誉度。

（四）质量品牌

产品制造过程是工程机械制造业企业的重要过程。徐工筑路通过“一流的厂房、一流的设备、一流的管理”，采用国际先进的 SAP-ERP 精益生产管理系统、MES 制造执行系统，实施全过程质量控制。

1. 建立健全管理体系，推行先进管理方法

先后贯彻实施 ISO 9001 质量体系标准、ISO 14001 环境管理体系、GB/T 28001 职业安全卫生管理体系标准、卓越绩效管理模式等，不断建立健全二级质量管理体系，为全球制造可信赖的多样化产品。

2. 大力推进信息化建设，提升产品制造能力

不断加快信息化建设步伐，实施了“徐工机器人化现代集成制造应用工程”，生产计划的下达和物料的管理采用 ERP 系统，信息化延伸到车间工段对生产进度进行实时掌控和动态管理。

3. 推行“工位制”作业方式，实施“6S”现场管理

推行“工位制”生产作业方式，实施现场“6S”精益管理，加大工艺装备和检测手段的投入，控制人（Man）、机（Machine）、料（Material）、法（Method）、环（Environment）这五个因素（简称为 4M1E 因素），确保了工序能力得到不断提高、生产过程处于受控状态。

（五）经营绩效

根据战略、经营、发展目标等逐层分解后下达到内部各职能部门，同时紧紧围绕预算、考核、协调、控制等一系列内容而搭建起一套科学、完善的指标管理控制体系；建立以经营成果为核心的盈利预测，以现金流量为基础的财务收支预算，将内部各职能部门的工作目标从始至终与经营战略发展目标保持高度一致和统一，从而实现对各项经营活动的全过程、动态化管理和控制。

同时打造以目标为导向的市场化薪酬绩效模式。一是建立上下一致、责任压实的绩效管理方法；二是建立基于不同职系的差异化的绩效考核体系。公司绩效管理体系按岗位体系与薪酬管理体系的不同分为营销、技术、直产、管理

四大绩效管理体系。

（六）产业协同

1. 构筑供应链共同体，打造高质量钢铁“同盟军”

徐工筑路通过建立与供应商战略伙伴关系，加强双方在质量提升、成本控制、协同服务、物流建设等方面的合作，为产品生产过程提供质量优良、价格合理、货源稳定的配套件，从而实现供应链的不断优化和价值链的增值。建立招标采购管理平台，优化整合公司资源；结合差异化战略发展要求，完善供应商分级管理标准；推行“准时化”采购，加强供应链各节点的协作。

2. 通过常规产品订单式、高端产品定制化满足市场需求

徐工筑路推出定制化营销、营销前移等一系列营销策略，同时将 QFD（质量功能展开）等以市场为导向的体系管理工具运用到营销管理中，以客户需求为驱动，与客户建立良好的沟通渠道以获取真实的产品需求，将客户需求信息明确转变为设计、生产、销售部门直接所用的具体信息，形成市场倾听—实地调研—再倾听—产品方案定制的个性化营销体系。

（七）国际化发展

近年来，徐工筑路不断深耕国际化市场，聚焦中亚、亚太、南美、北美等重点国际市场，深入开展适应性研究。明确“产品高质量、高技术、功能先进、有竞争力”的海外竞争策略，搭建海外产品代表队伍，并发展当地优秀经销商，以“海外产品代表 + 经销商”模式不断开拓市场，同时积极参加各种展会、推介会，不断深化品牌知名度建设。为确保客户无后顾无忧，徐工筑路开创“产品需求定制化”的模式，为客户提供“保姆式”的优质服务，通过现场驻点服务工程师，为客户解决使用中出现的问题，同时根据使用反馈不断改进产品并扩展至其他型号产品，推动全系列产品升级。

四、未来发展展望

面向未来，徐工筑路制定了“聚焦平地机产业，成为行业全球领先，极具价值创造力的世界级企业”愿景，持续聚焦“珠峰登顶”，扎实落地各项工作，砥砺奋进、御风前行，以更高的起点开启工作新征程，誓要成为全球行业最顶尖的平地机品牌，打造出屹立于世界之巅的国产化产品，成为全球装备制造标杆。

五、专家点评

徐工筑路平地机从技术引进消化吸收到产品引领国内行业用了近 10 年时间，目前产品已满足全部的 9 大施工工况，市场占有率连续 15 年居行业首位，500 马力平地机填补了大马力平地机国内市场空白，打破了国际品牌在高端市场的垄断地位。徐工筑路平地机技术创新成效显著，全齿轮传动桥、极限工况多态控制、远程遥控等关键核心技术引领行业发展，处于国际领先水平。始终深入践行“技术领先、用不毁，做成工艺品”的产品理念，使产品在经营指标、市场占有率、技术创新、品牌培育、质量提升等方面取得了显著成绩，同时制造业单项冠军企业殊荣的获得，给徐工筑路平地机带来了巨大的品牌效应和发展动力，彰显民族品牌的实力风范，引领和推动了工程机械行业的技术进步与健康发展。

中国工程机械协会筑路机械分会会长　焦生杰

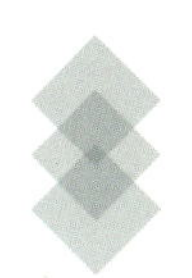

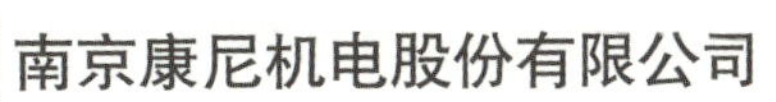

创新、服务双驱动　打造国际一流品牌

一、总体情况简介

南京康尼机电股份有限公司（以下简称“康尼”）于2000年10月在南京新港开发区注册成立，2014年8月在上交所首发上市。是一家专注于机电核心技术研究和应用的创新型企业，主营业务为轨道交通门系统的研发、制造、销售与技术服务，主要产品包括城市轨道车辆门系统、干线铁路车辆门系统、站台安全门系统等。目前，公司已成为世界三大车辆制造商庞巴迪、阿尔斯通、西门子的战略合作伙伴和A级供应商，产品出口美国、法国等近20个国家和地区，同时也是中国中车（南车、北车四大主机厂）的A类关键零部件车门系统的重要供应商。随着康尼高速列车门的成熟度和国际化程度不断增加，康尼牌车门系统的2019—2020年度全球市场份额达36.4%，位居世界第一位。

康尼外景

康尼拥有国家企业技术中心、国家级企业博士后工作站、江苏省轨道交通自动门系统工程技术研究中心、江苏省轨道交通车辆门系统重点实验室等多元化技术创新平台，先后被授予“国家高技术产业化示范工程”“国家技术创新示范企业”“国家知识产权示范企业”“国家重点高新技术企业”等荣誉资质。

2018 年，被评为工业和信息化部第三批制造业单项冠军示范企业。

二、突出优势

（一）技术进步引领者

经过多年创新发展，康尼打破了国外专利技术壁垒和市场垄断，成为国内唯一一家具有完全自主知识产权的轨道交通车辆门系统供应商。

目前国内 80% 轨道车辆自动门系统新产品由康尼自主研发，在轨道车辆门系统上拥有了“无源螺旋门机锁闭、微动塞拉、新型电子门控器（EDCU）”等多项核心原创技术，部分核心技术处于国际领先水平；成功开发了城市轨道车辆自动门、干线铁路客车门系统、高速列车客室侧门系统、站台安全门系统四大类百余种规格的轨道车辆自动门产品，获得了 100 余项与之相关的国家、国际发明专利。

在城轨领域，康尼自主开发了中国第一套完全国产化的城轨车门系统，主持制订了国家标准《城市轨道车辆客室侧门》（GB/T 30489—2014）和行业标准《城市地铁车辆电动客室侧门行业技术规范》（2011），打破了国外技术壁垒和市场垄断，推进了城轨车门自主化进程；在高铁领域，康尼牵头设计了中国标准化动车组车门系统，参与制订行业标准《动车组车门　第 1 部分：客室侧门》（TB/T 3454.1—2016）、《动车组车门　第 2 部分：内部门行业标准》（TB/T 3454.2—2016）。2017 年 6 月 26 日，装备了康尼门系统的中国标准动车组“复兴号”在京沪高铁正式双向首发，标志着康尼再次刷新高速动车门系统新标高。目前，“复兴号”车门 80% 由康尼提供，高铁门系统市场占有率已突破 60%。

康尼近年来在智能化、轻量化、RAMS［指可靠性（Reliability）、可用性（Availability）、可维修性（Maintainability）、安全性（Safety）］方面实现新的突破。在全球率先研发出轨道交通门系统智能装置产品，实现了门系统的实时诊断和提前预警功能，可对安装在世界任何地方的康尼门系统远程开展全生命周期的监控和管理，填补了行业空白，引领行业技术进步。

经过近 20 年的自主创新发展，康尼始终走在轨道交通装备门系统产业的发展前沿，有力推动了我国城轨车辆自动门自主国产化进程，引领了行业技术进步和技术发展方向，成为国内轨道交通门系统自主国产化开拓者及细分行业的领导者。

（二）质量管理先进者

康尼根据轨道交通行业的特点，建立了完整的可靠性管理体系、故障信息闭环管理系统；通过推行全面质量管理，不断提升产品品质。康尼在通过国内“ISO 9001、ISO 45001：2018、ISO 14001：2015”三体系认证的基础上，还通过了国际铁路IRIS体系认证、ISO 3834-2国际焊接体系认证、欧洲DIN 6701-2-A1粘接体系认证、必维（BV）认证颁发的IATF 16949认证等，并严格按照体系文件规范运作，使得企业在国内外市场竞争中更具优势。“铁道客车气动塞拉门”“城轨电动客室侧门-塞拉门”“铁道客车手动塞拉门”等系列的部分产品还通过了中铁检验认证中心CRCC铁路产品认证。与国际同类产品相比，康尼门系统产品的技术水平已达到国际领先水平，在产品质量、运行稳定、故障率方面也优于竞争对手。

（三）智能制造先行者

康尼是江苏省首批两化融合示范企业，是2015年首批通过工业和信息化部两化融合管理体系评定的企业，是行业内智能制造的先行者。开展了“康尼制造2025”规划，通过系统实施智能制造实现整体转型升级。康尼先后承建了“南京市智能工厂建设项目”与工业和信息化部“轨道交通门系统智能制造新模式应用扩建项目”，并以优异成绩通过验收，总投资达1.49亿元。重点建设精益产线设计和虚拟仿真平台、数字化研发平台、数字化制造平台、自动化车间等，通过项目实施，完成既定目标，随着持续深化应用，智能工厂建设效益进一步扩大，生产效率提高45.41%、运营成本降低28.58%、产品研制周期缩短35%、产品固有可靠性水平（MTBF，平均故障间隔时间）提升20%以上、能源利用率提高43.11%。“康尼制造”正在向“康尼智造”奋力前行。

三、典型经验

康尼以品牌培育为指引，以服务为纽带，以自主创新为手段，以企业管理升级为后劲，不断提升企业技术研发能力水平，加快培育具有“标准化、模块化、谱系化”特点的系列核心技术，持续提升市场竞争优势，逐步赢得客户的信赖与忠诚，占据了轨道车辆自动门市场主导地位，成为受客户青睐的知名品牌。

1. 以服务为抓手，赢得客户信赖

（1）不计成本式的金牌服务，成就客户信赖品牌　针对“响应速度慢、维保周期长、服务费用高”困扰着中国客户多年、列车维保和检修费用难以压缩、公共交通预算支出占比居高不下等问题，康尼以不惜成本的态度，向客户提出了非常超值的服务保证条件，赢得了客户的选择。其后，在为客户提供服务的过程中，又任劳任怨、不计得失，一切以解决客户问题和困难为准绳，帮助客户在最快的时间内迅速解决问题，从而赢得了客户信赖。

康尼始终坚持以客户需求为关注焦点，高度重视科学的市场调研，密切关注客户需求的变化，坚持与客户共同成长与发展。通过先进的营销策略、专业化的营销团队、“产品+服务”的商业模式，打造全面高效的金牌服务体系，最终获得了原铁路总局的资质认定，作为轨道交通机车车辆的关键零部件供应商，与主机厂建立了长期的紧密合作关系。

（2）增值服务提升客户价值　康尼一直把服务创新作为营销创新链条中一个重要增值环节。2008 年，针对进口零部件价格高、供货周期长、服务不及时等饱受业主抱怨的弊端，康尼着手建立了配件库存共享信息系统，并专门为业主开发了车门系统多媒体培训课件。这种变服务对象为自主创新合作伙伴的服务模式，有效地拓展了服务的广度和深度，为客户提供了亟需的系统解决方案。到目前为止，已在北京、上海、广州等全国 20 多个城市建立了服务站，贴近车辆厂提供安装调试服务，让业主享受“一站式”运维保养服务。

2. 以服务为契机，驱动产品创新

（1）服务驱动自主创新，打响城轨交通领域民族品牌　在为客户提供贴身优质服务过程中，康尼能够以最快最准确的方式了解到客户问题和需求，由此形成产品创新方向。例如，在康尼参与上海地铁一号线扩编改造项目中，由于车门 35C 锁闭系统在运行中暴露出开闭不灵敏的缺点，主机厂西门子公司要求以康尼机电研制的 35C 制动器对锁闭机构进行平台改造，但限期 3 个月内解决问题，否则将不再采用康尼产品。康尼群策群力、加紧研发、化危为机，在短短 90 天内完成了 35C 替代产品的研制——“无源螺旋门机锁闭机构”应运而生。全新的“无锁而闭”和“无源自解锁”技术不但实现了中国轨道车辆自动门锁闭技术领域的重大突破，也全面颠覆了行业内门系统的传统锁闭技术设计思路，并以其设计结构精简、技术性能可靠的创新性，荣获当年中国优秀专利奖，获得美国、日本、新加坡、澳大利亚、俄罗斯等 8 个国家的国际专利授权，顺利取代传统技术，一跃成为城轨门锁的国际主流技术。

康尼又先后自主研制了电子门控器、门驱动电机等核心产品，并掌握了相关网络通信技术，使轨道交通门系统的关键核心部件及其技术全面实现国产化，进一步增强了市场竞争优势，在城轨车辆门系统行业站稳了国内市场，创造了我国城轨车辆门系统领域的首个民族品牌，为国家节约了大量外汇。

（2）抢抓机遇，吹响高速动车领域冲锋号　自 2010 年起，我国高铁发展再次提速。康尼作为铁总的优质服务商，瞄准和配合主机厂开发新产品的需求，顺势发力、加快创新、抢抓机遇，成功进入高铁领域；2013 年，康尼高速车外门产品成功取得了铁总 CRCC 认证；2014 年实现批量供货并全面覆盖国内动车组主要车型；2016 年，康尼研发的高速车门系统成功完成 420 公里交会试验的检验；2017 年，康尼研发的中国标准动车组门系统成功应用于中国“复兴”号动车组列车，“康尼门”正以 350 公里以上的时速向世人展现中国制造的崛起。

3. 对接客户需求，潜心研发智能化产品，加快制造业向服务业转型

轨道交通车辆门系统被列为轨道交通车辆A类关键核心部件，也是使用最多的车辆设备。随着轨道交通业务的扩展和全球化进程提速，迫切需要利用故障预警、主动安全、交通应急反应等技术改变传统维保模式的弊端。康尼通过在门系统上加装智能装置，利用互联网、物联网、人工智能、大数据分析等技术，实现了车门系统在线监测与智能故障诊断，从传统的被动维保模式转变为新型的主动服务模式，高效地解决了轨道车辆运营的可靠性和安全性问题，引导企业品牌由制造业向制造服务业转型延伸，品牌外延持续扩张。

4. 以顾客需求和期望为导向，优化管理流程

康尼积极展开顾客关系管理，加大市场推广和销售信息、顾客拜访接待信息、顾客需求信息、顾客购买信息、顾客满意度和忠诚度数据、服务信息以及顾客抱怨投诉等信息的收集，建立客户信息数据库和知识库，定期展开信息加工与分析，及时展开业务流程的优化、产品线的调整和营销策略等的改进，并定期展开客户信息获取渠道、方法的有效性评审与改进，客户满意和品牌美誉持续提升。

5. 以服务为窗口，培育品牌形象

康尼在服务实践中认识到，通过为客户提供优质高效的服务，不仅能够增加客户价值，同时也是塑造公司品牌的最佳途径之一。通过与核心客户建立战略伙伴关系，建立完善的、高质量的营销管理信息系统。重视对客户的培训、管理和服务，不断加强与客户的沟通交流；强化投诉管理，建立《顾客抱怨和投诉处理》等标准操作流程；不断创造增值服务，提高客户满意和信赖性忠诚。在此过程中，也强化了客户对于公司品牌的认可与信赖。

此外，康尼充分利用现代信息技术，及时满足客户个性化的需求，为不同类型、不同层次的客户提供差异化的产品、营销和服务，满足不同层次客户的个性化需求，甚至通过提供延伸的系统解决方案超越客户期望，赢得更广泛的市场认可。

四、未来发展展望

康尼将坚持“自主可控”“高质量发展”理念，打好“防疫不松懈、经营不松劲”攻坚战。一方面，对既有产业结合行业形势和企业自身实际经营情况，在以高质量可持续发展为目标的基础上，进一步明确发展目标和方向，将有限资源首先用在重点产业的发展上，确保重点抓好轨道交通主业的发展。另一方面，加大市场开拓，加强与产业链上下游的战略合作，借助产业资源降低经营风险，提升汽车零部件产业单位可持续发展的后劲和能力。

五、专家点评

作为轨道交通自动门行业领军企业，康尼有力地推动了我国城轨车辆自动门自主国产化进程，引领了行业技术进步和技术发展方向；作为业内龙头企业，康尼积极借鉴国际先进技术的同时，加快企业自主研发的步伐，并不断促进科技成果转化和技术辐射，带动了相关产业领域技术水平的提升和进步，对于突破国外技术封锁、推动地区行业整体创新能力提高和关键技术进步具有良好的示范带动作用。

目前，随着轨道交通产业的快速发展，具有完全自主知识产权的康尼牌轨道车辆自动门系统将进一步提高我国高速列车及城轨列车关键部件在国际市场的竞争力，加速推进我国轨道交通装备制造业的发展步伐。

中国机械工业科技专家 / 教授级高级工程师、享受国务院政府特殊津贴　史翔

持续精进　构建单项冠军新辉煌

一、总体情况简介

时光刻写磨砺，成就凸显价值。一个从江苏连云港盐碱地里两腿带泥走出来的民营企业，21载风雨兼程，以“咬定青山不放松”的决心和勇气，与氨纶纺丝卷绕机成套设备技术进步和工艺精进死磕到底，从8饼、12饼、16饼到20饼、24饼、40饼氨纶纺丝卷绕机成套设备，实现核心产品系列化全覆盖研制开发，全方位对接我国氨纶纺丝装备业剥茧抽丝式螺旋晋级的产业进步，从自动化升级到智能化转型，从单层饼数线性突破到双层效能倍增式突围。江苏天明机械集团（以下简称“天明机械”）经过反复研磨和工艺精进，实现了与日本、意大利全球先进制造竞争对手同台竞技之后的脱颖而出，以让市场信服、让客户信任的过硬品质，成为细分市场当之无愧的单项冠军。

自产品上市以来，天明机械先后与奥神氨纶、华峰化学、浙江华海、烟台泰和等10余家行业主流企业建立了长期稳定的业务合作，成功实现了在氨纶纺丝成套设备领域的进口替代，战略协同行业龙头企业综合产能提升和自动化、智能化、数字化转型升级，为我国作为全球氨纶纺丝大国快速崛起和持续高质量发展做出了卓越贡献。

天明机械以持续的科技创新驱动企业发展，从先进产品的技术引进、消化吸收起步，瞄准一个着力点持续发力，20年坚持以系列氨纶纺丝成套设备作为主打产品，实现了氨纶纺丝卷绕技术创新从跟从、并跑到超越领航的跨越式发展。

天明机械在完成常规卷绕机国产化的同时，无缝对接产业发展方向，在过去10年间，先后成功开发上市了8饼、12饼、16饼卷绕机成套设备，在此基础上，2017年，天明机械20饼智能化氨纶卷绕机成套设备被认定为国家首台套重大技术装备产品，进而推动了全球首创的24饼智能化氨纶卷绕机成套设备、粗旦丝大丝饼卷绕机等系列化高端创新产品相继研发成功。

天明机械 24 饼氨纶卷绕机

近年来，国内氨纶纺机市场日渐成熟，对产品的性能和技术要求也越来越高。天明机械不断加强科技创新力度，从客户不断升级的个性化需求中寻找创新突破方向。在精准把握行业技术升级改造要求的基础上，天明机械在日益精进工艺和技术基础上，充分利用多年积累的创新优势，2020 年，成功研制出双层 40 饼氨纶卷绕机，在保持设备运行稳定的前提下，实现产能倍速提升，投资和运行成本大幅下降，同时也为氨纶行业的智能升级提供了新的驱动力。

二、突出优势

秉持“为客户创造价值，为社会创造财富”的企业价值观，天明机械大力加强企业经营管理力度，高度重视打造品牌在国内外同行业中的影响力和知名度；凭借自身产品硬核实力，在持续推进新产品开发、新技术迭代的基础上，主动链接市场需求，以具有自主知识产权的系列重大科技创新成果推动天明机械快速抢占氨纶纺丝卷绕机成套设备市场份额，取得了良好的经济效益和社会效益，目前，市场占有率已处于全球同行业首位。

积极推进重大科技成果产业化应用转化，为氨纶生产企业高质量发展注入了源源不断的新动能。近年来，公司协同国内大型氨纶丝生产厂家完成 20 多万 t 氨纶项目生产线提升改造，以“天明速度”高效完成了双层氨纶卷绕机从方案设计到整机出炉全过程。为氨纶行业降本增效、产能升级改造提供个性化定制整体解决方案，以 7×24h 全生命周期在线技术支持，提供成本最优、效率最高的现场优化升级方案，获得了主流企业的广泛认可，技术服务覆盖全国 80% 以上龙头氨纶生产企业，创造了巨大的经济效益和社会效益。

氨纶卷绕机自研制成功以来，通过不断技术提升现已处于国际领先水平，系列产品完全替代进口并大批量投入市场推广使用。从 2016 年 1 月起，为进一步提高我国装备制造企业的核心竞争力和创新能力，加快推动产业结构调整和转型升级，天明机械自主研制开发的氨纶卷绕机全规格系列产品，被财政部、工业和信息化部、海关总署、税务总局等部门列入了《进口不予免税的重大技术装备和产品目录》，国内客户进口所有规格的氨纶纺丝卷绕机将不再享受进口环节的减免税政策优惠。此项政策的出台，为天明机械自主研制开发替代进口的氨纶卷绕机带来了发展机遇，为提升国产氨纶卷绕机的核心竞争力创造了有利的条件，为我国氨纶产业降本增效、持续、健康、稳定的发展奠定了坚实基础。

2019 年，工业和信息化部发布《2019 年第二批行业标准制修订项目计划》，天明机械成为氨纶纺丝成套装备中的核心设备，卷绕头质量提升标准项目起草制定的牵头单位。2020 年，经过两次行业会议，氨纶卷绕头行业标准于 12 月中旬完成了评审工作，天明机械牵头制定的氨纶卷绕头行业标准顺利通过了全国纺织机械与附件标准化技术委员会最终审核。

2021 年天明机械再度与国内三大氨纶制造巨头企业强强联手，联合推进国内氨纶产能智能化升级改造，业务合作总量再创历史新高。作为全球最大的氨纶生产国，目前国内氨纶总产能约 86 万 t，而天明机械此次氨纶项目订单业务工程总量达 23 万 t。天明机械氨纶纺丝成套设备已经基本涵盖国内大型氨纶纺织企业，并与华峰氨纶、浙江华海、烟台泰和等头部企业建立了长期紧密的战略合作。

三、典型经验

天明机械在创业之初，就选择研制技术含量高、研发难度大、成功率低、长期被国外垄断的氨纶纺丝成套设备核心零部件作为创业产品，秉持着“有梦想就去干”的精神，成就了业界一段传奇。2004 年 10 月，天明机械制造的首款全自动氨纶卷绕机在国内市场开始替代日本产品，各项性能、指标都达到了国际先进水平。

对标国际一流、掌握硬核技术是天明机械持续创新发展的源动力，更是民族制造业不断进步的根本。天明人秉持精益求精的创新精神，致力于高端装备制造的持续创新和精耕细作，依托企业国家级博士后科研工作站和省级技术中心的技术开发平台，建立了氨纶纺丝成套设备工程研究中心，不断完善科技创新体系，打造技术合作创新平台，先后与东南大学、中国矿业大学、燕山大学等知名高校建立产学研合作平台。天明机械凭借完善的技术基础和自主研发能力，取得了一系列科技创新成果。截至目前，企业获得众多授权专利，其中还有 50 多项创新成果分别荣获国家重点新产品、省部级以上科技成果奖，有 5 项国家首台套重大技术装备成果，并获得国家知识产权示范企业以及国家重点高新技术企业等荣誉。

天明机械纺织车间全景

四、未来发展展望

天明机械将以现有的技术优势实现细分领域精耕细作，主动拓展纺丝领域设备研发需求，主动构建差异化竞争新优势，积极推动我国氨纶丝生产实现从卷绕到成品入库全流程智能化生产，推动产品品质和生产效率全面提升，强化氨纶卷绕机成套设备智能化、数字化应用集中攻关，进一步增强在国内市场的竞争力，全方位巩固在国际市场的领跑地位，为纺织机械下一步发展拓展新空间。

“十四五”期间，天明机械将坚持创新发展不动摇，加快布局以国内大循环为主体、国内国际双循环相互促进的新发展格局，走出一条由内而外、内外结合的全球供应链发展新路径。全体天明人将继续发扬只争朝夕、舍我其谁的团队作战精神，在氨纶市场高密度出击、全方位占有的基础上，积极寻求以芳纶大丝饼卷绕机为代表的新材料特种纤维卷绕机等纺织领域高端装备市场发展机会，为天明机械的纺机板块横向拓展做好充足的“弹药”准备。

全情倾注创新投入　锚定梦想大道广行

一、总体情况简介

江苏铁锚玻璃股份有限公司（以下简称“铁锚”）创建于2001年，注册资本9000万元。现已发展为占地近70万m^2、员工近2000名的创新型高科技企业。铁锚成立以来一直专注于玻璃深加工的研发、生产、销售与服务，产品广泛应用于特种车辆玻璃、高速动车组风挡及侧窗玻璃、航空特种玻璃、船用特种玻璃等特种玻璃领域以及汽车安全玻璃及天窗等，已成为全球最大的轨道交通特种玻璃生产基地之一，“铁锚”商标被认定为中国驰名商标，“铁锚”牌安全玻璃被评为江苏名牌产品。铁锚是中国建筑玻璃与工业玻璃协会理事会副会长单位、中国核能行业协会理事单位、“工信部制造业单项冠军企业”“国家高新技术企业”“江苏创新型企业”“江苏省优秀制造企业”“江苏省信用管理示范企业”等，产品荣获“国家级重点新产品”“江苏省高新技术产品”“江苏省重点新产品”等称号。

“以科技创新赢得市场，以质量保证赢得信誉，以人才育成赢得未来”是铁锚始终不变的发展理念。在每一个机遇面前，铁锚都全心倾注创新投入，与时代同行，在不断创新中发展壮大。

二、突出优势

轨道交通安全玻璃已列入工业和信息化部2018年单项冠军重点产品领域，符合国家中长期科学和技术发展规划纲要，满足国家大力发展轨道交通的战略需求。2006年“轨道交通特种高性能材料等关键部件和装备的产业化”作为现代制造装备领域“增强关键领域自主创新能力，提升高新技术产业竞争力”的重点任务被提出，轨道交通安全玻璃是其中的一项关键技术。铁锚通过技术攻关，率先实现了轨道交通安全玻璃的国产化，并使国产风挡玻璃和侧窗玻璃性能达到国际先进水平，填补国内空白。这对打破国外高端安全玻璃技术及产品对我国的垄断，保障国家发展高速轨道交通的战略需求和参与国际市场竞争等具有重要的意义。

铁锚通过多年技术研发创新及产业化应用，在特种玻璃制造领域积累了独特的技术优势，先后开发了 30 多项处于国内领先水平的高新技术产品，拥有专利 215 项。开发出了国产第一块 B15 级防火玻璃及隔断，填补了国内空白。聚氨酯材料及本体的研发应用，解决了困扰业界已久的技术难题，实现了自主可控替代进口。

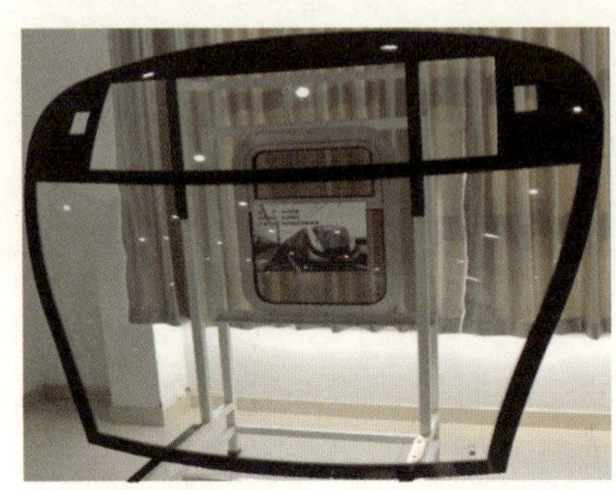

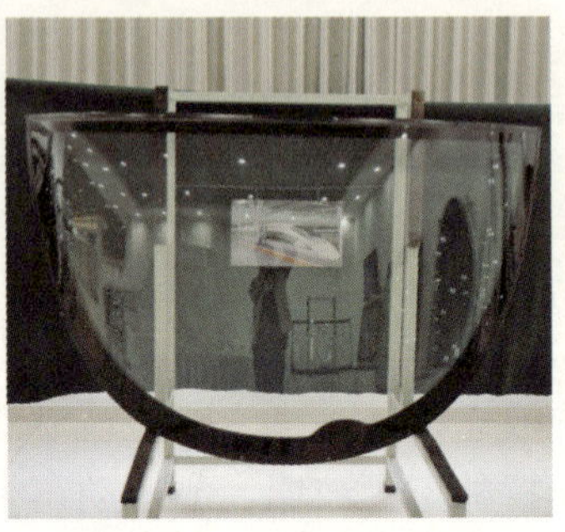

铁锚 B15 级防火玻璃

轨道交通玻璃领域，铁锚生产的高铁车窗能够承受 ±6000Pa 的交变载荷，处于国内领先水平。在动车、高铁前挡风玻璃领域的技术处于领先地位，市场占有率达到 70% 以上；航空玻璃领域，铁锚先后参与新舟 700、C919、CR929 等重点项目，在航空玻璃领域打破了国外厂家的垄断；核电装备领域，与知名国际公司合作引进消化该公司 100kg 级动力机械手技术基础上，研制的目标产品填补了国内空白，达到国际先进水平。

三、典型经验

（一）技术研发创新情况

1. 加大研发投入

铁锚与西北工业大学合作组建了结构冲击动力学联合实验室，斥巨资牵头中国商飞、西北工业大学联合共建了中国商飞鸟撞试验基地。作为华东地区唯一的鸟撞试验室，承担了 C919 大飞机驾驶舱玻璃以及 ARJ-700 飞机整机玻璃国产化项目的研发任务。

2. 培养引进人才

铁锚非常重视自身技术队伍的培养，大力发展人才战略。每年从重点高校、行业内部引进专业技术人才，大专及以上人员达到 41.37%，造就了一支素质精良的人才队伍；拥有 300 多名中外专家组成的研发团队，其中万人计划领军人才 1 人、长江学者 2 人、中科院百人计划 1 人、省双创团队 1 个；建有国家企业技术中心、省工程技术研究中心、省重点实验室、省博士后科研工作站、省研究生工作站等研发平台，与清华大学、中科院等重点院校建立长期产学研合作关系。通过高端人才的有效聚集、自主培养、联合开发，始终掌握行业前沿技术，保持市场领先地位。

3. 研发经费的保障和激励机制

铁锚建立了以企业技术中心为主体的科研投入保障体系，为技术创新提供资金保障。公司管理制度健全，对研发费用的筹资和使用进行规范化管理，建立项目考核机制。2020 年投入技术研究开发费用占销售收入比例的 8% 左右。

建立创新人才分配激励机制，激发创新活力。采取多种方式推动和激励科技人员创新，从薪资待遇、股权激励、职务提升、安家落户等方面向技术骨干重点倾斜，给予优秀的高技能人才住房和生活津贴，稳定核心骨干人员。通过科技创新的激励机制，有效提高企业经济效益和核心竞争力。

4. 知识产权积累和运用良好

铁锚建有江苏省高速列车安全玻璃工程技术研究中心，致力于轨道交通安全玻璃关键技术的研究和开发。铁锚是江苏省创新型企业、江苏省科技型企业、江苏省知识产权管理标准化示范企业，拥有有效专利 215 项，其中发明专利 26 项。“铁锚”商标被认定为中国驰名商标，“铁锚”牌安全玻璃被评为江苏名牌产品。

铁锚先后承担国家重点新产品开发计划 4 项、江苏省重大科技成果项目 3 项、江苏省知识产权战略推进计划项目 1 项、江苏省科技支撑计划 1 项、江苏省产学研前瞻性项目 1 项、江苏省战略性新兴产业项目 1 项；获得中国机械工程科技进步一等奖，中国产学研创新成果奖，江苏省科技进步二等奖 1 项、三等奖 2 项，南通市科技进步特等奖 2 项、二等奖 4 项。

5. 参与产品标准制定

铁锚是轨道交通安全玻璃国家标准起草制定单位，参与 16 项国家标准和 1 项行业标准的制定。以玻璃深加工为核心产业，不断扩大现有成熟产品规模，提升产品档次和客户结构。以产品用途为导向，拓展、完善产品线；以产业整合为目的，向上下游产业延伸，进一步提升综合竞争力，培育潜在的利润增长点。

（二）制度建设情况

1. 企业品牌培育制度

成立了企业知识产权部，全面负责企业品牌的管理和运营工作。从品牌传播、品牌维护、标识管理、社会责任等方面建立了全面的品牌价值评价体系，同时纳入企业日常经营管理的考核工作：在品牌战略方面，将品牌管理融入企业生产经营管理的全过程、全领域，逐步实现品牌引领企业发展；在品牌传播方面，充分利用传统媒体、新媒体及自媒体，进行整合营销传播，提高品牌传播的有效性；在品牌保护方面，做好铁锚商标的国内国际注册，坚决打击品牌侵权行为，维护品牌合法权益；在品牌投入方面，加大资金投入，建立健全专门的品牌管理队伍，培养和引入专业品牌人才，加快提升企业自主品牌管理的专业人才队伍。

2. 产品质量管理制度

铁锚以“技术先进、质量一流、服务周到、持续改善”为质量方针，全体员工参与质量管理，强化过程管控、预防为主，真诚地服务于顾客，持续改进满足并超越顾客的期望。通过严格的质量管理，产品品质得到了客户的广泛称赞。

铁锚通过了 ISO 14001、OHSAS 18001 环境、职业安全体系认证；通过了 ISO 9001、TS 16949、GJB 9001、IRIS、AS 9100、EJ 体系认证、VDA6.3 过程能力认可；产品通过了中国 CCC、美国 DOT、欧洲 ECE、韩国 KS 等国际认证和各主机厂认证。

3. 知识产权保障制度

铁锚根据《企业知识产权管理规范》并结合已有的管理制度汇编文件，出台《知识产权保护管理制度》《专利管理制度》《商标管理制度》《软件著作权管理制度》《商业秘密管理制度》《保密协议》等文件，对知识产权实行规范化管理。

4. 节能减排制度

产品生产过程中主要能耗是水和电，铁锚采用的是目前行业内先进的生产设备，高能耗高污染的设备全部予以淘汰，同时采用光伏新能源，大大降低单位产品的能耗，在水资源的使用方面，玻璃的切割和磨边废水均进入公司废水处理厂进行净化，实现了生产废水的零排放和循环利用。

5. 企业生产安全保障制度

铁锚树立以人为本、安全生产的管理理念，自觉坚持“预防为主、综合治理”的管理方针，全面推进各项安全生产工作，杜绝了各类隐患，保障公司安全生产稳定。

6. 风险管理机制

建立组织清晰、职责明确的风险管理体系，有效保证公司的经营安全和资产安全，促进经营质量和管理效益的全面提升。通过总结经验、完善制度，建立项目风险管理体系，不断提升风险管控能力，为实施企业经营战略提供了有力的保障。

四、未来发展展望

铁锚将朝着产品更高端、功能更智能、服务更周到、应用更广阔的方向开拓前行，注重新材料、新工艺、新装备的开发与运用，致力于成为多领域特种安全玻璃的制造专家和行业典范。将瞄准当前和未来的“卡脖子”工程，积极推进建设步伐，对标国际先进技术，联合国内高校和科研院所积极研发，力争在本行业技术领域打破国际封锁与垄断，填补国内空白，为国家的工业发展和国民经济建设提供强有力的支持。

铁锚将继续秉承“人无我有、人有我优、人优我精”的企业发展理念，以发展民族工业为己任，以科技创新赢得市场，以质量保证赢得信誉，以人才育成赢得未来，立足国内，面向国际，对员工负责，对社会尽责，做有责任、有良心、敢担当的民族工业企业！

五、专家点评

铁锚是专业从事玻璃深加工研发、生产、销售与服务的生产厂家，具备完善的质量管理体系和先进的制造工艺与装备，满足轨道交通特种安全玻璃加工与产品检测要求。20 多年来，该企业专注特种玻璃领域，是全球轨道交通特种玻璃骨干企业，在行业技术进步中的地位与领先作用明显，竞争优势突出。

近年来，铁锚在保持轨道交通特种玻璃翘楚的同时，不断加大技术研发的投入力度，通过技术创新和工艺提升，配置国内外先进的生产与检测设备，向航空、特种车辆、船舶等领域进军，形成一批具有自主知识产权的关键技术研发成果，完成了海陆空多种装备的项目配套，为国家战略新兴产业的发展贡献力量。

江苏大学材料科学与工程学院党委书记　杨娟

铝加工制造业发展下的探索与实践

一、总体情况简介

江苏鼎胜新能源材料股份有限公司（以下简称“鼎胜新材”）位于江苏镇江京口工业园区，于2003年8月注册成立，注册资金4.33亿元，占地面积近1000亩，目前拥有员工2700余人，是基于新材料技术成立的铝加工行业生产及销售的龙头企业，主要生产铝及铝合金板、带、箔及涂层材等多种系列铝材产品。鼎胜新材发展迅速，产品质量稳定，于2018年4月18日A股上市，股票代码“603876”，并荣膺制造业单项冠军示范企业。

二、突出优势

鼎胜新材2017—2019年铝箔产销量、市场占有率均位居国内同业企业第一名，2018年在中国铝箔十强评选中获得第一名，获得工业和信息化部颁布的国家单项冠军示范企业。鼎胜新材是中国有色金属加工工业协会副理事长单位，全国有色金属标准化技术委员会会员，是江苏省创新型领军企业，同时也是国家级高新技术企业。近年来公司研发投入不断提高，每年都超亿元。

鼎胜新材空调箔国内市场占有率达35%以上，出口产品占总销量的30%以上，节能型高性能空调箔成为韩国LG海外独家供货商，对松下、格力的供应量在60%以上，半刚性容器箔国内市场占有率达80%以上；容器箔产量位居全国第一，高精度铝箔产品连续5年全国产量、销量第一，铝箔产品出口位居全国第一。

鼎胜新材现拥有江苏省企业技术中心、江苏省工程技术研究中心、JITRI-江苏鼎胜新材联合创新中心、江苏省博士后科研工作站、江苏省研究生工作站、镇江市高精级铝箔研究院、镇江市新能源动力电池铝板带箔企业重点实验室等多个省市级研发平台。在上述研发平台的基础上，持续创新研发，2019年鼎胜新材建立了研发中心，下设四大研究院，提升内部技术人才科研目标性与激励性。

2019年，鼎胜新材与江苏省产业技术研究院共同建立JITRI-江苏鼎胜新材联合创新中心，通过创新平台建设，集聚创新研发资源（人才队伍和研发设备），形成自主创新优势；通过先进技术成果转移和转化，有效提升行业及上下游企业整体技术水平，在本行业有效推进绿色制造和智能制造发展战略，加快产业转型升级，提高发展质量，形成材料、工艺、装备、产品全创新链，夯实铝加工产业可持续发展基础，提高公司行业地位。

鼎胜新材具备较强的合金研发能力，在多种产品中创新性运用新的合金成分与配比，有效地提高了产品的组织均匀性、延展性、强度、深冲性能、平直性等各项性能，满足客户的不同需求，如自主研发的电池箔，采用江苏鼎胜特有的合金配制工艺，通过合理调整铁硅比，控制铜钛等其他微量元素的手法，促进产品内部有利于性能指标的第二相化合物的产生和固熔体的析出，从而有效控制产品的机械性能。

鼎胜新材积累了丰富的生产制造经验与生产组织经验，生产工艺水平先进，创新性地研制出大卷径化、高速化、绿色化和宽幅化等生产工艺，并成功用铸轧工艺生产出性能稳定的双零箔毛料和 PS 基板等，具备显著的成本优势。

三、典型经验

（一）企业研发创新情况

鼎胜新材现有研发人员 232 人，其中本科以上 223 人，积累了一批优秀的技术研发、生产、销售与管理人才，保障了企业产品不断适应市场需求、生产过程精细化管理与控制、产品销售推广并快速占领市场。同时，公司积极利用与江苏大学产学研合作优势，专兼结合，利用博士后工作站和研究生工作站，共同引进和培养高层次人才。通过智力引进、联合攻关、技术开发、人才培养等形式，进行技术合作和交流，在新产品、新工艺研发等方面的技术创新能力有较大提高。

鼎胜新材目前已获授权专利 65 项，其中发明专利 32 项，至今共参与制修订国家标准 19 项，行业标准 8 项，拥有高新技术产品 5 件。鼎胜新材多年来累计承担国家、省市级各类重大科技专项 10 余项，主要有国家火炬计划 1 项、江苏省重点研发计划 1 项、江苏省上市培育计划 1 项、江苏省知识产权战略推进计划 1 项、江苏省新兴产业标准化试点 1 项等，2019 年和 2020 年公司连续获得了中国铝箔创新奖及最具潜力汽车材料创新奖。

鼎胜新材近年来研发的热交换器用高性能铝基复合箔材项目承担了 2016 年的江苏省重点研发计划项目，并在 2019 年成功结题，受到评审专家的一致好评；该项目还分别获得了中国铝箔创新奖及 2019 年、2020 年最具潜力汽车材料创新奖。

鼎胜新材 7S 管理模式下的铝箔生产现场实景

（二）工艺创新、设备升级

鼎胜新材在对国际先进设备研究学习的基础上，逐步掌握设备制造与操作工艺，具备设备创新设计能力。与设备供应商合作，供应商根据鼎胜新材先进的设计理念生产相应设备，同时鼎胜新材辅以领先的板型仪、测厚仪等检测系统，在保证设备先进性的基础上，一方面降低了固定资产投资成本，另一方面通过对设备的自主创新设计大幅提高了生产效率，为市场份额持续扩大奠定基础。

（三）管理制度升级

为营造创新环境，鼎胜新材建立创新改进激励制度。设计了完善产品研发设计流程，主要包括立项调研、立项审批、项目实施、批量生产 4 个步骤。流程的每一个步骤都有对应部门负责实施，例如立项调研就由技术质量研发部和销售部共同负责，组织的定期研究与分析，从而实时掌握铝产品市场变化，使得产品研发工作能够有的放矢，实现新的经济增长。

鼎胜新材铝箔分切机设备运行现场实拍图

四、未来发展展望

鼎胜新材在“双循环”新发展格局中要找准定位、担当作为，在“产业强市”的主战场上鼎力合作、臻强致胜。将继续加快绿色制造步伐，累计投入资金不断优化能源结构，坚持推动铝工业绿色健康发展，加强节能管理与实施节能改造；聘用日本首席技术官带领绿色短流程、钎焊材料、功能涂层材料、铝资源再利用四大研究院争取更加优异的成绩。争做承担社会责任、回馈社会、善待员工、有温度、有格局的企业，做有家国情怀的企业。鼎胜新材将秉承工匠精神，扎根实业、深耕主业，精益求精、追求极致，把核心产品做得更专更精更优，立志打造百年品牌。2021 年冲刺百亿已成为鼎胜新材心中的目标，鼎胜新材将审时度势，锐意进取，谋深谋远未来发展战略，进一步扩展产业布局，开启二次创业征程，勇当行业领跑者。

五、专家点评

鼎胜新材采用绿色短流程的连续铸轧法生产坯料基材，以多种性能组合技术及高精度铝箔为开发关键，发展至今已经成为产量世界第一的铝箔制造商。鼎胜新材的优势不仅在于有众多国际先进设备生产线，还在于拥有能够保持稳定生产的生产技术。

由于顾客对空调换热器用铝箔的要求不断增加，希望达到高性能的表面处理及高速且精密的加工性。为率先满足这一要求，鼎胜新材在推进确立可靠性分析评价方法的同时，还进行产学研合作，实现了技术革新。另外，鼎胜新材还将在生产空调箔、单双零箔时积累的技术经验广泛应用于 EV 汽车用高塑性电池用铝合金材、超薄化高性能电极材、高清洁食品药物用铝箔材的开发及量产化，同时也开创性地使用冷轧复合技术进行钎焊用冷轧复合翅片材、管材的产业化，应用于汽车、工程机械等领域。

鼎胜新材今后将继续作为引领世界铝箔技术的龙头企业，致力于进一步的研究和开发。

日本驻鼎胜新材首席技术官　川崎拓

高瞻远瞩探新路　全球角逐竞第一

一、总体情况简介

江苏亚星锚链股份有限公司（以下简称“亚星”）创建于1981年，原名靖江锚链厂，2000年改制为有限责任公司，2008年整体变更为江苏亚星锚链股份有限公司。专业化从事船用锚链和海洋系泊链的研发、生产和销售，为世界各地的船舶和海洋工程设施配套，是目前全球规模最大、技术领先、综合实力最强的锚链、系泊链研发和制造企业，已连续五年名列行业生产、销售、出口第一，在世界锚链制造行业处于首席地位；是国家高新技术企业、制造业单项冠军示范企业，船舶配套业第一家在国内A股上市的企业；公司建有国家级企业技术中心、省级工程技术研究中心和省级企业重点实验室，在锚链和系泊链研发制造方面拥有多项科研成果和自主核心技术。产品获得中国船级社CCS、美国船级社ABS、法国船级社BV等全球11家船级社的认可，65%出口到50多个国家和地区，是荷兰壳牌、法国道达尔、巴西石油等国际顶级石油公司的合格供应商。

亚星主要产品为ϕ12.5~ϕ220mm的M2、M3级船用锚链和附件以及ϕ50~ϕ200mm的R3、R3S、R4、R4S、R5和R6级海洋平台系泊链及其配套附件。2014年，“超高强度R5系泊链”项目荣获国家科学技术进步特等奖，2019年，“大型船舶与海洋结构物锚泊系统关键技术及应用”项目荣获2018年度江苏省科学技术二等奖。

二、突出优势

（一）创新驱动，角逐行业巅峰

2004年通过市场调研分析发现，发达国家已经从浅海向1000m以上的深海开采石油，大量深海石油开采设备将投资建设，很多国家都将重点转向了海工产品，海洋系泊链的需求必将大增。为此，亚星加大研发投入，从等级低的R3级系泊链着手，自主研发海洋石油平台系泊链。R3级产品成功后，亚星又继续进行产品升级研发，先后研发出R3S、R4、R4S、R5不同强度等级的系泊链。R5 级系泊链的研发成功，填补了国际上高强度系泊链批量规模生产的空白。R5 级系泊链作为中国海洋石油首座深海钻井平台项目——“超深水半潜式钻井平台研发与应用”的“定海神针”，荣获 2014 年度国家科学技术进步特等奖。

在产品自主研发中，亚星探索适合自己特点的研发模式，重点突出新产品的技术关联性和同类性。亚星充分发挥技术优势，做足“链”衍生产品，快速掌握产品与设备研发技术，减少研发风险，加快投入应用。目前，承担国家重大科技专项等国家级项目 3 项、省级科技成果转化专项资金项目 1 项。拥有有效发明专利 23 项，实用新型专利 98 项，国际 PCT 专利 1 项，实现了产品多元化和技术升级换代，从船舶行业向海洋石油行业的跨行业转型发展。

国家科学技术进步奖

证　书

为表彰国家科学技术进步奖获得者，特颁发此证书。

项目名称：超深水半潜式钻井平台研发与应用

奖励等级：特等

获 奖 者：江苏亚星锚链股份有限公司

中华人民共和国国务院

2014 年 12 月 12 日

证书号：2014-J-210-0-01-D14

亚星“海洋石油 981”深水半潜式钻井平台及 2014 年度国家科学技术进步特等奖证书

（二）资本扩张，打造创新后盾

与技术创新同步，亚星不断推进资本扩张。2000 年，亚星成功收购了国营马鞍山锚链厂 51% 的股份，并于 2001 年收购了其余 49% 的股份。通过品牌输出，马鞍山公司迅速焕发出生机与活力，而亚星的产能也由此扩张了一倍。2007 年，亚星出资 1.4 亿元成功收购了正茂 55% 的股权，收购完成后，又增资 1.2 亿元扩大股比，与中船集团建立紧密战略协作关系。

2010 年 12 月 28 日，亚星锚链在上海证券交易所上市，募集资金 20 多亿元。此举为公司的创新转型升级打造了强大的后盾，为系泊链产业的发展提供了重要支撑。

（三）抢抓机遇，提高市场份额

2016 年以来，国际船舶行业持续低迷，但海工行业却异军突起，发展迅猛，亚星瞄准这一难得机遇，围绕打造“世界海工系泊链产品王国，做全球行业第一”的目标，抢占海工系泊链高端市场。为此，亚星一方面内强素质，推出科技含量高、性能优越的新产品，实现了从被动满足客户需求到主动参与设计，再到逐步掌握越来越多行业话语权的华丽转身；另一方面外树形象，积极与世界各大石油公司接洽，顺利通过了壳牌集团、道达尔公司、挪威国家石油公司、巴西国家石油公司等顶级石油企业的合格供货方审查，成功叩开了国际高端产品用户大门。在船舶行业经济指标整体下滑的前提下，公司产品的市场占有率不仅没有下降，而且稳中有升，其中系泊链的市场占有率提高了 50%，系泊链的上升很好地弥补了船用锚链的不足。

三、典型经验

（一）创新是企业发展的不竭动力

亚星一直致力于科技创新。依托企业自身研发机构，国家级企业技术中心、江苏省系泊链设计与应用技术重点实验室和江苏省海洋系泊链工程技术研究中心，攻克了代表当今制链最高水平的 R5、R6 级超高强度系泊链，该产品的研发成功，打破了西方国家对此技术 30 年的垄断，并掌握核心关键技术，为我国的深海石油开采技术提供了有力的支持。

（二）标准是掌握行业话语权的法宝

亚星将标准化上升到战略层面，积极参与国内外技术交流、标准和规范的制（修）定等活动，通过标准竞争获得产业领先能力，形成先发竞争优势。先后主导制定了国家标准《电焊锚链》（GB/T 549—2017)、《系泊链》（GB/T 20848—2017)、《金属和合金的腐蚀　应力腐蚀试验　第 7 部分：慢应变速率试验》（GB/T 15970.7—2017）和国际标准《海洋系泊链》（ISO 20438：2017)，并为中国船级社 CCS、国际船级社 IACS、美国船级社 ABS 和挪威船级社 DNV 的系泊链标准制定提出了自己的见解。通过这些活动，提高了我国在国际海工标准制定中的话语权，为国产海工装备走向世界占据了更多的主动性。

2015 年，当时全球系泊链规范和标准大都参照 ISO 1704：2008《船舶与海洋技术——船用锚链》，但这个标准是针对船用链的，并不能完全适用于系泊链；另一方面，随着系泊链行业的日益发展，需要相应的标准来指导制造商的生产和检验行为，为客户设计和选用系泊链提供参考依据。亚星于 2015 年申请国际标准海洋系泊链立项。标准从立项到发布只用了短短两年时间，ISO 20438：2017《船舶与海洋技术——海洋系泊链》于 2017 年 6 月正式发布，该标准由亚星牵头主持编制，是世界上首个专门关于系泊链的国际标准。该标准的编制和发布，是中国企业在海工配套装备标准制定方面的一次重大突破，意味着全球系泊链设计和生产都将执行中国标准，也标志着亚星在系泊链制造生产和技术研发上达到世界领先水平，企业在国际标准化活动中拥有了更多话语权。

（三）产学研合作是集聚创新资源的重要途径

亚星重视与科研院所的合作，坚持走协同创新之路。先后与上海交大开展钢微屈服性能试验、断裂韧性试验研究；与郑州大学开展模拟深海环境中系泊链钢的氢致延迟断裂行为研究；与江苏科技大学研制焊接控制系统；与中船重工第 702 所开展海水疲劳试验研究；与宝钢集团、兴澄特钢共同开发系泊链材料等，产学研的深度融合为海洋系泊链科技成果产业化提供了有力的技术支撑。

2020 年，在反复试验，保证强韧性的基础上，从材料、结构、工艺和设备等方面进行深入研究，解决了抗海水腐蚀、抗应力腐蚀、抗疲劳等技术难题，突破了国内外一致认定的超高强度钢在海水中氢脆的禁区。全球首制的直径 89mm 超高强度 R6 级海洋系泊链，顺利通过了 DNVGL 船级社的认证，成为世界首家获得 R6 级系泊链产品认证的企业，填补国际空白。该产品已成功交付全球首个订单，应用于招商局重工（江苏）有限公司 CM-SD1000 型中深水半潜式钻井平台，每根长度约为 2500m，总长度超过 2 万 m，在满足南海、墨西哥湾、西非、中东等海域 300~1000m 中深水作业需求的同时，可有效降低平台载荷，具备较高的市场竞争力。R6 级系泊链可满足我国新型中深水海洋钻井平台安全、绿色作业的需求，为“国之重器”提供重要保障。这标志着我国率先成功研制出了 R6 级系泊链，填补了国际空白。

亚星 R6 级系泊链发货仪式

（四）军民融合是企业腾飞的重要助力

海洋工程装备产业是典型的军民融合型产业，亚星通过承担一系列军用锚链的研制，包括大船锚链、高强度链、低磁锚链、悬挂链等，将超高强度系泊链技术应用于相关设备，使其满足大船、大型驱逐舰、扫雷舰、侦查艇、深海浮筒和浮标等军用设施的特殊要求，有力地促进了我国海洋军事装备的提升。

此外，公司还积极参与国家的军民两用半潜船等的设计、制造与生产，包括码头仓储、浮式船坞、军民两用基地、海洋保障基地等等，相关技术在军民两方面都有巨大的应用前景。

四、未来发展展望

作为稳固海洋石油钻井平台的“生命链”，系泊链市场空间很大。让亚星成为世界上系泊链最重要、最主要的供应商是亚星的下一个目标。为此，亚星投资 10.23 亿元建设海工装备产业园，产业园总建筑面积 15.9 万 m^2，建设高强度系泊链生产线 6 条。项目建成后，将形成年产海洋工程锚泊系统高强度系泊链 9 万 t 的生产能力。

亚星更是果断选择了走智能化、高端化之路，新厂区建设的智能化车间将采用信息化、自动化设备，运用微合金、系泊链低氢脆敏感控制等先进成熟工艺。这里将迅速崛起一个智能化的海洋系泊链制造基地，亚星正在向系泊链世界行业冠军的目标迈进。

浙江大华技术股份有限公司

全球领先的以视频为核心的智慧物联解决方案提供商和运营服务商

一、总体情况简介

浙江大华技术股份有限公司（以下简称“大华股份”），是全球领先的以视频为核心的智慧物联解决方案提供商和运营服务商，以技术创新为基础，提供端到端的视频监控解决方案、系统及服务，为城市运营、企业管理、个人消费者生活创造价值。

大华股份的营销和服务网络覆盖全球，在国内32个省市设立200多个办事处，在亚太、北美、欧洲、非洲等地建立56个境外分支机构，为客户提供快速、优质服务。产品覆盖全球180个国家和地区，广泛应用于公安、交管、消防、金融、零售、能源等关键领域，并参与了中国国际进口博览会、G20杭州峰会、里约奥运会、厦门金砖国家峰会、老挝东盟峰会、上海世博会、广州亚运会、港珠澳大桥等重大工程项目。

大华股份作为国家高新技术企业，2008年5月成功在A股上市（股票代码002236），公司拥有国家级博士后科研工作站、是国家认定企业技术中心、国家创新型试点企业，现拥有4项国家火炬计划项目、5项国家高技术产业化重大专项、2项国家核高基项目。公司申请专利超3700项，其中申请国际专利240多项，2008—2019年连续12年被列入国家软件企业百强；连续13年荣获中国安防十大品牌；连续14年入选 *a&s*“全球安防50强”，2020年排名全球第二位；在Omdia2020发布的报告中，全球CCTV和视频监控市场占有率排名第二位，是中国智慧城市建设推荐品牌和中国安防最具影响力的品牌之一。

二、突出优势

（一）精准投入研发，构筑核心技术竞争力

1. 云计算与大数据产品和服务

大华股份以云计算、大数据技术为基础，结合行业特征，构建以视频为核

心的大数据平台架构，推出视频云存储、云数据库、向量数据库、容器云、视图云智能、大数据平台、数据计算平台、数据挖掘等产品与服务，与大华边缘和前端感知产品协同，实现存储、计算、网络、算法的和谐分布，满足客户全网络不同场景的计算和存储需求，全面应用于智慧警务、智慧交通、智慧司法、应急智慧、智能楼宇、智慧家庭等城市级、行业级、消费者市场。

2. 人工智能

人工智能是公司的核心战略之一。大华股份持续加大资源投入，扩建用于人工智能算法训练的超大规模计算中心和数据中心，重点研究基于应用场景的核心算法，在多个算法领域具备行业领先的核心竞争力，并实现在全系智能产品和解决方案的商用化覆盖，加速人工智能产业化应用落地。目前大华股份的人工智能算法主要聚焦在人脸、智能交通、行为分析、物品分析、导航定位、多维感知、智能编解码、智能音频等技术领域，广泛应用于公安、交通、金融、社区、能源、教育等行业解决方案。2019 年发布新一代的“巨灵”人工智能平台，构建业内领先的人工智能开发平台，整合计算中心、数据中心、训练中心，具备数据管理、算法训练、跨硬件平台优化、集成部署、自动化测试的人工智能全链路开发要素，提供算法研究和应用的基础保障，提升人工智能研发效率，加速端到端的人工智能产业化。目前，大华股份构建了围绕视图智能、3D 智能、多维智能、控制智能四大板块核心算法体系，成功研发落地了 100+ 行业场景算法，已实现交通、制造、能源、零售、教育等多个领域的产品和解决方案的全面覆盖。

3. 软件平台

大华股份持续加大对软件平台的投入，基于综合视频物联平台，向贴近行业业务的细分行业软件平台拓展，并基于对行业业务的深入理解和先进技术的应用进行平台架构的持续演进和迭代。同时，不断优化和丰富软件平台基础和行业公共组件、场景化套件，如设备管理、权限管理、用户管理、组织管理、视频管理、数据管理、智能分析、多算法仓、布控预警、融合检索等，并通过统一的公共技术框架和规范，实现各种基础能力的自由组合，满足各行业大中小场景化的应用需求，使复杂的端到端的软件方案变得易实现，并能高效、灵活地交付。

（二）优化全球化营销和服务体系，有序推进海外业务增长

在国内市场，大华股份建立了面向战略沙盘的客户管理体系，并基于沙盘对客户进行分层分类的管理，以提供更优质的服务。大华股份在城市级市场、行业级市场、消费者市场深耕细作，增加客户覆盖的广度与深度，并面向一线贴近客户加载资源、贯通流程，快速响应和满足客户的需求。在海外市场，大华股份进一步加强营销服务网络的覆盖和建设，并强化本地化经营能力，精细化管理和运营分销渠道，加大对行业客户的拓展。同时，大华股份也形成了一系列面向政府、交通、零售、能源等多个行业的智慧物联解决方案，助力海外业务持续增长。

大华股份产品中心系列

（三）强化全球供应能力建设

大华股份持续打造智能高效供应链，面向全球市场建立高效低成本的供应体系。基于集成计划拉通市场端，持续开展供应布局和提升供应柔性。通过提升预测准确度、物流及时性、库存管理能力等，管好商机到交付，提升客户满意度。在智能制造方面，依托大华自身智能制造能力，提升了产品及制造数字化及信息化水平，确保供应链运营效率。增强设备系统互联，加强数据采集与数据分析应用能力，提升了产品制造标准化水平，实现产品质量稳定可控。

大华股份持续对富阳生产基地进行扩产升级改造，以确保公司业务的稳定发展。目前富阳生产基地利用公司自身智能制造能力，包括自动化生产线、机器人、机器视觉、工业互联平台等，全面提升工厂的自动化和信息化水平，实现柔性生产和快速交付。

（四）加强人才队伍建设，助力公司可持续发展

“以客户为中心、以奋斗者为本”是公司企业文化的核心。通过以客户为导向的业务流程与组织建设，大华股份将为客户创造价值作为每一位员工的工作指引及绩效评价标准，同时，公司始终坚持“以奋斗者为本、与奋斗者共赢”的价值导向，持续优化绩效评价与薪酬分配体系，并推动短期与长期激励

并举的多样化激励措施，使得高绩效人才获得可持续性的薪酬与精神激励。

三、典型经验

（一）持续加强研发的精准投入，不断提升技术创新能力，增强核心技术实力

大华股份坚持以技术创新为核心，保持研发的大规模投入。2019 年，大华股份研发投入 27.94 亿元，同比增长 22.35%，占营业收入 10.69%。除了对传统的视频技术保持投入，持续加强对人工智能、大数据和云计算、5G、网络安全、软件平台、机器视觉和机器人、多维感知等技术领域的研究、开发和产品化，以客户需求为导向快速响应和迭代。

大华股份深入洞察行业与技术发展趋势，持续构建以“全感知、全智能、全计算、全生态”为基础的技术体系，提升面向客户业务痛点的端到端综合解决方案能力，建立面向具体场景的应用解决方案，支撑各行业的数字化转型和智能化升级。

（二）加强软件研发能力建设和下沉，加快对客户定制化需求的响应

大华股份软件架构能力进一步增强，面向公安、司法、应急、交通、智能楼宇、金融、能源等行业多个场景发布行业软件平台。并成立上海、浙江、山东、陕西、四川、广东、广西等省区软件能力中心，覆盖本地及周边地区的软件研发支撑。同时，大华股份在欧洲与美洲分别成立软件研发分部，吸纳当地优秀的软件人才，组建国际化研发团队，贴近客户，开展软件平台本地化开发，大幅提高了客户需求响应速度。

（三）深入理解客户业务，聚焦战略机会点管理，提升体系化营销能力

大华股份持续以客户需求为导向，深入理解客户业务，逐步构建和完善基于客户沙盘的业务与项目运作能力，为不同类型的客户提供多层次的解决方案。在国内市场，持续推进技术营销能力建设，建设省区产品与解决方案能力中心，强化面向客户与业务一线的产品与解决方案上市管理。在海外市场，不断落地精细化管理，持续推进渠道下沉，增强行业拓展能力，构建合作生态，有序开展业务布局。

大华股份加强战略机会点的管理，发现并抓住高速自由流等一系列新机会空间快速研发并交付针对性的产品和解决方案，扎实落地客户业务价值。

（四）推进全球化营销网络建设，成立研发分中心，深化全球供应布局

大华股份拥有全球化的业务布局，在国内和海外市场都有广泛的营销网络和业务覆盖。通过培育国际化的营销管理团队，建设本地化的营销、研发、供应、服务中心，逐步提升海外子公司本地化运营能力，持续优化营收结构，并进一步实现全球市场的扩张和业务的升级。同时，面对复杂的内外部环境，公

司持续建设合规运营体系、安全体系、质量体系，保障公司规范运作。

2019 年，大华股份在成都建立西南智慧基地，布局人工智能、大数据、云计算等核心技术人才，以满足不断发展的业务需求。公司供应链精细化运营能力持续提升，不断推进全球供应网络建设，除中国杭州总部外，目前已在匈牙利、墨西哥等国家建立区域供应中心，在核心物流集散中心荷兰、迪拜等建立区域 HUB 仓，年度内新增数十个生态化 RMA 网点，授权数十个技术服务合作方，形成多级供应网络和生态服务体系。

四、未来发展展望

大华股份基于对客户多元化需求的深入了解，将继续发展工业互联网领域相关业务、视讯协作、专业无人机等新兴业务。

工业互联网领域业务：1）机器视觉业务。依托公司在视频领域多年的 AI 技术积累和物联网生态圈，持续进行产品的软硬件技术开发和算法平台产品迭代，正在形成以算法平台软件为核心，叠加工业相机、智能相机、线扫相机、智能传感器、3D 相机和镜头等产品，为客户提供端到端的工业视觉产品解决方案并得到较好应用。2）机器人业务。持续进行移动机器人、行业机器人等产品、核心技术以及行业应用系统的开发，已应用于智能制造和智能巡检的多个行业。

视讯协作业务：不断优化产品，进一步丰富产品线，为客户提供完整的视频会议解决方案，支持应急指挥、远程医疗、远程教育、远程办公协作等场景和应用。

专业无人机业务：持续进行飞控算法、整机动力系统、行业智能化应用技术的开发，并取得较好的效果，已应用于油气田巡检、石油管道巡视、警务协助、消防灭火、航空拍摄、航空监控、电力巡线、国土绘测、安防监控、森林防火、海事巡查、应急救灾、地质勘测等多个领域。

五、专家点评

大华股份围绕视频物联、人工智能、大数据、智能制造等技术创新，通过持续投入和培育技术创新力量来提升企业的综合竞争力，不断利用自身在技术研发、方案设计、服务支持和运营参与等各方面优势进行全方位的行业渗透和扩张，践行“让社会更安全，让生活更智能”的使命，以卓越品质与服务立足市场，为客户创造更多价值，为构建一个安全、智能、便捷、高效的社会而不懈努力。大华股份目前已是全球安防龙头企业，市场占有率连续多年蝉联全球前二，充分体现了浙江企业弄潮儿的创新拼搏精神，是浙江民营企业的典型代表。

浙江大学信息与电子工程学院教授 / 博士生导师　张朝阳

博德高科：一根丝改变世界

一、企业单项冠军总体情况简介

宁波博德高科股份有限公司（以下简称“博德高科”）前身为宁波博威麦特莱有限公司，创建于 2006 年，是博威集团旗下的核心制造型子公司，也是专业从事单向走丝电火花加工用切割丝（简称“EDM 切割丝”）研发、生产、销售服务于一体的重点高新技术企业，全球高端精密切割丝引领者。

博德高科是全球高端精密切割丝研发、制造企业，旗下德国贝肯霍夫公司拥有近 132 年历史，是享誉业界的高端精密切割丝的推动者，拥有的“bedra”品牌是行业全球知名品牌。博德高科秉承百年贝肯霍夫的德国技术、德国标准和德国管理，致力于高端精切割丝产业的研发创新和生产制造，持续推动全球高端精密切割丝的发展，为全球客户提供整体解决方案，提升世界工业制造精度和速度，推动时代进步。

二、突出优势

（一）强劲的竞争优势和技术先进性

博德高科体现出强劲的竞争优势及技术先进性，专注于切割丝研发 10 余年，凭借其强大的实力并购了享誉欧洲拥有 130 余年历史的切割丝知名企业 Berkenhoff 公司，同时通过中德研发协同，将精密 EDM 切割丝规格从最初的 0.33mm 做到了 0.015mm，达到目前世界最高的制造水平，助推全球工业制造的精度达到微米级。

博德高科通过 10 余年的研发创新，已经成为世界精密切割丝领域拥有自主知识产权最多的企业。拥有 130 多项有效专利（含子公司贝肯霍夫公司专利），其中核心专利 100 余项，主要分布在欧洲、美国、日本、中国、俄罗斯、墨西哥、韩国、加拿大、巴西、马来西亚等国家和地区。同时还有数十项国内外发明专利正在审核中，推动全球精密切割丝产业快速发展。

博德高科牵头制定了我国首个行业标准 YS/T 868—2013《单向走丝电火花加工用黄铜线》和首个国家标准 GB/T 37501—2019《数控机床用单向走丝电火

花加工用黄铜丝》。

博德高科已成为目前全球切割丝产品种类最齐全的企业，引领切割丝新产品研发方向。拥有 20 余种规格、80 多个品种，服务于航空航天、智能制造、精密钟表、汽车制造、医疗器械、电子通信、精密模具、家用电器等行业中高端精密的特种加工环节。目前全球市场产销量第一，产品质量、美誉度和高端客户占有率全球第一，价格最高，并且收购全球第一“bedra”品牌。

（二）高强度研发，以品质决胜

一根远比头发丝还细的金属丝，似乎弱不禁风，而一旦通上电，却瞬间锋利无比，变成神奇的“锯子”，具有切割坚硬钢材的力量，成为精密零部件制造的关键工具。相比其他切割手段，切割丝的切割精度更高、速度更快，切割出来的产品断面也更加光洁。而切割丝越细，切割出来的零部件才能越精密，这根丝的粗细某种程度上决定了一个国家高端精密制造的水平和能力。

中国在切割丝领域起步较晚，之前国内最细的切割丝只能做到 0.1mm，而博德高科目前已经做到了 0.015mm，达到了微米级的精度。这根获得了 15 项发明专利的切割丝，细到在相机镜头面前好像“隐身”了而难寻“蛛丝马迹”。

博德高科坚持高强度的研发投入，吸引了国际顶尖研发人才和技术人才的加入。博德高科已拥有专职研发技术人员近百人，以德国研发团队为主导，包括国家“外专千人项目”专家、高级技术专家、高级工程师、专业博士生及硕士生等；还有各类型的设备技术人员、质量控制人员数十人，专业人员则有金属物理化学、塑性加工、焊接、热处理、产品检测、设备计量管理、微机控制、工程分析、电沉积等多学科的科技人才，结构合理，研发人员的整体素质高并具有丰富的研发工作经验和较高的研发技术水准及创新能力。

博德高科还构建全球性的研发平台，与世界 500 强公司展开深切合作，如瑞士阿奇、日本三菱、德国大众等，不断研发出新型高精度细丝产品，搭建产学研用平台，实现人才、智力、项目的三结合，有效促进企业技术发展与产业升级，助推中国制造走出去战略的实施，推动时代进步。

要生产直径 0.015mm 的切割丝，对生产工艺、质量管理都有极高要求。为提升产品技术及研发制造水平，更好地为客户创造价值，博德高科投入大量资金从德国、挪威、日本、英国、意大利等国家和地区引进全球领先的制造设备和检测仪器，保证了生产的先进性及新产品技术研发的准确性。博德高科的产品可以根据不同客户的要求，按照德国 DIN 标准、美国 ASTM 标准、英国 BS 标准、日本 JIS 标准、中国 GB 标准生产，并严格按照 SGS 公司 ISO 9001 质量管理体系执行生产检测，为了提升管理水平，博德高科先后推行德国 SAP 系统、CRM 客户管理管理系统、CAE 计算机辅助工程系统、IBM 公司的项目管理、精益生产等国际领先的管理系统，生产按照德国制造企业的管理模式进行，并结合自身实际及精密细丝产业特点，构建了一体化的行政管理体系及人力资源管理体系。

（三）发展效益迅猛，持续为客户创造价值

博德高科以市场竞争需求为导向，通过强化专业服务，不断为客户提供增值服务。目前博德高科拥有一支专业的技术服务团队，在全球设有 4 个技术服务中心。全球化市场，本土化专业服务，博德高科始终走在业内前面。

随着“互联网＋工业”的到来，博德高科率先在行业内开始进行自动化、标准化、信息化、数字化和智能化的改革，打造智能工厂。通过打造智慧工厂，优化智能制造供应链，快速链接市场与客户，满足客户的定制化需求，博德高科在全球市场竞争中，始终掌握研发和市场的主导权，持续引领行业发展。

三、典型经验

（一）通过并购实现跨越式发展

博德高科是一家专业从事高端精密切割丝、精密焊丝、精密电子线的研发、生产、销售服务的高新技术企业。拥有上海证券交易所主板上市企业的博威集团，因为看到了切割丝在制造业的广阔应用场景，于 2004 年关注到切割丝相关领域，2006 年专门成立子公司（即博德高科的前身）专攻切割丝。经过几年摸索，博德高科很快发展成中国切割丝的领头企业。

博威集团请来了一家国际著名咨询公司，为博德高科的企业发展提供战略规划，定下的企业目标是“要做一个引领行业发展的一流企业”。博德高科转换了产品思路，聚焦于高端金属切割丝。为此，博德高科要对标全球先进企业，进行自我革命，重塑生产力和竞争力：一是进行生产技术改造，提升产能与生产技术水平；二是加大研发投入，持续提升研发能力，掌握行业前沿科技，以满足市场不断增加的高端需求。

在坚定持续加大研发投入和提升研发能力的同时，博德高科积极整合全球智慧与资源，2012 年关注到两家国外企业，2014 年，博德高科开始与这两家企业接触，寻求合作，最终将目标确定为德国贝肯霍夫公司。贝肯霍夫公司成立于 1889 年，是切割丝行业的鼻祖和全球高端精密切割丝引领者，其创始人贝肯霍夫先生最早研发出切割丝，发明了世界上第一台多种金属细丝拉伸设备并获得专利。该公司一直专注于精密切割丝、精密电子线、精密焊丝的研发制造，其品牌享誉全球，后来转入某金融机构旗下，却因经营管理不善而出了问题，其时正有意出售。

但谈判过程异常曲折，经过不懈努力，中、德双方在技术、管理、品牌与

市场协同方面达成了一致，2015 年 9 月，博德高科正式收购了贝肯霍夫公司 100% 的股权。

此次收购之后，博德高科通过中德双方协同研发等方式，把德国技术与中国创新和市场优势进行了完美的结合，发挥出超过“1+1>2”的效应，从而实现了跨越式发展，成为切割丝行业的全球引领者，并推动中国制造企业应用精密切割丝的范围和水平得到了大幅度的扩大和提升。

（二）学习、对标和超越德国企业

如果说，并购企业难，并购之后的管理和整合更难。如今，博德高科在中国宁波、德国和越南的工厂，每天产出约 10 万 km 长的切割丝，其中大部分是高端技术产品，发展势头良好。

来到宁波的博德高科厂区，可看见围绕厂房外墙壁画了一圈与德国国旗相同的红黄黑三色彩带，厂房内部一头的墙壁上则有巨幅的贝肯霍夫先生画像。这既表现了对德国企业的尊重，更重要的是彰显了博德高科的理念、思路和选择：以国际化眼光、全球化的心态，学习、对标和超越德国企业，坚持发扬贝肯霍夫的精神，不断创新不断进步，成为世界第一的行业引领者，持续推动精密细切割丝产业的发展。

四、未来发展展望

博德高科从成立至今，已经研发出国际上第一代镀锌切割丝、扩散退火型切割丝、高精度镀层切割丝等 80 多个品种、20 多种规格的产品，并成功地推向市场，畅销中国、美国、欧洲、南美、中东、东南亚等 100 多个国家和地区，获得了客户的广泛认可和赞美。

博德高科将持续专注于精密细丝行业，将精密切割丝做到世界顶尖水平，助推全球工业制造的精度达到微米级。德国贝肯霍夫公司首席执行官 Sven Koboecken 先生表示：“博德高科值得尊重。我们对未来更加充满信心！”

舜宇车载光学：打造汽车“智慧之眼”的先行者

一、总体情况简介

宁波舜宇车载光学技术有限公司（以下简称“舜宇车载”）成立于2008年4月，是舜宇光学科技（集团）有限公司（香港联交所主板上市公司，股票代码2382.HK）的核心子公司，主要生产车载镜头，包括前视系列镜头、侧视系列镜头、环视系列镜头、后视系列镜头以及内视系列镜头，在新型车载光学用品领域，舜宇车载已成功开发HUD抬头显示仪、激光雷达镜头、智能大灯等车载光学产品。舜宇车载在2010年度荣获余姚市专利示范企业称号，2011年成为宁波市级企业工程技术中心并通过高新企业认证，在2012年、2017年、2019年多次荣获浙江省级、宁波市级科技进步奖，2014年获得国家重点新产品奖项，2018年被工业和信息化部评为制造业单项冠军示范企业，2019年被浙江省科技厅纳入省创新型领军企业培育名单，2020年获评为省级企业研究院。舜宇车载重视研发创新投入，2020年专职研发人员占职工总数的37%，R&D占销售额的比重超过6%。

经过十几年的发展，公司现已拥有了一支专业的市场营销、技术研发、制造品质核心团队，产品从设计到生产完全按照IATF 16949标准要求执行。现有客户遍及欧美、日本和中国，产品70%以上销往欧美、日本等国家，产品线丰富，可涵盖汽车影像相机的各类应用。通过与全球汽车零部件巨头CONTINENTAL、MAGNA、APTIV等建立的长期合作伙伴关系，并多次获得优秀供应商大奖，已有多款产品成功应用于宝马、奔驰、奥迪、福特等众多国际著名品牌汽车上。目前公司在全球车载镜头市场占有率连续9年位居全球第一，已成为国内最大、全球领先的车载镜头生产厂家。

舜宇车载镜头

二、突出优势

舜宇车载自成立 10 多年来，实施“名配角”战略和“国际化”战略，坚守车载光学镜头产业定位，做到产品“高”、主业“精”、技术“尖”，综合起来，主要表现在以下 4 个方面。

（一）主营业务专业化

舜宇车载主营产品是车载镜头，是汽车零配件的重要组成部分。目前公司车载镜头产品主要包括前视镜头、环视镜头、后视镜头、内视镜头等，其中前视镜头应用于车道偏离预警、远光控制；环视镜头、后视镜头主要应用于 360 度倒车影像；内视镜头应用于手势及面部识别等智能控制系统。已形成了系列化的应用，从最早的后视镜头，到自动驾驶辅助镜头，到车载 360° 环视全景影像停车辅助系统，公司已经在全球车载镜头领域占据了 30% 以上的份额。

近年来，舜宇车载成功研发全球首款多功能复合车载镜头，实现单颗镜头兼容一颗长焦镜头远距离清晰成像、一颗短焦大视场角的功能，以代替驾驶系统中传统单一功能的多颗镜头，使得镜头既能看得远又能看得广，通过该项目的研究与开发，开创了多功能复合车载镜头的设计先河。另外公司车载镜头的解像清晰度也从 VGA 级别、百万像素级别逐渐向 5M、8M、12M 的方向发展，最高像素可达 12M。同时车载镜头还能适应 5~105℃的完美解像，综合性能指标达到国际领先水平。

（二）核心部件自制化

舜宇车载车载镜头所应用到的玻璃镜片基本为企业自制。近年来舜宇车载在高精密的玻璃模压镜片技术难点的研究与攻克上卓有成效，玻璃模压镜片将在舜宇车载产品中广泛应用，进一步提升产品性能并控制成本，提高舜宇车载产品技术水平和市场竞争力，同时引领了市场、行业发展方向。

（三）工艺流程自动化

车载镜头的主要加工流程包括自动点胶—自动组立—外观检查—自动胶合—烘烤—打压—自动组立—信赖性测试—自动 MTF 检查—自动气密性检查—自动测试—自动组装等环节，在镜头点胶、组立、胶合等环节，舜宇车载均采用了国内外先进的自动化设备，在减少人员的同时提升了企业效益，在镜头测试检查的工艺中，采用的设备多数为进口高精度检测设备，为镜头的品质提供了有力保障，减少了产品的不良率，生产工艺达到国内领先国际先进水平。

（四）专利布局全面化

舜宇车载致力于新产品的研发与关键技术的突破，新技术专利申请量达 115 件，发明专利 97 项，授权专利达 23 项。配合公司战略与高端产品的研究开发，其中车载镜头新增 55 件发明专利申请，尤其是核心的 ADAS 高像素镜头进一步完善布局规划，新领域专利布局新增 42 项发明专利，进一步提高新领域的先导性。同时，舜宇车载全面推进实施《技术秘密管理办法》，健全公司知识产权管理体系，2020 年，舜宇车载完成 10 项重大的技术秘密认定与保护工作，全面保护公司技术创新成果。

三、典型经验

（一）先期技术创新

舜宇车载拥有先期产品及先期技术开发团队，按照技术优化、新技术开发和前沿技术研究三个层次来展开核心产品的技术研究。近年来，舜宇车载通过对 8MEGA 以上自动驾驶镜头产品线的布局，完成了应用于 ADAS 高清车载镜头的技术优化；通过元器件微纳结构设计、镜头主动加热工艺导入等关键项目研发，完成了新技术的开发应用；通过 AR HUD、DLP 智能大灯、3D FLASH 激光雷达、多面棱镜扫描激光雷达系统的开发，完成了新领域的前沿技术研究。

（二）管理能力创新

2019 年开始，舜宇车载制定 3 年战略规划，并根据战略规划分解各级方针和考核责任状，保障战略的落地执行。目前舜宇车载有各类制度 160 余项，涉及法人治理、基础管理、职能管理与业务管理的制度及规范性文件。这些制度的制订与修订有助于企业更快适应新的经营环境，提高运营效率，加速管理升级，规避经营风险。

（三）企业文化创新

舜宇车载秉承“共同创造”为核心价值观的文化体系，大力弘扬艰苦奋斗的创业精神、与时俱进的创新精神、和衷共济的团队精神，践行员工为本的发展理念、诚信敬业的职业操守、知行合一的品格追求、快速反应的行为作风，重点围绕管理理念学习、精神文化弘扬、员工行为准则宣贯、干部价值观完善践行、企业文化氛围营造等模块展开企业文化工作，通过不断对各项工作进行定期复盘等模式，提升各项工作的合规性、有效性、专业性，将企业文化与管理进行更好的融合。

（四）品牌建设创新

舜宇车载以市场为先导布局产品线，着眼于“名配角”定位，与各大国际知名汽车厂商建立联络并在产品合作上展开交流，进行实质性的产品评测先期技术趋势研讨，与车载相机行业领先的多家芯片商共同合作开发多款符合市场未来趋势的镜头并向客户推荐抢占市场先机，并与国际知名的相机方案解决商、全球知名自动驾驶企业建立更加紧密的合作，共同开发整体 ADAS/AD 解决方案的配套产品推广市场。同时舜宇车载还制订实施了品牌战略，并建立了完善的品牌培育管理体系并取得了良好的绩效。

（五）运营模式创新

近年来，舜宇车载在保障现有车载镜头领先地位的同时，进入了 HUD、激光雷达、智能大灯等新型车载光学产品市场，完成从车载镜头领域到自动驾驶领域的产品线全面布局。一方面积极探索新的业务拓展和营销模式，通过不断优化产品结构，实现各种不同产品之间的最佳组合，使舜宇车载的光学解决方案在产业链中的地位得到巩固，提升产品的附加值，为不同客户群体提供多元化的增值服务。另一方面，舜宇车载通过 IFMS、PLM、CRM 等智能工具系统的导入，有效地提升运营管理效率，从传统的“人管”到“智管”，逐步实现智能化工厂的开发应用。

（六）产业协同创新

为更好地完善供应链体系，舜宇车载将原单一的采购功能进行职能划分与重新整合，成立供应链中心。供应链中心通过对供应链交付绩效管理，为公司优化供应链规划、扩大资源开发渠道、降低采购成本，提升供方工程管控能力等奠定扎实基础。通过拉动式供应链管理，驱动整个产业链的技术提升，保障公司和上游企业核心竞争力。

（七）“走出去”模式创新

2019 年，舜宇车载为了匹配企业全球化发展趋势，更好地为国外客户提供现地化服务，在德国成立了舜宇光学欧洲有限公司（以下简称“德国公司”）。德国公司作为车载在欧洲的重要战略支撑点，通过 DDP 业务模式为客户解决物流和税务操作上的问题，还可以提供便利的本地化服务和支持，灵活及时应对客户的其他需求，增加客户黏性并帮助舜宇车载从供应商逐步成长为客户在欧洲真正的战略伙伴角色，进一步推动了舜宇车载全球化布局的进程。

同年，舜宇车载在越南正式设立制造基地，以满足国外相关客户的需求，保障车载业务的持续发展。

四、未来发展展望

下一步，舜宇车载将持续通过管理团队的能力提升来促进公司整体的健康持续发展，通过对先期产品和技术的研究来契合市场的发展趋势，通过制造自动化、信息化、精益化的“三化融合”来提高生产制造能力，通过产品化电算开发能力的建设来提高产品附加值，通过产品和服务体系的构建来提高同客户的黏性。未来，舜宇车载将在继续深耕车载镜头业务的同时，大力发展 HUD、智能大灯、激光雷达等新型产品领域，实现“两条腿跑步”前进，目标成为全球消费类电子市场车载镜头最顶尖提供商，努力实现千亿战略目标。

舜宇车载厂区

坚持高质量发展　勇当行业排头兵

在浙江省嘉兴市海盐县美丽的风景区南北湖畔，有这样一家民营企业——浙江欣兴工具有限公司（以下简称“欣兴工具”），在激烈的市场竞争中稳健发展，独树一帜，成为行业的“隐形冠军”、国家级高新技术企业。在欣兴工具的“履历表”上，记载着100多项荣誉。2018年，“欣兴工具”的荣誉墙添上了浓墨重彩的一笔——“中国制造业单项冠军”，这把用匠心锻造的“金刚钻”向世界展示着制造业的中国力量。

一、总体情况简介

欣兴工具创建于1992年，创办之初是一家典型的家庭小作坊，几台仪表车床架在水泥预制板上，没有高学历的专业人才，没有经营资金，唯一的依靠就是勤劳、钻研、诚信的做事作风，做好品质，做出口碑，才能换来品牌。企业最初生产的是传统金属钻孔工具麻花钻等低端产品，由于该产品已不能满足现代大型钢结构工程质量和进度的要求，且国内生产的企业众多，竞争激烈，企业生存和发展举步维艰。在巨大的生存压力下，工厂成立不久就面临转型升级！为此，三位年轻人凭借着对机械技术的执着与热爱，用一股子钻劲，率先将高效钻孔工具“钢板钻”研制成功，并获得国家专利，产品被国家五部委认定为“国家重点新产品”，成为国内首家生产钢板钻的企业，填补了国内空白。因为有欣兴工具的引领，“钢板钻”在国内形成了一个高效节能钻孔的新型行业，形成了我国原本没有的“钢板钻”行业和市场，公司从一个小作坊发展成为全球知名的钢板钻制造商。

“工欲善其事，必先利其器”，刀具是机械制造中用于切削加工的工具，被誉为“工业牙齿”。欣兴工具自创始以来，始终坚持科技创新，以开发现代高效孔加工刀具作为战略主攻方向，遵循“做专、做精、做特、做新”的企业战略，建有省级企业研究院、省级企业技术中心、全国示范性劳模创新工作室等技术平台，拥有国际顶尖装备的精密生产线和检测装备，具有自主研发各类高效精密孔加工刀具的软硬件实力，成为刀具细分市场的“隐形冠军”和“单项冠军”。

近30年来，欣兴工具在孔加工领域里，脚踏实地、潜心钻研、深耕细作、精益求精，始终围绕着一个钻头的变与不变坚定前行。变的创新精神引领着产品迭代，不变的是专业精神传承的执着信念，在毫厘之间追求效率，生动地诠释了“工匠精神”的内涵。

二、突出优势

（一）从制造迈向智造

技术创新是企业可持续发展的动力，务实做事是企业在竞争中生存的能力。最重要的就是把产品做精、做专、做强。通过设备升级、管理提升，赋予产品更大的竞争力，才能使企业始终保持行业领先。

走进欣兴工具的车间，整齐划一的“机器矩阵”气势夺人，行业顶尖的全自动数控机床按照操作员的参数设置，多工序一气呵成，精确快速地生产出一个个工件。在欣兴工具，用于技术改造的投入永远舍得花钱。近年来，公司每年投入3000多万元资金实施技术改造、推行“机器换人”，引进国际顶端的生产检测装备、科研仪器装备，不断夯实企业的技术实力，促进企业快速成长，向科技“智造”业迈进。

（二）专业精神的传承

在欣兴工具管理层看来，企业发展最可贵的品质就是专业精神，而专业精神的传承需要用制度架构来激发、保障。制度于人，同样是一对“利其器”和“善其事”的因果关系，要让职工成为能“善其事”的创新尖兵，需要制度这项利器的贴身保障。在欣兴工具以技术为核心的创新运行机制，规定每年都有新产品的开发与新工艺、新技术的应用，技术改进项目的考核评比周期短到以月度为单位进行。对科技人员的激励强调以实绩说话，推行绩效考核管理（KPI）考核机制，调动科技人员的积极性和创造性。

公司不断完善人才梯队建设，培养了一批勇于创新、精于技术、善于经营、严于管理的“高技能高情商新时代人才”。而这些制度的设计都是为了一个目的——让工匠精神成为每一位欣兴员工的人生印记。

如今的欣兴工具，拥有自主核心知识产权发明专利10余项，国家专利布局欧美发达国家，先后承担省级重大专项2项，在无国际标准、国家标准的情况下，主导制订《钢板钻》等行业标准，“浙江制造”团体标准并通过认证，使企业在行业中具有一定的话语权与主导权。凭着一步一个脚印的扎实发展与传承，公司“创恒”商标被国家工商总局行政认定为“中国驰名商标”“浙江省商标品牌示范企业”，产品被认定为“浙江省名牌产品”，成为国内行业领军品牌。

三、未来发展展望

“创新强省”是浙江精神的一种体现，公司“创恒”品牌诠释为——创新永恒的追求。未来，欣兴工具将始终坚持高质量发展，依托科技创新，坚持以“工匠精神”践行品牌价值，以专心做“好刀具”为使命，瞄准高端装备制造领域的高精尖产品，打造具有“柔性化、数字化、智能化”的高端制造业智能化刀具工厂，生产出具有世界品质中国价格的顶尖刀具，打破国外垄断，确保企业能够持续稳健发展，能够持续为社会作出贡献，为实现“中国制造 2025”的目标努力奋斗！

四、专家点评

欣兴工具在孔加工领域里做细做深，心无旁骛，几十年如一日的开发试验，迎难而上，经得住检验的这种专注，成了这个时代最稀缺的资源之一。企业不怕被跟随和模仿，与时俱进，不断创新，无论是技术创新、管理创新、文化创新，他们始终走在市场前沿。更重要的是体现了令人肃然起敬的家国情怀，对国际发达国家的独占技术，对国家安全国民经济命脉又有重要意义的高精尖产品，以一种自强不息的精神敢于挑战和超越。

全国刀具标准化技术委员会委员 / 国务院特殊津贴专家　姚红飞

再聚焦　零缺陷　突破增长

一、总体情况简介

杭州三花微通道换热器有限公司（以下简称“三花微通道”）成立于2006年，占地面积45.76亩，厂房总建筑面积39276m^2，是三花控股集团下属的主要骨干企业之一。公司注册资本为3.6亿元，是国内第一家专业研发和生产制冷空调领域微通道换热器产品的厂家。

三花微通道自成立之时起，通过引进全球行业内顶尖级专家，组建了具有世界先进水平的专业研发团队，始终保持技术开发和自主开发能力处于国际领先水平。相关技术涉及产品的核心技术、设计结构、制造工艺以及外观等各个方面，是制冷空调用微通道换热器领域国内申报专利最多的企业。公司率先通过了IATF 16949、ISO 9001、ISO 14001、GB/T 28001、管理体系认证，产品通过了CQC、UL、TUV、VDE、CE等安全认证，并获得了全国制造业单项冠军示范企业、国家重点高新技术企业、省级企业研究院、省绿色企业、社会责任先进企业、杭州市企业技术中心、杭州经济技术开发区政府质量奖、出口名牌等荣誉称号。三花微通道始终以市场为导向，以满足、服务顾客及相关方为宗旨，目前公司最大生产量的微通道换热器业务，市场占有率历年稳居首位，产品远销欧、美、亚各国，已成为开利、特灵、大金、格力、美的、海尔等世界著名制冷空调主机厂的战略供方和合作伙伴，并得到客户充分认可和高度评价。三花微通道重视技术进步、科技创新和新产品开发，并重视人才储备和技术积累。秉持“诚信、创新、协作、责任”的价值理念，确立“生产专业化、产品品牌化、市场国际化”的经营方针，坚持“对内抓现场、对外抓市场、现场服从市场”的经营原则，以“精益求精、追求卓越”的企业精神和“迅速反应、立即行动”的企业作风，依靠自身强大的技术力量，不断推动企业技术创新和品牌自主知识产权的领先地位，真正实现从“成本领先”向“技术领先”的战略跨越。2020年三花微通道营业收入12亿元，出口额达到了8.5亿元，取得了稳步增长的成绩。

二、突出优势

三花微通道坚持“技术领先”的市场战略，着力开展微通道换热器新技术的开发。成立两年后冷凝器产品已开始批量供应北美市场；随着三花微通道的技术发展，2011 年微通道蒸发器产品开始推向北美市场，并于一年后在美国建立了制造基地；同年，三花攻克了行业难题热泵技术，微通道家用热泵产品开始批量供应北美市场。2013 年推出了热泵热水器的解决方案，2014 年投资建立墨西哥工厂，2015 年推出模块机热泵解决方案。依托强大的技术实力，保持着几乎每年推出一款新产品的速度，在市场上占据领先地位。其产品主要有冷凝器、蒸发器、热泵、热管、水箱等，涵盖暖通空调、机房基站、运输冷链、热泵热水器、大巴空调、电池散热等多个应用领域。企业研发力量强大，产品技术含量高，拥有多项专利技术，填补了国内产品空白，产品性能已达到国际同类产品的先进水平。

三花微通道始终坚持自主开发创新的技术路线，拥有换热器的高换热效率、芯体折弯技术、制冷剂均匀分配、翅片快速排水技术等行业内核心技术，研发了具有高换热效率、重量轻、制冷剂充注量少、更节能环保等优势产品，使公司在微通道换热器技术开发与全球制冷空调行业的发展前沿保持同步；利用已有研发平台，加强对外产学研合作，为产品研发提供深层次学科知识支持。在微通道换热器领域打造了多个极具市场竞争力的主导优势产品，构建了具有自主知识产权的核心关键共性技术创新体系，拥有多项国内外授权发明专利，作为第一起草人制定行业标准 1 项并已实施。

微通道换热器产品是一种应用于换热领域的特殊商品，需要与对应的产品进行结构性能等对应的匹配。产品以直销为主，除部分冷凝器标准件外，其他产品以定制产品为主，需要与客户产品要求进行对应的定制，与目前市场上铜管翅片式冷凝器同类产品相比，研发生产的微通道冷凝器采用全铝合金材料制作，该产品创新性强，技术含量高，具有换热效率高、重量轻、使用寿命长、节材、环保的优点，最重要的是可以极大降低客户的综合成本。在相同换热量的需求条件下，微通道冷凝器的体积可以减小 30% 以上，对应制冷剂使用量充贮量减小约 30% 以上，材料重量可以减小约 50%，耐压强度可以达到 13.5MPa，满足新型环保制冷剂 R410A、R32 等的运行要求，可广泛用于家用和商用制冷机组、冷冻冷藏设备、冷链运输等领域，达到了国内同类产品的领先水平。此外，自主开发的全铝微通道蒸发器、制冷剂分配技术等为公司带来良好的经济效益和社会效益，对我国换热器行业的发展起到较大的带动作用。

三、典型经验

三花微通道建立了完善的战略管理机制，通过对未来发展的全局性战略分析，有效地进行战略制定和部署，并配置资源予以实施，以确保实现公司使命和愿景。

1）中期战略区间：三花微通道将中期战略区间设定为 3 年，并作为公司战略的核心，坚持每三年开展一轮新的规划，设定一个明晰的奋斗目标，并通过组织创新、“三年一贯制联动考核”等措施确保战略目标的实现，推动了公司的快速发展。

2）短期战略区间：三花微通道把短期战略区间设定为 1 年；每年召开经营分析会及年度工作会议，明确当年的经营目标和方针，即年度经营计划。

三花微通道始终坚持确定持续改进的需求或机遇的管理模式，包括创新的管理与方法或创新机会。三花微通道在制订年度计划时，考虑各项指标的提升空间，明确改进方法，并落实到责任部门，作为年终考核依据，确保改进活动与战略目标的一致性。每年根据绩效评价结果，确定关键改进项目，从影响经营目标程度、改进时间的紧迫度、绩效变化趋势、资源投入容易程度等综合考虑，确定关键改进项目的优先次序，逐项落实改进。对仍具潜力空间的关键绩效指标，充分识别创新机会，采用“立项”方式，明确责任部门和责任人，采取激励措施进行创新挖潜。确定改进关键业务次序和识别创新机会后，一方面做好内部策划实施工作；另一方面及时传递给顾客、供方及其他合作伙伴，进行协调沟通，以便步调一致，同步跟进，取得事半功倍的效果。三花微通道通过采用科技攻关、精益生产、6S 管理、QC 小组活动、合理化建议等形式多样的方法，全员、全方位参与改进与创新活动。根据改进和创新计划，研发中心开展科技项目攻关，完成产品研发和技术创新；精益管理由规划改善部负责推行、深化精益管理活动，开展 6S 标准化管理、以实现降本增效，确保改进活动的有效。

三花微通道努力在企业内部建成诚信道德的环境，引导员工遵纪守法、诚实守信。在与供应商、客户等的交易和来往中建立起了诚信合作、互惠互利的伙伴关系，为保障其利益，三花微通道实现透明化管理。

三花微通道致力于推进产业协同，特别注重加强战略合作，构建双赢机制，与供方和合作伙伴建立良好的合作关系，推动和促进双向交流，共同提高过程的有效性和效率。

为了对市场、客户、产品、服务、安全性能等方面的机会和风险作出快速反应，高层领导积极推动快速反应机制的建立和完善。三花微通道以顾客和市场为中心，通过优化组织架构设计、建设跨职能小组、推进信息化建设、完善制度建设、制定应急预案、设立客诉管理部门等方式，建立技术与市场快速对接、销售与生产系统良性互动、及时反馈处理用户投诉意见三个快速反应系统，有效地缩短了产品的开发周期、制造周期和顾客服务时空距离，为公司的改进和创新活动提供有力支持。通过部门间的信息交流，对不合格事件、环境影响事件、职业健康安全影响事件等加以沟通，使各部门举一反三，自查自检，以此来达到互动创新和持续优化的效果。通过对不合格事件的持续改进分析，制定有效的整改措施，并通过整改措施的风险和机遇分析，在不断的循环中积累产生新型能力，以应对快速变化的环境、不断形成新的竞争优势。

四、未来发展展望

三花微通道将坚持“换热器技术革新者和市场领导者”的使命，践行“客户满意、员工幸福、积善利他、诚信务实、开拓进取、创新超越”的核心价值观，努力实现“5 年 30 亿、10 年 100 亿”的策略和“助力绿色品质生活，还地球一片蓝天”的愿景。始终坚持全面落实科学发展观和环境保护，积极实施可持续发展战略。在品牌建设方面，坚持技术领先，持续提供创新解决方案，更好地满足客户需求。致力于为客户提供卓越的能源效率、整体解决方案、质量和服务。在制冷空调微通道换热器市场，努力打造行业领导品牌，提高市场认可度和美誉度，不断提升公司综合竞争能力。三花微通道相信只有脚踏实地，遵守相关法律法规，不断提升企业的责任感、使命感，承担更多的社会责任，才能使企业持续发展。

合力模具：以匠心精神打造一体化模具产业龙头

一、总体情况简介

宁波合力模具科技股份有限公司（以下简称“合力模具”）创办于1983年，始终坚持以开发、设计制造轻量化成型模具为己任，致力于汽车发动机缸体、缸盖、车架、底盘结构件、高铁及轨道交通部件的铝镁合金压铸模具及部品的开发与制造，在近40年的稳健发展中，通过4次产业转型和技术革新升级，坚持走高精尖发展路线，瞄准汽车、轨道交通、高铁、航空等产业领域深入发展（股票代码603917）。

合力模具是国内规模较大的专业压铸模具生产企业之一，是经中国模具工业协会认定的中国模具重点骨干企业（细分领域压铸模具排头兵企业）、中国压铸模具10强企业、中国铸造装备行业排头兵企业、中国模具工业协会出口重点企业，被工业和信息化部认定为单项冠军示范企业、国家高新技术企业，生产的HLGY模具产品是浙江省名牌产品、浙江省著名商标。2016年，合力模具“车身及底盘结构件与高真空挤压压铸模具”获得工业和信息化部批准为国家强基项目。2017年2月建立了浙江省博士后工作站，在新领域、新材料、新工艺等方面持续研究。

合力模具定位于全球先进铝镁合金压铸技术企业，依托企业省级技术中心、省级企业研究院，长期以来坚持以大型精密复杂铝镁合金压铸模具为特色的企业发展方向，实现大型精密压铸模具制造国际先进水平，实现新工艺、新技术的创新，逐步建设成为集“设计＋模具＋铸件”于一体的国际知名汽车工装和设备供应商。成为压铸、铸造、热成形模具行业标杆企业；为工业领域轻量化技术提供整体解决方案。

二、突出优势

（一）研发和技术创新优势

合力模具自设立以来一直十分注重提升公司设计研发和创新能力，拥有一批较高水平的专业设计及开发人员，具有丰富的模具设计、开发、制造经验，具备较强技术研发能力。公司以自主创新为主、引进消化吸收为辅，着力于企业的高新技术建设，形成知识产权，随着创新研发的深入，公司积极推行标准化建设，积极参与国家或行业标准的起草和制定。

（二）体系化，专业化生产优势

合力模具除了一直专注于大型精密模具的开发和生产的研发优势、坚持“质量第一，诚信为本”的产品质量优势，还开发出模具行业一种独特的服务模式即以模具为核心——产品研发、数据验证、模具制作、成形工艺、成形制作的整体解决方案。合力模具开发出的从大型精密压铸模具的设计、研发、制造、试生产到铝合金部品生产的“一站式”生产服务体系，通过提供加工模具后的部品试制和生产服务，将模具调试环节留在企业内，试制产品既能满足客户外观和结构测试，又能满足部件装配后整车运行的要求，大大缩短模具调试时间，减少双方的调试成本。

（三）工艺、装备优势

合力模具不断引进高端设备，实施技术改造升级。现拥有进口高端加工中心 80 余台、电加工设备 9 台、各种检测设备 28 台。先进的加工设备使公司模具产品的加工精度、表面粗糙度、加工周期、使用寿命等核心指标均已达到国内领先水平和国际先进水平，能替代进口，并出口欧美等发达国家。

（四）现代企业管理优势

合力模具通过物联网、大数据、移动应用的运用，建设信息化平台，改变企业传统生产经营管理模式，保障办公安全、有序、高效，实现资源共享，降低管理成本，提高管理和沟通效率，实现智能化工厂。

（五）产品质量优势

合力模具于 2003 年通过 2000 版 ISO 9001 质量体系认证，并于 2010 年、2014 年两次通过 2008 版 ISO 9001 质量体系的更新认证；2015 年通过了 ISO/TS 16949 质量体系认证。合力模具建立了包括质量管理、质量检验、售后服务等在内的一整套质量保证体系，严格做到制度化、程序化，通过全过程监控，确保产品整个生产过程都在质量保证体系的监控范围之内，有效保障产品质量。合力模具拥有国家认证的 CANS 实验室，配置了蔡司三坐标测量仪、温泽三坐标测量仪、进口三维激光扫描仪以及 X 射线实时成像检测设备等先进检测设备，生产的所有模具和铝合金部品出厂前均需通过检测或抽检，并出具检验合格报告，确保各项参数均达到甚至超过客户指定的技术标准。

（六）品牌和客户优势

宁波是中国最著名的“模具之都”，而象山是全国闻名的“铸造模具之乡”，合力模具的 HLGY 牌模具是浙江省名牌产品，也是中国压铸模具行业的知名品牌。合力模具与各大汽车制造公司或其配套部品厂商建立了良好的长期合作关系，在行业中的良好声誉以及高端形象，为合力模具产品赢得了客户信赖和市场订单。

三、典型经验

（一）创新升级是根本

创新升级是模具企业发展的主要动力，是唯一的生存和发展之道。不断改进设备工艺和提升自主研发水平，是创新升级的关键。合力模具拥有强大的研发团队，建有浙江省级企业技术中心、浙江省级高新技术企业研究开发中心、浙江省级博士后工作站、浙江省级企业研究院、宁波市企业研究院 5 个 R&D 机构，并建成一支 75 人的技术研发队伍，具有丰富的模具设计、开发、制造经验。公司技术中心是市级创新团队，目前拥有与主营业务相关的发明专利 17 项，实用新型专利 22 项。合力模具拥有国内最好的制造、研发设备，利用上市募集和自筹资金，在 2021 年前，已投入超过 3 个亿，购置 50 余台（套）国际先进高端生产和研发设备。通过先后实施的 4 次重大技术和装备革新，形成了较强的产学研体系，并创造出合力模具特色的“产学研”一体化合作模式，以模具验证技术、以技术反哺模具，相互探讨，相互优化。目前已与上海交通大学、上海大学、山东大学、宝钢高新技术等多家高校和企业合作，开展了“铝镁压铸合金材料的研发、制备”等多个科研项目，并主持和参与了 13 个国家与行业标准的制定工作。

（二）管理是保障

在管理方面，合力模具坚持完善“项目管理制”的运作模式，做到对项目内部信息反馈、客户标准、进度和品质的持续有效管控。严格完成项目成本预算与管控机制，加强项目、客户成本分析与管控。完善财务年度成本、费用预算与反馈机制。重视品质管理、加大品质管理投入、全面系统管理与改善品质。

（三）市场开拓是试金石

经过多年发展，合力模具以良好声誉及高端形象，与国内外各大汽车制造公司及其配套部品厂商建立了良好的长期合作关系，客户覆盖了众多知名的合资和自主汽车企业，主要包括宝马、奔驰、奥迪、戴姆勒、福特、菲亚特、上汽通用、上汽大众、丰田工业、东风汽车、奇瑞等。

（四）国际化发展

合力模具外销产品均为压铸模具，主要出口地区是欧洲、北美等地区，于 2015 年成为德国宝马的模具配套厂商，顺利进入其全球供应链。此外，合力模具借助西班牙 AK、墨西哥 NEMAK、卡斯马的全球平台进入了奔驰、奥迪、戴姆勒、福特和菲亚特等其他国际汽车巨头的供应链体系。合力模具与诺玛科（南京）的前身南京泰克西铸铝有限公司的合作关系始于2003年。2007年墨西哥NEMAK收购了南京泰克西铸铝有限公司的控股权，合力模具得以进入墨西哥NEMAK的全球供应链体系。之后，合力模具逐渐与墨西哥NEMAK旗下其他附属公司开展业务合作，主要提供发动机缸盖重力铸造模具、发动机下缸体低压铸造模具等产品。2015年和2016年合力模具分别为诺玛科（重庆）制作完成了SIGMA TIVCT 1.6缸体压铸模具和AUDI DL382变速器壳体压铸模具，上述模具分别为墨西哥NEMAK采购的首套国产缸体压铸模具和首套国产变速器壳体压铸模具。

四、未来发展展望

合力模具将致力于形成更为科学化、创新化、管理精细化的增长方式，坚持公司既定的三步走战略，即：

第一步，实现企业阶段性战略目标，成为模具领域及产品轻量化技术领域的标杆企业。第二步，打通上下游产业链，逐步实现多元化发展战略。第三步，走向国际化。未来企业将继续寻求与其他国际知名汽车零部件和汽车整车厂商的合作，加强与特斯拉为代表的新能源汽车之间的业务合作和技术交流，搭建全球视野的对外窗口，积极提升企业知名度，引进国外高端技术人才，掌握国外先进的研发和制造能力，结合自主创新，最终形成新的发展动力。

近3年内，公司将坚持以企业上市为契机，巩固核心业务，逐渐发展成为国际性的模具行业及产品轻量化技术领域的研发服务机构，专注于为各类压铸、铸造、热成形模具及上下游产业提供市场调研、技术咨询、研究开发、检测认证等一站式解决方案的专业服务。

（一）生产能力扩充与提升

合力模具将利用募集资金扩大生产规模、提升制造设备水平，确保长期持续稳定发展；此外，合力模具将加快推进产品制造过程的自动化和智能化，持续改进工艺技术，完善基础装备，逐步完善产业链规划，以市场为导向、产品质量为保证、技术创新为手段，不断提高企业核心竞争力和长期盈利能力。

（二）市场开拓

目前，合力模具已经具备了参与国际市场竞争的能力，通过近年来的市场开拓，在国际铸造模具市场上积累了良好的市场影响和信誉，取得了较好的业绩。将继续加强与现有国内外知名零部件厂商或整车厂商的长期合作关系；此外，将积极涉入轨道交通装备、船舶、新能源电力等其他市场，努力开发这些领域的客户。

（三）技术研发

合力模具将在以下方面继续提升公司的创新能力和技术水平：1）持续跟踪掌握行业新技术，掌握高性能、高难度的模具结构设计、生产技术工艺等，逐步缩小与国际知名模具企业和铝合金部品厂商的技术差距。2）注重提升超前开发能力，主动适应全球化采购的趋势，加强与上下游产业的同步研发的能力。3）继续加强研发投入，公司将审时度势，考虑组建新的研发中心，引进高端人才，推动制度创新、组织创新，继而推动科技创新。4）持续加强产学研结合，推动与高校、企业之间的合作，发展国际交流合作。

匠人，匠心，把简单做到极致，让平凡成就伟大。全体合力人坚定信心，牢记使命，砥砺奋进，努力实现对社会有担当，对国家有贡献，对股东和资本市场能负责，让员工快乐工作、幸福生活的企业。

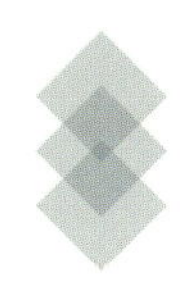

万华容威：逆袭成才的“冠军路”

一、总体情况简介

万华化学（宁波）容威聚氨酯有限公司（以下简称“万华容威”），成立于2010年3月，是万华化学集团股份有限公司在浙江宁波市大榭开发区万华工业园投资成立的子公司（控股80%），是一家集研发、生产和销售硬泡聚醚多元醇为一体的国家高新技术企业。万华容威拥有年产11万t单体聚醚、17万t硬泡组合聚醚的生产能力，是国内少数可自主设计、生产各种单体聚醚的企业，是万华化学集团唯一的多元醇产业发展平台。万华容威已形成冰箱、冰柜、冷藏集装箱、保温管道、太阳能热水器、冷藏运输车、冷库等12个应用领域，32个系列，490个牌号，是海尔、美的、美菱、海信、奥马等国内知名家电企业的核心战略大客户，万华容威主导产品家电组合聚醚市场占有率居国内第一、全球第二。

万华容威先后获得国家级高新技术企业、制造业单项冠军示范企业、石油和化工“专精特新”中小企业、国家园区循环化改造示范试点项目、国家重点新产品计划、浙江省级企业技术中心、浙江省高新技术企业研究开发中心、浙江省AAA级“守合同重信用”、宁波市节能标杆企业、节水型创建企业、宁波市科技型企业、宁波市专利示范企业等荣誉。

万华容威注册资金为1.5亿元，现有180名员工，均为大专及以上学历，其中硕士生及以上25人，本科生24人，引进巴斯夫、陶氏、拜耳专家4人担任公司研发带头人，聘请海外专家3人为技术顾问，经过多年的质量研发创新实践，培养出一批技术骨干，打造出一支高水平的专业研发及质量管理团队，使企业具备了可持续创新能力。

近年来，全球经济增长乏力，中国经济进入周期性和结构性的调整期，万华容威通过技术投入和新产品研发，实现了销量、销售收入和净资产的逆势增长。产品销量年均增长13.02%，主导产品家电组合聚醚市场份额从2013年的18%提升至2016年的31.5%（市场份额居国内第一）。近年来，销量持续增长，平均每年涨幅约20%，遥遥领先竞争对手，在2020年受疫情影响的大环境下，实现逆势增长。

二、突出优势

万华容威是万华化学集团旗下核心的硬泡聚醚多元醇产业发展平台，负责万华化学集团硬泡聚醚多元醇的科研规划和技术创新工作。

（一）技术创新是第一核心竞争力

技术创新首先要有一个健全的技术创新体系。万华容威成立以主要领导和技术专家（含外聘高层次专家）组成的技术委员会，专门负责各研发平台的评审与考核工作，建立了技术创新竞争机制、激励机制和预算考核机制，推动科研工作加速走向市场。

1）对科研开发项目实行内部招标制度：每年通过征集、筛选、论证后确定公司研究开发项目，按照资金投入、完成进度、技术水平等要求在内部公开招标，技术委员会与中标人按条件签约实施。

2）在技术研发管理体系上，制定了《科研项目立项管理办法》《科研项目验收办法》《立项科研项目管理流程》《研发经费核算办法》，建立了完善的管理制度，规范了技术研发的活动，加强了对技术研发项目的管理。其中公司的技术研发项目管理制度明确规定了技术研发过程中研发人员的职能权限、项目研发过程管理、研发项目成果评价与管理等系列的管理体制，以确保公司研发进程健康稳定发展。

3）知识产权意识。在产品开发阶段，即要求申请并申报专利（每年都有专利数的指标），并制订了《专利管理制度》《技术秘密保护暂行规定》保护公司知识产权。

4）人员激励管理体系上，建立了《科学技术进步奖励办法》《科研项目及研发人员绩效考核奖励办法》、科研人员发展通道等一套完善激励机制，进一步发挥科技人员积极性。

（二）创新驱动高质量发展

万华容威注重基础研发，在生产方面大力推行精益六西格玛管理。万华容威推出的环戊烷超低密度技术、低导热快脱模技术、低气味多元发泡技术和建筑节能高阻燃等级保温材料等创新技术，引领了行业技术创新方向和发展潮流，代表了行业技术最高水平。在冰箱冷柜市场，万华容威是美的、海尔、美菱、西门子、惠而浦、伊莱克斯等一线品牌的主流供应商，市场份额一直处于国内第一，特别是在高端冰箱领域绝对领先。冷藏集装箱领域，打破外资跨国巨头对产品技术的垄断，成为中集、马士基、胜狮等国内外冷藏装备龙头企业的主流供应商，市场份额居行业第一。高端管道全水发泡组合料技术，使万华容威成为国内唯一拥有 CCOT 认证企业，在中高端管道市场份额第一。万华容威全球首创的戊烷 B1 级芯材高阻燃体系技术开发，促进了聚氨酯在建筑节能领域的应用，目前国内板材标杆企业晶雪公司的高阻燃等级组合料由万华容威独家供应，在高端板材市场占有率第一，每年仍保持超过 50% 的增长率。相对于其他同行，万华容威与万华化学集团的 MDI 和 PO 协同，万华容威的下游分布更为广泛合理，并具备系统料供应能力，这些将使得万华容威的行业龙头地位进一步巩固和提升。

三、典型经验

万华容威制定了“品质卓越，客户至上”的品牌理念，树立了“以客户为中心、全员参与”的质量文化，“持续改进，追求卓越，成为业界最佳”的质量理念，并建立了完善的品牌培育管理体系，冰箱冷柜用多元发泡组合聚醚入选“国家重点新产品”。万华容威借鉴全球先进的安全管理理念，引进 GE、翰威特等人力资源管理体系，形成了贴近市场且灵活的薪酬体系；引进杜邦和 BP 安全管理经验，形成了具有万华容威特色的 HSEQ 管理体系，始终把员工、相关方、社会民众的安全健康、环境保护和资源节约视为神圣的职责，致力于建设绿色现代化工企业。万华容威运用精益六西格玛生产管理体系的方法、以价值为导向的全面预算管理体系、企业 ERP 信息化管理体系、科技管理体系，实现了卓越运营。在企业创新方面获得了国家优质工程奖、浙江省技术创新能力百强企业、宁波市“高成长企业培育计划”、宁波市科技型企业、宁波市专利示范企业、发明创新大赛发明优秀奖等荣誉。

万华容威在聚醚多元醇行业内技术上一直处于国际一流水平，参与制定了建筑节能、太阳能热水器、冰箱冷柜、保温防水等四个隔热保温主要领域聚醚多元醇产品国家标准，保障了公司相关产品的市场行业地位。万华容威先后在隔热保温用聚醚领域申请发明专利 25 项，目前已拥有发明专利权 18 项，并全部转化，完成了核心产品在中国、美国、欧洲、日本、印度、韩国等国家和地区的核心知识产权布局，构筑起自主知识产权屏障。特别是对环戊烷超低密度技术、低导热快脱模技术、低气味多元发泡技术和建筑阻燃保温材料等核心技术的专利保护，专利技术壁垒的构建，有效地防止了国内外同行竞争对手的模仿和市场跟随，为公司开拓冷链、建筑节能等应用新市场赢得了先机，抢占了 LBA 发泡剂、高端全水管道、B1 级建筑节能聚醚、环氧丙烷有机废气净化工艺等行业制高点，进一步巩固了企业核心竞争力，延长了相关专利技术转化为新产品的盈利周期。通过知识产权的保护和转化，取得显著的经济和社会效益。

万华容威通过持续不断的技术创新和质量管理创新，不但在安全、节能、环保、责任关怀等方面实现了骄人的业绩，在销量、销售收入和净资产方面也实现逆势增长。产品销量年均增长 20% 以上，2020 年万华容威实现销售收入 20.44 亿元，利润总额 19221 万元。

万华容威主营产品质量在行业内有口皆碑，与国内外知名的家电、冷藏、板材以及管道等行业的龙头企业均有长期稳定的合作关系，出口到全球 30 多个国家和地区，并进入欧美主流市场，是国内隔热保温用组合聚醚最大的出口企业，赢得了客户以及国外竞争对手的认可和尊重。公司隔热保温用组合聚醚多元醇全球市场占有率稳居第一，是该细分领域技术最领先的供应商，也是全球前三大的冰箱制造商海尔、美的、海信的战略供应商。

万华容威在企业节能减排方面，获得了国家园区循环化改造示范试点项目、浙江省清洁生产阶段性成果企业、宁波市节能减排先进企业等荣誉。

四、未来发展展望

1）硬件提升。新建四期项目，单体聚醚产能从 11 万 t/ 年提升到 28 万 t/ 年，组合聚醚产能从 10 万 t/ 年提升至 20 万 t/ 年，2022 年一季度投产，将成为全球最具竞争优势的组合料一体化企业。

2）人才提升。2021 年技术创新团队整体迁入宁波万华高性能研究院，在人才引进、科研设备设施投入方面加大力度。

3）技术提升。开发新的发泡体系，引领行业发展。

4）标准提升。以万华化学集团作为国家技术标准创新基地（化工新材料）为契机，承接硬泡聚醚 5 项国标 / 行标的制定（产品名称已明确）。

5) 采用先进质量管理标准。万华容威决定在 2021 年导入卓越绩效管理模式。

以客户为中心 匠心精神成就行业龙头

一、总体情况简介

浙江传化化学品有限公司（以下简称“传化化学品”）坐落于浙江省杭州市钱塘新区临江工业园区，拥有占地面积80000m^{2}的现代化智慧工厂，年生产能力达40万t以上，是集研发、生产、仓储为一体的规范化、标准化、现代化的化纤功能化学品生产基地。

传化化学品现有员工170人，其中大专以上占60%。传化化学品率先在同行业中通过ISO 9001质量、ISO 14001环境、OHSAS 18001职业健康安全“三合一”管理体系认证，并获得“2019—2021年度制造业单项冠军示范企业（DTY油剂）”“浙江省名牌产品”、浙江省“三名”企业等荣誉称号。

传化化学品专注于服务化纤行业27年，主营化纤油剂业务，经过多年的不懈努力，打破国外品牌垄断局面，完全实现DTY油剂国产化。近十年来，DTY油剂国内市场占有率均超40%，全球市场占有率超30%，位居全球产销冠军。在“开放与合作”的思想下，重视与大专院校、科研机构等的技术交流，目前与江南大学、中国石油大学、中国石油科学院等都保持了良好的合作。

传化化学品依托优异的产品质量、良好的品牌形象及专业的技术服务不断发展壮大，现已形成涤纶DTY油剂、锦纶DTY油剂、包覆纱DTY油剂、涤纶FDY油剂等系列产品。作为中国化学纤维工业协会油剂助剂分会会长单位、中国化纤工业协会会员单位，传化化学品现有发明专利3项，组织制定修订行业标准2项。公司研发生产的所有产品符合国内外的各项环保要求，所有产品通过SGS欧盟210项认证《高关物质（SVHC)的认证》；所有产品通过SGS认证无APEO。2009年荣获浙江省化学工业科学技术奖一等奖。2010年荣获中国石油和化学工业联合会科技进步奖三等奖、中国质量评价科技创新成果奖。“高性能环保涤纶DTY油剂”获得浙江省科学技术成果奖。“聚烯烃型抗飞溅涤纶成品油剂”被列为“国家火炬计划重点项目”。传化化学品于2019年导入“浙江制造”模式进行管理，结合质量、环境、职业健康安全、卓越绩效管理模式、质量诚信标准要求建立了综合型管理体系。

二、突出优势

（一）技术创新

传化化学品建有国内领先的油剂产品研发创新平台，目前拥有在职研发技术人员 22 人，博士及硕士研究生 2 名。多年来纺丝油剂的研究为行业发展作出了突出贡献，负责起草了 HG/T 4434—2012《涤纶低弹丝油剂》、HG/T 5256—2017《锦纶低弹丝油剂》2 项行业标准。拥有专利共计 5 项，其中发明专利 3 项，形成了公司特有的技术优势，为公司创造了无形的知识产权财富。凭借强大的技术创新实力，传化化学品长期与盛虹化纤、恒力集团等行业头部客户保持密切技术交流，赋能行业客户。

传化化学品还和东华大学、浙江理工大学等专业院校加强交流，不断和这些高校的教授和老师在油剂开发、纤维特性等方面展开对话。2019 年底，传化化学品加入先进功能纤维创新联盟，是公司进一步有效利用中国化纤网络平台，开展技术交流和先进产品开发的又一个里程碑。

传化化学品担任中国化纤协会油剂助剂分会会长单位，积极与业内同行展开交流，促进行业健康有序发展。

2019 年传化化学品牵头起草的浙江制造标准 T/ZZB 1390—2019《涤纶低弹丝油剂》于 2019 年 12 月 31 日正式发布。

（二）品质卓越

传化化学品高度重视产品品质，多年来精益求精，不断努力，持续提升产品性能及优化产品工艺，以达到顾客、相关方、供方满意，以追求卓越为目标，取得令人瞩目的成就。传化化学品致力于自动化改造提升，近几年在改建、扩建传统间歇式釜式反应工艺基础上，创新引入连续化管式反应工艺用于产品生产，有效地提升了产品质量稳定性，实现了产品的清洁高效生产。同时使用 DCS、SAP、TMS 等数字化管理工具进行生产、物流全流程管控，确保生产更精准、快捷、高效，积极响应并跟上国家向清洁生产、工业 4.0 方向发展的步伐。

凭借稳定优异的产品品质，“传化”牌 DTY 加弹油剂在业内树立良好口碑，已成为行业内知名品牌，2019 年公司实现主营业务收入 117762 万元，纳税 1825.6 万元。

（三）市场领先

传化化学品多年来深耕行业，已建立遍及全国的营销网络，服务产业客户逾 3000 家；坚持“以客户为中心”的核心价值观，恪守“品质至精，服务至诚；技术创新，引领行业”质量方针，为客户持续提供优质服务，实现企业与客户的合作增值、双赢。

传化化学品始终将创造名牌作为企业的宗旨，建立了良好的效益观、信誉观、集体观等内容的企业文化，为企业创名牌提供了一个良好的氛围。传化化学品也不断对员工进行名牌战略教育，使员工以自己一流的工作质量、产品质量、服务质量来创造名牌。以高品质、高稳定性、高分散性的产品，创新技术，优质服务作为基础，通过展会、公司官网的宣传、向客户提供宣传产品等，不断扩展全球市场，建立良好的品牌形象。

三、典型经验

（一）技术创新

传化化学品多年来高度重视技术能力提升，集中资源加强油剂技术机理研究及配方工艺的研究，强化技术积累和沉淀，不断运用先进技术取代传统的落后技术。近年来技术改进、研发创新成果层出不穷。

近年来不断开发出针对涤氨加弹包覆一体工艺用通用型络筒油剂、针对涤氨包覆高上油抗飞溅 DTY 油剂、针对粗丝重网丝的抗飞溅 DTY 油剂、蒸纱油剂等差异化产品，帮助客户解决生产应用中的痛点，引领行业，赋能客户，助力客户实现降本增效，产品提升。

（二）管理能力

传化化学品经过多年的磨合、历练，形成了一支诚信务实、团结进取的高层次领导团队，形成了独特的产品服务与创新意识，已成为国内行业领跑者。

传化化学品建立、保持、实施了质量环境和职业健康安全管理体系，导入并实施卓越绩效管理模式。赋予公司使命：“成就客户，幸福员工，引领产业，始终坚持“以客户为中心，以价值创造者为本，持续奋斗、共创共赢”的核心价值观，引领和推动全公司力量为“致力于成为化纤功能化学品领域的全球顶尖专家”的愿景而不懈努力。

传化化学品从人力资源、物资资源配备、财力资源配备三个方面，通过战略规划、年度业务计划和全面预算，统筹调度各项资源的配置，实现战略目标与资源的匹配。

1）人力资源配备。根据“梯队继任者计划”，通过开办培训班、轮岗、参加外部管理培训等内外培训相结合的方式，提升公司人才队伍的素质和管理能力，为公司战略规划的实施提供人才支持。

2）物资资源配备。公司从基础设施建设、自动化设备引进、过程管理控制等方面为战略规划配备物资资源。

3）财力资源配备。通过系统管理，对年度资金需求做出预算，对自有资金、销售额、银行贷款三者进行合理计划。

传化化学品建立卓越绩效管理模式，抓好过程管控；成立质量改进团队积极实施质量突破性改进，确保产品制造水平稳定，技术水平达到国内一流，国际先进。

（三）产业协同

传化化学品现有合格供方共 22 家，浙江省内有 17 家，占比 77.27%；总采购量 14.26 万 t，浙江采购量 9.175 万 t，占比 64.34%。总采购金额 77119.4 万元，浙江采购金额 49101.5 万元，占比 63.67%。

传化化学品对不同供应商在供货比例、新产品开发等方面采取不同的策略，通过与主要供应商建立战略合作关系，采取帮扶、评估、考核等措施，使企业在自身发展的同时有效促进了供应商提升，促进了下游产业的发展，带动了区域经济的拓展。在产业协同方面，传化化学品除了加强与优秀供应商的联系、合作，学习和借鉴优秀供应商的管理理念和宝贵经验，还努力与重要客户建立战略合作关系，与供应商建立定期沟通机制。

四、未来发展展望

未来，传化化学品将以成为“全球领先的纤维功能化学科技公司”的愿景为指引。聚焦在“科技”“资本”“管理”“组织与人才”四大战场，通过不断提升技术创新能力，优化内部管理机制，加强高质量人才引进及培养，加强产业链协同。坚持“以客户为中心”的核心价值观，实现高质量、可持续发展。

其中，后纺油剂持续赋能客户，聚焦客户需求，引领行业转型升级，夯实全球龙头地位；前纺油剂以技术破局进行业务突破，实现向并跑者甚至领跑者角色转变，市场份额进入全球前五；探索类业务每年培育一个以上千万级新业务。

大丰实业：以创新专注勇立行业潮头

一、总体情况简介

浙江大丰实业股份有限公司（以下简称“大丰”）位于素有“东南名邑”“文献名邦”之称的浙江省宁波市余姚市，成立于1991年，是文化、体育、旅游产业的核心科技、内容与服务提供商，提供策划、创意、建设、投资、运营全产业链全生命周期服务。大丰于2017年4月在上海证交所主板上市，成为中国演艺装备第一股。大丰为客户提供舞台机械、灯光、音视频、电气智能、座椅看台、声学修饰等的文体场馆设施整体集成解决方案，连续10余年综合实力稳居行业第一。

大丰铸就了一系列的辉煌业绩，连续20多年为央视春晚提供智能舞台系统，为G20峰会、金砖峰会、上合峰会、一带一路、互联网大会、奥运会、世界杯、亚运会、全运会、F1、NBA等重大活动和赛事，提供核心产品与服务，为世界留下中国创新的光辉印记。

大丰30年的创新发展，目标明确，路径清晰。在文化强国国家战略下，文体产业进入城市文化基础设施建设高速发展阶段。大丰管理者预见到我国文体场馆建设将进入一个高潮，持续深耕于演艺装备工程业务领域，每一个重大项目、重大活动都为大丰创造了成长壮大的机会，创造了文体产业演艺装备与服务的大丰品质与品牌。

二、突出优势

（一）匠心专注　夯实创新基石

与众多企业一样，大丰也曾走过艰苦卓绝的创业阶段(1991—1993年)。20世纪90年代，适逢中国文化产业蓬勃发展，对影视舞台设备、活动看台、公共座椅的需求最猛增，对设备的技术含量、质量要求也越来越高，而国内有设计生产能力的厂商寥寥无几，大丰毅然决定把赚来的第一桶金全部投入到影视设备研制中去，从1993年到1996年，大丰走进了事业发展的快行道，并将公共座椅与活动看台确定为大丰倾力研发方向与拳头产品，由此奠定了大丰发展的最重要的一块基石与核心竞争力。

在与国外行业龙头企业结成合作伙伴后，大丰的技术与服务水平得到迅速提升，其活动看台迅乎间红遍大江南北，市场占有率不断增长，国内 95% 的电视演播室的活动看台都是大丰的产品。1996 年，大丰开始生产体育场馆的专用注塑、吹塑座椅，可伸缩活动看台，大丰的公共座椅也走向了全国各地的会堂、剧院、体育场馆、学校、机场……

2004 年，大丰产品正式进入雅典奥运会，大丰包揽了其 7 大场馆的公共座椅和活动看台，实现了企业向国际蓝海市场扩张的历史性跨越。

大丰一步一个脚印，迈着坚实的脚步，从座椅到机械工程，创造了一个又一个高度。

北京奥运会前夕，大丰承接的中央电视台大剧院舞台机械是当今世界各电视台中舞台面积最大、功能最多、灵活性最强的。不但可以分组由台下迅速地升起，还可以实现不同方式地转动、组合，台上的活动看台可以将演出区域围成长方形、正方形、T 形等多种形状，还可以升降到不同的高度形成阶梯状。大丰从产品功能到技术服务充分满足了客户的需求，有效地保障了 2008 年奥运会的现场直播的顺利完成。

自 2012 年开始，大丰变化多端的“春晚”舞台，给电视机前的亿万观众留下了深刻的印象，也给演艺装备行业带来了崭新的舞台概念。当时舞台占据整个中央电视台 1 号演播厅，除观众区域，由 304 块升降台组成的升降舞台布满了演员能到达的每一个区域。只要演员在表演区域，无论身在何处，根据剧情需要，升降舞台就能配合演员运行，从传统意义上的人或景候舞台转变为舞台候人或景。项目采用升降台的数量开国内先河，媒体的示范效应加速了大丰的成长。

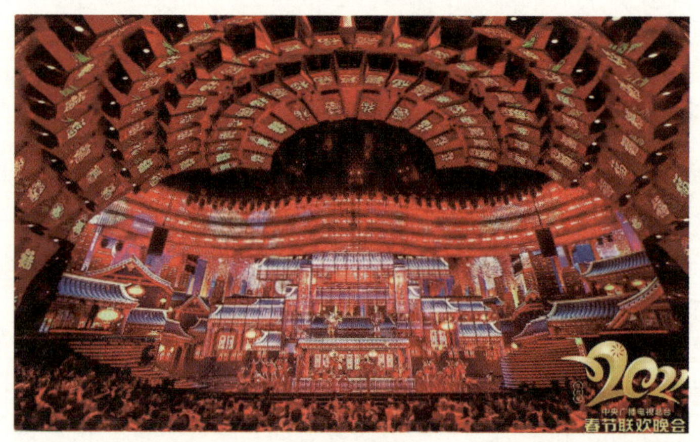

“春晚”舞台

2015 年，武汉万达“汉秀”成为名噪一时的文化地标，大丰为其量身定制的汉秀剧场水中升降台也惊艳四方。2018 年，第 18 届雅加达亚运会在印度尼西亚雅加达 GBK 主体育场圆满收官，闭幕式上的“杭州 8 分钟”惊艳了所有人。智能舞屏主创团队正是以大丰的国家级企业技术中心为研发平台，基于人工智能独创的仿生控制系统，开创了 4 节机械臂的多轴联动机器人技术，通过 3D 动画模拟驱动 54 个轴运行，实时呈现“所见即所得”的效果。2019 年，大丰承制了浙江彩车“潮涌之江”向国庆 70 周年献礼，仅用 29 天完成彩车的生产制作；转场指定地点后，大丰团队仅用 4 小时 45 分完成彩车的整体组装，在天安门广场接受全国人民的“检阅”。

（二）创新为上 铸就核心竞争力

随着文化装备与高新技术不断融合发展，文化装备的数字化、智能化和互动性程度将越来越高，为迎接和适应产业变革，大丰在专业人才培养，特别是在技术产品研发上一直不遗余力。2001 年，大丰在杭州成立了浙江大丰（杭州）舞台设计院，专业从事舞台机械工程的研发设计、生产制作、安装调试和售后服务工作。大丰拥有五大甲级专业设计院，包括舞台设计院、灯光音响设计院、建筑装饰设计院、建筑幕墙设计院、智能化设计院。大丰设立了独立的研发技术部门，建立了用于研发设计的实验室和办公室，保证持续创新、技术领先，并保持产品在行业中的竞争地位。目前，大丰拥有建筑、机械、结构、舞台工艺、建筑声学、电气、自动化控制等专业工程师 500 多名。

（三）完善产业链布局 塑造知名品牌

大丰的“公共座椅”具有很强的竞争力，正是这一进入了公共事业的优势产品，使企业在公共领域树立了具有较高影响力的品牌。在此基础上，大丰确立了成为集设计、生产、安装、售后服务于一体的文体设施集成商的宏伟目标，继而在不断承接的文体设施工程中，不断完善产业链，实现了多元开发的格局。

大丰的产品目前已广泛应用于文化中心、剧场、会堂、演艺秀场、主题乐园、体育场馆、电视台、会展中心、群艺馆、展览馆、图书馆、博物馆、学校、公共建筑与商业综合体、轨道交通系统等场所，市场占有率达到 60% 以上。

在国际上，大丰“走出去”成效也很显著。大丰承揽的哈萨克斯坦和平宫、俄罗斯国家艺术剧院、土库曼斯坦首都大剧院、印度古尔冈梦想王国、斯里兰卡国际艺术剧院、阿尔及利亚歌剧院、古巴国家大剧院、菲律宾王国大剧院等国外 30 余座剧院场馆项目和国际演出工程，已经成为“一带一路”倡议下文体设施项目的典型代表。

放眼世界舞台，大丰已为全球 5000 座国际、国内主要赛事的体育场馆提供了专业设备与工程服务：2004 年雅典奥运会、2008 年北京奥运会、2010 年南非世界杯、2012 年伦敦奥运会、2014 年索契冬奥会、2014 年南京青奥会、2015 年亚洲杯足球赛及 NBA、2016 年里约奥运会、2022 年北京冬奥会、2022 年杭州亚运会等诸多世界顶级赛事，都有“大丰”的身影。

杭州亚运会体育馆

三、未来发展展望

对于未来，大丰的规划十分清晰：不断革新技术，通过自动化、智能化舞台和演出效果的创新，持续占领行业高地；将继续聚焦文体旅产业，加快科技和文化、体育和旅游行业的深度融合，以技术创新为核心，以文体旅新消费行业解决方案为纽带，串联企业诸多业务内容，加快促进业务之间有机融合，加快新产品创新孵化，通过横纵联合，实现全产业链整合，实现由文体旅科技设备整体解决方案供应商向科技创新型文体旅产业基础设施（科技、内容 IP、服务）服务商转变。从策划、创意、智造、投资、运营等维度，创造大丰更美好的未来。

四、专家点评

大丰从 20 世纪末就开始着力探索文化产业与科技创新发展的共融模式，并逐渐将数字化演艺装备设计技术贯穿到装备设计与研制中去，综合运用表演创意驱动下的舞台装备一体化设计方法，规范建立了演艺装备行业企业技术研发创新实施机制。

大丰多年来一直用匠心服务演艺装备设计与研制，并逐步突破演艺装备欧美安全标准枷锁，研制形成一批拥有自主知识产权的演艺装备安全产品，为夯实高端演艺装备国产化打下了坚实基础，多年来为央视春晚演出控制安全和艺术效果保驾护航。

党的十九大提出“文化自信”，中华民族需要在文化内涵深度和广度上进行传承与弘扬，而文化装备革新和发展，将为文化艺术提升起到重要的推动作用。我们国家需要像大丰一样的文化装备“ 智造”企业， 用匠心精神、品质服务去做好每一个产品，去造好每一个文体设施，为社会主义新时代文化事业发展助力。

中国传媒大学教授　蒋伟

浙江工业大学教授级高级工程师　倪洪杰

新澳股份“双核”驱动的企业经营之道

一、总体情况简介

浙江新澳纺织股份有限公司（以下简称“新澳”）成立于1991年，于2014年在上海证券交易所挂牌上市（股票代码603889），是国家高新技术企业、制造业单项冠军示范企业、国家级绿色工厂，总部位于浙江省桐乡市，其下设浙江厚源纺织股份有限公司、新中和羊毛有限公司、宁夏新澳羊绒有限公司等多家子公司。

新澳办公环境

新澳立足于毛纺行业，主营业务为羊毛、羊绒纱线产品的研发、生产和销售，其主要产品“精梳羊毛纱”（单冠产品）主要用于针织服装织造，包括羊毛衫、羊毛T恤、羊毛内衣、毛袜及其他针织品等。新澳还提供毛条的改性处理及染整加工服务、毛精纺纱线的染整加工服务、粗纺羊绒加工服务。截至目前，新澳已具备羊毛毛条7000t、纯羊毛及羊毛混纺纱线13300t、纯羊绒及羊绒混纺纱线2300t的生产能力，集制条、改性处理、纺纱、染整、质量检测于一体，形成了完整的技术体系及纺纱产业链。

新澳是高新技术企业，浙江省创新型示范企业，是国际羊毛局纯羊毛标志特许权企业，获得澳大利亚美利诺羊毛标志证书，通过了ISO 9001质量管理体系认证、ISO 14001 环境体系认证、ISO 45001 职业健康管理体系认证、ISO 50001 能源管理体系认证、OEKO-TEX STANDARD 100 生态纺织品国际认证、ECO-LABEL（欧盟生态标签）认证、Bluesign（蓝标认证）、GOTS（全球有机纺织品标准）、RWS（负责任羊毛标准）、GRS（全球回收标准）等认证体系，达到 OEKO-TEX STANDARD 100 中的一类标准要求。新澳拥有以“CASHFEEL”“NEWCHUWA”“新澳”为代表的多个自主品牌，经过国内外客户的长期使用和验证，在行业中享有极高的知名度。

新澳从一家不知名的乡镇企业发展成为全国毛精纺纱线的龙头企业，得益于“双核”驱动的企业经营模式，“双核”即“卓越品质管理”和“高端品牌建设”。

新澳车间

二、突出优势

（一）卓越品质管理，打造一流产品

新澳通过参加国外权威机构、中国质量协会、纺织服装行业协会相关质量学术会议，借鉴知名企业成功经验，深化质量管理方法创新，逐步形成了源于实践的质量管理理念与工作方法的原始创新，运用先进质量管理模式与先进管理工具的再创新，推动企业在质量管理上的持续发展。

1. 研发质量源于“精心设计”

（1）搭建研发平台，营造创新氛围　新澳致力于研发机构的投入与建设，建有省级高新技术研究开发中心、省级企业研究院。2016 年，新澳与澳大利亚羊毛发展有限公司合作成立针织产品研发中心（Knitwear Development Centre），同时与东华大学、浙江理工大学、嘉兴学院等多家院校、科研单位开展广泛的技术交流与合作。

（2）顺应行业潮流，研发绿色产品　新澳顺应纺织行业“可持续发展”的时代潮流，走在实现生态绿色设计产品的前沿，致力于绿色可持续产品的开发与研究，例如：在化学处理时开发了无氯防缩处理毛条，在保证各项指标要求能达到防缩要求的同时，整个毛条处理过程中没有使用含氯的助剂，完全避免了游离氯对水体的危害。同时，新澳致力于绿色产品标准的制定，为行业内绿色产品的发展引领方向。2016 年，新澳牵头制订浙江制造标准 T/ZZB 0113—2016《超细美丽诺巴素兰精纺针织绒线》，该标准在多个方面比国标要求更高，处于国际领先水平，尤其对原材料、中间在制品的控制、染色用水量、运输条件、包装、存储条件、可循环回收等方面，突出了绿色生态的特点，该标准在 2017 年《浙江省传统产业对标报告》中得到了高度评价。2019 年，新澳制定浙江制造标准 T/ZZB 1119—2019《超细美丽诺易护理防缩针织绒线》，全方位的对机可洗产品符合环境保护、资源能源消耗、品质质量等提出了更高要求，并提供了指标参照值。同年，新澳牵头制定团体标准 T/CNTAC 39—2019《绿色设计产品评价技术规范 毛精纺产品》，为行业内绿色产品的设计开发提供了标准依据。

2. 采购质量注重“精良选材”、过程质量强调“精工制造”

（1）精选优质原料，建立与供方合作共赢关系　新澳产品以羊毛为主要原料，化纤为辅助原料。在采购羊毛时，为从源头确保产品质量，从多个国家和地区进口非虐待、可追溯、有机羊毛等高品质原料；在采购化纤时，优先采购可回收、低温染色、染料吸净率高的优质化纤原料。

另外，新澳还加强对供应商的质量管控，尤其是对新增供应商的管控，新增供应商需要经过资质审查、样本检验、小批量试机、评价审核、批量使用 5 个环节的审查。新澳通过严选供应商，与现有供应商建立合作共赢的良好关系，建立起了稳定可靠的原材料供应链。

（2）通过 ERP 等方式实现从原料到成品的可追溯管理　新澳通过 ERP 等多种手段实现智能化可追溯管理，从销售下单到生产，再到发货销售，全程采用 ERP 管理，为产品赋予唯一的标识代码，减少错批、混批风险。新澳建立了全过程质量追溯体系，制定《批次号管理规定》《标识和可追溯控制程序》等，有效实现产品的可追溯性，防止不合格产品的意外流出。

3. 服务质量致力“精诚服务”

以客户需求为导向，实现智能为客户服务。从销售下单开始到成品包装入库，全程可通过 ERP 系统查看当前生产过程的所有信息，能准确地预定订单的交货时间，实现产业链上下游毛条处理、染色、纺纱所有工序的集成，提高了生产效率、降低了生产成本。

（二）高端品牌建设，铸就精品形象

新澳以“悦享羊毛、品质生活”的企业愿景，以“成为毛纺行业领导者”为使命，以“诚信、创新、学习、共享”的核心价值观，以精益化的企业管理模式生产优质的产品，建设高端品牌，铸就精品形象。

1. 品牌定位：“细分行业的中国制造，打造中高端精纺羊毛纱线”

新澳的品牌定位主要围绕“中国制造”“羊毛”“精纺”“羊绒”和“粗纺”。新澳的羊毛纱线原材料皆源自澳大利亚优质美丽诺羊毛，已通过国际羊毛局全羊毛标志认证。新澳羊绒主要围绕“生态牧场”“绿色工厂”“可持续发展“为主题，原料产自内蒙古阿拉善左旗和二郎山地区，已通过 AbTF 认证的 GCS 认证。

2. 品牌核心价值：“天然、品质”

羊毛演绎天然，精纺传递品质。天然和品质具有两个层次的意义，一是突出新澳纱线的功能性价值；二是新澳纱线希望能带给人更深意义上的情感价值。

3. 品牌规划：“多品牌战略，满足不同需求”

新澳品牌中长期规划采用多品牌战略，打造多个产品品牌，满足和引导客户的不同需求，同时强化“新澳”品牌的影响力。

4. 品牌推广：“多种措施持续发力，塑造企业品牌形象”

（1）营销网络国际化　新澳不但每年组织参加 PREMIERE VISION、SPINEXPO、ISPO 等国外展会，在国际舞台上展示推广自己产品和品牌，而且在海外设立多个办事处，建立国际化的营销网络，将公司品牌推广至全世界。

（2）产品定位高端化　新澳经过多年的海外市场发展，积累了一大批稳定、优质的国际品牌客户资源，在同质化的毛纺产品竞争中脱颖而出，产品定位“时装化、差异化、高端化”，通过与不同的功能性纤维混纺，生产吸湿、透气、轻柔、清凉，尽显高档时装特色的产品。

（3）企业服务个性化　新澳以顾客为关注焦点，针对不同顾客需求开展个性化的服务，通过个性化产品定制、产品色卡和库存服务、售后技术支持等措施，赢得了大批客户的青睐。同时，新澳积极开展多种活动与客户以及潜在客户建立起更加密切的联系。

三、典型经验

（一）强化创新驱动

优质的产品是企业的生命，新澳依托技术创新、产品创新、质量创新，提升企业核心竞争力，持续提升品牌效应，提高市场占有率。通过提升创新研发能力，引导全体员工学习先进的工具和方法，创新实践并持续改善；加强研发

设计，降低生产过程消耗，降低产品制造成本，建立成本竞争优势。

（二）加强团队建设

新澳着力塑造成熟、高效，既有狼性，又有活力和创新能力的新生代团队。通过充实各层人才，搭建好人才梯队，既要根据企业的实际需要，改变传统的招工模式，不唯学历论，有组织、有计划、有目的地吸纳各类人才，又要采取各种形式，提升人才素质、技术、能力。通过建立内部培训师队伍，积极组织人才培养对象参加各类培训学习，增强团队综合知识水平，不断提高团队整体素质。

（三）完善精益管理

创新及扎实的企业管理能增强企业的运作效率，减少浪费，提高效率，进一步增强企业竞争实力。以“精——少投入、少消耗资源、少花时间，减少资源投入和耗费；益——多产出经济效益，实现企业转型升级”为管理理念，创造出更多的价值，为顾客提供满意的新产品和服务。

清洁风能 从恒石起步

恒石大楼

一、总体情况简介

浙江恒石纤维基业有限公司（以下简称“恒石”）成立于2000年9月，专业从事各类纤维编织产品的研发、生产及销售，以风电基材为主业。2018年1月，恒石获批工业和信息化部单项冠军示范企业。经过十几年的发展，恒石已成长为同行业中生产规模大、产品品种全、装备与技术优、产品出口多的企业，并已成为全球领先的风电基材制造企业。

据全球风能理事会统计，全世界风电装机容量年均增长超过30%，中国的装机容量占世界总量的34.7%，大力发展风电已成为我国“十四五”能源结构转型和经济高质量发展的关键举措。浙江省地处沿海，海岸线长度居全国第四，拥有丰富的海上风能储量，风电开发优势明显。

恒石目前总产能超50万t，国内占有率约40%，全球市场占有率约35%。2016—2020年，资产增长2倍，销售增长3倍，利润增长3.65倍，产品从几十种拓宽到目前的约2000种。自有品牌产品出口占出口总量比例100%。恒石已成为了全球玻纤缝编织物行业的领军者。

二、突出优势和典型经验

（一）创新平台及创新体系

1. 创新平台

恒石自 2010 年就开始建设各类省级以上技术研发机构，目前已建有省级企业研究院、省级高新技术研究开发中心、省级企业技术中心等研发机构。同时恒石实验室还通过了国家实验演示认可委员会（CNAS）的认可以及德国 GL 认证。

2. 创新体系

（1）科学的战略规划 恒石的战略规划系统由信息搜集、信息分析、战略制定机制三大机制构成。通过专设在企业技术中心的技术信息部门，搜集整理玻璃纤维及相关行业信息，向公司领导层和技术专家提供信息供其分析。反馈的分析意见经整理后上报公司技术决策层，供其参考制定技术战略规划。

（2）持续的动力保障 技术的不断创新，离不开持续的动力机制作保障。实践中，恒石着眼于提供持续的创新动力，大力推进科技管理配套机制建设，重点建立了三个机制：一是研发费投入机制。恒石确立了科技投入优先的原则，确保科技投入逐年增长，投入资金完全到位，为技术创新提供了充足的资金保障。同时，研发基础设施不断提升，目前研发场地面积已达 3000 多 m^2，拥有扫描电子显微镜、万能材料实验机等，原值达 3000 多万元，能够满足从玻纤制造到玻纤具体应用的全部试验、研究需求。二是人才开发机制。突出抓好科技人才的成长通道建设，专设技术职务和技术职称两条并行的成长通道，评聘分开、动态管理，搭建有利于科技人才成长的平台。突出抓好各类人才的能力培养，聘请多名国内外专家进行技术指导，每年安排数批科研人员，到美国、欧洲等地考察学习；建立以技术干部为主力的“内部培训师”队伍，针对性开展各类内部培训，整体提升人才素质水平。目前，恒石共有专职研发人员 178 人，博士生 2 人，硕士生 11 人，形成了学科齐全、专业配套、老中青相结合的技术创新队伍，在风电领域中发挥着技术引领作用，成为公司持续有效发展的核心支撑力量。三是考核奖励机制。恒石实行全员经济责任制考核。同时科研人员可通过开展科技项目获重奖，通过科研成果转化得提成。2020 年，公司对共兑现奖励超 500 万元。年终举行盛大的颁奖盛典进行表彰，每年的科技创新大奖都是重头戏，让优秀的科技人员成为公司广泛学习的榜样。

（3）产学研合作 恒石以研发中心为主体，加强产学研联合，与浙江理工大学、上海同济大学、嘉兴学院等高校建立长期合作关系，并与浙江理工大学、捷克 LENAM s.r.o. 公司等在 2015 年共同申请了国际科技合作项目，取得了良好的社会效益与环境效益。

（4）持续推进信息化

1）质量管理系统QMS于已正式上线运行，在原辅料、编织、裁剪等环节实现数据统计分析、质量预警和追溯等功能，提升公司质量管理效率。增加MES功能，套裁和绗缝胚布、成品实现出入库管理。

2）公司制订了《专利管理办法》，进一步加强知识产权管理。在专利技术挖掘方面，梳理公司技术体系，确定重点申报领域，制定申报计划，切实保护公司重要技术。

（5）重创新、控成本，发展活力不断激发　恒石的日常科研活动都是围绕项目来组织，经过多年的经验总结和实践检验，已经形成了以项目管理机制为指导、项目运行机制为过程、成果转化机制为目标的一套完整、流畅、高效的项目组织系统，近三年年均开展各类创新及改进项目超250项。

（二）产销全球，成功抢抓市场机遇

积极响应国家“一带一路”号召，有效应对“双反”调查和中美贸易摩擦，紧抓风电市场持续向好的大机遇，推进国际化多点布局，2013年筹建海外生产基地。截至2019年，在埃及、土耳其共投资1.5亿元，创造1000多个工作岗位，为当地创税1500.12万元。

目前公司拥有中国浙江、中国河南、埃及苏伊士、美国南卡和土耳其泰基尔达5个生产基地，产品出口至欧洲、美洲、中东及东南亚等国家和地区，在国内外市场享有较高的信誉度。

三、未来发展展望

恒石将以“保持全球第一”为使命，以“成为全球风电材料解决方案的引领者”为愿景，以“制造智能化、管理精准化、产品特色化、发展国际化”为战略举措，实现由大到强大的转变、由强大到伟大的跨越。

恒石展厅

四、专家点评

恒石成立于2000年9月，专业从事各类纤维编织产品的研发、生产及销售，以风电基材为主业。经过十几年的发展，恒石已成长为同行业中生产规模大、产品品种全、装备与技术优、产品出口多的企业，并已成为全球领先的风电基材制造企业。

近年来，面对行业政策和市场变化的新形式，恒石始终坚持成为全球风电材料解决方案引领者的愿景，各项业务都取得了长足的进步和发展，恒石已成长为全球领先的专业风电材料制造商，产能规模全球领先。面对变化的市场和政策，恒石多措并举：产销研服协同配合，实现业绩再创新高；效率意识明显增强，实现提质提效降本；抢抓重点项目建设，实现可持续发展；强化规范精准管控，实现队伍素质有提升。未来，恒石将继续以接力奔跑的状态、不懈奋进的姿态，继续引领风电基材行业发展。

南京玻璃纤维研究设计院副总工程师 / 教授级高级工程师　方贤柏

二十年坚持　打造世界的 LED 照明智慧工厂

一、总体情况简介

立达信物联科技股份有限公司（简称“立达信”）于 2001 年创立，是一家集光电照明、物联网产品研发、生产、销售为一体的大型民营企业，在厦门、漳州、四川等地设有基地，在中国香港、中国台湾、美国等多地设立分公司，在德国、东欧等多个国家和地区设立服务中心和境外办事处，在职员工 10000 余人，是 LED 照明领域唯一的“国家制造业单项冠军示范企业”。立达信已连续 9 年被中国轻工业联合会及中国照明协会评定为“中国照明电器十强企业”，连续 8 年获评“中国轻工业百强企业”，连续 7 年被商务部认定为“中国民营外贸 500 强企业”，LED 照明产品连续 7 年出口排名全国第一；是工业和信息化部认定的“国家技术创新示范企业”“新一代人工智能重点任务揭榜单位”“国家智能制造试点示范项目企业”；是“国家工业产品生态（绿色）设计试点企业”“国家半导体照明产业化基地骨干企业”“国家节能照明高新技术产业化基地骨干企业”“中国照明电器行业品牌效益型企业”；是福建省光电照明行业首家荣获“福建省政府质量奖”的企业、“福建省制造业百强企业”“福建省龙头企业”“福建省民营纳税百强企业”。

二、突出优势

（一）技术先进性

立达信建有“国家认定企业技术中心”“国家级工业设计中心”“国家级博士后工作站”“中国轻工业重点实验室”等科研平台，在全球布局多个研发中心和设计中心，不断突破 LED 照明技术瓶颈，同时通过研发物联网技术、人工智能技术、SiP 芯片技术等前沿科技为 LED 照明赋能，确保立达信始终保持行业技术领先。在积极实施研发的带动下，便于自动化生产的一体化 LED 灯、带透明格栅的教室灯、智能家居自动化产品、LED 智能照明系统、光电集成一体化 LED 灯等项目已完成产业化，其中多项成果承接国家火炬计划项目、福建省科技重大专项等，并荣获中国专利奖、中国轻工业科技进步奖、福建省科技进步奖等省级以上科技奖 30 项，荣获德国国家设计奖、红点设计奖等国内外知名工业设计大奖 32 项。目前，立达信拥有授权专利 2530 项，其中境外授权专利 290 项，发明专利 324 项，是“国家知识产权优势企业”。

1. 关键技术指标领跑全球

立达信在光源、驱动、散热、配光等方面取得一系列技术突破，带动企业 LED 照明产品的光效、驱动效率、寿命等关键技术指标达到全球领先水平。此外，很多技术填补了市场空白。

2. 实施智能制造成为行业先行者

2012 年，立达信率先在行业内启动生产自动化替代人工生产模式，自建自动化中心，整合工艺、设备、软件于一体，建成一套高效且可复制的现代化智能制造工厂解决方案，打通内部生产制造系统衔接客户到供应商的信息流，实现业务串联；建立大数据中心，实现了全自动化生产、物料信息实时跟踪、产品质量信息可追溯、关键数据可视化管理等功能，使生产效率、产品质量大幅提高，促进公司 LED 灯年产量达行业领先水平，为行业智能制造、两化融合发展起到示范作用。

立达信智能制造生产车间

立达信自主研发工业机器人在产线的应用

3. 以高性能高品质冲破国际贸易壁垒

立达信坚持高起点开发 LED 照明产品，围绕欧美认证进行技术攻关，让认证组全程配合研发共同推进，公司 LED 照明产品先后获得 CSA、GS 、CE、EMC、ETL、UL、FCC 等 40 余项国内外认证，已赢得了宜家、飞利浦、欧司朗、通用、施耐德等世界 500 强、行业龙头企业的青睐。产品被北欧、德国等专业照明测试机构评价为行业第一，屡获宜家等世界知名企业“最佳品质奖”“全球最佳供应商奖”“全球最热卖产品奖”等。

4. 推动工业设计赋予产品新内涵

立达信建有国家级工业设计中心，拥有众多 10 年以上设计经验的设计专家，致力于建立兼具创意、品味及中国传统文化精髓的立达信特色的高端文化精品灯具，使“立达信”不只是点亮黑夜，也是诠释东方文化、传统工艺的传承与演绎、温暖人心的照明产品。产品工业设计先后获得德国国家工业设计奖、红点设计奖、IF设计奖、美国Idea设计奖、日本G-MARK设计奖、中国好设计奖等国内外工业设计奖项32项，让具有中华传统文化的灯具走向世界。

（二）产品质量

立达信以客户为中心、以品质提升为导向，为国内外消费者提供日益需求的高品质照明产品。自主研发检测设备，将流水线式检测技术融入LED照明自动生产工艺中；建立可追溯产品数据库，从供方到产品销售给消费者的所有阶段具有可追溯性，有效地控制产品召回和妥善处理；立达信品牌灯具在2016—2020年期间接受国家、福建省、厦门市的产品质量监督抽查21次，抽查合格率达100%。

（三）发展效益

立达信已成为全国同行业海外销售覆盖面最广、优质客户群最为庞大的LED照明龙头企业。根据高工LED产业研究所（GGII）及国家半导体照明工程研发及产业联盟等行业权威机构相关数据统计，立达信LED照明产品连续七年出口排名全国第一，是我国最大的光电照明企业，在LED产业链中有着举足轻重的地位，在LED通用照明产品、LED教育照明产品、物联网智能设备等领域均达到行业领先水平。

三、典型经验

（一）技术创新

1. 高研发投入，为创新打下坚实基础

立达信坚信“科技立企”理念，每年以不低于销售收入4%以上作为企业研发经费投入，为企业技术创新发展提供资金保障，创新优先的投入机制保证了企业优良的技术创新基础条件。

2. 实施人才工程，夯实企业技术进步

立达信建有“福建省企业人才高地”，建有“立达信大学”，并配备专职培训人员12人，拥有内部各系统专业技能及职能兼职讲师302人，累计开发和沉淀各类专业知识和经验分享课程672门。每月针对各部门、各层级制定相应培训计划，还通过校企联合培养、组建内部兼职讲师团队、邀请外部讲师授课、立达信学习平台等多种方式对人才进行培养。

3. 以合作共赢，引领行业发展之路

立达信积极与世界各地知名企业、高校及研发机构合作，共同谋划行业发展新方向，开展密切的技术开发合作和技术交流，以合作共赢，引领行业发展。

（二）管理能力

1. 信息化推动企业管理品质提升

立达信是“国家两化融合体系贯标试点企业”，运用信息化全面提升企业管理水平。先后引进 SAP、CRM 等 19 个企业管理系统，在产、供、销、人、财、物等每个环节实现信息化管理全覆盖。将各大子系统集成在立达信 LCP 云平台上统一登录完成作业，使立达信分布在全球的分支机构能够统一协调，快速协作。

2. 国际体系认证帮助企业规范管理

企业先后通过 ISO 9001:2008 质量管理体系认证、ISO 14000 环境管理体系认证、OHSAS 45001 职业健康安全管理体系认证、QC 080000 有害物质管理标准体系认证，还通过了 CMMI3 级认证、ISO 27001 信息安全管理体系、ISO 27017 云服务信息安全管理体系、ISO 27018 个人可识别信息安全管理体系等国际安全体系认证，代表立达信在企业管理方面获得国际认可。

3. 学习先进管理体制形成自主管理体系

立达信还积极引进先进的管理体制，围绕精益管理的理念，制定了一体化管理体系程序文件，对各个过程实施管控，确保公司经营的高效运行。同时，建立关键绩效测量方法和指标，动态监控管理运行情况。不断实行经营、管理、生产等发展经营战略改革，形成了立达信自己的经营管理体系——IQS4，I：创新；Q：品质；S；速度；S：规模；S：解决方案；S：服务。

（三）企业文化

立达信十分重视企业创新文化建设，经过 20 年企业文化的沉淀，形成立达信独特的“发动机文化”，鼓励每个立达信人成为企业的发动机，强调全员参与创新的精神。公司以“以客户为中心、以价值贡献者为本、主动求变、坚持奋斗”作为发动机文化的核心价值观，将每一个后端都当成自己的“客户”来服务，让每位“客户”都能考核前端的价值贡献，使全员能够主动求变，以高效、精准的方式服务到真正的客户，最终将企业打造“成为受人尊敬的世界级物联科技企业”。

（四）质量品牌

立达信将质量作为自己的生命线，并且坚持研发质量、供应链质量、制造质量、销售质量并重的全方位质量管理。在品牌建设方面，立达信推行自主品牌和代工双线并行策略，已拥有“立达信”“Leedarson”“一灯一世界”“朗睿”“领恺”等多个具有一定知名度的自主品牌，相关品牌先后在国内外注册商标 400 余个。

（五）产业协同

1. 自主建设最全产业链

立达信自建业内最为完整的产业链，涵盖模具、冲压、喷涂、注吹塑、导光板、贴片、设备、纸箱等配套产品的生产，通过统一标准的要求和执行，企业能够有力地确保产品的过程质量，从而使产品的质量得以把控。

2. 打造光电照明产业集群

立达信强大的规模产业化能力带动了厦漳泉等周边芯片、电子元器件、线路板、光电设计等 200 余家企业围绕立达信进行聚集发展，形成了一定规模的光电产业集群。

（六）国际化发展

立达信是一家外向型企业，十分注重国际化发展。目前市场已遍布全球 81 个国家和地区，是业内的出口之王。在加大国际化发展方面，主要做法有：1）广泛设立境外分支机构，推行本地化服务。2）积极参与国际知名展会，树立企业国际品牌。3）加入国际主流行业组织，推动企业掌握话语权。

四、未来发展展望

未来，立达信一方面要确保光电照明产品在行业的排头兵地位，另一方面依托照明为入口，逐步成为全球领先的智能家居、智能建筑解决方案的系统集成服务商。立达信努力发挥科研特长，持续引进消化新技术，用高新技术提升现有产业，持续研制具有核心竞争力的软硬件产品，为不同类型用户，提供满足本质需求的具有立达信特色的智能家居、智能建筑等系统解决方案。立达信 2000 亩物联科技小镇已经开始建设，建成后将打造国家级企业人才高地，在继续保持光电照明行业技术创新国际领先优势的同时，在物联网领域逐步形成业内一流的技术创新基地，立志跻身“世界前列”。

专注制冰　实现跨越式发展

一、总体情况简介

雪人股份有限公司（以下简称“雪人股份”）是一家以制冰机核心部件压缩机为核心产业，集余热回收发电、新能源、工商业制冷及其成套制冷系统的研发、设计、制造、销售、工程安装、售后服务于一体的高科技企业。雪人股份创建于2000年3月，注册资金为6.7亿元，总资产40亿元，是一家私营股份制公司，于2011年12月在深圳交易所上市。在中国福州拥有制冰机及制冷系统产业和压缩机及机组两大高端制冷设备制造产业园区，在意大利还建有压缩机研发和制造基地，在全球拥有20多家子公司及分公司。现有职工3000多人，其中科技人员400多人。

雪人股份在制冰设备制造行业保持着全球的行业龙头地位，国内综合市场占有率名列前茅，也是全国冷标委制冰机工作组所在单位，负责制定国家和行业标准。产品被广泛应用于水利水电、大型建筑、核电站、大型路桥等行业的混凝土冷却，煤矿采掘业的矿井降温，食品冷加工及保鲜，化工反应釜降温以及冷链物流、冰蓄能空调、人工降雪、生物菌养殖、冷冻干燥、海水淡化、新能源汽车、国防军事等领域。

二、突出优势

（一）技术先进性

1. 制冰机方面

采用在蒸发器内腔制作圆筒隔板、内刮式制冰方式、螺旋样冰刀等，着力提高工作效率，增产节能，延长压缩机寿命。同时，采用智能化设计，提供远程上位机接口，实现远程控制。在故障保护上，控制系统由目前的PLC编程，改进为可编程的微电脑控制系统，可以根据客户反馈要求总结，不断更新改进控制电路程序，使之更加人性化。

2. 压缩机方面

1）螺杆压缩机产品采用螺杆转子“I”型线设计，具有高能效、低噪声、运行稳定等特点，且更加节能环保。

2）新型氨用半封闭螺杆压缩机，采用氨作为制冷剂，填补氨压缩机小型化的技术空白。产品被联合国开发计划署列入国际示范项目，获得《关于消耗臭氧层物质的蒙特利尔议定书》多边基金补助。

3）磁悬浮离心压缩机采用世界先进的离心压缩机气动设计、无油设计和环保制冷剂设计理念，采用高速电机变频直驱，磁悬浮轴承，实现离心冷水机组在 AHRI 工况下 COP7.0 以上的效率。技术水平达到世界先进水平。

（二）产品质量

雪人股份产品质量的优质体现在各个加工工艺上。采用先进的焊接、热处理、光电炉设备，有严格规范的焊接、表面处理、应力消除工艺。制冰机在材料的使用方面，采用了特殊合金材料，使用其加工的蒸发器可以得到很好的热传递效果。合理的制冷管路布置达到高效制冷效果，整个系统重量轻、体积小、能耗降低了 3%~5%。以及良好的回水系统等。

雪人股份产品的所有部件从选材到加工再到成品，均经过严格的质量控制，确保成套制冰设备及系统的卓越品质，产品与国内外同类产品相比，耗电量、日产冰量等参数位于前列。

（三）发展效益

雪人股份利用其自身优势，应用自主知识产权的高效节能制冷系统关键技术，结合先进的生产设备仪器，不断提高制造能力和技术水平，完善公司制冷系统产业链，提升企业竞争力，提高经济效益。2019 年公司实现销售收入 15.13 亿元，同比增长 16%。

高效节能制冰系统属于高技术节能环保产品，科技含量高，使用 R507、R717、CO_2 等天然工质作为环保制冷剂逐步取代 R22 和高 GWP 值的 HFC 制冷剂，绿色环保，实现经济、环境、社会效益相统一。

二、典型经验

（一）技术创新

1. 战略转型方面

雪人股份于 2000 年成立，主要生产工商用制冰机及制冷系统，2005 年成为国内规模最大的工商用制冰系统制造商，成为制冰领域的龙头企业。2010 年以后，雪人股份不断实施“走出去”的战略，开展全球并购。2013 年收购了意大利压缩机国际知名品牌“Refcomp”（莱富康）公司的全球资产；2015 年通过参股产业收购了瑞典 OPCON 核心业务两大子公司 SRM 和 OES 100% 的股权，从而拥有世界最先进的制冷压缩机、螺杆膨胀发电机技术等核心技术。2015 年参股全球领先的透平机械专业技术公司美国 Concepts NTEC 公司，合作开发世界最先进的磁悬浮离心压缩机。通过一系列的技术引进和品牌并购使雪人股份全面掌握了高端压缩机设计和制造的核心技术，成功转型成为高尖端装备制造企业，成为世界知名压缩机制造企业之一。

2. 科技创新方面

雪人股份与国内的中科院、清华大学、712 所，国外的英国 TPS、美国 CN 公司等高校及科研院所建立了长期的合作关系，研发压缩机和新能源技术。近几年，雪人股份每年投入超过 1 亿元用于研发新产品，推动产品价值链由低端向高端延伸，进一步提高竞争力。其中自主研发的新型 CO_2/ 氨用半封闭螺杆压缩机组项目，被联合国开发计划署列入国际示范项目，获得《关于消耗臭氧层物质的蒙特利尔议定书》的多边基金的补助。研发新型氦气螺杆压缩机组，技术指标均达到世界领先水平，解决了大型氦气低温制冷系统中氦气压缩设备的关键技术问题，为我国大气科学工程、氦气战略资源开发等高技术领域提供成熟、稳定的具有自主知识产权的氦气压缩技术。该产品将被应用于核工业废料处理、军工产品、癌症治疗等国家重点领域。

（二）企业文化和管理能力

雪人股份始终遵循“以人为本，科技为先”的经营理念，依托于强大的技术、人才、设施领先优势，专注专业于制冰领域的研发和制造，不断追求产品的领先适用。确立品牌意识和市场定位，采取以直销为主、代理为辅的营销模式，恪守“以满足客户实际需求，精心制造、尽心服务”的宗旨。对质量管理倾注了巨大的精力、人力和财力，聘请具有专项管理经验的高级工程师负责质量管理工作。

雪人股份一直以来秉承“以人为本、全员参与”的管理原则，并先后顺利通过 ISO 9001、ISO 14001 和 OHSAS 18001 三大体系认证、阿斯米认证及 CE 认证。导入标准化管理体系，提高管理者及员工的质量意识与管理能力，提升组织内工作效率及团队凝聚力，使团队管理水平达到国际先进管理水准。

（三）产业协同和经营绩效

雪人股份在制冷、空调压缩机及系统应用各项技术和能效持续保持全球行业领先水平。雪人股份在积极提高自身绿色可持续发展水平的同时，也非常关注上下游企业的节能环保情况，积极带动整个产业链协同发展。在实施供应商管理方面，雪人股份制定了严格的供应商质量管理制度，其中包括供应商评价、审核、管理控制程序等。雪人股份在提高自身生产工艺水平的同时关注带动供应商的发展，建立了雪人供应商管理系统（SRM 系统），对供应商进行管理，定期与供应商进行交流培训，促进供应商与公司的协同发展。

经营绩效方面，2019 年雪人股份旗下拥有 20 多家子公司及分公司，经营状况良好，业绩持续增长。产品出口到全球 90 多个国家和地区，资产规模达

40 亿元，主营业务收入 15.13 亿元，同比增长 16.12%。

（四）质量品牌和国际化发展

雪人股份始终重视品牌经营，组建品牌决策管理部门，根据市场信息和要求组织生产、创立品牌、发展名牌。通过品牌培育管理体系建设，将品牌延用到产品的设计、制造、销售和消费等各个领域，使品牌成为市场开拓的竞争武器。目前品牌主要有 6 大板块领域的品牌，包含工商业制冰及制冷设备、新能源、余热发电热泵技术等领域。其中国内商标注册 118 件，国外商标注册 130 件。

雪人股份 6 大板块领域品牌

其中，制冰机品牌“SNOWKEY”商标于 2001 年 8 月申请授权，在国内注册 18 项，在国外注册了 37 项，其中在中东 7 个国家逐一注册了国际商标，在马德里体系注册了 30 多个国家，先后获得“中国驰名商标”“福建省名牌产品”“福建省国际知名品牌”等荣誉。雪人股份每年投入大量资金用于加强品牌的宣传和推广，组织参加中国制冷展、国际制冷展、国际渔业展等国内和国际性展会，推广公司产品和应用技术，大大提升了公司品牌效应，提高“SNOWKEY”品牌的国际市场影响力。

四、未来发展展望

雪人股份正在积极布局新兴产业，氢能源作为一种理想的新的清洁能源，有着无可比拟的巨大优势，是国家未来的能源方向，也是雪人股份未来发展的重点之一，借助 SRM、OES 拥有燃料电池核心技术和品牌的先发优势，充分整合国内外燃料电池及氢能源领域的技术、人才、市场等资源，依托国家扶持新能源发展的宏观背景和雄厚的专业技术实力，加快在燃料电池及氢能源相关领域的布局。

未来，雪人股份将推进下一个中长期绿色发展计划，不断加大现有产品创新和新产品研发力度，积极倡导应用 CO_2、NH_3、R507、水、空气等环保天然制冷剂，研发新一代安全、可靠、高效、节能产品，推动行业的科技进步。雪人股份将以上市企业为平台，实现以资本为纽带，深耕制冷设备产业，向新材料、新能源、环保节能技术领域转型升级，打造国际化、多元化企业集团，实现跨越式发展。

五、专家点评

雪人股份在制冰机基础理论研究、应用研究和新产品的开发方面处于国际领先水平，是国内制冰设备制造行业的龙头企业，产品科技含量高，采用 CO_2、NH_3、R507 等环保制冷剂，绿色节能环保。同时也是全国冷冻空调设备标准化技术委员会制冰机工作组秘书处承担单位，先后负责多项国家标准及行业标准的起草和制修订工作，为我国制冰机产业的发展做出了积极的贡献。

福州大学教授　李学来

环保、安全、便捷、舒适
打造全球石化尼龙新材料领导者

一、总体情况简介

福建永荣锦江股份有限公司(以下简称“永荣锦江”)成立于2006年4月，注册资金56248万元，占地700多亩，总投资约50亿元，是一家专业集研发、生产、销售差别化功能性锦纶纤维为一体的内资高新技术企业。

永荣锦江主要产品包括锦纶聚合切片和锦纶纤维两大品类，包括FDY全牵伸丝、POY预取向丝、HOY高取向丝、DTY弹力丝、锦纶6切片、功能性产品（含多孔超细、异形凉感、吸湿排汗、抗菌、抗病毒、原液着色、高孔数、锦康纱、锦肤纱、再生、石墨烯、复合、高强纤维等），广泛应用于服装、运动、休闲、健康、医疗、汽车等领域。

自成立之初，永荣锦江就以“致力于向社会提供高品质的尼龙系列产品及服务，使人们的生活更环保、安全、便捷、舒适”为使命，以成为“全球石化尼龙新材料领导者”为愿景。经过10余年的发展，形成年产50万t锦纶聚合切片和60万t锦纶纤维的生产能力，2020年永荣锦江聚酰胺纤维产量在国内、国际占有率均排名第一（由中国化学纤维工业协会出具数据），拥有“永荣锦江”“景丰科技”“创造者锦纶”等国内外知名品牌。

近年来，永荣锦江进入快速科学发展阶段，进行垂直产业战略布局，完成从产品引进生产到高新产品自主研发、自动化设备自主研发的技术飞越，成为目前全球生产规模最大、产品最齐全、产业链最完整、技术最先进的石化尼龙产业集团。

永荣锦江科研开发基础扎实、实力雄厚，产品性能优越，以高附加值差别化产品作为企业竞争优势，是目前全国最大的差别化功能性锦纶纤维生产企业之一，是纺织行业的领军企业之一。先后获得认定国家企业技术中心、国家技术创新示范企业、国家博士后科研工作站、国家火炬计划重点高新技术企业、国家驰名商标、工业和信息化部制造业单项冠军示范企业、工业和信息化部绿色制造－绿色工厂、亚洲品牌500强、国家知识产权优势企业、国家功能性差别化聚酰胺纤维开发基地、福州市政府质量奖等荣誉和认定，是行业科技发展的佼佼者。

二、突出优势

永荣锦江积极引进先进技术和技术标准，广泛开展产学研等技术交流与合作，并推动产学研有效结合，提升了企业的创新能力和人才培养水平。永荣锦江收集了当前主要工业发达国家的技术标准，支持公司产品和技术开发；在内部建立了技术研发与技术标准相结合的管理机制，使公司技术实力得到了明显提高。目前主要拥有的主要核心技术有 6 大方面。

（一）聚合技术

聚合车间拥有世界上最大单线产能的生产线，达到 390t / 天，14 万 t / 年聚酰胺 6 切片的生产能力。单位切片生产成本与其他国产聚合装置相比，降低至少 600 元 /t。大容量聚合系统具有新型聚合釜结构设计的聚酰胺 –6 切片生产装置、多级萃取塔、干燥塔，使聚合生产的品种更丰富，包括有光切片、半光切片、全消光切片，产品的可萃取物含量降低 10%。

（二）纺丝技术

1. WINGS (Winding Integrated Gadet Solution 集成导丝辊解决方案）系统

采用 WINGS 系统，将传统纺丝系统中的导丝辊、网络空气喷嘴等部件都集合到卷绕头上，缩短了工艺流程，节约能源消耗，同时减少了扰动、振动对丝束的影响，提高了产品质量。

2. 纺丝单体水抽吸装置

通过安装水抽吸装置，持续稳定地抽掉单体残留，且以循环水代替传统的抽吸离心风机，保证了效率和稳定，提高产品染色均匀度，使产品达到高质量水平。

（三）高性能原液着色纤维产业化技术

永荣锦江在高性能原液着色聚酰胺纤维产业化技术的开发与成果获得了纺织行业的肯定。2016 年起，永荣锦江加入中国纺织科学研究院牵头的化纤产业技术创新战略联盟，参与“国家重点研发计划专题－重点技术材料技术提升与产业化”项目，开展原液着色聚酰胺纤维产业化技术研究，为我国纺织行业在低碳环保、可持续发展方向建立新的标杆，核心技术达国内领先。以每吨纤维加工成纺织品需要排放废水 32t、二氧化碳 1.2t、电耗 230kW · h、蒸汽消耗 3.5m^3 估算，2019 年，公司原液着色纤维销售量达 4500t，实现废水减排量 144000t，二氧化碳减排量 5400t，节省电耗 103.5 万 kW · h，减少蒸汽消耗 15750m^3，在低碳环保、可持续发展战略实施建立新的标杆，具有显著的经济效益和社会效益。永荣锦江已研发并投产近 50 种原色着色纤维产品，如黑、红、宝蓝、荧光黄及橘黄等颜色产品，随着市场不断开拓，最近在不断进行设备添置与改造，并拟开发出 150 种以上各种颜色、规格的产品。为了实现知识产权保护，对该系列产品已申请专利保护。

（四）抗菌纤维的开发技术

永荣锦江已研发并投产多种规格的银系抗菌纤维和铜系抗菌纤维，包括 70D/24F 铜系抗菌弹力纤维、70D/36F 铜系抗菌弹力纤维、70D/24F 银系抗菌弹力纤维、70D/36F 银系抗菌弹力纤维等。该系列产品已申请专利保护。

（五）锦康纱的开发技术

核心技术是多功能组分添加技术。永荣锦江在已开发出常规规格的锦康纱基础上，将继续通过设备改造与技术改进，制备多种规格的锦康纱，以满足不同的客户需求。该产品与技术为国内首创，实现了锦纶纤维的多功能复合与多规格生产，引领了锦纶纤维高端化、功能性的开发方向，为多功能复合锦纶纤维的开发积累了坚实的理论基础与实践经验。

（六）锦肤丝的开发技术

锦肤丝核心技术是保有原先锦纶 6 长丝的吸湿特性，再结合功能材料的保湿特性，使得其纺织品拥有良好的吸湿、保湿以及亲肤舒适的特性。氨基和亲水性基的结合使其保湿能力增加，留住水分，肌肤自然保湿，形成天然的皮肤保护膜，让肌肤感受舒适水感，并能够促进身体血液循环，使皮肤光滑并富有弹性，更显年轻态。

三、典型经验

永荣锦江围绕战略目标，在产品和服务、顾客与市场、公司治理及社会责任等方面取得了显著的绩效。

（一）产品和服务方面

永荣锦江十分注重产品创新与研发，先后成立多个攻关小组开展产品品质提升，有针对性地逐步提升产品各项指标，近 3 年产品特性指标呈现良好的增长态势。随着企业发展规模的不断扩大，相继建立 25 个办事处，服务效率得到明显提高，并在行业内率先提出“铁三角服务”，得到广大顾客的好评，服务满意度在行业始终处于领先地位。

（二）顾客与市场方面

永荣锦江每年通过综合调查和专项调查，并对顾客满意度调查结果进行认真分析及持续改进，使得公司的顾客满意度水平稳步提升。公司关注顾客忠诚度，不断提高与客户的黏度。目前永荣锦江已与国内外客户建立长期合作关系，并且通过老客户推广公司的产品。目前新增顾客中有 70% 来自老顾客的推荐，近 3 年顾客忠诚度逐步上升，并呈现良好的发展趋势。

在民用细分纤维市场领域，永荣锦江一直保持着全球领先的引领者地位。2017—2019 年荣获“绿色纤维”的称号，满足市场多元化需要。近年来永荣锦江不断巩固原有市场，培育新的市场增长点，如军工用品、安全防备、体育器械、医疗保健、母婴用品等有增长潜力的市场。

（三）过程管理方面

近 3 年公司通过推行卓越绩效管理模式、组织变革、流程再造等管理项目，提高运营效率，提升产品品质，降低成本，过程绩效结果呈现稳步增长趋势，取得显著的经济效益与社会效益。

（四）公司治理及社会责任方面

近 3 年，永荣锦江的治理取得了显著的经济效益与社会效益，各项战略指标目标均有效达成。永荣锦江具备完善的管理体系和运营机制，保证生产和销售环节都能健康稳定向前发展，公司管理层不断推进改善与革新，赢得了董事会成员的一致认可，连续多年获得“企业信用评价 AAA 级信用企业”的荣誉称号。

四、未来展望

目前永荣锦江已经成为全国最大的差别化功能性锦纶纤维生产企业之一，带动上下游千亿产业发展。在未来发展布局上，一方面积极向上下游延伸，打造全国最大的尼龙一体化产业链，另一方面对标国外跨国化工行业巨头的发展历程，在产能转移和产业升级的战略方向上，规划从基础化工原料、聚合物和合成材料，到新材料和特种化学品，前沿化学品如新型材料、新能源、精细化工、生命科学、生物工程、化学制药等高端新材料发展，布局包括能源矿产、基础化学、化工新材料等领域。

永荣锦江将以新材料为核心，供应链 + 互联网为支撑，成为全球领先的新材料高科技企业。

五、专家点评

永荣锦江是一家集研发、生产、销售差别化功能性锦纶纤维为一体的高新技术企业，是全国最大的差别化功能性锦纶纤维生产企业之一，是国家功能性差别化聚酰胺纤维产品开发基地，是中国化纤工业协会副会长单位，纺织行业的领军企业之一。

企业于 2018 年获得工业和信息化部认定的第三批制造业单项冠军示范企业（产品是锦纶长丝）。多年来，企业注重产品升级与技术创新，一直围绕绿色、环保、利废等宗旨开发绿色产品，2017—2019 年还荣获“绿色纤维”的称号。2020 年公司聚酰胺纤维产量在国内、国际占有率均排名第一，企业以

“永荣锦江”“景丰科技”“创造者锦纶”等国内外知名品牌服务客户，产品享誉国内外市场，并取得了较好的社会效益和经济效益。公司近 4 年加大对信息化建设的投入，智慧工厂完成率逐年提高，为企业高质量的全面发展提供了基础保障。

国家先进功能纤维创新中心主任 / 教授级高级工程师　王玉萍

远大集团“单项冠军”炼成记

一、总体情况简介

位于江西省樟树市的江西远大保险设备实业集团有限公司（以下简称“远大集团”）成立于1997年，专业从事金属家具的研发和生产。经过20余年的发展，远大集团现已成为国内生产金属家具规模和产量领先的专业制造企业，主打产品密集架（手动、智能密集架）的国内市场占有率超过13.1%，2018年底，在工业和信息化部公布的第三批制造业单项冠军示范企业名单中，远大集团位列其中。但“单项冠军”的炼成并不是一蹴而就的，企业在发展过程中，需要坚持创新发展，构建完整的技术研发平台和系统科学的产品开发流程，逐渐积累并形成较为先进的产品设计、生产加工、检验检测等方面的能力，通过技术创新满足个性化的市场需求，推动质量品牌升级，从而在激烈的市场竞争中“脱颖而出”。多年来，远大集团始终坚持创新驱动，并通过创新发展，形成了技术、品牌、管理、文化、四个方面的优势。

二、突出优势和典型经验

（一）产学研结合打造技术优势

为借助国内产学研的创新能力的支持，远大集团联合南昌大学构建产学研结合发展体系，其中，远大集团负责产品的设计、集成、优化与试验，包括制造工艺研究、智能模块的性能测试技术研究及测试装备的研制等，南昌大学则主要负责密集架智能模块的匹配设计研究等。此外，南昌大学还利用自身优势，协助远大集团完成密集架的结构设计、参数优化、高性能测试装备研制等相关工作。除产学研结合之外，远大集团也不断强化自身创新能力，2019年，远大集团组建了江西省工程技术研究中心。此外，远大集团还建有集研发和公共服务为一体的江西省博士后创新实践基地工作站、江西省企业技术中心、江西省工业设计中心。这些创新人才和平台的建设发展奠定了企业走创新发展之路的基础。

在知识产权方面，远大集团已获得国家专利23项，并已实现产业化成果应用 11 项。经过多年创新投入，目前远大集团已经形成了具有自主知识产权的智能模块控制技术、智能模块集成应用设计技术等，达到国内先进水平。远大集团主持研发的智能密集架产品，2020 年被江西省科技厅列入江西省重点新产品计划。

（二）产品创新建立品牌优势

品牌是企业综合实力的体现，多年来，远大集团始终将“创新发展中国的智能金属家具产品技术”作为企业的发展目标，瞄准国内一流企业的前沿技术，坚持高端定位，重点发展高技术含量、高附加值产品。借助技术、品质优势以及领先的技术保障实力和周到的后期服务，远大集团在行业内品牌知名度不断提升。

远大集团生产线

（三）模式创新强化管理优势

一般来说，密集架产品，由于需要智能控制系统和较高的集成技术才能表现出更高的个性化与定制化特征。企业可根据客户的特殊需求进行量身设计与制作，组织生产、销售，并为其提供售后的专业化服务，为此，远大集团采用“定制化”生产的业务模式，并建立了智能化的生产订单管理系统，实现了从客户订单、产品设计、原材料采购、生产、装配、检验检测、库存、配送等全链条的管理与控制系统，保证了生产的科学管理和全链条的服务质量。具体来说，远大集团在接受客户的订单后，市场部门将客户的具体技术要求、相关参数、交货期等要求导入订单管理系统；设计部门则根据客户提供的技术参数、功能等，设计出整套产品图样，与客户沟通确认后，工艺部门编制产品加工的数控程序；采购部门按生产需求进行原材料采购。上述工作流程完成后，生产部门组织产品事业部安排生产计划并完成生产加工。其他环节工作则通过与各类先进制造装备和计量检测技术的柔性组合，建成了从样品投入、加工制造、检验检测、装配试验、成品入库、配送销售及后期服务的自动化智能系统，使远大集团成为我国金属家具行业数字化智能型制造企业之一。

远大集团智能密集架

（四）制度创新奠定文化优势

远大集团历来重视企业文化建设工作，坚持以创新作为企业文化的核心，提升企业软实力。如在创新方面，采用了新产品项目矩阵式并行实施法，一个项目从市场调研、立项、研制、产业化到后期评估，公司研发部门、设计部门、工艺部门以及制造车间等相关部门全程参与，各尽所能、各负其责，尽可能缩短新产品的研发周期。此外，为了实现全员创新，相关部门还制定了《创新管理办法》（以下简称《办法》）。《办法》规定：对技术创新、产品创新、管理创新等有突出贡献的公司员工，经评审小组审议、评定，远大集团将给予相应的专项奖励。通过多项鼓励创新的规定以及营造的创新氛围，远大集团形成了尊重人才、鼓励创新的特色企业文化。

三、未来发展

随着制造业技术的进步，金属家具产品逐步走向数字化、智能化，远大集团着眼于未来发展，在先进生产装备方面，逐步打造数字化生产车间，推动金属家具行业工业转型升级，抢占未来经济、科技和产业发展制高点，实现我国由制造业大国向制造业强国转变之基础。未来，在远大集团深挖金属家具系列产品及军工产品（智能枪支弹药柜等）的核心技术后，相关产品将填补国内空白，企业的发展潜力也将进一步释放。此外，远大集团还将全面实施数字化设计、智能化制造、网络化管理，并在此基础上，不断推动产品升级和技术创新，确保企业的核心竞争力不断提升。

四、专家点评

要做“专业化的单项冠军”是远大的前进目标，“不做百货公司，打造行业先锋”是远大的自我提醒。瞄准窄而深，成为单项冠军企业是“公开的秘密”。中国制造业已进入专业化竞争阶段，专注于自己的方向尤为重要。远大集团以技术、品牌、管理、文化为集团优势，打造成“智能化、标准化、模块化”行业先锋。100 个方向的初级阶段多样化，不如紧盯一个方向做到行业第一，这是远大集团的核心理念，也是不少冠军企业的普遍选择。

在新的征途上，企业的发展需要决策层的高瞻远瞩，既以一贯之，又审时度势，远大集团提出了“从名品向精品升级”的新战略，抢占转型发展的先机，正合时宜。

上海宇飞来星河科技公司研究院院长 / 教授级高级工程师　张嗣忠

“纳污水为清泉、化污泥为资源”绿色创新助发展

一、总体情况简介

景津环保股份有限公司（以下简称“景津环保”），股票代码603279，创立于1988年，是一家集过滤成套装备制造、过滤技术整体方案解决、环保工程总承包及运营于一体的综合性环保服务商，制造业单项冠军示范企业，压滤机国家标准主起草人，景津环保的多项国际发明专利中有两项分别荣获德国纽伦堡国际发明展金奖和银奖。

二、突出优势

（一）技术研发优势

景津环保经过多年发展及技术研发，部分压滤机及配套设备在产品性能、技术水平等方面达到国际领先或先进水平，与国内外同行业相比，具有较强的竞争实力。景津环保参与起草、修订多项国家标准及行业标准。同时，景津环保拥有独立的设计研发部门、研发生产部门和高效率、高素质的研发团队，研发成果丰富，取得了多项国际PCT专利和国内授权发明专利。

（二）产品加工工艺及质量优势

景津环保始终坚持以精细、诚信、创新、责任为发展理念，坚持追求产品的精细、创新。在加工工艺、制造技术等方面拥有较强的技术优势，始终专注于压滤机的生产，拥有压滤机全产业链的生产制造技术，在原材料控制、生产加工及产品检验方面具有明显的经验优势和技术优势。

景津环保已通过GB/T 19001—2008/ISO 9001：2008质量管理体系认证，建立了完善的质量保证体系，培养全体员工养成了良好的质量意识，保证了产品质量精良且稳定，在市场上树立了良好的质量口碑和品牌形象。

景津环保压滤机总装车间

（三）客户资源及服务优势

经过多年的发展和积累，景津环保逐步确立了在国内压滤机行业的技术和服务领先地位；产品销往美国、日本、欧盟、印度、澳大利亚、巴西等多个国家和地区。通过优质的产品、专业的过滤解决方案以及全方位的技术服务支持，与客户建立了长期稳定的合作关系。未来在巩固与既有客户的业务合作关系的基础上，景津环保将进一步拓展市场范围，开发新的优质客户资源，进一步扩大在客户资源方面的优势。

景津环保在多年的技术服务、售后服务工作中不断总结经验，不断加强服务工作的质量与力度，形成了一套完整的服务体系。售后服务网络遍布全国各个区域，致力于不断完善和改进售后网络的服务能力及服务水平，为客户提供良好的保障。

三、典型经验

（一）加强技术创新

1. 完善的创新体系及创新文化

景津环保专注于过滤行业30余年，形成了以“精细、创新、诚信、责任”为核心的企业文化，并坚持“与时俱进，即时创新”的理念，以技术创新为企业发展的灵魂，做物有所值的产品，为客户创造最大的价值。景津环保技术创新体系健全，建有技术中心、固液分离实验室和博士后科研工作站，取得了多项国际PCT专利和国内授权专利。

2. 以技术创新为核心竞争力

景津环保拥有的核心技术涵盖并运用于压滤机生产制造的各个领域，核心自主知识产权均为企业的自主研发和创新，其中的核心技术主要由压滤机过滤系统及污泥处理工艺技术、压滤机功能配置技术、压滤机加工工艺核心技术等三部分组成，这些核心技术集成应用于景津环保产品的设计和制造、过滤系统的解决方案中。景津环保在项目研究与设计研发实践中，对于客户的个性化需求，能实现快速高效的任务分析与拆解、模块设计、试制品生产和测试，在效率方面，形成了良好的口碑。研发的新产品具有过滤周期短、效率高、节能环保自动化程度高、滤饼含水率低等优点。景津环保研发出拥有完全自主知识产权的隔膜滤板配方和注塑成型技术，生产的滤板标准件在精度、耐磨性和抗压性等性能指标上有明显的行业优势，并可以针对不同客户的物料及复杂过滤条件，对滤板配方进行调整，生产出具有耐强腐蚀、耐高温和耐高压等特殊性能的专业化滤板产品。

3. 研发新产品，拓展上下游产业链

景津环保积极整合行业资源，努力拓展上下游产业链。景津环保一直致力于节能环保事业的发展，为用户提供物有所值的产品和专业优质的服务。景津环保自主研发的过滤成套装备包括压滤机、高压污泥压干机、浓缩机、叠螺浓缩机、叠螺脱水机、除杂机、刮板输送机、U 型混合器、搅拌机、螺旋输送机、自动加药机、刮泥机、滤饼破碎机、密闭式低温滤饼干燥机、砂石骨料处理系统，广泛应用于环保、化工、食品、制药、冶金、选煤、矿山等固液分离领域。

景津环保压滤机产品

（二）创新商业模式，推进战略转型

在中国经济“新常态”下，创新已成为企业发展的核心驱动力，景津环保将在坚持技术创新、产品创新的基础上进行商业模式的创新，作为装备制造企业，向技术服务以及节能环保方向转型，完善环保综合服务商的功能；以积极、主动的姿态，推进新旧动能转换，加快装备的集成化、智能化和信息化进程，实现整体产业转型升级。

国家大力推进生态文明建设，景津环保响应国家号召，积极实施绿色环保战略，初步完成了在各细分污泥处理市场的布局，在市政污泥、造纸等工业污泥以及河道、港口、湖泊清淤等环境治理领域做出了较好的业绩，并在钻井污泥、建筑泥浆（桥梁、地铁、隧道建设中产生的污泥）、地下水污泥处理以及土壤修复工程等市场领域取得了开拓性进展。景津环保先进的产品和技术，在云南滇池治理、北京高碑店污水处理厂、上海白龙港污水处理厂等环保领域具有代表性的重大工程中得到了广泛的应用和一致认可，在为用户创造最大价值的同时，景津产品传递的环保理念也得到了社会各界的支持和认可，实现了社会发展和企业价值的双赢。

四、未来发展展望

景津环保将继续坚持“精细、创新、诚信、责任”的企业精神，积极推动企业实现技术领域以及业务模式的创新，振自主创新之翼，推动整体产业优化升级，提高效益和效率，提升服务水平，塑造企业持续发展的新动力，为用户创造出最大价值的产品，引领行业的发展。未来，景津环保将利用现有技术优势和市场基础，瞄准市场前沿，在维护、深化与现有客户长期合作关系的基础上，通过不断提升自身的技术水平、售后服务意识，促进市场开拓，扩大公司产品的市场规模和市场范围，拓展未来发展空间。景津环保不仅要大力开展科技创新，引领行业发展，推动公司产品占领各细分行业，扩大高端产品市场占有率，实现国内市场业绩的稳步增长；同时还将大力开拓国际市场，建立健全国际销售网络，加强国际交流与合作，扩大国际影响力，实现国际市场业绩的快速增长。

景津环保在践行中国梦的同时，以“节能环保，美丽中国”为使命，纳污水为清泉、化污泥为资源，胸怀绿色战略，致力于发展成为世界环保领域最具影响力的综合服务商！

打造绿色安全商业冷冻冷藏制冷集成系统

一、总体情况简介

烟台冰轮集团有限公司（以下简称“烟台冰轮”）创建于1956年，主导产业包括低温冷冻、中央空调、环保制热、能源化工装备、精密铸件等。其核心企业——冰轮环境技术股份有限公司于1998年在深交所挂牌上市。所从事的细分领域为商业冷冻冷藏安全环保高效节能制冷集成系统，对应《中国制造2025山东省行动纲要》的第一章（发展壮大十大装备制造业）中的第十条（节能环保装备）。在商业冷冻冷藏领域，烟台冰轮集全球先进制冷技术的精粹，对 NH_3、CO_2 和其他制冷剂的研究应用走在了行业前列，冷热系统集成能力在业内具有较强的竞争优势，为食品加工、低温物流、水电及核电、煤矿冻井及隧道探凿、环境模拟实验等提供国际一流的制冷装备及系统解决方案，持续引领我国制冷行业的技术进步与发展。

烟台冰轮办公大楼

烟台冰轮是中国制冷空调工业协会、中国制冷学会第一副理事长单位，是中国工业制冷空调的领军企业。先后荣膺中国机械工业核心竞争力30佳、中国大企业集团竞争力500强、中国机械工业100强、装备中国功勋企业等称号。

烟台冰轮拥有国家认定的企业技术中心、国家地方联合工程实验室、博士后科研工作站、国家农产品现代物流工程技术研究中心烟台分中心、机械工业制冷空调工程技术研究中心等 5 个国家级创新平台和山东省节能环保制冷设备重点实验室、山东省制冷装备行业技术中心、山东省工业设计中心、山东省制冷工程技术研究中心、山东省环保节能制冷系统工程实验室等 9 个省级创新平台。

二、突出优势

我国制冷行业面临着三大问题：一是安全问题，制冷行业常规使用的氨制冷剂引发的直接、次生灾害频发，可造成较大的人员伤害和食品损害；二是环保问题，全球制冷行业大量使用氟利昂，面临着对臭氧层的破坏和全球气候变暖等环境问题；三是节能问题，任何制冷系统产业化都要求必须节能。

针对上述背景，烟台冰轮主营产品商业冷冻冷藏制冷集成系统，采用了对环境友好的 NH_3 和 CO_2 自然工质为制冷剂，消耗臭氧潜能值 ODP=0，全球变暖潜能值 GWP=1；开展对 CO_2 制冷工质的系统研究，在基础理论、产品制造、系统技术等方面实现了突破，拥有一批自主知识产权的专有技术；CO_2 的应用提高了制冷末端的安全性，并成功解决了低温冷冻领域现有制冷工质对大气臭氧层的破坏和温室效应问题。系统具有环保、节能、安全、高效等优点。

主营产品的全国性推广应用，不仅显著推动了行业技术进步和环保制冷系统的研究开发，还带动了食品冷冻、保鲜深加工、化工、医药等需要人工制冷行业的进步，有着巨大的经济效益和社会效益，得到了行业的广泛赞誉和认同。系统的氨充注量减少 90%，降低了氨的使用危险和次生灾害影响；采用自然工质 NH_3 和 CO_2，每台可淘汰 ODS 物质 2.5t，实现温室气体 CO_2 减排 16600t，系统比相对应的氟利昂制冷系统效率高 5%~10% 以上，年可节省电力约 1.8 亿 kW・h。

三、典型经验

烟台冰轮拥有矩阵式管理的强大技术体系和高素质的研发团队，在制冷环保工质研究、气温控制系统集成应用方面处于行业领先地位。在行业内率先掌握了螺杆制冷压缩机转子型线核心技术，打破了国外的技术垄断，螺杆制冷压缩机及相关技术获得了被制冷行业授予的最高国家级奖励——国家科技进步二等奖。NH_3/CO_2 复叠制冷系统解决了长期困扰行业的安全、环保问题，被联合国多边基金组织、联合国开发计划署、国家环保部列为替代 HCFC-22 全球示范项目；宽温区高效制冷供热耦合集成系统解决了行业冷热系统集成难题，这两个项目揽下了中国制冷学会仅有的两个科技进步特等奖。与中科院联合研发的新一代氦气压缩机，达到 −268.5℃，逼近极限温度 −273℃，填补了我国液氦温区大型氦低温制冷机制造技术的空白。

烟台冰轮与中国科学院、清华大学、西安大学等10余所高等院校、8个科研院所建立了技术合作关系。与日本前川、日本东洋制作所、丹麦丹佛斯、瑞典ABB等国际知名企业保持着密切的技术交流合作。与联合国多边基金组织、国家环保部、中国制冷空调工业协会、中国制冷学会等组织保持交流合作。

建立健全各种规章制度，如《创新中心管理办法》《技术委员会章程》《专家委员会章程》《创新中心课题管理制度》《创新中心财务管理办法》等。为激发技术人员创新动力，调动工作积极性，制定了《技术创新体系实施意见》《新技术管理办法》等技术创新管理文本。开发情况每月考评，对考评不合格的进行通报批评，对考评优秀的单位进行奖励，有效地调动了员工的工作积极性。

烟台冰轮拥有国际一流的能源环境调节研究和开发平台，仪器设备原值1.5亿元。公司按照国际通用技术标准建造了国内测试范围最大、测试精度最高的压缩机全性能试验系统，拥有国际先进水平的性能试验装置15个，其中11个试验装置获得国家压缩机制冷设备监督检验中心认证，4个获得美国AHRI认证。烟台冰轮拥有行业内先进的制造、检测、试验装备和实用工质性能试验室，为产品研发和生产提供了保障，高效地满足了客户的个性化需求。烟台冰轮初步建立起了以精益生产和全价值链品质管控为核心的现代装备制造体系。秉承生产自动化、装备智能化的目标，建成了配套齐全、性能先进的产品加工和总装生产线，拥有世界顶级水准的高端加工设备和检测设备，用于转子、壳体等关键零部件的加工生产。烟台冰轮建立了完善的质量保证体系，先后取得了（DNV）ISO 9001质量体系认证、（DNV）ISO 14001环境管理体系认证、美国机械工程师协会（ASME）压力容器产品U认证、欧盟CE认证等资质认证。2017年烟台冰轮“实施精益管理项目的经验”被评为全国“质量标杆”。

四、未来发展展望

专注创新不停步、聚焦主业不动摇，加快国际一流企业创建步伐。未来的烟台冰轮将提质增效，稳固传统产业，以更高的效率、更好的质量、更强的成本控制能力夯实竞争优势；用数字技术助推转型升级，以“MICC平台、绿色铸造工厂、智能压缩机工厂”为切入点，促进关键领域的数字化、自动化、智能化发展，构建“数字冰轮”；加快从冷热系统集成服务商向智慧能源系统集成服务商转型，综合运用制冷、制热、节能环保等领域的资源优势，依托物联网、大数据等信息化加护手段，构建工业园区“冷、热、水、气、电、污、废”的能源互联系统；加快氢能装备产业化从制氢、储氢和用氢方面部署氢能产业链，努力建设成为国内氢能产业重大装备技术的核心研发和制造基地。

创新驱动　龙头引领　潍柴雷沃重工推动高端农机装备高质量发展

一、总体情况简介

潍柴雷沃重工股份有限公司（以下简称“潍柴雷沃重工”）成立于1998年，业务涵盖农业装备、工程机械等非道路机械装备产业，其中农业装备是其核心战略业务，产品主要包括拖拉机、谷物联合收获机（小麦机、玉米机、水稻机、花生机）、高端农机具（包括精量播种机、打捆机等产品），是全球知名、国内领先的农机企业，也是能够为现代农业提供全程机械化整体解决方案的中国自主品牌。

2016年12月，潍柴雷沃重工获批国家级制造业单项冠军示范企业。潍柴雷沃重工以此为契机，以实施乡村振兴战略和保障国家粮食安全为目标，坚持自主创新和技术研发，积极探索新模式新业态，开发了一批新技术新产品，充分发挥行业示范及标杆作用，推动产业向智慧化、集群化发展，助力高端农机装备的新旧动能转换和实现高质量发展。

二、突出优势和典型经验

（一）农业装备业务行业龙头地位持续稳固，产业优势明显

潍柴雷沃重工作为国内领先的农业装备制造企业，自1998年至今，已累计向市场投放各类农业装备产品200余万台。从销量看，潍柴雷沃重工收获机械连续近20年销量保持全国领先，其中轮式谷物收获机全国第一，玉米收获机全国第一，履带式谷物收获机全国第二，拖拉机业务全国销量第二，潍柴雷沃重工农机行业龙头地位持续稳固。

除了旗下收获机械、拖拉机等业务持续领跑，潍柴雷沃重工技术创新和产品开发同样也走在了行业前头。从产品结构看，潍柴雷沃重工73.5kW（100马力）以上拖拉机产品占比由2017年的23%增长至30%，8kg及以上喂入量收获机产品占比由2017年的43%增长至100%，10kg、12kg大喂入量产品相继投放市场，潍柴雷沃重工正在逐步引领国内农业装备向大型化、高端化、智能

化方向发展。

新产品开发方面，依托潍柴 CVT 动力总成技术和配套，当前已成功开发出大马力 CVT 无级变速拖拉机。另外，青贮机、花生机、籽瓜机、甘蔗机等高端农机装备也在近年来陆续投放市场，并获得了广大客户的一致认可。

产品质量是企业的生命线，潍柴雷沃重工一直坚持以质取胜，不断提高产品和服务的质量，提升客户满意度，增强了企业的竞争力。2000 年通过 ISO 9001 体系认证，2011 年引入了通用汽车精益制造质量控制系统，2012 年又引入了 TS 16949 五大质量工具，质量保证能力稳步提升，同时建立了正向激励政策，通过质量改善、零缺陷工序、发现不合格品奖励等手段，正向拉动全员质量控制。

（二）坚持科技创新，驱动企业实现高质量发展

1. 搭建全球科技创新体系

潍柴雷沃重工从 2010 年开始，每年拿出销售收入的 3%~5% 作为研发经费，累计投入超过 40 亿元。搭建了“中国 + 欧洲 + 日本”的全球研发体系，通过整合国际高端人才、技术资源，战略布局全球，形成了同步世界的全球研发体系和行业领先的科技创新能力。

潍柴雷沃重工先后突破了大型动力换挡拖拉机技术、智能化稻麦收获技术、精量播种技术、农业机械导航及自动作业技术等智能化重大关键核心技术，显著缩小了与国外的技术差距，推动了行业的发展。近年来，潍柴雷沃重工累计申请专利 2835 项，主持及参与国家、行业、团体标准制修订标准 124 项。

2. 加强创新平台建设与运维

潍柴雷沃重工是“国家高新技术企业”“国家技术创新示范企业”建有“国家认定企业技术中心”“国家工业设计中心”“山东省智能农机装备技术创新中心”“山东省制造业创新中心”“山东省重点实验室”等 15 个国家级和省级重要科研创新平台。通过借助创新平台优势，汇集行业优质创新资源，积极开展研发创新等活动，重点实施智能装备产业园、省级智能农机创新中心、动力换挡拖拉机、智能化大喂入量收割机、基于北斗的农机定位与导航技术等重大项目，并在农业装备业务方面取得了多项关键技术突破，潍柴雷沃重工的科技创新能力和创新水平不断提升。

3. 加强创新人才的引进和培养

潍柴雷沃重工现有研发人员 2100 余人，其中“国家外专千人计划”1 人、“泰山产业领军人才”2 人、外专双百 2 人。近年来，潍柴雷沃重工重点引进国内外高端人才，并针对性地引进了满足公司液压、电控、动力、传动等核心功能部件研发需求的管理和专业技术人才。多层次的研发人员队伍有效地保障了企业核心技术的研发。

4. 重视产学研合作

潍柴雷沃重工通过联合技术攻关和人才培养，共建研究中心和实验室，联合承担国家、省部级重点科技项目等提升企业创新能力。与中国科学院、清华大学、中国农业大学、意大利博洛尼亚大学等国内外 50 多所高校和科研院所以及 10 位院士建立了深入的产学研合作关系，累计主持及参与国家、省级重大科研创新项目 109 项。其中，“十三五”期间主持国家重点研发计划“智能化稻麦联合收获技术与装备研发”“跨区动态作业装备集群协同运维技术与软件”等项目共 5 项，参与“基于北斗的农机定位与导航技术装置研究”等项目共 9 项，是“十三五”国内承担项目最多的农机装备企业。

（三）以技术和产品升级带动产业链升级，打造国内一流的智能农机产业集群

潍柴雷沃重工坚持产品驱动，加大上下游整合，以技术和产品升级带动产业链升级。继续推进装备数字化、自动化的改造升级，逐步实现了装备联网、数据上传、智能分析、自动判断等数字化功能，继续推进“机器换人”，在工艺成熟、产品稳定等工序进行了无人化改造，提升了自动化水平，以技术控制强化品质控制，不断提升产品质量，满足客户需求。

在拉动产业链能力提升上，进一步强化信息化建设，在已经搭建的 ERP、PLM、MES、SRM、CRM 等信息化平台基础上，采用数字化、自动化、先进分析、虚拟现实、增强现实以及工业物联网等新一代信息技术，对现有产品进行全配置化改造，满足客户对产品的定制化需求，实现订单信息在客户、供应商、主机厂之间共享、透明。

目前，潍柴雷沃重工上下游企业已达 3000 余家，其中上游供应商 988 家，山东省内供应链占比达到 50% 以上。在潍柴雷沃重工的辐射带动下，山东农机产业集群已成为目前国内规模、影响力最大的产业集群。潍柴雷沃重工以高品质产品制造、信息共享拉动产业链的智能化、信息化建设，增强了产业集群的综合竞争力。

潍柴雷沃重工谷神收割机作业现场

（四）创新业务模式，积极探索现代农业智慧化实现模式

近年来，潍柴雷沃重工在现代农业智慧化方面积极探索，持续创新业务模式。先后与 IBM、拓普康、百度、中化农业等多家行业巨头达成合作，构建智慧农业创新共同体，共同推进精准农业和智能农业在国内的发展，建设现代农业生态圈，并发布了农机行业首个智慧农业解决方案（iFarming）。从耕整、播种、植保、收获到粮食烘干，将信息技术与农业生产全面结合，依托互联网、物联网与大数据实现集成与互联。

此外，潍柴雷沃重工还围绕产业链创新服务，推出“车联网”、智联云服务，构建起了“收割机指数”大数据分析，引领了国内智慧农业发展。基于潍柴雷沃重工服务在信息化、智能化方面的优势，农业农村部连续多年联合潍柴雷沃重工开通全国三夏跨区作业信息服务平台，为全国的机手及时提供作业供需、技术指导、卫生防疫、天气预报、维修配件、用油供应、交通状况等信息服务，全方位支持农业智慧化的发展。

潍柴雷沃重工欧豹拖拉机助力春耕

（五）坚持全球化发展战略，加强国际合作

近年来，潍柴雷沃重工积极走出去参与国际产能合作，不断提高产品的技术创新水平。目前潍柴雷沃重工已在全球 120 个国家建立了 500 余家营销服务网络，雷沃大马力拖拉机出口占全国的 30% 以上。除此以外，潍柴雷沃重工积极开展国际合作，先后同意大利博洛尼亚大学、美国 IBM、拓普康（TOPCOM）、韩国 KOMOTEK 有限公司研究院等单位签订合作协议，在自动作业导航系统、示范农场建设、智慧农业等多个业务领域展开深度合作，确保实施好智能农业装备重大工程。

（六）科学规范的管理体系，提升企业运营效益

潍柴雷沃重工自 2015 年 8 月开始探索职能 + 业务的矩阵式管理模式，导入业务总经理的管理模式，打造虚拟 SBU，形成了完善的管理体系。潍柴雷沃重工建有完整的经营绩效管控体系，包括完备的经营指标库、经营指标预警和评价机制、经营指标汇报和质询机制、经营异常评审和整改机制、经营资源短板识别和协调配置机制等。通过科学高效地实施企业经营绩效管控，形成更高质量的管理模式，推动了企业的高质量发展。

（七）优秀的企业文化为企业的健康发展注入不竭动力

潍柴雷沃重工将以“客户满意是我们的宗旨”，秉承“不争第一就是在混”的激情文化以及“一天当作两天半用”的效率文化，加强文化融合创新的理念，坚持以人为本，永葆创业激情和改革锐气，持续为客户创造价值，为员工创造幸福。塑造了良好的文化氛围，增加了企业的凝聚力，聚合了全体员工的力量，使员工们能以更加积极的面貌来面对工作、提高工作效率，有力地促进了企业的健康持续发展。

三、未来发展展望

潍柴雷沃重工将持续加大创新研发投入力度，聚焦核心主业，依托潍柴集团高端非道路全系列发动机、CVT 动力总成和液压动力总成等核心产业资源，同时也将发挥潍柴集团在电控、新能源、智能驾驶等新科技领域的优势，建立企业核心竞争力。聚焦高端农业装备，打造世界一流的农业装备集团。预计 2025 年前实现营业收入 500 亿元，进入全球前五位；2030 年前实现营业收入 1000 亿元，进入全球前三位。

潍柴雷沃重工的研发投入不设上限，将依托潍柴集团优势，全力聚焦拖拉机 U 平台及 M 平台 [illegible]kW（[illegible]hp）以上的拖拉机、大喂入量收获机械、高端播种机、牧草机械等高端平台产品的开发、升级，坚定不移地推进产品高端化发展。同时，以智能农机为基础，充分发挥农机产业链优势，拓展智慧农业解决方案，构建智慧农业生态圈，带动行业升级换代，推动新旧动能转换落地。

在巩固国内市场领先优势的同时，坚定不移地走出去发展。在国内市场，要加快产品结构调整，引领行业发展。在海外市场，要强化资源配置，以中国为中心辐射东南亚、南亚市场，重点开发欧美高端市场，快速提升海外收入占比。

四、专家点评

农机装备产业属于《中国制造 2025》十大重点领域之一，符合工业强基工程等重点方向。潍柴雷沃重工聚焦谷物收获机械目标市场，主要从事小麦

机、玉米机、水稻机等特定细分产品的研发、生产、制造和销售，产品销售收入多年保持行业领先。

企业生产技术、工艺国内领先，产品质量高，相关关键性能指标处于国内同类产品的领先水平。建有十余个国家、省部级创新平台，承担了 100 多项省部级创新项目，创新能力较强，拥有自主知识产权。

企业经营业绩良好，重视并实施国际化经营战略，市场前景好，有发展成为相关领域国际领先企业的潜力。企业重视品牌文化建设，实施系统化品牌培育战略并取得良好绩效。

企业无环境违法记录，产品能耗达到能耗限额标准先进值，并具有健全的财务、知识产权、技术标准和质量保证等管理制度。

综上，潍柴雷沃重工可作为国家级单项冠军的典型案例来推广。

中国农机工业协会执行副会长　洪暹国

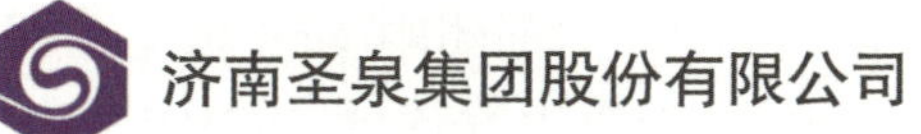

圣泉集团——生物质综合利用龙头企业

一、总体情况简介

济南圣泉集团股份有限公司（以下简称“圣泉集团”）始建于1979年，占地3500亩，总部位于著名的“东方商人”孟洛川故里——山东省济南市章丘区刁镇。是以各类植物秸秆综合利用与高分子树脂材料的研发应用，产业覆盖铸造辅助材料、生物质精炼、高性能树脂及复合材料、健康医药、新能源、卫生防护等领域的创新型企业集团。圣泉集团旗下拥有六家高新技术企业，是国家技术创新示范企业、国家制造业单项冠军示范企业、国家知识产权示范企业、农业产业化国家重点龙头企业、首批国家级“绿色工厂”、中国民营企业制造业500强、“神舟”系列飞船返回舱隔保温原材料供应商。圣泉集团是世界最大的一站式铸造辅助材料及应用解决方案供应商。其中，呋喃树脂产品以绝对的规模和技术优势产销量位居世界第一，技术水平世界领先，占有国内同类产品市场份额的1/3以上。圣泉呋喃树脂采用生物质原材料，两步法合成，实现多项技术创新，包括合成阶段采用创新研制的特殊催化剂；树脂中的主要原料糠醇全部参与了合成反应；采用先进的凝胶色谱等方法控制了树脂合成中的分子量大小。

二、突出优势

圣泉集团成立40年来，致力于发展生物质化工、生物质能源和生物质新材料的一体化综合利用，实现秸秆系列化深加工、燃料、发电和有机肥的一体化生产，真正实现了把秸秆“吃干榨净”，成为同时拥有6条完整的植物秸秆综合利用产业链的国际龙头企业，其中，“秸秆→糠醛→糠醇＋木质素→呋喃树脂”是圣泉集团的六条主导产业链之一。生物质化工扩航绿色铸造优势突出。

该产业链主要利用植物秸秆中的半纤维素生产糠醛、糠醇，并利用高活性木质素替代部分苯酚，生产出环保、高性能的呋喃树脂产品。圣泉集团拥有世界上最大的每年10万t呋喃树脂生产装置，产品技术国际领先。“圣泉牌”呋喃树脂具有环保、高效、低消耗等优点，与美国亚什兰、英国富斯科、德国

HA 等公司的产品相比：终强度高 22%，初强度（反映固化速度快慢的指标）高 70%，游离甲醛含量小于 0.05%，降低树脂加入量 20%，并积极推陈出新，研发出改进型“木香呋喃树脂”产品，采用木质素替代部分苯酚用于呋喃树脂生产。该产品在铸造生产时可降低树脂加入量，同时降低树脂砂发气量，提高铸件成品率，大幅度降低生产成本和浇铸废气对环境的污染。具有环保、高效、低消耗等优点，其技术达到国际领先水平。由于木质素是从植物中提炼而成，无毒害，故改性的呋喃树脂气味比原树脂低 30%~50%，利于人身健康和环境保护，可实现真正意义上的绿色铸造，为我国的铸造工艺技术带来了一次革命。该技术填补了国内空白，达到国际领先水平。目前，圣泉集团该产业链产品总产量已达 20 万 t 以上，总体水平国际领先。

圣泉集团拥有全球最大的 1 万 m^3/ 年的泡沫陶瓷过滤器生产线。该产品耐高温、容重轻、通孔率高，具有其他过滤材料不可比拟的优势和特点，它克服了传统过滤材料，如纤维过滤网、直孔过滤网过滤效果差的缺点，对铸件质量的提高是一次技术性革命。

三、典型经验

（一）企业技术创新情况

1. 完善的创新平台体系

圣泉集团企业技术中心是企业的核心研发机构，成立于 1994 年。2010 年成为国家级企业技术中心，总建筑面积达 10100m^2，开发仪器设备原值达 9215 万元，拥有世界尖端试验检测设备 54 台套，拥有 1 个国家认证认可实验室，1 个国家级博士后工作站，1 个省级院士工作站，2 个省级工程技术研究中心，2 个省级工程研究中心，1 个省级重点实验室。通过产学研合作与中国科学院化学所、中国科学院理化所、机械科学研究总院、沈阳铸造研究所等科研单位保持密切合作，与德国弗劳恩霍夫应用研究促进会合作共建“中德泡沫陶瓷过滤器研发中心”。

2. 科学的组织架构

圣泉集团技术中心由集团总裁担任主任，副总裁担任常务副主任，成立了专家委员会及技术委员会，技术中心下设铸造材料研究所、陶瓷材料研究所、生物质研究所、酚醛树脂研究所、特种环氧树脂研究所、检测试验中心、信息情报中心、综合业务部等 10 个职能部门。

3. 良好的运行机制

为保证技术中心的正常运行，公司颁发了《关于成立集团公司技术中心的决定》《关于成立集团公司技术委员会的决定》《关于成立集团公司专家委员会的决定》等文件，建立健全了圣泉集团企业技术中心的各种规章制度。为激发技术人员创新能力，调动员工的工作积极性，圣泉集团企业技术中心先后制定了《建立技术创新体制，搞活企业创新机制的实施意见》《技术创新暂行办法》《技术创新体系实施意见》《新产品试制管理办法》《精确开发设计》等技术创新管理文件。

（二）研发经费的保障情况及激励机制

1. 充足的研发经费保障

为了打造核心竞争力，使企业始终具备国际领先的竞争实力，圣泉集团不断地加大对科研开发的投入力度，并始终把发展具有自主知识产权和国际竞争力的技术作为企业的核心竞争力来培育。2020 年圣泉集团整体研发投入 35945 万元，其中圣泉集团（单体）科技开发投入 10073 万元，占整体销售收入的 3.7%。拥有充足的研发资金保障。

2. 有效的激励机制和用人机制

通过出台《创新再创业奖励制度》等激励政策，充分调动员工的积极性和创造性。采取向科研倾斜的高薪酬制，工资收入与科研成果挂钩，真正体现“多劳多得”的薪酬分配原则。圣泉集团在各种薪酬、奖金之外，还设立了“创新再创业奖”，奖励在原始创新、集成创新、引进消化吸收再创新及在创新成果转化方面取得突出成绩、创造显著经济效益或对企业发展有重要意义的员工。采取科学合理的用人机制，实行项目、季度、年度三级考核，实行末位淘汰，择优录用，学科带头人竞争上岗，创造了一个科学的人才流动机制。同时大胆起用优秀青年科技骨干，不搞论资排辈，促使他们大胆创新，勇挑重担，采取与院校联合承担合作课题的方式，通过系统研究提高员工的专业技术水平，使之成为技术中心的核心力量。

（三）企业管理能力情况

在管理创新方面，圣泉集团积极通过谋求建立继承原有集权控制模式、决策高效的“大中心 + 事业部”组织架构；运用互联网思维，以客户为中心打造扁平化组织架构。通过改革释放发展活力。在各事业部及部门推动“阿米巴经营”管理模式创新，实行划小经济单位核算，要求部门根据各自实际情况，将核算单位尽量划小，在每个单位，结合上年实际生产、消耗等各类绩效指标，制定考核政策，节约及增长额的 25% 作为奖金，全部奖励给个人。

（四）企业文化建设情况

圣泉集团较早便开始了企业文化建设，公司标志整体为正六边形的“S”组成，是“圣泉”拼音的第一个字母；外形的六边形和圣泉的主导产品呋喃树脂的分子链结构相似，意味着圣泉立足于农业资源综合利用深加工，以呋喃树脂为龙头，实施系列化生产，并按照市场规则稳定发展，锐意进取，建设世界呋喃化工行业第一品牌的宏伟目标。圣泉集团的经营目的为“立百年圣泉，为人类造福”，经营定位为“做农业资源综合利用的化工新材料国际知名企业”，经营理念为“一切为了您的需要”，经营目标为“秸秆与粮食同价，为农民再造一个地球”，核心价值观为“创新无极限，诚信到永远”。

（五）企业质量品牌建设情况

1. 产品质量保障相关制度

（1）规范各项流程和标准，实行标准化管理　实施标准化管理是企业内涵的提升。圣泉集团制定了公司标准化管理办法，建立健全了以技术标准为主体，管理标准和工作标准相配套的企业标准化体系，为公司的生产经营和管理提供了技术依据，为管理系统中的每个环节、每个部门明确指标、职责和权限，使纷繁的管理工作走向最佳秩序和最佳状态，并通过“国家 4A 级标准化良好行业企业”的验收。

（2）健全质量管理体系，引进质量管理新理念　圣泉集团早期便将全面质量管理引进公司，将质量、环境、安全体系进行整合，于 1997 年通过 ISO 9001 质量管理体系认证，于 2004 年通过 ISO 14001 环境体系认证，于 2012 年通过职业健康认证及能源管理体系认证。2013 年初，圣泉集团还将新的能源管理体系引入公司，将公司管理与国家规划相结合。另外，圣泉集团也于 2014 年升级质量管理体系，引入 TS 16949 标准，与公司的主要客户如福特、通用以及一些军工企业的质量管理看齐。

（3）推行质量责任制，明确每个部门、岗位的职责以及目标　对于管理层，质量管理应有明确的质量方针、质量目标，方针和目标可能无法量化分解，但必须反应顾客的要求或者是顾客的期望。对于执行层，应使其明确并认同公司整体的质量方针及目标；此外，应该给执行层面设定明确的、可量化的质量目标，并定期对目标的偏差及完成情况进行量化考核、评定。

2. 企业品牌培育相关制度

圣泉集团注重打造品牌形象，围绕以质量求生存，创名牌谋发展为主题制定了推进实施创名牌的战略计划。成立了以公司总裁担任组长的品牌工作领导小组，下设办公室、资料组等相关科室，各司其职，全面负责品牌管理工作。

（1）加快名牌产品的技术进步，提高产品的档次和水平　深化产学研联合，通过引进高端技术人才，利用企业自有的专利技术等雄厚技术优势，不断开发新的产品，以技术创新、技术引进促进名牌产品的更新换代，引进国内外先进技术和设备，从技术上改进和提高名牌产品质量、扩大名牌产品的生产规模。

（2）努力提高名牌产品的质量水平，紧盯国内国际同类产品的先进水平　积极采用科学的质量管理体系，实现质量管理从传统的检验把关向预防为主的现代质量管理方式转变，开展 5S 和 QC 小组活动为内容的质量管理活动。

（3）加强对名牌产品的宣传力度　积极参加国内外大型博览会和展销会，宣传名牌产品，充分发挥新闻媒体的舆论导向作用，提高名牌产品和企业的知名度。

多年来，圣泉集团实施名牌发展战略，靠品牌拓展市场，靠品牌增加效益，于 1988 年注册使用“圣泉”牌商标，于 1997 年和 1998 年分别在日本和韩国注册“圣泉”商标，于 2005 年对“圣泉”牌商标根据《马德里协议》在 70 多个国家和地区进行全方位国际注册。“圣泉”牌铸造用呋喃树脂、合成树脂（铸造用酚脲烷树脂、铸造用碱性酚醛树脂）、泡沫陶瓷过滤网等 10 个产品先后被评为山东省名牌产品。“圣泉”商标是中国驰名商标。

圣泉集团陶瓷过滤器

（六）企业国际化发展情况

圣泉集团自 1995 年就开始开展海外业务，至今已经在国际化“走出去”的道路上摸索前进了 25 年。“走出去”初期，由于缺少国际市场的经验和专业人才，直接开发市场困难较大，圣泉依靠代理商快速进入了国外的主要市场；针对重要市场和重要客户，也采取直接开发的方式；通过前期开展国际业务对国际市场和国外企业的了解，逐步开展合资合作，1997 年，圣泉集团就与在酚醛树脂方面拥有世界先进技术的英国海沃斯公司进行了合资合作。从 2008 年开始在国外重点市场区域设立销售型的海外子公司和办事处，雇佣外籍员工，目前圣泉集团已经在德国、俄罗斯、巴西、印度等国家建立了 10 个子公司，在波兰、法国、英国等国家建立了 3 个国外办事处。在德国成立了欧洲研发中心，借助德国及欧洲国家在新材料等方面的技术优势，促进公司发展。目前，有海外员工 30 余名，市场覆盖欧洲、美洲、亚洲、非洲等 50 多个国家和地区，2020 年出口创汇 41449 万美元，初步建立了覆盖全球主要市场的海外直销网络。

圣泉集团发热保温冒口

四、未来发展展望

未来圣泉集团将继续深耕高性能树脂及其复合材料、生物质化工新材料产业，推进新旧动能转换，以“做生物质综合利用国际龙头企业”的经营定位，在持续提升产品性能的基础上，重点增强其环保、安全、可持续的特点，保持绿色铸造材料全球第一品牌的殊荣；积极推进由一站式产品供应商向融合产品制造、模拟软件开发等要素的一体化铸造方案供应商转变；开展前瞻性产品研发，储备、发展好 3D 打印、铸造用无机黏结剂、新型水基涂料、树脂砂再生等前沿技术，积极拥抱新动能，多方面推进我国铸造行业的技术进步。

五、专家点评

圣泉集团四十多年来专注于铸造辅助材料的研发生产，根据《中国铸造年鉴》，圣泉集团的主导产品铸造用呋喃树脂等黏合剂、涂料、陶瓷过滤器等产销规模位居全球首位，已成为全球最大的铸造材料供应商。技术水平长期保持行业领先地位，申请专利近 80 项，起草国家行业标准近 20 项，产品远销 40 多个国家和地区。圣泉集团坚持创新驱动，积极引领行业发展。“3D 喷墨打印铸造型芯用呋喃树脂及配套材料的研发”通过中国铸造协会科技成果评价，项目总体水平达到国际先进。铸造用无机黏结剂等新产品相继量产，为推进我国铸造产业向绿色、高性能化方向提质升级，为铸造强国建设做出了突出贡献。

湖北工业大学机械工程学院教授　张友寿

INOV®一诺威 山东一诺威聚氨酯股份有限公司

科技强企 打造聚氨酯单项冠军企业

一、总体情况简介

山东一诺威聚氨酯股份有限公司（以下简称“一诺威”）成立于2003年12月，国家高新技术企业、国家级单项冠军示范企业、国家知识产权示范企业。下设4个全资子公司，在淄博高新区高分子助剂园区、临淄齐鲁化工园区、上海金山工业园区拥有三大生产研发基地。

一诺威致力于环氧乙烷、环氧丙烷下游衍生物及聚氨酯系列产品的研发与生产，立足主业，延链发展，纵向拉伸产业链，横向拓展产品多元化，形成了集聚产业链优势的聚氨酯预聚体、热塑性聚氨酯弹性体、聚氨酯铺装材料及防水等八大系列产品。产品广泛应用于家居、日化、工业、建筑、交通和体育等领域。

山东一诺威聚氨酯股份有限公司

2020年一诺威集团实现销量52万t，同比增长13.6%；销售收入55亿元，同比增长11.16%；利税3.03亿元，同比增长6.06%。一诺威股份公司（高新区）实现销量20万t，同比增长8.36%，实现净利润1.05亿元；一诺威集团

2021 年 1 月 ~2 月实现销售收入 111428 万元，同比增长 178%；实现利润 3897 万元，同比增长 540%；实现利税 5086 万元，同比增长 2790%。一诺威股份公司（高新区）2021 年 1—2 月实现销量 3.6 万 t，同比增长 161%；实现销售收入 49453 万元，同比增长 197%；实现利润 1554 万元，同比增长 381%；实现利税 1754 万元，同比增长 512%。

2008 年起一诺威连续被认定为“国家高新技术企业”，2015 年起连续 4 年列入“淄博市工业企业 50 强”，2018 年入选“淄博市质量标杆企业”，2018 年被淄博市工商局授予“守合同重信用”企业，2018 年在工业 50 强中排名第 19 位，一诺威聚氨酯预聚体产品分别在 2011 年和 2018 年被评为“山东名牌”，2018 被评为“山东省中小企业隐形冠军企业”和“国家级制造业单项冠军示范企业”，2018 年获得省工信厅公布的国家级两化融合管理体系贯标试点企业，2019 年 4 月被评为“山东省制造业高端品牌培育企业”，2019 年一诺威产品获得“山东优质品牌”“山东知名品牌”，2019 年获得淄博市重大科技创新成果一等奖，山东省科技进步三等奖，中国石油和化学工业联合会科技进步一等奖；2020 年 11 月公司铺装产品获得“山东知名品牌”，2020 年 12 月被山东省工信厅授予“山东省瞪羚企业”，同月该产品发明专利获得中国石油和化学工业联合会专利优秀奖。

二、突出优势

聚氨酯预聚体，属于“中国制造 2025”重点领域新材料产品，为国家鼓励发展产业，通常是由低聚物多元醇、多异氰酸酯和扩链交联剂等在一定条件下反应制得的，羟基和异氰酸根反应生成以羟基甲酸酯为特征结构的聚氨酯弹性体高分子材料。聚氨酯弹性体是替代橡胶和塑料的理想产品，具有耐油、耐水、耐酸碱腐蚀、耐溶剂、耐磨、耐老化和抗冲击等特性；是一种适合高温、常温浇注固化成型的新型材料，广泛应用于汽车、印刷、矿山、机械、制鞋、运动器械、轻工业、建筑等行业，其中聚氨酯塑胶跑道浆料及黏合剂系列应用于运动场、网球场、篮球场、休闲场所等。消除了传统塑胶产品中游离 TDI 的刺激性气味，是一种新型的环保材料。2019 年一诺威产品两个研发项目获得中国石油和化学工业联合会科技进步一等奖，山东省科技进步三等奖、淄博市重大科技创新成果一等奖；2020 年该产品的另一研发项目获得淄博市重大科技创新成果一等奖。

一诺威重视科技投入，不断加大科研投入力度，2020 年度研发投入 22770 万元。注重产品的检测能力，引进了国内外先进生产、检测设备，如近红外羟值测试仪、液相色谱仪、万能拉力试验机等，建立了专业的分析检测中心，提高了检测水平和能力，产品原料主要从烟台万华、蓝星东大、德国巴斯夫、日本三井、韩国锦湖等知名国际化公司采购，结合严谨的入厂检测标准，确保采购原料的质量稳定，并配备先进的 DCS 自动化生产控制系统和一流的生产设备，凭借多年对聚氨酯预聚体的应用研究和生产管理经验，建立了一套严谨的质量评估体系和严密的检测手段，保证了出厂产品 100% 合格，同时可针对客户的需求，为客户开发具有个性化需求的定制产品。生产设备以中国台湾地区和德国的进口设备为主，自动化灌装，生产效率更高；生产过程以 DCS 控制，实现了投料、升温、保温等生产环节的自动化控制，彻底摒弃了原始的手工操作，高效的同时更降低风险。

三、典型经验

（一）技术工艺优化方面

1. 推动智能化项目建设

采取自动化生产线 + 工业机器人的模式对各生产制造车间实行设备改造，斥资 7500 余万元，引进德国、日本等全球知名厂家的工业机器人和 TPU 切粒装置，朝智能化方向发展。对各生产环节进行优化升级，实现全自动化稳定运行，实现了“机器换人”，降低了工人的劳动强度，完全实现了无人化，提高了工作效率。

2. 实现信息化管理，推进两化融合

通过研发和购买信息化系统，如 NCC，物流信息系统、条码管理系统、DCS 控制系统等，实现生成设备网格化管理，设备联接率达到 75%，最大限度地提高了设备使用率，同时，大大提高了生产加工、物流运输、办公等效率，提升了供应链优势，提高了企业在国内、外市场上的竞争力，促进了企业发展壮大。通过智能化实施基本上实现了生产设备智能化，生产自动化水平能够达到 80%，企业采用智能化、自动化设备，不仅节约了劳动力，还可以减轻一线员工的劳动强度，减少生产过程中人为因素的影响，保证产品质量。两化融合的建设与实施使企业综合效益大幅提升，生产率提高约 2%；每吨产品成本降低约 100 元；减少用工 20% 以上，节约蒸汽 25%；减少废水排放 20%；综合能耗降低 25%，能够降低产品单位成本，提高企业的综合竞争力。

（二）优化提高产品质量方面

1. 强化全过程质量控制

一诺威把质量视为企业的生命，推行卓越的绩效管理。一方面不断增强全员质量意识，提出把 2020 年确认为“质量管理年”；另一方面，严格按照 ISO 9000：2015 标准，加强质量管理。完善原材料供应体系，精选出优质原材料供应商，采用符合一诺威产品所需的原材料。生产中的每道工序、每个批次都设专人检测，专人监督，责权分明，奖罚严格。从而确保一诺威产品从原材

料、生产、检验、销售的全过程都得到严格控制，出厂产品全部达到或超过国家标准，如预聚体制品的黏度、熟化硬度、拉伸强度。TPU 制品硬度、溶体质量流动速率、延伸率、撕裂强度等均高于国家标准。技术部、生产部、品管部等部门每周召开产品质量例会，每月召开质量总结会，反馈用户意见，分析产品质量，提出改进措施。一诺威大力推进对标先进企业，积极以质量的提高拓宽产品国内外销售领域，缩短与标杆企业的差距，提高国内外市场知名度，先后取得了 ISO 认证、华安认证、十环认证、国体认证等。

2. 强化全员素质培训

提出“质量就是生命，培养德才兼备员工，优质的产品由高素质员工所创造”的质量理念，推行“精益管理”方法，注重提高员工素质，通过强培训，练内功，打造一支具有坚强执行力的核心团队。分批选派中、高层管理者到国内外知名咨询机构参加培训，使管理层的心态、责任、行动和结果理念得到强化，思想观念得到升华。并结合实际，选编了教材，进行全员企业文化宣贯，思想品德教育和各岗位、各工种岗位技能培训，把提高产品质量和广泛开展知识竞赛、岗位练兵结合起来。各分公司还研究制定了切实可行的量化绩效考核监督检查机制，实行一对一责任制，用流程制度、考核和奖罚构建强有力的执行体系。

四、未来发展展望

（一）一诺威 2020—2025 年战略规划

1）实现销售收入达到 120 亿元，净利率 6%，总产能达到 135 万 t，实现总利税 10 亿元；三大基地产品销量：淄博基地 60 万 t、临淄基地 50 万 t、上海基地 25 万 t，资产负债率 40% 以下，各产品保持中国同行业竞争力第一，细分市场占有率第一，资产回报率第一。

2）公司整体人数达到 2000 人以上，硕士生以上学历人员占员工总数的 35%，本科生以上人员占到 60%。

3）推动公司登陆资本市场，实现股票在资本市场上竞价交易。

4）着力落实“安全即生命安全即效益”的安全管理理念，践行董事长徐军所提出的“四个全员”“四个凡事”的管理思想，着力打造本质安全型企业，保障企业员工安全健康。

5）加大国际市场开拓力度，构建以国内市场为主体，形成国内国际双循环相互支持、相互促进的新发展格局，2025 年力争出口额达到公司收入的 30%。

6）着力推进“智能工厂”“绿色工厂”建设，建设行业内国际先进、国内领先的“智慧工厂”。

（二）战略支撑（项目建设）

1）年产 16 万 t 聚氨酯系列产品，投资 5.5 亿元，将建设 6 万 t TPU（热塑性聚氨酯弹性体）、6 万 t 聚酯多元醇和 4 万 t 聚氨酯微孔弹性体，引进德国、美国等国际高端设备，采用 DCS 自动化系统智能控制，工艺技术水平达到国内领先水平，项目建成后可实现年销售收入 16.1 亿元，年均利润 14600 万元，年均税收 7260 万元，可解决 260 人的就业，对公司产业链延伸起到促进作用。目前一期已经试车投产，产能全部释放，新增聚酯多元醇产能 6 万 t、TPU 产能 3 万 t，剩余二期项目计划 2021 年底投产。

2）年产 34 万 t 聚氨酯系列产品项目，建设聚酯多元醇 16 万 t、TPU6 万 t、微孔弹性体 2 万 t、黏合剂 4 万 t、CPU 5 万 t。2020 年 10 月份开始动工，计划 2021 年 12 月一期项目投产，2022 年 12 月二期项目投产。项目投产后可实现销售收入 38.4 亿元，利税 9.8 亿元，实现利润 2.2 亿元 / 年，增加就业岗位 400 人。目前规划产品方案已确定，形成了初步规划方案，同步跟进环评、安评报告的编写与审批。

3）年产 20 万 t 特种聚醚项目：该项目采用的工艺技术是国内特种聚醚最先进的规模化高产工艺，与国内外同类项目技术对比，技术先进可行，产品可替代同类进口产品。项目占地 56261m^2，总建筑面积 2.1 万 m^2，总投资为 5.1 亿元。

4）年产 30 万 t 环氧丙烷、环氧乙烷下游衍生物项目。本项目产品为年产 13 万 t 聚醚多元醇，年产 9 万 t 高端聚合物多元醇，年产 5 万 t 聚氨酯黏合剂，年产 3 万 t 聚氨酯阻燃剂，2019 年 7 月立项，占地 231976.8m^2，项目总投资为 143100 万元，建成后预计年均销售收入 34.3 亿元，年均利税 5.9 亿元，预计新增就业 300 人，目前地上附着物已清点完成，项目环评、安评、规划设计同步推进。

五、专家点评

诺威专注聚氨酯领域的发展，既有所专注的多元化，也有全球市场的深度融合。无论纵向还是横向发展，都未离开在专业领域的持续创新，提高核心竞争力，提高产品和服务的附加值。面对激烈的市场竞争环境，一诺威坚定地走科技强企之路，在转型升级的大潮中，内抓管理精细化、外抓市场多元化，品牌竞争力和业界影响力不断提升。2019 年该公司单项冠军产品研发项目获得省部级科技进步奖两项，2020 年研发项目获得金桥奖项目二等奖，淄博市重大创新成果一等奖，由此足可以看出一诺威冠军产品具有顽强的生命力和竞争力。

青岛科技大学副教授　韩晶杰

金沂蒙集团有限公司

产业创新引领绿色发展　科技突破铸就单项冠军

金沂蒙集团办公大楼

一、总体情况简介

金沂蒙集团有限公司（以下简称“金沂蒙集团”）的前身是1973年筹建，1975年建成投产的临沭县化肥厂。金沂蒙集团具备年产发酵醇、乙酸酯、医药中间体等化工产品100多万t以及肥料100多万t的生产能力，逐渐形成了以化工、生态肥、物流三大版块为主导，以园区供热、装备制造、驾培检测、果蔬加工等版块为特色的，跨地区、跨行业的大型企业集团。主要产品有乙酸乙酯、乙酸丁酯、甲醛、乙醛、乙二醛、丁烯醛、苯甘氨酸、邓钠盐、乙醛酸、生态复合肥等，被工业和信息化部认定为制造业单项冠军示范企业和绿色工厂，连续多年入选中国石油和化工企业500强，荣获中国最佳诚信企业、山东省消费者满意单位、临沂市市长质量奖等荣誉，参与起草了《工业用乙酸乙酯》《工业用乙酸正丁酯》《工业用乙醛》《工业用乙二醛水溶液》等11项国家和行业标准。

二、突出优势

（一）技术先进性

以木薯生物炼制催化为核心技术，以乙酸乙酯产业链为基础，纵向延伸，横向拓展，建立起关联产品复合成龙、资源循环综合利用的生态工业体系，开发低温发酵、酯化合成、单塔精制等核心专利技术近 20 项，整体技术达到国际先进水平，引领了行业技术革新，在同行业能够起到良好的示范和推动作用。

（二）产品质量

起草《工业用乙酸乙酯》（GB/T 3728—2007）和《工业用乙酸酯类试验方法》（GB/T 12717—2007）2 项国家标准。金沂蒙集团乙酸乙酯产品的优等品质量达到 99.8% 以上，高于国家标准优等品标准，与国际同类产品比较，达到国际先进水平。

2020 年，企业再次通过质量管理体系认证（证书编号 0021Q20547R3M）。

（三）发展效益

乙酸乙酯是重要的基础类化工原料，是应用最广的酯类产品之一，具有优异的溶解能力，是极好的工业溶剂。作为一种毒性很小的优良溶剂，乙酸乙酯正逐步取代挥发性有机物溶剂，具有良好的市场前景。

在疫情冲击下，国内外市场低迷，作为该产品单项冠军示范企业，金沂蒙集团持续加大投入，提高装置综合利用率，降低单位产品的综合能耗，保证产品国内市场的领先地位。

金沂蒙集团生产厂区

三、典型经验

（一）技术创新

技术创新是企业发展的源动力。金沂蒙集团始终重视技术创新发展，立足原有技术创新体系，搭建省级乙酸酯循环经济工程研究中心，通过自主创新、产学研合作方法开展生产技术研发工作，在能效节约、污水处置、产品质量等方面进行了技术革新，显著提升了企业核心竞争力，保持了乙酸乙酯生产装置在国内的领先地位。

（二）管理能力

金沂蒙集团始终注重企业管理，是国内最早开展质量管理体系认证的企业之一，持续至2020年，公司先后通过质量、环境、职业健康安全管理三体系的换证和能源管理体系的审核工作。同年，金沂蒙集团通过了两化融合管理体系评定。金沂蒙集团以质量体系认证为契机，积极提高企业管理能力，积极参与国内和国际贸易，通过识别和管理等众多关联活动，对生产系统进行管理和连续控制，促进企业持续改进产品品质，实现产品质量的稳定和提高，增加消费者选购合格供应商产品的可信程度。同时，金沂蒙集团十分注重安全、环保管理，被评为“山东省安全生产基层基础工作先进企业”和“2020年度环境社会责任企业”。

（三）企业文化

金沂蒙集团以“力举主业、多元突破、技术升级、科学发展”为发展战略，以“与自然为友、同环境共生”为环保理念，金沂蒙集团上下作风朴实，工作扎实，任务落实，形成了“不断超越、追求卓越”的核心价值观，企业文化更是融入经营生产活动中，形成了金沂蒙集团自有的经营理念、经营目的、经营方针、价值观念、经营行为、社会责任、经营形象等。2019年，公司荣获了全国企业文化优秀成果一等奖。

（四）质量品牌

质量是企业外部展示的最亮名片。金沂蒙集团始终坚持质量兴企战略，制定了质量管理目标，以顾客满意度为中心，不断提高产品质量水平，争创名牌。金沂蒙集团质量管理部门严把原材料入厂、成品出厂质量关，坚持把三体系管理作为基本的管理手段，坚持持续改进，并落实到生产经营管理的全过程，在企业内部建立了科学完善的质量管理和质量保证体系，并按照程序化、规范化和制度化组织生产，从而确保了产品质量。

多年来，金沂蒙集团共拥有品牌34个，荣获中国驰名商标、山东名牌、著名商标、山东省制造业高端品牌培育企业等荣誉。2020年，金沂蒙集团被山东省市场监督管理局认定为2020年度山东省制造业高端品牌培育企业。

（五）经营绩效

2020年，金沂蒙集团实现销售收入51亿元，主营业务利润6.5亿元，在国内外市场不景气的大环境下，金沂蒙集团实现收入、利润连续多年增长。

（六）产业协同

金沂蒙集团以科技创新为先导，积极探索节能减排、资源合理开发综合利用为重点的循环经济模式，实现了经济发展与环境友好地良性互动。企业通过实施“三元化，差异化”战略，产业得到纵向延伸、横向拓展和就地循环，已初步形成生物化工、煤化工、生态肥业三大主导产业链，并带动了其他副业的发展，水、电、气等辅助设施得到配套良性发展，形成了主业、辅业、副业高度耦合、互惠互生、协调发展的产品体系，使资源、产品、废物得到充分的利用，从而建立起上下游产品接续成链、关联产品复合成龙、资源循环综合利用的化工生态工业体系。

（七）国际化发展

金沂蒙集团积极推进“国际化”战略，开创发展新格局，建设海外原料基地，以乙酸乙酯为代表的拳头产品更是远销国外，是企业向国际化发展迈出的有力步伐，企业正在由传统型企业向国际化、专业化、多元化的国际化公司进行转变。继续寻求并更好地发展海外原料基地，拓展壮大原料基地规模；深挖国际优质客户，建立以质量提高产品销量、以质量提升技术水平的战略格局，与国际优质客户建立长期稳定的战略合作关系。

四、未来发展展望

“十四五”时期，金沂蒙集团将以国家产业政策为指导，在全球科技革命和产业变革中赢得主动权；坚持培育壮大新兴朝阳产业，坚持持续不断创新盈利模式；坚持轻资产与重资产相结合的原则，加强技术研发投入，壮大产业效能优势，做好新产品、新技术的开发与建设，合理开发资源、节约综合利用，为促进地方经济发展贡献力量。

让保险粉产业实现“中国制造”到“中国创造”

一、总体情况简介

金河集团一览

山东金河实业集团有限公司（以下简称“金河集团”）创建于1982年4月，经过39年的创业发展，现已成为以生产“古金”牌保险粉为主导产品的大型民营科技型企业集团，在烟台开发区、福山区和海阳市徐家店镇驻地拥有4处工业生产基地，下属的烟台市金河保险粉厂有限公司、烟台金海化工有限公司为专业生产“古金”牌保险粉的高新技术企业。

金河集团是工信部单项冠军示范企业，是山东省首批制造业单项冠军企业、中国石油和化工行业民营企业百强，现已发展成为全球最大的保险粉生产企业，成为世界保险粉产业的领军企业。生产的“古金”牌保险粉产品销往国内30个省、直辖市、自治区，并出口到美国、日本等60多个国家和地区，是国家级重点新产品、山东省名牌产品、山东省优质品牌产品。“古金”牌商标是中国驰名商标、山东省著名商标、山东省知名品牌（产品）。

金河集团是《保险粉（连二亚硫酸钠）》《连二亚硫酸钠（保险粉）安全技术要求》《食品添加剂　连二亚硫酸钠（保险粉）》三个保险粉国家和行业

标准的主要起草单位，公司主导和参加了与保险粉相关的16项国家、行业标准的制定，提升了企业在行业中的知名度和领军地位。

“古金”牌保险粉科技含量高，拥有12项发明专利和20余项保险粉自有技术秘密。自主发明的“一种用液体二氧化硫和焦亚硫酸钠生产保险粉的方法”是目前世界上甲酸钠法保险粉生产最先进的工艺技术，获得中国石油和化学工业联合会技术发明三等奖和山东省专利三等奖，已在全国保险粉行业中推广应用。保险粉的生产装置性能、工艺技术、产品质量、品牌知名度等均处于世界领先水平。

二、突出优势和典型经验

（一）企业改革带动企业高速发展

“正直、人和、创业、勤俭”是金河集团创始人张心达于创业之初提出的厂训，是金河集团企业文化的核心，是金河人共同的世界观和价值观，是金河集团的核心竞争力和源动力。

1994年是中国的体制改革年代，各地从乡镇企业入手，展开了轰轰烈烈的改制热潮。这一年，金河集团被选为全区第一家改制试点企业，基于特殊的时代背景，领导们齐上阵，带头并动员所有员工一起出资，圆满完成了企业改制。通过改制，员工的思想和工作热情发生了根本性的变化，充分调动了金河人的积极性和创造性，在保险粉项目上屡屡攻坚，终于取得成功，逐步打开了国内市场，并冲出亚洲，走向了世界。

（二）革新理念刷新企业新高度

金河集团十分注重科技创新，并清晰地知道人才是关键。引进，培养，联合，金河集团实施着独具特色的人才战略。用“求贤若渴”来形容金河集团毫不为过。早在开发铜盐产品的时候，金河集团就开创了当时本地引进高级人才的先河。筑“引凤楼”，向政府争取特殊的人才政策，在当时引起了轰动。金河集团对人才的苛求和对事业的执着，吸引了越来越多的人才加入到创业的行列中来。目前，金河集团各类专业技术人员的比例已超过员工总数的1/3；公司决策、管理、技术等关键岗位，引进人员已超过半数。

在人才培养上，金河集团不遗余力。一方面，致力于构建学习型组织，为员工创造良好的学习条件。2007年，金河集团在烟台开发区首家参加了由烟台市委组织部与清华大学联合开展的旨在培养企业经营管理人才的“515工程”，开通了“清华远程企业学堂”，为干部员工创造了一个国内顶级的学习平台。金河集团还设立了“星期六课堂”，有专家教授的讲课，有企业内部的专题培训，形式多样，内容丰富。另一方面，金河集团努力为员工提供学习深造的机会，选派骨干到清华大学学习深造，参加农业农村部等单位组织的高层次培训。近年来，金河集团每年都派出 200 多人次参加各种学习培训和考察，年培训费用在 60 万元以上。

在创新机制上，金河集团形成了两大特色。一是全员创新。创新不是高不可攀，也不仅仅是科技人员的事情。一个小小的改革，一个合理化的建议，扎实做事、认真总结，都是创新。基于这种理念，金河集团形成了全员创新的喜人局面。2006 年保险粉厂实施的“降低甲醇消耗”技术创新项目，一举使甲醇消耗量达到同行业最低水平，而这个项目，就是由各个工序的员工共同实施完成的。二是激励机制。金河集团在提拔选用、薪酬分配、福利保障等方面向有贡献的科技人员倾斜。2005 年金河集团一次就拿出近 1000 万元的股份，奖励给贡献突出的管理和技术骨干，殷殷期盼，至真至诚。近三年来，金河集团仅用于建设家属楼、在烟台开发区中心地带为有突出贡献人员购买住房方面的投入就超过了 2000 万元。

人才战略和企业文化，造就了一支高素质的队伍，金河集团已经形成了老中青相结合，知识型、经验型、技能型相结合的人才队伍，为企业的发展打下了坚实基础。在同行业仍在普遍采用甲酸钠法工艺的时候，金河集团则展开了新的攻关，于 2003 年成功研制甲酸钠 - 焦亚硫酸钠法的新工艺，实现了新的突破，是目前世界上甲酸钠法保险粉生产最先进的工艺技术，获得中国石油与化学工业联合会技术发明三等奖和山东省专利三等奖，已在全国保险粉行业中推广应用；同时，金河集团生产的“古金”牌保险粉在生产自动化、产品包装、尾气处理、残液处理等保险粉生产全过程，均具有自主的知识产权专利技术作支撑，“古金”牌保险粉的生产装置性能、工艺技术、产品质量、品牌知名度等均处于世界领先水平。

目前，金河集团已在保险粉核心技术上拥有了 12 项国家发明专利，形成了全球领先的自主技术。金河集团有两项保险粉核心技术专利，荣获了“山东省专利奖”，成为“中国专利山东明星企业”。此外，金河集团还获得山东省科学技术奖、山东省专利奖、中国石油和化学工业技术发明奖、影响 2008 年科技进步奖、生产力促进奖和“十二五”中国民营石油和化工创新示范企业等多项荣誉。

一流的企业制定标准，二流的企业创造品牌，三流的企业制造产品。金河集团的目标就是争创一流。不求最大，但求最好。金河集团紧紧抓住自主科技创新这条主线，形成了全球同行业最先进的自主核心技术，拥有了强大的技术创新实力。

（三）企业文化助推企业良性发展

39 年来，金河集团以“正直、人和、创业、勤俭”为厂训，坚持“认识革新、管理革新、技术革新”的文化理念，创造了金河文化。“诚实守信，公平正义”是金河人的信念，“言而无信，行之不远”是金河人的警语。金河集团还用“勤、俭、刚、明、忠、恕、谦、厚”八个字作为金河文化的充实，体现了传统道德观念。这些，构成了薪火相传的金河精神。

金河文化起步早，抓得实，效果好。从1987年开始，镇党委提出“企业开花，文化当家”的战略思想之后，作为古现镇乡镇企业的排头兵，金河集团率先把企业文化作为硬任务来抓，并成为一面旗帜。企业靠文化，文化促企业，两者结合，相序而行。企业文化能使职工产生高昂的志气、高度的职业精神和强大的凝聚力，能充分调动职工的积极性、智慧和创造力，发挥出巨大的作用。

（四）“中国创造”让企业领跑保险粉行业

作为一个从乡镇企业脱胎而来的民营企业，金河集团以保险粉为主导打造“航母战斗群”，不断地加强科技创新，使技术日益成熟，市场日益扩大。如今，已经发展成为全球最大的保险粉生产企业，给世界保险粉行业打上了深深的烟台烙印。

金河集团在烟台市民营企业中，率先通过了国际ISO 9001质量管理体系、ISO 14001环境管理体系、OHSAS 18001职业健康安全管理体系、GB/T 29490知识产权体系的认证。质量、环保、健康安全、知识产权四大体系的建立，极大地赋予了金河集团生命力，促进了企业不断成长和壮大。金河集团获得了“国家知识产权优势企业”和“山东省知识产权示范企业”称号。

金河集团是国家制造业单项冠军示范企业、山东省首批制造业单项冠军企业和中国石油和化工民营企业百强，金河集团的主导产品“古金”牌保险粉（连二亚硫酸钠）工艺先进、质量优良，被认定为“国家级重点新产品”“山东名牌产品”“山东知名品牌（产品）”和“山东优质品牌（产品）”；“古金”牌商标被认定为“中国驰名商标”和“山东省著名商标”，产品畅销美国、日本、韩国、澳大利亚、欧洲、东南亚、南亚、南美等60多个国家和地区，年出口创汇突破5000万美元，“古金”牌保险粉已成为代表中国民族工业的优秀品牌，引领着世界保险粉产业的发展方向。“世界保险粉看中国，中国保险粉看金河”，成为全球行业内的共识。

（五）新旧动能接续企业新引擎

迈向新世纪，金河集团在保险粉行业持续做大做强、稳固保持领先优势的成绩簿上，没有满足现状，于2002年取得磁山土地的使用权；经过多年规划筹备，2009年，金河集团在政府的大力支持下，规划投资30亿元，打造磁山温泉小镇。

如今的磁山温泉小镇，以环境、文化、服务为三大战略目标，以“山水林海净、古文亲孝爱、安康特护乐”为品牌特色，以烟台城市名片为目标，致力于打造中国养生养老产业的样板，具有突出的经济和社会效益。磁山温泉小镇于2014年12月被省旅游局评为国家AAAA级旅游景区，是山东省水利风景区。磁山温泉小镇，这处新兴产业集群全面发力，发展势头强劲，新动能主体力量持续强化，为烟台西部新城的崛起点亮了一盏耀眼的明灯。

三、未来发展展望

金河集团以“锻造百年金河，振兴民族产业”为目标，履行社会责任，关爱社会，恪守信用，求真务实，拼搏创新，围绕节能降耗、安全环保、质量效益，深化科技创新，扩大保险粉产业的技术和成本优势，进一步做精做细，主导保险粉产业。把握市场的主动权，全力保持金河保险粉在国际国内市场上的领军地位，努力将“古金”牌保险粉打造为国际知名品牌。

公司将紧紧围绕烟台发展的中心大局，进一步解放思想、开拓创新，积极主动地履行社会责任，促进企业健康持续快速发展，为建设创新型、现代化、亮丽文明的滨海新城做出新的贡献。

四、专家点评

金河集团致力于做精做细“古金”牌保险粉产业，促使中国的保险粉行业在产品规模、生产技术、生产成本、产品质量和品牌建设等方面均处于世界先进水平。金河集团的科研创新能力处于行业一流，掌握了世界上保险粉生产最先进的甲酸钠法工艺技术，保险粉生产装置性能和自动化水平处于世界先进水平，“古金”牌保险粉产品在国内外市场占有率和排名均位列全球首位，产品质量达到国际领先水平，现已发展成为世界保险粉行业的领军企业，引领着世界保险粉产业的发展方向，让保险粉产业实现“中国制造”到“中国创造”。

烟台市化学工业研究所所长 / 研究员　谷传香

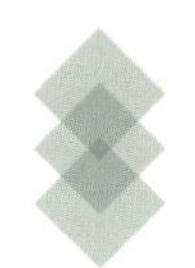

以精益理念打造产品“金”字品质

一、总体情况简介

山东金城柯瑞化学有限公司（以下简称“金城柯瑞”）是山东金城医药集团股份有限公司（金城医药，股票代码 300233）于 2005 年 5 月在山东省淄博市高新区投资建设的全资子公司，是国家高新技术企业，拥有国家制造业单项冠军、山东省隐形冠军、山东制造 - 硬科技 TOP50，山东省质量标杆企业，省级企业技术中心、省级“一企一技术”研发中心、市级工程技术研究中心、市级工程实验室等荣誉称号。

金城柯瑞自 2005 年开始致力于头孢类医药中间体等医药化工产品类别的研究、开发、创新和生产，主要产品有头孢克肟侧链酸活性酯、头孢地尼侧链酸活性酯等。产品除了销往广州医药进出口有限公司、齐鲁安替制药有限公司等国内各大制药企业外，95% 以上的产品出口东南亚及欧洲等十几个国家和地区。

金城柯瑞秉承“团结、敬业、求实、创新”的企业核心精神，坚持“诚信、开发、创新、竞争、共赢”的核心价值观，牢记“助推医药进步，创享健康生活”的企业使命，追求成为医药健康产业创新型领军企业。

二、突出优势

（一）技术攻关铸就核心竞争力

金城柯瑞以“新型、环保、高效、可持续”作为项目开发的指导性原则，选用高效节能的新设备、新技术和新材料，组建科研技术团队，进行了三代头孢菌素关键中间体活性酯的研发攻关，经研发人员的攻关努力，金城柯瑞在原有三苯基磷工艺路线基础上研制出了新的工艺路线，实现工艺简单、易于控制、路线短、能耗小、污染少、材料易、成本低等诸多优点。

金城柯瑞自主研发的《第三代头孢抗菌素中间体活性酯关键技术及产业化》项目荣获“2011 年国家科学技术进步二等奖”，《第三代头孢活性酯的生产新技术》项目获得“山东省科学技术一等奖”，《第三代头孢侧链中间体绿色生产工艺的开发及产业化》项目获得“中国石油和化学工业联合会科技进步一等奖”。以上技术整体达到国际领先水平，填补了国内空白。

目前金城柯瑞已成为国内、国际领先的头孢类医药中间体生产企业。头孢类医药中间体作为金城柯瑞的传统主营业务，近年来在市场上的占有率稳步提升，公司在行业中的品牌影响力也逐步提高。头孢克肟侧链酸活性酯全球市场占有率达 95%，排名第一位，国内市场占有率 90%，排名第一位。

（二）强化持续质量提升

实行质量管控措施前移，预防措施下沉。金城柯瑞头孢克肟侧链酸活性酯产品总收率高于目前国内外其他厂家的收率水平，产品纯度达到 99% 以上，达到国际领先水平，各项技术、质量指标均满足客户要求。

目前金城柯瑞检验检测中心配备了适合各类反应、自动化程度高、操作精准的国际一流水平的仪器设备，从原料检测、过程控制、成品检测和技术研发等 4 个方面全方位提供准确的质检数据。为保证研究的科学性、准确性，为研究和研究结果提供可靠依据，金城柯瑞检验检测人员均具有中、高级检测资质，同时公司也努力优化资源配置，提高技术装备水平，为技术研发中心配置了气相分析仪、液相分析仪、光学显微镜等居于世界先进水平的检验、试验设备，用于对项目研究结果进行化学成分、含量、结构等指标的准确分析检验。金城柯瑞技术中心还有完整的质量检测体系、各种先进的分析检测仪器以及高速、便捷的国际先进的有机化学和药物合成的数据库。

实施精益质量管理体系包括生产员工岗位培训管理体系、车间标准化管理体系以及生产员工 KPI 绩效考核体系。生产员工岗位培训管理体系主要是规范员工标准化操作，确保合格产品的产出；车间标准化管理体系主要是提升管理人员的综合管理能力，确保产品质量有效管控和改善；生产员工绩效考核（KPI）体系主要是激励员工的良好行为，实现产品质量长效提升。三个体系形成 PDCA 循环，推动质量管控不断规范和改进。

金城柯瑞的产品早期由淄博市产品质量监督检验所定期监督检查，由于产品质量长期稳定、公司拥有完善的质量管理体系，产品已成为免检产品，目前金城柯瑞正在主导相关行业标准的制定。多年来，公司始终秉承“品质至上、客户第一、全员参与、安全有效”的质量方针，实现从药品研发生产到销售全生命周期的全面质量管理。大力推行技术创新、工艺改进，持续提升产品质量，重点发挥产业链优势，强化上下游战略合作，提升终端制剂的产品质量。

（三）综合提升助力长足发展

金城柯瑞致力于资源和能源的循环利用、综合利用。对水资源采取分类管理、循环利用，做到水尽其用；金城柯瑞将加快化工生产中的能源管理创新，逐步实现生产中的用冷和用热的综合利用，极大地提高能源的循环利用率；金城柯瑞致力于能源使用中的环保效益，侧重清洁能源的使用，减少电能和蒸汽的用量。金城柯瑞生产的产品与国内相同产品生产企业相比，产品单耗为国内最低。运用“头孢克肟活性酯绿色生产工艺”产业化生产，支持下游抗菌素年近 200 亿元的药品供应。有效推动了上下游产品的快速发展，促进了我国化工产业的升级及人民健康的需要。

深度推动两化融合，使安全生产信息化系统实现移动终端应用，主要针对金城柯瑞现有安全管理的下行，借助移动终端对金城柯瑞各项安全事务进行有效的管理，提升金城柯瑞各项安全管理水平，更好地保障金城柯瑞的安全生产工作。运用 PLC 和 DCS 控制系统，实现装置的最优化控制，提高生产精细化管理水平，帮助车间实现安全、稳定的生产，并为挖掘生产的潜能提供支持。

同时金城柯瑞不断加强与客户的沟通，把每个实验批次的新产品及时地发给客户使用，均得到了客户的肯定和一致好评。在对旧工艺不断改进的同时，公司鼓励和加强自主创新能力，并充分考虑员工实际操作的现实情况，努力使反应条件趋于温和，降低劳动强度。循环使用溶剂，达到环保要求，降低成本，树立了较大的市场竞争优势，为满足市场需求、提高企业竞争实力和产业结构调整奠定了坚实基础，为推动我国头孢类医药中间体合成工艺的革新和升级做出了贡献。

金城柯瑞生产车间内部现场

三、典型经验

（一）管理团队引领

金城柯瑞通过学习华为的理念和方法，树立“以客户为中心，以奋斗者为本，以价值创造为纲，坚持艰苦奋斗”的拼搏精神和发展理念，努力打造符合新时代医药企业发展需要的新文化、新思维、新组织、新能力。在全体员工中倡导以金城奋斗者为本，打造实现“金城奋斗者”团队。

金城柯瑞非常注重人才的引进和培养，不仅拥有一支经验丰富，作风严谨的管理团队，同时也培养出了一批技术熟练、团结、高效、稳定的员工队伍。近年来，公司积极培养和引进各项专业技术人员，涵盖中高级技术职称、硕士生以上学历的科技人才。公司坚持人才优先、以用为本的指导方针，以企校联合作为人才引进和培养的平台，与行业内技术专家、国内知名高等院校、科研院所建立了密切联系，完善引才、育才、留才、用才机制，积极地开展产学研合作，推进金城柯瑞的人才队伍建设。

（二）强化先进经营理念

金城柯瑞依托“国家博士后科研工作站”“山东省企业技术中心”省级“一企一技术”研发中心拓宽发展思路，与济南大学、山东理工大学、青岛科技大学、山东科技大学等多所院校建立合作关系，紧密结合低碳经济和节能减排等当代社会发展的主旋律，围绕我国医药化工领域的关键共性技术问题以及对产品的重大需求，以市场为导向，自主开展新产品、新工艺和新装备方面的研究，取得了多项富有理论与实践意义的成果。

金城柯瑞始终将“持续加大科技投入、推动科技创新、打造科技竞争力”，打造产业、技术、管理“三大内核”。金城柯瑞立足“大医药”，拓展“大健康”，借助“内部管控模式升级、外部资本并购扩张”，打造“组织驱动型管理、三维平台型研发、产业联动型资本、事业合伙型机制”四轮驱动的金城模式，加快“技术创新、产业运营、组织管控”三大平台打造和“企业家、职业经理、科技研发、基层技工”四支队伍建设，着重培育、提升“以执行为保障的战略领先能力、以市场为导向的产品领先能力、以机制为驱动的人才领先能力”，努力打造金城特色的医药产业生态链，进入制药工业百强，成为主流市场一流的“科技化、生态化、规范化、品牌化、国际化”现代医药企业。

重视知识产权保护，将知识产权作为一项重要工作纳入金城柯瑞发展战略。注重不断建立和完善各项规章制度，不断促进金城柯瑞的经营管理向系统、规范化的科学模式转变。

四、未来发展展望

未来金城柯瑞将借着“十四五”之风，继续聚焦主业，实现集群发展。聚合各类内外部资源，通过内循环辐射带动外循环，纵向打通产业链，横向打通资源链，紧跟国家协同推进国内市场和贸易强国的建设路线，逐步形成具有金城特色的“产业内核”“技术内核”“管理内核”。进一步汇聚力量，开放合作，同频共振，矢志成为“一流的医药中间体和特色原料药制造企业”，努力打造金城特色的医药产业生态链，成为医药健康产业创新型领军企业。

五、专家点评

金城柯瑞自 2005 年开始致力于头孢克肟活性酯绿色生产工艺的研究，该成果的开发提升了我国在头孢克肟生产上的国际竞争力，促进了中国制药工业国际化战略实施与转型升级。该生产工艺填补了国内空白，具有自主知识产权，整体工艺装备水平达到了国内领先。

山东省头孢类中间体工程技术中心主任
山东省药学会理事　郑庚修
济南大学教授

山东农大肥业科技有限公司

向现代农业智能服务转型　促进农业绿色发展

一、总体情况简介

山东农大肥业科技有限公司（以下简称“农大肥业”）成立于 1995 年 10 月，是全国唯一一家由高校创办的肥料企业，是集研发、生产、销售及农化服务于一体的国家高新技术企业，是腐殖酸肥料行业标准起草单位，2018 年获得“制造业单项冠军示范企业”荣誉称号。农大肥业现有总资产 10.14 亿元，2020 年销售收入 15.81 亿元，同比增长 25.08%。

近年来，农大肥业发力农业大数据领域，以数字化服务实现农业种植精准服务水平提高，以高效服务带动产品销量提升，打造农业数字化服务企业，让广大种植户种出品质更优、品相更好、产量更高的农产品，实现作物、土、肥、水、药的高效集成，达到护理土壤、平衡营养、土肥和谐的目标。

二、突出优势

（一）技术先进性

腐殖酸功能肥产品方面，中心借助于高效功能菌种筛选技术积累，开发了高密度快速发酵技术、高温快速堆肥技术，使有机肥产品腐熟时间缩短 40%，解决了当前市场上生物有机肥产品同质化严重、市场混乱等问题；通过高钾、高钙含量的钾长石、石灰石等尾矿资源高效活化利用技术，开发了矿质营养全、多微孔膨化的土壤调理产品，形成了国际先进水平的土壤调理技术；采用国内领先的络合、纯化技术，结合腐殖酸及高效营养促进剂，将钙、镁、锌、铁、硼等各种微量元素充分螯合、活化，形成了有机水溶肥系列产品及复配工艺，解决了水溶肥料易结块、水分高、吸气胀气等技术难题。

农大肥业依托腐殖酸有机 - 无机螯合工艺技术及其配套工艺的研发应用、试验推广，承担了国家“十二五”“十三五”重点研发计划、国家星火计划等 10 项国家级科研项目，建立了 5 个国家级研发平台。其核心技术专利获得了“中国专利优秀奖”；SUH-UW 腐殖酸复合活化技术及其工艺技术达到了国际先进水平；新型腐殖酸固相活化技术及工艺装备填补了国内外腐殖酸固相活化技术空白，达到了国际领先水平。

（二）产品质量

农大肥业在工艺技术创新方面名列前茅。通过腐殖酸资源筛选、活化工艺、复配工艺研究等一系列技术创新和集成，有效改善了企业原料结构，促进了产品结构升级，同时提高了产品生产环节的节能环保水平。农大肥业腐殖酸有机 - 无机肥料产品增加了活化腐殖酸组分，技术指标与国内外同行业相比优势明显。

农大肥业近年来以“智能制造”和“绿色发展”为重要抓手，在工艺创新、产品创新中实现了转型升级。主营腐殖酸有机 - 无机肥料产品主要加工工艺以改造传统的有机 - 无机肥料的生产装置而实现，即在传统生产装置基础上集成腐殖酸在线活化技术，开展资源集约型生产工艺流程，充分利用物料反应生热、减少水分添加，有效地降低了生产过程中的能源消耗。农大肥业通过运用 DCS 系统，建立起了腐殖酸行业首创的腐殖酸肥料在线活化自动化生产线，实现了物质、能源、工艺参数的“三维统一”，提升了产品的性能、保障了产品的质量、降低了产品的成本。

与国外传统工艺相比，腐殖酸有机 - 无机肥料生产过程中能耗降低 70%，减少了水量的消耗；综合利用原料中的有效资源，不仅减少了二氧化碳排放，又增加了肥效，实现了腐殖酸肥料的低成本规模化生产。农大肥业于 2015 年获得“泰安市优秀节能成果奖”、2016 年荣获“泰安市市长质量奖”。

（三）发展效益

利用自建的中试生产基地，在腐殖酸分级 / 活化技术、腐殖酸控释技术、腐殖酸生物技术以及腐殖酸土壤调理剂技术的基础上，通过优化组合、改进开发等技术方法，集成生产高活性腐殖酸缓控释肥、腐殖酸生物肥、腐殖酸土壤调理剂的组合技术方法，实现了从实验室成果转变为适于企业规模化生产的成套工艺技术。将技术成果进行自行转化，通过改造及新建等方式，建设完成年产 15 万 t 腐殖酸复合肥生产线 5 条、年产 10 万 t 腐殖酸控释肥生产线 3 条、年产 1 万 t 腐殖酸生物肥生产线 1 条、年产 5 万 t 腐殖酸水溶肥生产线 1 条、年产 3 万 t 腐殖酸土壤调理剂生产线 1 条。

农大肥业组建了“农大商学院”，构建了专家团、讲师团、基层推广团三级培训体系，聚集领域知名专家及专业农技人员，为种植户提供作物全生长季技术服务。与全国农业技术推广服务中心、各级土肥站、科研院校及国家产业体系合作，在 25 个省（市）大面积推广新技术转化成果，其中腐殖酸复合肥系列产品现已推广 300 万 t，连续护理土壤 1.2 亿亩，肥料利用率提高 5%~10%，粮食作物亩增产 5% 以上，经济作物亩增产 10% 以上，土壤耕地质量明显提升，取得了显著的经济、社会和生态效益。

农大肥业微生物车间

三、典型经验

（一）技术创新

农大肥业顺应国家化肥行业转型发展的整体要求，以市场需求为导向，以自主创新为主，采取引进技术消化吸收再创新、产学研合作等多种协同创新形式，开展腐殖酸新型肥料产品及生产工艺创新，不断地提高技术创新能力水平，先后研制出腐殖酸复合肥、腐殖酸生物肥、有机无机复混肥、水溶肥以及土壤调理剂等高效新型肥料产品，为构建“腐殖酸 +”产业链式的产品研发、应用技术体系奠定了坚实基础。

农大肥业拥有腐殖酸活化、控释肥包膜、功能菌生防、土壤调理等四大国际领先的自主核心技术。累计申报专利 100 余项，获得授权专利 47 项，参与制定国家标准 4 项、行业标准 7 项、地方 / 团体标准 22 项、企业标准 50 余项。农大肥业腐殖酸活化技术、土壤调理低温转化技术装备填补了国内空白，荣获中国专利优秀奖、山东省科技进步一等奖、全国农牧渔业丰收奖一等奖，带动企业连续三年荣获中国腐殖酸行业最高荣誉——乌金杯，“农大”品牌被国家知识产权局认定为中国驰名商标。同时，农大肥业自主研发及转化控释肥包膜技术、硫酸钾置换技术分别荣获山东省科技进步一等奖、河北省科技进步二等奖。

（二）管理和文化建设

农大肥业重视科技创新带动企业营销发展。组建了业务相对独立、财务独立核算的开放式研发机构，成为农大肥业科技创新体系的重要组成部分，同时是农大肥业加强资源共享、促进建设与发展、组织工程技术研究与开发、加快科技成果转化、培养和聚集高层次科技创新人才和管理人才、组织科技合作与交流的重要基地和平台。

（三）质量品牌

针对肥料利用率低、生产粗放、能耗高的问题，农大肥业连续多年专心开展资源集约型生产工艺流程研发，创新了腐殖酸活化核心工艺技术，并通过对传统复合肥生产装置改造，集成腐殖酸在线活化技术、自动化控制技术，实现了腐殖酸肥料在线连续生产。该技术充分利用物料反应生热、减少蒸汽用量，使生产过程中的能源消耗降低30%，获得“第六届中国技术市场协会金桥奖”“泰安市优秀节能成果奖”和“泰安市市长质量奖”。产品先后荣获“中国驰名商标”“山东省著名商标”“山东省名牌产品”和“山东省2017年重点新产品”等荣誉称号。

（四）经营绩效

农大肥业以技术服务为支撑，以农化学院为载体，建立了专家团、农化讲师团、基层推广团的三级培训推广团队，着重“示范对比、观摩传播”的推广模式，借助数字农业应用平台和移动服务终端，提供专业种植栽培、改土施肥技术服务和科技培训，从而解决新产品的科技性与种植户的未知性之间的矛盾，让广大种植户用好肥、用对肥。

农大肥业的肥料精准施用技术在各地家庭农场、新型农民合作社以及山东省农作物种子质量监督检查站、泰安市汇丰良种开发中心、山东祥丰种业有限责任公司等单位进行推广和应用，2018年以来累计销售推广新技术7项、新产品22种，腐殖酸肥料产品收入近40亿元，连续3年全国销量领先。

（五）产业协同

农大肥业成立以来始终坚持走产学研服推合作发展道路，通过技术合作、共建研发平台、合作承担省部级项目、柔性人才聘任、开展市场技术服务示范推广、联合培养人才等合作模式，先后与美国佛罗里达大学、中国科学院南京土壤研究所、中国科学院山西煤炭化学研究所、中国农业科学院、中国农业大学、南京农业大学、中国矿业大学、山东大学、山东农业大学、山东省农业科学院、上海化工研究院、全国农业技术推广服务中心、山东省产品质量检验研究院、山东省农业技术推广总站、山东省土壤肥料总站等20余家国内外科研院校、科技型企业建立了紧密的合作关系，开展了工艺、技术、产品、服务等全产业链的合作，提升了自身创新能力，培养了科学合理的技术队伍。

目前，腐殖酸活化、控释包膜及微生物发酵技术等核心技术分别在阳煤平原化工有限公司、寿光蔡伦中科肥料有限责任公司以及山东农保姆肥业科技有限公司、山东网联肥业科技有限公司等单位开展了技术支持和成果转化，近三年累计实现经济效益850万元，充分整合行业优势资源，取得了互利双赢的结果。

（六）国际化发展

作为我国腐殖酸肥料行业的领导品牌，农大肥业积极承担国家对外交流合作项目、开展对外交流合作研究，通过交流合作、实现技术优势互补，不仅有助于缩短新产品研制生产周期，而且使产品性能居于国际领先水平。

坚持“走出去，请进来”的对外交流合作方针，农大肥业与美国佛罗里达大学、美国南佛罗里达水管理局、日本国立遗传学研究所等国外研究所建立了合作交流机制，邀请李允聪教授、万勇善教授、刘庆信研究员等一批海外学者到中心进行学术交流活动，累计接待国内外学者来访 12 批次，组织实验室科研人员到科研院校、技术先进企业参观学习 8 批次，举办各类讲座 20 多场，大型学术会议 4 场次，极大地促进了实验室人员同国内外专家学者的交流互动，开阔了科研人员的视野，在提高实验室人员专业素质的同时，也为高校科研院所提供了实践平台，促进了双方的学习和交流。

四、未来发展展望

未来，农大肥业将牢记“让更多的种植户获得更大的效益”的企业使命，持续开展产学研科技创新，深化腐殖酸活化、精准提取技术，延伸腐殖酸、黄腐酸产业链，深化生物防控、土壤改良技术，拓展数字农业土壤养分管理技术，为中国农业现代化、农村发展、农民致富贡献创新力量。

在腐殖酸工艺技术领域：聚焦矿源、植物源腐殖酸或黄腐酸生产技术及工艺，肥料化高效利用，以及在农业其他领域、食品、药品等领域的应用。在土壤改良修复领域：重点研发腐殖酸对盐渍化、酸化、重金属污染等障碍性土壤的改良、治理，土壤退化质量提升；以及其他高效土壤改良技术。在作物养分高效利用领域：研究腐殖酸等增效物质对作物、土壤养分协同增效，及其对氮磷钾、中微量元素的增效机理，有效复配技术。在农业信息化应用领域：突破现代农业精准管理技术，农田管理数字化、信息化、智能化应用技术。

预计 2025 年成为国内集新型绿色农业投入品及现代农艺技术服务于一体的高新技术龙头企业，产品销量继续领跑全国。

五、专家点评

农大肥业通过腐殖酸资源筛选、活化工艺、复配工艺研究等一系列技术创新和集成，有效改善了企业原料结构，促进了产品结构升级，同时提高了产品生产环节的节能环保水平。其中 SUH-UW 腐殖酸复合活化技术及其工艺技术达到国际先进水平；新型腐殖酸固相活化技术及工艺装备填补了国内外腐殖酸固相活化技术空白，达到国际领先水平。开展资源集约型生产工艺流程，有效降低了生产过程中的能源消耗，首创行业内腐殖酸肥料在线活化自动化生产线，提升了产品的性能、保障了产品的质量、降低了产品的成本。产品在技术、质量、效益等方面与国内外同行业相比优势明显。

中国矿业大学（北京）化学与环境学院研究员
土壤修复生态材料研究所所长　黄占斌

山东润德生物科技有限公司

科技创新抢占先机　绿色氨糖布局健康

一、总体情况简介

山东润德生物科技有限公司（以下简称“润德生物”）成立于2014年10月17日，注册资本16333万元，是一家以生物制品的研发、生产、营销、技术服务为核心业务的国家高新技术企业、国家制造业单项冠军示范企业。主营产品为氨基葡萄糖（简称“氨糖”）系列产品，市场占有率排在世界首位。

润德生物技术中心外景

一、突出优势

（一）技术先进性

润德生物氨基葡萄糖绿色制造技术颠覆了40余年传统的虾蟹壳强酸碱化学提取法生产技术，攻克了产品中含有过敏源和重金属含量高的问题，提升了产品质量；解决了制约产业化发展的原料供应、环境污染和高耗能等关键技术问题，生产成本降低50%以上，实现了氨糖全产业链的绿色制造。相关技术被中国轻工业联合会组织的专家委员会鉴定为“国际领先水平”，荣获第六届中国工业大奖表彰奖、中国轻工联合会科学技术发明一等奖等；可替代进口产品，对氨糖产业的可持续发展具有重要意义。

（二）产品质量

润德生物建有完善的质量管理体系，实行首席质量官制度，以全员质量管理为目标，落实随工首检自检，结合质检团队专业检验，严把质量关，对不合格产品进行严格管控，做到产品数据可追溯。先后通过了 ISO 9001 质量管理体系认证、OU 认证、两化融合管理体系认证等，产品合格率 100%，质量超国际标准，荣获中国驰名商标、山东知名品牌、山东优质品牌等荣誉称号。

（三）发展效益

氨糖可促进骨关节滑液再生、修复软骨，有效地预防和治疗关节类疾病。随着人口老龄化趋势凸显和人们健康意识提升，该产品的应用为我国老龄化带来的骨关节疼痛问题提供了有效的解决途径，是落实“健康中国 2030”规划纲要、大力发展生物药、推动重大药物产业化、解决人们骨关节健康的利国利民的产品，是我国在生物发酵法制造氨糖领域取得的世界级创新成果。该产品可替代进口产品，让普通消费者有效地改善生活质量，享受健康人生。

三、典型经验

（一）技术创新

1. “专”，深耕氨糖领域

（1）专注　润德生物自 2014 年创建以来，一直致力于探索实施氨糖发酵生产技术的研究与应用，数年不辍，研发不息，历经三年试生产，于 2017 年成功达产。先后投入科研经费 2.5 亿元，最终突破了制约行业发展的高产菌种构建、酶法脱乙酰等核心技术，实现了我国发酵法生产氨糖“从无到有”“从弱到强”的跨越式发展，润德生物也成长为全球氨糖产能最大、技术水平国际领先的国家高新技术企业和全国单项冠军示范企业。

（2）专业　润德生物注重培养知识型、技能型、创新型专业人才队伍，与多所高校院所建立了长期合作关系，组成研发共同体，邀请行业知名专家学者入企现场教学，送员工到高校科研院所进修，为企业快速发展提供强有力的新时代专业技术人才支撑，持续保持公司氨糖技术国际领先。同时，在氨糖行业无标准颁布实施的背景下，润德生物作为氨糖行业领军企业，以第一起草单位申请制定的两项氨糖行业标准已获工业和信息化部立项，以第一起草单位申请制定的两项氨糖团体标准已获中国生物发酵产业协会立项，旨在规范氨糖行业健康有序发展。

2. “势”，先谋快动促转型

（1）把大势　润德生物注重研究行业发展趋势，生物技术和医养健康产业是“中国制造 2025”“健康中国 2030”和山东省新旧动能转换等重大战略性发展规划着力突破的战略重点。润德生物敏锐地抓住机遇，未雨绸缪，提前布局，由化工企业主动向生物大健康产业转型，以突破发酵法生产氨糖为目标启动“二次创业”，赢得了发展先机。发酵法生产氨糖项目，颠覆了高污染、高能耗和受原料限制的传统虾蟹壳强酸碱化学提取法生产工艺，对氨糖产业的可持续发展有着重要意义。2019 年，润德生物投资 2.4 亿元，实现了氨糖的万吨改造项目，是目前国内同类产品最大的生产线，全球唯一一家实现氨糖全产业链的绿色生产。

（2）创优势　润德生物坚持走产学研联合创新之路，与江南大学、华东理工大学、南京工业大学、中国科学院天津工业生物技术研究所等多所高校院所建立了稳定的合作关系。依托公司山东省企业技术中心、山东省氨基糖类绿色制造工程技术研究中心、山东省工程实验室、院士工作站、博士后创新实践基地等多个省级以上科技创新平台，引进了以院士为核心，教授高工为学术带头人，博士生、硕士生为科研骨干的行业高层次人才团队，其中包括中国工程院院士 1 人、“万人计划” 1 人、长江学者 2 人、泰山产业领军人才 1 人、齐鲁首席技师 1 人，实现了借智发展。近三年，润德生物先后承担了国家绿色制造系统集成项目、山东省重点研发计划项目（重大科技创新工程）、泰山产业领军人才项目等 20 余项；授权专利 16 件，其中包含 PCT 专利 1 件，国内发明专利 12 件，拥有软件著作权 7 件，注册商标 9 件，技术创新优势十分明显。

（二）管理能力

润德生物管理团队专业结构搭配合理，具备良好的专业素养、较强的技术背景、丰富的行业经验、敏锐的市场洞察力、应变和创新能力，包括高级工程师 5 人、博士生 2 人，硕士生 9 人，均具有 10 年以上生物发酵行业从业经验，深谙生物行业发展历程、趋势和管理流程，针对研发、营销、生产和品管等环节，制定了清晰完善的运行模式。2018 年 3 月完成精益化生产全流程的推广与应用，并多次到德国，日本进行现代化工厂管理研修学习，聘请江南大学王艳教授团队进行智能工厂建设，着力打造“安全、绿色、智慧、幸福”四型工厂。

（三）企业文化

润德生物始终坚持“以客户为中心、以奋斗者为本”的企业核心价值观，“坚韧、敬业、合作、创新”的企业精神，“在生物制品领域的专业市场中处于全球领导地位的原料供应商”的企业发展战略，把科技创新作为企业发展的动力，把人才战略作为企业发展的源泉，致力于建设成为一家具有国际核心竞争力的生物科技企业。

（四）质量品牌

为树立良好品牌形象，提升产品知名度，润德生物制定了品牌发展战略。通过不断地努力和运作，润德生物荣获 2018 年第三批制造业单项冠军示范企业、国家级工业企业品牌培育试点企业。产品入选中国轻工业联合会《升级和创新消费品（轻工　第四批）》创新消费品名单，先后荣获山东知名品牌、山东优质品牌，“润德”商标被认定为中国驰名商标。润德生物先后荣获中国轻工业科技百强企业、中国轻工业发酵行业十强企业、国家级绿色工厂、国家知识产权优势企业、工业和信息化部 2020 年工业企业知识产权运用试点企业、山东省瞪羚企业、山东省隐形冠军企业、山东省技术创新示范企业、山东省专精特新企业、山东省高端品牌培育企业、山东省两化融合优秀企业、山东省两化融合贯标试点企业、山东省 2020 年首批科技型企业科创板上市培育库入库企业等资质荣誉。

（五）经营业绩

润德生物已建成目前世界上氨糖同类产品最大的生产线，是全球唯一一家实现了氨糖全产业链的绿色生产。2020 年度国内市场占有率为 56%，全球市场占有率为 42%，排在全球首位，实现主营业务收入 21683.11 万元，利润 6438.37 万元，安排就业 360 人。

润德生物年产 1 万 t 氨糖生产车间外景

（六）产业协同

氨糖是生产治疗和预防骨关节疾病的产品，以及提升免疫力、抗氧化、抗衰老、防腐抑菌等功效产品的重要原料，是贯通农业、工业、健康产业的细分领域产品，经济价值和社会价值巨大，在社会老龄化、慢性病防控和“大健康”的大背景下，更是进入了新的发展战略机遇期。因此，氨糖产业的可持续发展将带动上下游产业链的联动发展，推动区域经济持续增长。

（七）国际化发展

未来润德生物将在食品、保健品、医药各领域与国际优势企业合作，由原料供应向终端产品发展。根据疫情发展态势，择机在欧洲、美国、日本、澳大利亚等国家和地区成立生物制品技术研究所和产品销售公司，实现企业全球化创新与经营布局。

四、未来发展展望

未来润德生物将平台建设、产能提升、市场准入、智能制造、上市推进、新产品开发等作为重点发展方向。“十四五”期间，计划投资 5800 万元进行科创中心建设，建设高标准实验中心和中试车间，创造生物发酵产品生产全过程的小试和中试条件。投资 2.6 亿元推进年产 2 万 t 高品质氨基葡萄糖技改项目。推进新食品原料、药品生产许可证、原料药等的审批办理，初步建立起氨糖技术壁垒及市场壁垒。依托泰山产业领军人才项目，继续推动智能化改造进程，优化实现生产运营一体化，实现生产全流程可视化，提升整体生产工艺的高度自动化和智能化，强化企业的盈利能力和发展潜力。实施股份制改造，对接券商、律所、会所，开展上市筹备工作，力争早日上市。加大新产品开发力度，为下一个专业市场的世界第一产品做足准备，并按照“1+1+…”模式长期发展。

Haier 青岛海尔洗衣机有限公司

聚焦洗护体验　创新美好生活

一、总体情况简介

青岛海尔洗衣机有限公司（以下简称“海尔洗衣机”）成立于1995年，从原红星电器负债2亿元、行业无名，到两年实现中国洗衣机行业第一。据欧睿国际最新数据显示，海尔洗衣机连续12年蝉联全球第一，且市场份额逐年提升。

20多年来，在集团战略的统一指导下，海尔洗衣机践行“人单合一”模式，始终坚持以用户为中心，持续创新引领，荣获了我国洗衣机行业唯一两个国家科学技术进步奖、唯一两个世界知识产权组织和国家知识产权局颁发的发明专利金奖，荣获省部级科技奖励23项。累计申报专利8544项，其中授权专利3570项，标准38项，拥有独立自主的知识产权。由于其创新的成果和对行业的带动引领作用，被中国轻工业联合会授予中国轻工业衣物护理虚拟仿真技术研究中心，被青岛市科技局授予青岛市技术创新中心，被青岛市工信局授予青岛市企业技术中心。2020年海尔洗衣机获得“企业标准领跑者”，实现标准领跑，产品领跑。

为了满足全球消费者的需求，海尔洗衣机在全球布局了海尔、卡萨帝、统帅、FPA、AQUA、CANDY和GE七大品牌，并以海尔自主品牌进入法国KESA、英国ARGOS、西班牙TEKA、日本BIC Camera等众多世界级连锁渠道，成为主推产品。

二、突出优势

（一）技术先进性

海尔洗衣机从原来的技术引进到自主创新，开辟了中国洗衣机行业自主创新的先河，创新经过了四个阶段：一是模仿式创新阶段，自主研发了全流线大圆弧双筒洗衣机，改变了原来双筒洗衣机方方正正的形象；二是吸收创新阶段，针对消费者小件衣服即时洗的需求，创新了全球第一台迷你全自动洗衣机，开辟了新的市场蛋糕，为消费者提供了新的洗涤体验；三是原理创新阶段，针对洗衣机诞生近百年来三大流派搅拌洗衣机、滚筒洗衣机、波轮洗衣机都是一个动力驱动存在的弊端，发明了双动力洗衣机，被专家们誉为全世界第四种洗衣机，填补了中国在洗衣机历史上只有美式搅拌、欧式滚筒、日式波轮的空白；四是品类创新阶段，针对消费者分洗的需求，颠覆了洗衣机只有一个洗涤筒的行业惯例，首创了全球第一台双滚筒洗衣机。每个阶段的创新，都为全球消费者提供了一种全新的洗衣体验，引领洗衣机行业的技术进步，带动促进相关行业发展。

1996 年，海尔首创了全球首台小小神童迷你洗衣机，填补了世界微型洗衣机空白，引领了行业小件衣物即时洗的发展方向，卫生健康又节省。

2002 年，发明了世界第四种洗衣机——双动力，创建了洗衣机行业 XQS 新标准，引领行业由单动力向多动力方向发展，洁净护衣又快速。

2008 年，首创了全球首台复式高滚筒洗衣机，引领行业向高位取衣不用弯腰的人性化方向发展，方便又护腰。

2014 年，首创了全球首台免清洗洗衣机，彻底解决脏筒难题，实现衣物洁净健康洗护，引领行业从洗去衣服上的污垢向洁净健康洗方向发展，洁净又健康。

2015 年，首创了全球首台分区洗双滚筒洗衣机，开启了洗衣机行业的新纪元，引领行业由混合洗、多次洗向分洗方向发展，节材节水省空间，腾出时间好生活。

2016 年，首创了全球首台单筒洗全自动洗衣机，打破了现有洗衣机套筒结构的惯例，很好地解决了内外筒间藏污纳垢、费水、费洗涤剂、占空间等问题，引领行业向健康环保、轻量化方向发展。

2020 年，首创了全球首台墨盒式自动投放洗衣机，改变了洗衣机、洗涤剂、服装割裂研究的行业现状，实现了专业洗衣机 + 专业洗涤剂 + 专业洗涤程序的精准洗护。

依托于海尔洗衣机创新技术及工艺管理，在美国，海尔洗衣机达到美国最高能源之星标准的要求，市场销量节节攀升，2021 年初，美国新闻将海尔 GEA 洗衣机列入 2021 年最佳洗衣机榜单；在欧洲，海尔洗衣机全系列产品达到欧洲能耗 A 级，引领欧洲市场的所有品牌；在澳大利亚，海尔洗衣机市场份额第一，能效、水效等性能指标引领市场；在日本，海尔洗衣机成为当地消费者最喜欢的家电产品。

（二）产品质量

海尔洗衣机贯彻“用户才是质量的最终评判人”的质量理念，成立了“六西格玛”质量改善团队，并进行质量培训，组织开展质量改善项目，通过质量管理体系与“双向”质量机制的不断完善，打造专业化质量链群。公司通过了 ISO 9001 质量管理体系认证，同时建立了完善的产品召回体系和流程，达成全部产品零召回的优秀表现，且根据不同的产品要求，获得了相应的国际认证，如德国 VDE、美国 UL、加拿大 CSA 等认证，检测水平得到国际认可。

2005 年 9 月，由国家质检总局与中国名牌战略推进委员会联合举办的首批中国世界名牌产品揭晓，海尔洗衣机的成功入选，为中国创造出了第一个世界洗衣机名牌。

2006 年 3 月，获得国家全系列出口免验证书，是行业内第一个获此殊荣的企业。

2017 年 10 月，代表中国家电业摘得第 42 届国际 ICQCC 大会 3 枚金牌，实现历史性突破，再次证明了中国企业在质量管理创新方面已经达到了国际最高水平。

2018 年 4 月，中国家用电器服务维修协会联合海尔共同制定了中国洗衣机服务质量评价标准，并授予海尔洗衣机首个新时代中国家电品质服务金奖。

（三）发展效益

海尔洗衣机从单一产品向多元化产品发展，正在集团战略的指导下实施场景品牌和生态品牌建设，从原来的一个工厂发展到在中国建立 11 个工厂，在德国、美国、新西兰、日本等国家设立研发中心，并先后在伊朗、巴基斯坦、突尼斯、马来西亚、叙利亚、约旦、俄罗斯、泰国、越南等国家建立了工厂。产品从原来单一的双筒洗衣机发展到全自动、滚筒、单筒、双滚筒等，产品品种从 0.7kg 到 12kg，平均每 0.5kg 就有一款，可满足不同用户的各种需求。根据欧睿国际（Euromonitor）发布的全球大型家用电器品牌零售量数据表明：海尔洗衣机已连续 12 年蝉联全球第一。

三、典型经验

（一）打造开放的创新体系，差异化的解决方案引领洗衣机行业发展新格局

通过全球化布局，海尔洗衣机依据全球用户对洗衣机的需求相互协同，合力为新产品提供最好的解决方案。同时，全球十大研发中心担当并联全球研发资源的触点，紧密连接数万家全球一流资源，协同交互、利益共享，形成全球资源的生态圈。在开放创新的研发体系中，海尔洗衣机由原来的技术引进，到自主创新，实现了原创科技的引领。

（二）通过品牌社群交互，实现用户社群引爆做用户体验迭代升级

海尔洗衣机突破常规的营销方式，通过品牌社群交互，实现用户体验的不断迭代升级。例如用户在平稳安静的直驱洗衣机上立起硬币，不仅将直驱洗衣机安静平稳的产品功能进行了形象的展示，而且凭借趣味性吸引了用户社群的积极参与，不断有民间达人挑战搭起“凯旋门”“广州塔”等高难度硬币造型，

最终用 1.882m 的硬币雕塑创造出吉尼斯世界纪录，实现了品牌社群的引爆。

海尔洗衣机立硬币的交互方式在整个行业形成了社会效应。随着立硬币交互的发酵，用户迭代出了立鸡蛋、立香槟塔等新的形式，由此海尔直驱洗衣机也在用户社群中形成了良好的口碑，从而直接拉动了市场销量的不断攀升。目前，海尔直驱洗衣机在全球已经进入了 1000 多万用户家庭。

（三）从大规模制造转型大规模定制，满足用户个性化需求

随着《中国制造 2025》规划、新旧动能转换以及消费的不断升级，海尔集团探索大规模定制模式，依托工业互联网 COSMOPlat 平台，实现了从大规模制造到大规模定制的升级，可以快速满足用户碎片化的需求。

物联网时代，伴随着海尔集团打造物联网时代生态品牌的战略，海尔洗衣机也实现了从电器到网器到生态的转型。通过搭建衣联网生态平台，将洗衣机、服装、洗涤剂等跨行业的生态资源连在一起，满足用户洗护存搭购等衣物全生命周期的体验，创造了单个行业创造不了的用户体验，从而让单次购买的用户变成了终身用户。

在这个过程中，海尔洗衣机、服装资源、洗涤剂等资源能通过用户体验的迭代，使各资源方能够实现价值共创共享、互惠互生，因此海尔集团搭建的平台变得越来越大。目前，在衣联生态平台上，已经有 3 万多家的智慧门店、4000 多家生态资源方。衣联网模式的探索也获得 IEEE 国际战略规划标准组织的认可，成为全球首个衣联网生态品牌。

海尔滚筒洗衣机外筒生产线

四、未来发展展望

海尔洗衣机作为洗衣机行业的龙头企业，引领行业坚持自主创新，坚持把技术创新作为引领国际的第一动力，以创新推动高质量发展，提升准确把握消费需求和产业发展的能力，开展跨行业、跨学科的交流和合作，加强多学科交叉融合和多技术领域集成创新。

海尔洗衣机搭建了衣物全生命周期的衣联生态平台，基于用户需求场景，通过科技创新，将洗涤剂行业和服装行业跨界融合，与全球著名大学展开合作，创用户极致体验，通过持续不断的技术创新，为全球消费者提供最佳的洗护解决方案，成为全球洗衣机行业的引领者。

未来五年，海尔洗衣机将强化数字化能力，以数字化赋能技术创新，不断创新迭代智能化和场景化解决方案，在全球市场通过差异化创新实现产品结构升级和品牌提升。

五、专家点评

海尔洗衣机秉持以用户为中心的核心理念，深入挖掘用户痛点，通过“物联网 +”构建全方位、个性化的服务系统，创造性地开辟“衣联网生态解决方案”的道路，放大自身硬件的科技优势，将优秀的硬件科技体验充分释放在海尔衣联网建设中，一站式满足用户洗、护、存、搭、购全生命周期的衣物洗护需求，实现由卖产品到为用户提供全流程的衣物护理解决方案的转型。

同时，海尔洗衣机通过不断的技术创新优化产品结构和资源消耗结构，开发出消费者欢迎的节水产品、节能产品并投放市场。据中国能效网统计，海尔一级能效波轮洗衣机型号数量占行业一级波轮洗衣机型号数量的35%，滚筒洗衣机型号全部为一级能效。其中，由海尔洗衣机自主研发的分区洗双滚筒洗衣机，实现了单台节材21kg、节约面积0.25m^2，每次节水20.5L。单筒洗全自动洗衣机，实现了节水30%、节洗涤剂30%、洗涤容量增大25%，推动我国家电绿色设计与制造水平上了一个新台阶，为我国乃至世界的环保事业做出了贡献。

青岛科技大学自动化与电子工程学院教授　刘川来

山东瑞丰高分子材料股份有限公司

质量过硬，技术超前——PVC 助剂国产当先

一、总体情况简介

山东瑞丰高分子材料股份有限公司（以下简称“山东瑞丰”）创建于 1994 年，注册资金 23232.2851 万元，主导产品有 ACR 加工助剂和抗冲改性剂、MBS 抗冲改性剂，山东瑞丰是集研发、生产、销售、服务为一体的国家级高新技术企业，国家火炬计划重点高新技术企业，国家级制造业单项冠军示范企业，山东省新材料领军企业 50 强，山东瑞丰于 2011 年 7 月上市，股票代码 300243。

山东瑞丰产品广泛应用于 PVC（聚氯乙烯）化学建材、医药包装材料、高性能化工材料、汽车及日用品等高端领域，为国内相关行业的多家大型 PVC 制品企业提供产品的销售、个性化的售前和售后技术服务。在提高 PVC 制品流变性能、抗冲性能、耐候性能和改善 PVC 制品外观表现等方面发挥着重要和不可替代的作用。

山东瑞丰拥有三个生产工厂和一家全资子公司。拥有加工及抗冲改性剂 ACR 树脂生产线 6 条、抗冲改性剂 MBS 树脂生产线 5 条、发泡调节剂 ACR 树脂生产线 3 条、PVC 加工改性剂 ACR 树脂生产线 2 条，可生产各类 PVC 助剂四大系列 200 多个品种，年生产能力 100000 余 t（加工助剂和 ACR 抗冲改性剂 50000t，MBS 抗冲改性剂 50000t），拥有同行业中最为丰富的产品品种，能提供加工助剂和抗冲改性剂全系列产品。

作为 PVC 助剂行业的龙头企业，山东瑞丰拥有较强的研发能力和持续创新能力。2003 年以来，公司连续被山东省科学技术厅授予“高新技术企业”证书；2006 年 7 月山东瑞丰设立的高分子材料研究所被评为山东省 PVC 助剂工程技术研究中心；2007 年 9 月被认定为国家火炬计划重点高新技术企业；2009 年 6 月被山东省有关部门认定为国家高新技术企业。建立了严格的质量管理体系，通过了 ISO 9001：2000 和 ISO 9001：2008 质量管理体系的认证。

截至 2020 年底，山东瑞丰累计申报专利 136 项，先后承担、完成了两项国家级火炬计划，两项地方级火炬计划。

山东瑞丰 ACR 生产工厂

二、突出优势

（一）技术先进

为保证技术先进性，山东瑞丰已经为研发中心建造了一座新的研发大楼，设施更加完善，研发条件、环境更加优越。为完善试验条件，2016 年企业先后投资 4000 万元购置试验设备，现科研设备共计 100 余台（套），傅里叶红外光谱仪、气质联用仪、差示扫描量热仪、高倍率显微镜、转矩流变仪、炼塑机、硫化机等国际先进设备配备齐全。山东瑞丰非常重视研发投入，2020 年科研开发投入额为 4960 万元，科技投入的结果使企业每年的新产品贡献率保持在 60% 以上，有力地保证了企业持续快速的发展，也为工程技术研究中心的组建提供了资金保障。

（二）产品质量

在高端耐候高透明高抗冲 PVC 加工助剂的研发上，国外核心技术一直掌握在日本钟渊、美国罗门哈斯等企业手中，对核心技术的保密工作更是严上加严，国内厂家在关键技术上一直未能突破。山东瑞丰的科研人员在 PVC 加工助剂研究领域内历经数年研发，研制出能够在提高抗冲击性能的同时，兼具较好的高透明性能、折白性能、耐候性能等多种性能的高端树脂产品，通过与国外产品多种性能的对比，产品性能在同类产品中占据优势地位，能够完全替代国外产品，在国内与国际行业内都处于领先地位。

三、典型经验

（一）品质卓越

山东瑞丰为保证产品质量，全面运行产品质量管理体系，并建立了高标准的产品企业标准。建立了严格全面的设备操作规程、生产工艺操作规程和检验检测标准，由班组、工段、车间和厂级严格监督检查规程、标准和制度的执行，保证了生产产品的质量。山东瑞丰先后通过了 ISO 9001：2000、ISO 9001：2008、ISO 9001：2015 质量管理体系认证。

企业质量管理制度完善并有效运行，制定有包括产品质量标准，生产操作规程，原材料、半成品、成品检验操作规程，《产品质量管理制度及考核细则》等一系列管理制度。

为了始终保持山东瑞丰产品质量的竞争优势，企业不断进行自我完善，不断改进自己的质量管理系统，确保体系的高效运行、持续改进，采用内审加外审的体系运行模式，针对存在的问题和不足进行改进和完善，结合管理提升活动，对管理文件、记录进行梳理，真正实现闭环式管理和文件的标准化管理模式，确保公司体系运行的规范、科学、高效。

山东瑞丰积极响应山东省新旧动能转换，围绕品质卓越，高质量发展，在质量管理方面加大了投入。在产品研发方面，研发方向逐渐向高附加值、高端产品靠拢；在生产过程控制方面，细化了操作精度，严格了考核制度；在产品检验方面，严格按照既定标准高质量检验，确保出厂产品最优质。

山东瑞丰作为国家级制造业单项冠军企业，产品质量一直保持行业领先，近三年监督抽查无任何问题产品，产品质量水平保持上升趋势。

山东瑞丰 MBS 抗冲改性剂产品

（二）自主创新

山东瑞丰作为 PVC 助剂行业的龙头企业，拥有极强的研发能力和持续创新能力。随着山东瑞丰近年来跨越式发展带来的对研发水平提高的需求，目前技术中心改扩建工程已建成并投入使用，使用面积达到 1460m^2，设施更加完善，研发条件、环境更加优越。

山东瑞丰研发中心于 2011 年被评为山东省 PVC 助剂工程技术研究中心、山东省认定企业技术中心，2015 年被评为国家级博士后科研工作站，为公司的自主创新提供了良好的科研氛围。

山东瑞丰研发中心每年年初制定技术创新年度发展战略，每年为公司 PVC

产品提供5种以上的新型功能产品且每年申报20项发明专利，山东瑞丰的持续创新能力已成为带动行业产品标准的风向标，能够持续满足客户对产品的需求。

（三）管理先进

山东瑞丰采用先进的国际管理模式和标准，加强质量管理学习国际先进管理经验，公司在质量检验的相关岗位编制作业指导书，开展标准化作业，设立了进货检验、过程检验、成品检验、出厂检验多层级完善的检验站。特别对于成品开展岗位、班组、车间、公司四级质量检验监督制度，质量结果检验准确、可靠，坚决要求出厂产品100%合格。

为加强生产检验设备管理，提高技术装备水平，保证生产质量及检验质量，山东瑞丰制定有《设备设施运行、维护和保养制度》，建立了《设备运行维护台账》，制定了各种设备的使用、校验、操作人员的资质、维护与保养等规范，根据要求，检验设备定期保养，检验人员定期校验及有资质的专业机构进行年检，设备运行维护记录完整。

山东瑞丰建立了以客户需求为导向的市场营销体系，为用户提供高品质产品和优质服务。多年来，山东瑞丰不断在高品质客户市场深耕细作。山东瑞丰以客户需求为导向，结合客户特点和业务需求，提供专业的解决方案，并结合自身积累的行业经验为客户提供建议，与客户互相推动、实现共赢。山东瑞丰通过客户满意度调查不断改进、提升服务质量，积极参加专项试验和各项活动等，与客户保持良好的工作沟通和服务保障，按时为用户提供技术先进、质量可靠的高品质产品和服务。为了更好地满足客户需要，山东瑞丰在各大省市、地市等地设有办事机构或联络点，每个片区配备大区经理，全面负责公司产品的销售及售后服务工作，为客户提供全面细致的服务，既能及时满足客户迫切的提货需求，又能保证产品品质。

（四）品牌高端

山东瑞丰自成立以来，非常重视品牌建设，凭借公司20余年的持续经营，产品质量高、性能稳定，品牌形象凸显，2012年，山东瑞丰“鲁山及图”被认定为“中国驰名商标”，为进一步提高公司品牌知名度，增强公司综合竞争力，山东瑞丰制定了品牌战略规划。

山东瑞丰设置专人负责公司品牌管理工作。法务部负责公司标识及子品牌标识的商标申报、维护，品牌管理部进行相关标识设计等文件的提供。同时，负责对侵犯公司品牌行为的法律维权工作，品牌管理部给予配合。行政部负责商标备案和档案管理工作。对于商标相关的包括商标设计、历史沿革、商标注册证、相关著名商标、驰名商标证书、商标局及商评委文件、商标纠纷等文件进行备案登记。

山东瑞丰总经办负责公司品牌的管理，包括品牌战略策划和组织实施、品牌知识培训、品牌营销传播、品牌产权保护和对公司各部门、各经销商品牌运营的宏观监控。

（五）标准领先

山东瑞丰作为PVC加工助剂生产的龙头企业，具有雄厚的行业话语权，近三年制定了“抗冲改性剂MBS树脂”“PVC加工助剂LP系列树脂”等一系列企业标准，为同类行业的标准制定提供了可以借鉴的模板，并促进国内PVC行业的产业升级，促进了山东省新旧动能转换的发展。

（六）绿色发展

山东瑞丰诚信经营，秉承绿色发展的理念，始终坚持预防为主、防治结合、综合治理的原则，推行清洁生产、实行生产过程污染控制原则，实行污染物达标排放和污染物总量控制的原则。设立了环保总监，成立了环境保护部门，配备了专职环境保护人员，专职负责公司环境保护问题。开展清洁生产、控污减排活动，同时狠抓环保宣传教育工作、环保设施建立和环保制度落实工作，加大资金投入，通过技术改造，提高能源利用效率和环保治理力度，走节能绿色环保可持续发展的道路，狠抓生产过程中的污染问题和偷排偷放问题，坚决抵制并控制车间跑冒滴漏问题。

四、未来发展展望

山东瑞丰密切跟踪PVC助剂行业的国际国内发展趋势，不断提高公司产品创新能力，驾驭市场的能力，抵御风险的能力，整合利用资源的能力。凭借着一流的产品质量和售后服务、近200人的销售团队以及强大的物流体系，未来三年，公司在巩固国内PVC行业龙头地位的同时，力争做好以下三个方面的发展。

一是在主业产品升级方面。着重做好现有产品的技术创新和技术研发等工作，在下游市场不断细分，更新换代加快的大趋势下，不断适应市场需要，将现有产品做精做细，做出既适应市场需求，又充分展现自身优势特点的产品。按照创新引领、转型升级的总体思路，山东瑞丰重点在MBS和高分子量ACR上瞄准国际先进水平进行研发创新，尽快达到和超过国际先进水平，使市场份额和企业规模实现由中国第一到全球一流的新目标。在发展以PVC制品改性材的基础上，着眼相关材料市场需求，加大研发投入，实现跨领域产品结构调整，不断填补国家空白，实现社会效益和企业效益的同步增长。

二是在产业转型方面。充分利用上市公司资本市场平台，科学规划，系统研究，通过并购、增发等方式，解决目前主业单一，适应环境变化和抗风险能力差的问题，走多产业发展的新路子，努力培养今后新的主导产业。

三是紧紧围绕节能减排，绿色环保，实现产业结构调整。加大资金投入，通过技术改造，提高能源利用效率和环保治理力度，走节能绿色环保可持续发展的道路，努力推动公司经济平衡发展，达到提质增效的目的。

五、专家点评

企业产品生产工艺合理，设备装备先进，质保体系健全，产品的各项指标达到了企业标准 Q/3700R FH 014—2016。产品市场前景广阔，具有良好的经济效益和社会效益。评审专家一致认为公司产品具有很好的科学性、先进性和实用性，综合技术达到国内先进水平。

国家工业信息安全发展研究中心专家
清华大学化工工程系教授　胡平

国家工业信息安全发展研究中心专家
浙江工业大学化工学院博士生导师　谭成侠

国家工业信息安全发展研究中心专家
济南大学教授　刘世权

“三塔三效”打造肥城“金”字招牌

一、总体情况简介

肥城金塔酒精化工设备有限公司（以下简称“金塔酒化”）成立于2007年1月，是国家高新技术企业，具有A1、A2级压力容器制造，D1、D2级压力容器设计，GC类压力管道设计资格，具备设计、制造目前国际领先的“金”字牌溶剂回收节能装置、废液处理设备、制药设备和化工设备的交钥匙工程。“金字”牌蒸馏塔、三效溶剂回收节能装置被评为山东名牌、山东优质品牌，先后荣获“山东省劳动关系和谐企业”“山东省重合同守信用企业”“山东省专精新特企业”“山东省创新型企业”“山东省隐形冠军”“山东省技术创新示范企业”“国家工业节能技术装备”“全国制造业单项冠军示范企业”等荣誉称号。

金塔酒化自成立以来一直致力于溶剂回收装置的节能研发，新技术、新工艺的不断创新使公司的核心竞争力不断提升，溶剂回收装置从单效到双效发展再到现在的三效回收，在产品质量和节能降耗方面取得了显著的成果，多项核心技术经评价达到国际先进水平，随着科技创新力度的不断加强，金塔酒化始终站在酒精行业前列，“三效溶剂回收节能蒸馏装置”连续多年位居行业中第一名，市场占有率达22%以上。

金塔酒化以科技进步求发展，高度重视科技创新，不断增加科技投入。金塔酒化建有省级企业技术中心、省级一企一技术研发中心、泰安市溶剂回收工程实验室、泰安市溶剂回收装置产业技术研究院，与齐鲁工业大学合作建立了蒸馏实验室。设有完善的新产品开发科研机构，设施先进的实验室、探伤室、计量室及性能检测室，拥有各类加工检测设备300多台（套）。实现了计算机辅助设计和计算机管理网络化。近年来，金塔酒化不断加大技术创新力度，提高自主创新能力。拥有国家发明专利8项，实用新型专利15项，行业标准《糠醛蒸馏塔》（QB/T 5454—2019）、制酒饮料机械瓶（罐）输送机等6项。先后研发完成了双粗双精八塔低压蒸馏技术和装置、酒精蒸馏提纯成套设备、三效溶剂回收节能蒸馏装置、四塔蒸馏与膜分离集成生产燃料乙醇节能技术及装备等10余项国家级和省级创新工艺技术及装备，技术水平分别达到国际先进、国内领先水平，节能效果显著，科技创新推动了金塔酒化的转型升级，增强了产品市场竞争力。进一步增强了金塔酒化在酒精市场的影响力。

立足“品质金塔，服务全球”发展定位，金塔酒化将不断致力于国内外高端市场的开拓，加快新旧动能转换步伐，持续推进企业转型升级，在新时代发展征程上奋力前行！

二、突出优势

三效溶剂回收节能装置主要用于甲醇、乙醇、丙酮等有机溶剂的回收再利用，应用于医药、化工、食品等多个领域。针对当前溶剂回收过程中能源消耗大，起沫、液泛、结焦等现状，金塔酒化研发中心以高效、节能为主线，以回收过程中热能综合利用为研究重点，系统地开展了溶剂回收热能重复利用、高效回收装置优化等实用性强技术创新。

（一）技术先进性

1. 工艺说明

溶剂首先经过负压塔塔顶蒸汽预热，然后经过加压塔、常压塔以及负压塔塔釜热水预热，使溶剂温度提升到沸点进料。饱和蒸汽通过再沸器给加压塔提供热量，加压塔塔顶蒸汽通过再沸器给常压塔提供热量，常压塔塔顶蒸汽通过再沸器给负压塔提供热量，负压塔塔顶蒸汽通过冷凝器冷凝，系统的真空状态通过与负压塔冷凝器相连的真空泵来实现。根据溶媒的物性不同，加压塔、常压塔、负压塔可以实现三塔进料，同时采出合格溶剂。

2. 技术创新性

根据物料的特性确定进料方式（串流进料、并流进料或串并流混合进料方式）和再沸器的结构型式（热虹吸式或降膜式），降低操作温度，避免生产过程中出现的起沫、液泛、结焦等状态，装置适应性强。采用三塔三效精馏技术，通过再沸器一塔供汽，三塔工作，后一效的再沸器作为前一效的冷凝器，热能多次利用，吨溶剂回收消耗蒸汽0.5t，循环冷却水30t，综合节能60%。采用高效新型塔板，提高了设备的抗泡沫和抗堵塞性能。生产过程中采用DCS集散控制系统，实现无人化操作，稳定了生产，降低了成本。

（二）产品质量

金塔酒化高度重视产品质量，设立了质量部，派遣一名质保工程师作为首席质量官，质量管理部有各类检验人员23人，其中具有中级以上技术职称人员16人，从事产品制作工序专职检验人员12人，无损探伤人员6人，化学分析、物理试验人员2人，计量管理、维修人员2人。金塔酒化通过了ISO 9001：2015质量管理体系、美国阿斯米标准，在生产过程中，严格落实公司各项规章制度和操作规程，严把生产工序每一个质量控制点，明确自检责任人，强化产品制作过程中的检查，保证产品质量，实施质量100%合格出库。质量工程师全程跟踪确保项目产品制造质量，客户满意度达96%以上。认真分析顾客反馈意见，并形成书面材料提供给技术、生产部门，作为技术、质量改进依据。

（三）发展效益

本项目装置可根据用户需求设计3万~50万t不同规格的三效溶剂回收装置，项目装置填补了国内生产空白，推动了行业持续、绿色、健康发展。

本项目的研发使溶剂回收综合节能60%以上。随着国家节能减排及环境保护政策要求的不断提高，金塔酒化通过不断开拓市场，开发了一批优质的客户群体，建立了长期的合作业务，形成了一个良好的、庞大的市场网络，市场占有率不断增加。

本项目已在山东焦点生物、河北圣雪大成、山东华熙海御、山东泰邦生物、三门峡源丰果业、四川源基制药等企业应用。华熙生物科技（天津）有限公司新厂区透明质酸钠淡酒精回收项目3套，年可回收酒精35万t，全部采用公司三效回收节能装置，依托庞大的市场，金塔酒化三效溶剂回收节能装置连续五年市场占有率位居同行业第一。项目自实施以来已销售373套装置，溶剂回收处理量达631万t/年，年蒸汽消耗316万t，较单塔回收技术年可节约蒸汽473.2万t，年节约45万t标准煤，节能效果显著，同时大大降低了二氧化碳气体排放，保护了生态环境。

三、典型经验

（一）管理创新

金塔酒化运用先进的管理思想，建立和实施科学化、标准化、信息化的管理新模式，为客户提供定制化服务，内部强化工业化和信息化融合管理、能源管理、知识产权贯标、质量体系、环境管理、职业健康等多种管理体系的综合运用，提高各环节工作效率，不断降低企业能源消耗，提高能源利用效率，保护和改善环境，实现企业全面协调可持续发展的目标。

（二）品牌战略

金塔酒化制定品牌战略，使“金字”牌溶剂回收节能装置服务全球。公司“金字及图”被评为中国驰名商标、山东省著名商标，“金字”牌蒸馏塔、三效溶剂回收装置被评为山东省名牌产品，多个产品荣获山东省优质品牌。金塔酒化建立完善了品牌培育制度，制度中明确要求了名牌决策、品牌价值、品牌推广和各类品牌业务的运营管理方法，确立了各部门的相关职责和权限。

（三）企业文化

金塔酒化坚持“依法治企、诚信合作、求精务实、开拓创新”的企业宗旨，致力于为客户提供一流的产品和服务，并与许多客户保持长期的良好合作关系。建立了浓厚的企业文化，坚持国家税收和职工利益第一位的核心价值理念，为职工提供免费午餐、净化水，每月开展“党员标兵、质量标兵、安全标兵”评选活动，每年开展“金秋助学”“困难职工救助”。加强职工思想排查，确保现场全员均无思想隐患，能全身心地投入到安全工作中。

（四）科技创新

金塔酒化坚持“科技兴企人才兴企”的战略，不断增加资金投入用于科技研发，提高自主创新成果，提升“金字”品牌影响力。金塔酒化现有职工 205 人，从事研发的人员 65 人，高级职称人员 24 人，中级职称人员 16 人，形成了一支高素质的、具有高度敬业精神和强大创造力的人才队伍。其中技术开发设计人员熟悉溶剂回收节能技术及生产工艺，在成套设备设计、制造、安装和调试方面具有十多年的经验，专业素质高，深受用户信赖。金塔酒化不断加强与大专院校、科研院所的产学研合作，与齐鲁工业大学、浙江工业大学、天津大学、山东农业大学开展长期合作，长期坚持“请进来、走出去”，每年特邀行业专家来公司授课，每年组织研发人员外出学习、考察，通过学习、研发每年培养高级工程师 3 名，工程师 5 名，为公司的科技创新提供长久动力，通过借助学院的研发优势，不断提升企业自身的研发实力，加强研发队伍建设。

（五）国际化发展

随着金塔酒化科技创新的力度不断加强，产品性能不断提高，在国内和国际市场的知名度不断增加，2017 年公司举办了首届俄罗斯、哈萨克斯坦等俄语国家酒精生产工艺技术交流会，近 30 家企业、科研院所参加。“金”字品牌在国际知名度更高。2018 年、2019 年来自不同国家的客户不断来公司考察，在溶剂回收节能装置、换热设备、干燥装置等项目签订合同。随着产品性能和品牌影响力的扩大，2020 年金塔酒化产营销实现逆势上涨，平均涨幅 50% 以上。

（六）产业协同

金塔酒化以提质增效和新旧动能转换为导向，加快服务模式创新、技术创新和管理创新。推动服务型制造向专业化、协同化、智能化方向发展，打造中国的“金字塔”。以溶剂回收整套装置辐射产品上下游产业链等，相继研发出废液节能处理装置、多效蒸发干燥装置、酒精提纯装置，打通了整个产业链，为化工行业提供了成套解决方案，实现了制造业高端化、服务业专精化发展。通过推广总集成总承包的服务模式，金塔酒化服务型制造水平得到明显提升，加快了企业提质增效和转型升级的步伐。扩宽了制造与服务领域。实现了以加工为主向“制造 + 服务”的转型，从单纯出售产品向出售“产品 + 服务”转变。通过带动其他企业运行总集成总承包服务，优化了企业的生产组织形式和运行管理方式，提高了产品生产率和产品附加值，提高了产品市场竞争力，提高了企业市场占有率。

四、未来发展展望

金塔酒化以坚持科技创新促企业发展的创新理念，适应国家节能减排政策，加大科技投入，借助省级企业技术中心、省级一企一技术研究中心、泰安市溶剂回收产业研究院科研等平台，继续加强与山东大学、齐鲁工业大学、浙江工业大学、江南大学等高校的产学研合作。形成了生产一代、研制一代、储备一代、构思一代的良性循环机制。我们将继续搞好溶剂回收工艺技术的创新和产业化工作，坚持“精心规划、稳定推进、重点突出、多业并举”的创新发展思路，确立以溶剂回收节能减排工艺技术为研发方向，致力于溶剂回收过程中减少能源消耗、减少废液排放，实现产品标准升级，提高溶剂回收率。扩大溶剂回收范围，确保产品性能处于国际领先，拓展溶剂回收过程中的废液排放处理问题，确保废液达到安全标准排放，实现溶剂回收整套工程的一体化。推出一批集高技术、高市场价值、高自动化水平的优秀科技成果，提高自主创新能力和市场竞争力，从而推动我国溶剂回收节能工艺成套装置跻身国际领先行列。推广节能高效的溶剂回收装置，降低企业生产成本，同时提高我国化工、医药等行业的装备水平，适应国家节能减排、保护环境的政策，从而促进该行业的健康、绿色发展。

五、专家点评

金塔酒化研发的三效溶剂回收节能技术及装置，具有自主知识产权。该装置采用三效精馏技术，一塔供汽，三塔同时工作。充分利用系统内的余热，后一效的再沸器作为前一效的冷凝器，饱和蒸汽通过再沸器给一效回收塔提供热量，一效回收塔塔顶蒸汽通过再沸器给二效回收塔提供热量，二效回收塔塔顶蒸汽通过再沸器给三效回收塔提供热量，节能效果显著。根据物料的特性可选择不同的进料方式，避免生产过程中出现的起沫、液泛、结焦等状态。项目装置可应用于化工、医药、食品等多个行业，装置自实施以来，得到市场高度认可，深受客户好评。降低了应用企业的生产成本，减少了能源消耗，推动了行业绿色、健康发展。项目成果在应对温室效应、实施资源替代战略以及保障国家能源安全等方面发挥了重要作用。

中国酒业酒精技术委员会委员 / 高级工程师　孟华

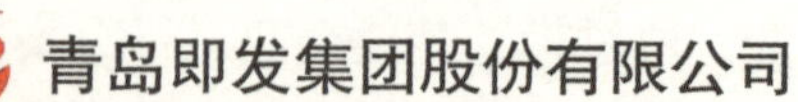

强化科技赋能　推动高质量发展

一、总体情况简介

青岛即发集团股份有限公司（以下简称“即发”）建立于1955年，是纺织服装大型企业集团。具有年产2.6万t针织面料和2.5亿件针织服装的生产能力，是中国针织行业的领军企业。先后获“国家制造业单项冠军示范企业”“国家创新型企业”“高新技术企业”“国家级绿色工厂”“中国出口质量安全示范企业”“全国纺织行园区照片业质量奖”“山东省企业管理创新成果奖”“首届青岛市市长质量奖”等荣誉称号。

即发2018年销售收入86.59亿元，2019年销售收入89.88亿元，2020年销售收入92亿元，连续多年入围山东省民营企业百强、青岛市地方纳税50强暨销售收入100强、青岛市进出口10强企业及山东省纳税百强企业。企业运行质量和经营效益不断提高，综合竞争力连续十多年名列中国针织服装行业前茅，2020年企业品牌强度为906，品牌价值为38.86亿元。

二、突出优势

即发主要生产棉针织内衣、衬衣和发制品等产品。其中，棉针织内衣为主导产品，销售收入占企业全部业务收入的78%左右。棉针织内衣产品业务发展前景好，成为即发收入的主要驱动力，且在渠道、品牌、供应链等优势支撑下，有望继续保持平稳增长。

近年来，即发积极深入实施“三品战略”，针对全球经济衰退加剧、中美贸易战等国际因素的不利影响，采取了稳定传统市场，开发新兴市场；稳定国际市场，开发国内市场；稳定传统产品，开发新特产品的“三稳定、三开发”措施。在细分市场以及全渠道发力，在国内外品牌、电商的崛起等原因冲击下仍保持市场占有率持续提升，即发的行业地位得到进一步巩固，牢牢占据针织行业领军企业的地位。

即发在提升研发能力深度绑定优质客户方面持续发力，使得主营产品棉针织内衣整体收入业绩持续平稳提升，公司近三年棉针织产品销售情况良好。

持续推出符合消费者需求的产品是保持品牌力的保证。随着社会经济的发展，消费需求更加复杂多变，消费者在关注产品基础功能的同时也更加关注产品理念以及产品的附加功能。为此，即发不断提升产品研发能力，成为棉针织内衣行业标准起草单位和功能性内衣研究、生产和应用的先行者。即发在棉针织内衣产品的生产技术、产品的关键性指标及工艺方面一直保持国际领先地位。

三、典型经验

（一）谋未来、创一流，经营质量稳步提升

对未来的发展策略，即发不仅追求企业规模的持续增长，更注重于企业竞争力的全面提升。即发制定实施了“国际国内市场并重”的战略，提出了“国际市场优化布局、国内市场扩大份额、品牌建设全面推进、创新发展持续稳定”的总体思路。注重顶层设计和战略调整，立足行业前沿，瞄准国际一流，拓宽全球视野，结合企业发展实际和市场发展趋势，确定“高端化、科技化、品牌化、国际化”的发展定位，实现业务的统筹优化。在规模战略方面，即发积极响应国家“一带一路”“走出去”“产业援疆”“产业扶贫”等号召。相继在国内外建立纺织服装产业链，在全球范围内进行资源优化配置，以全球化建厂保持规模优势。

（二）建体系、育人才，夯实企业可持续发展基础

即发长期贯彻“用一流的员工、一流的技术，生产一流的产品”的质量理念，深入开展提高全员质量意识、企业价值观的文化建设，强化员工技能和素质培养。积极开展“走出去，引进来”活动，从中高层到各职能部门管理骨干，不断培训和学习行业领先的标杆企业的管理思路和技能；对生产管理层建立健全常态化的生产管理理论培训和实践培养机制，促进团队成员革新管理思路，鼓励敢想敢做、能想能做的基层干部；同时，全面引导基层员工积极提高岗位技能水平，建立多能手培养的渠道和薪资制度，选好、用好、留好技术工人，打造全能型技工，培养“即发工匠”，从而提升全员综合素质，提升产品制造质量和生产效率。

（三）抓创新、促升级，技术创新绩效突出

即发在全国同行业内建立了国家级企业技术中心和青岛市工业设计中心，拥有院士工作站、博士后工作站等高水准科研平台，并且每年都会引进大批科技人才。即发每年投入巨资进行科技创新和技术改造，年均实施上百项技术创新和攻关项目，累计承接国家、省和青岛市科技攻关项目 50 余项，获得国家科技进步奖 1 项，国家纺织行业科技进步奖 1 项，省级科技进步奖 3 项，国家行业产品开发贡献奖 3 项，当前，拥有国家发明专利 17 个，PTC 国际专利 8 个，

实用新型专利23个。先后被认定为“国家创新型企业”“国家技术创新示范企业”“高新技术企业”。

即发瞄准行业前沿，紧扣市场需求。在无水染色、智能服装、功能和智能纺织品加工技术等方面力求新突破，形成具有自主知识产权的核心技术，并将科技、时尚、文化等元素融入新产品开发，不断满足市场新需求。结盟高校和科研院所，以超临界二氧化碳无水染色技术为支撑，成立“国家级无水染色技术创新战略联盟”，通过持续创新实践系统地研究了产业化工艺、装备、染料以及关键部件，开发了二氧化碳分离回收再利用、染料溶解控制等系统，解决了装备正常运行、染料结块等关键的技术难题，建设了拥有自主知识产权且连续正常运行的超临界二氧化碳无水染色小试和中试示范线，产品各项指标均达到同类产品国家相关标准要求，总体技术被专家鉴定为国际领先水平，并入选“科创中国”先导技术榜单。获得3项国家和2项国外发明专利技术的无水染色设备研发制造技术，解决了全纺织行业染色高耗水和高污水排放难题，对我国纺织服装工业转型升级和生态文明建设具有重要意义；同时，即发也加大了可穿戴智能服装的研究与开发，利用高新技术和信息技术改变和提升传统服装功能。

（四）高标准、严管控，质量管理精益求精

即发自动裁床系统

即发不断深化以卓越绩效为核心的精细化管理，强化质量意识，弘扬工匠精神，把精益生产推向更高水平。即发在现场管理、质量管理、成本管理上综合施策，在挖掘发展潜力、激发内生动力、增强创新活力、提高盈利水平上狠下功夫，不断加强对采购、生产、销售等环节的管理，切实把“向管理要效率、向管理要效益”落到了实处。

即发本着追求卓越高品质的要求，根据消费者的需求，不断提高企业技术

标准，制定了严于国际标准、国家标准、行业标准的企业内控标准，建立了国际化的质量可靠性控制办法。企业积极参与制修订国家标准、行业标准、团体标准 34 个。先后荣获“山东省标准创新型企业”“第二届标准化工作突出贡献单位”等称号。

“提质量，以卓越的产品质量，增强品牌生命力”，即发把提升产品质量作为提高企业竞争新优势的重要切入点，不断优化质量发展环境，努力提高企业品牌价值和即发制造整体形象。先后获得了“全国工业品牌培育示范企业”“中华老字号”“国家商务部重点培育和发展的出口品牌”“全国重点跟踪培育服装家纺自主品牌”“针织服装服饰优等品证明商标”“中国纺织十大品牌文化”“新中国60年山东百家企业领袖品牌”“山东省品牌建设示范企业”等称号。

（五）高起点、深融合，两化融合建设持续推进

在竞争愈发激烈的市场大环境中，即发不断加快“两化”的深度融合与延伸，积极推进自动化生产线、示范车间、数字化工厂建设，推进传统制造向精益化、智能化方向发展，助推企业转型升级。为了适应多品种、小批量、短交期的国际市场新趋势，即发在信息化协同、智能化建设、柔性化生产方面进行了积极探索和实践，构建了基于 B2B 的涵盖棉纺、织布、染整、印花、成衣等环节的“柔性生产”、敏捷制造、批量生产、适合用户需求的智能体系，为批量定制生产模式提供了样本。进一步提高了企业集成化、智能化水平和协同管控能力，打通了供应链各环节的信息交互，企业生产效率、管理效率实现了大幅提升。

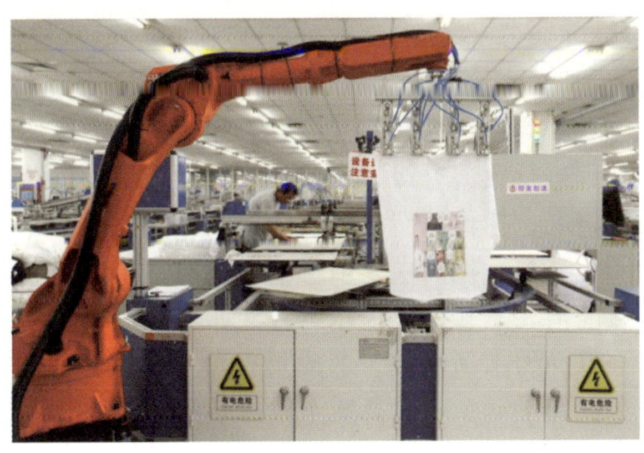

即发机器人印花

近年来，即发着力加强信息化建设，先后完成了 50 多项信息化工程，率先实现了 ERP 系统、物资采购管控系统、人力资源管理系统等新型信息技术在产业链上的广泛应用，建立了覆盖纺纱、织布、染整、成衣制造全过程的系统化管理，助推了操作流程的优化和精细化管理。随着“两化”融合的不断推进，即发实现了向“生产过程透明化、管理信息数据化”现代化管理方式的转变，加快了向“智能工厂”的转型，公司的“数字化车间”“印花自动化生产线”等项目被评为青岛市互联网工业“555”项目。

（六）优布局、调结构，发展动力持续增强

即发面对不断变革的竞争市场，勇于调整自身、改变方针，营造了“内外市场互促并进、线上线下同步推进”的营销格局。以战略性思维着力优化市场结构、优化市场布局、优化产品结构、优化贸易方式，不断提升国际化的经营水平，积极拓展国际国内两个市场。

即发积极融入国家“一带一路”建设，有序推进产业梯次转移，不断增强统筹利用全球市场和资源的能力。时至今日，国外工厂的产业链配套日趋完善，生产规模有序扩大，即发实现了跨区域深度合作和资源优化配置。

四、未来发展展望

“十四五”期间，即发将始终立足制造业这个发展根基，通过对市场形势和自身情况的分析研判，力求摆脱传统企业的管理和发展模式，摒弃“惯例”思维，做到以变应变、提前谋划布局。通过数字化、自动化、信息化、智能化的改造，节能减排绿色环保，产品创新规划等产业转型提档升级的路径，积极融入“工业互联网”改革创新企业经营和管理的全要素，推动企业高质量发展、可持续发展。计划到2025年实现营业收入150亿元，继续保持着针织行业领军地位，争取将经营利润率不断提高，具体实施措施如下：

一是将互联网思维和技术贯穿到经营管理的各领域各环节。对传统企业管理模式和业务流程进行改造升级，形成更广泛的以互联网为基础条件和创新要素的企业发展新格局；抓住消费升级机遇，积极拓展新兴市场、开发新兴产品，不断满足多元化、个性化需求，培育新增长点，形成新动能。

二是瞄准行业前沿，紧扣市场需求，在无水染色、智能服装、功能和智能纺织品加工技术等方面力求新突破，形成具有自主知识产权的核心技术。即发将通过持续的技术创新推动企业向高质量发展转型。

三是围绕培育新材料产业和现代海洋产业展开相关工作，加强产学研深层次合作，以即发海洋生物甲壳质纤维技术转化为支撑，推进甲壳质纤维在医疗卫生领域的纵深研发，通过新技术、新产品、新成果的持续涌现，带动即发新产业、新业态、新模式的快速形成。

五、专家点评

即发依靠创新驱动，实施集团化协同经营，组织引领各子公司有序参与国际市场竞争，创造了自己独特的经验，这些经验符合国家倡导的大方向，而且在技术创新、质量管理、智能制造、绿色发展等方面做出了显著的成绩。尤其是科技创新方面，即发立足于科技进步，建立了较为完善的科研开发管理体系，以满足顾客需求为动力，以国际先进技术为目标，坚持走产、学、研一体化的自主创新道路，形成具有即发特点的研发管理模式，研发的超临界二氧化碳无水染色项目总体技术水平达到国际领先水平，并入选“科创中国”先导技术榜单。纺织联合会把这项技术定义为中国纺织行业十大颠覆性技术之一，这对我国纺织服装工业转型升级和生态文明建设具有重要意义。

山东省纺织科学研究院研究员　刘学

从跟随到引领　南山智尚织梦全球

一、总体情况简介

山东南山智尚科技股份有限公司（以下简称“南山智尚”）始创于1997年，注册资本3.6亿元。前身是山东南山纺织服饰有限公司，由中国500强企业南山集团控股。公司于2020年在深交所上市（南山智尚，股票代码300918），持有“南山”“缔尔玛”两个中国驰名商标。

南山智尚主营精纺呢绒（精梳毛机织物），拥有从染色、纺纱、织造、后整理到精品面料的完整毛纺织产业链，通过多年的开发经验积累和提前市场预测，建立了完整的备纱备货体系，结合聘请意大利设计团队进行意大利原创产品开发，形成高档高支精纺面料、高附加值功能性面料和高级定制面料三大系列主要产品。

南山智尚凭借自身产业链优势和优秀的产品研发团队及完善的服务体系，三大系列主要产品畅销国内外。近三年，公司产品始终在中高端市场占有率方面保持较高水平，并呈现稳步增长态势。

南山智尚面料织造生产

南山智尚面料及服装品牌是公、检、法、司、金融、化工、航空、教育、轨道交通、能源、电力等行业的主要供应商，南山面料品牌国外客户遍布全球，是多个奢侈品品牌的重要供应商。多年来，公司相继为2012年伦敦奥运会奥组委、2014年APEC会议、2016年高尔夫国家队出征里约奥运会及各国领袖、团体、社会各界知名人士提供了服装设计与定制服务。

二、突出优势

（一）全产业链运营

南山智尚是全球为数不多的毛纺织服装产业链一体化公司，拥有从羊毛到成衣完整的毛纺织服饰产业链，具有持续效益增长的超强壁垒优势，主营业务涵盖精纺呢绒及服装产品的研发、设计、生产与销售。

南山智尚产业链运营包含澳大利亚优质羊毛采购、精梳毛条加工、纺纱、织造、染色、后整理、成衣制版、裁剪、缝制、整烫、仓储、物流等各个环节。

（二）装备实力与智能制造奠定竞争基础

南山智尚综合装备实力位居同行业先进水平，是领先的大型精纺紧密纺面料和现代化西服生产基地。公司从德国、法国、意大利等国家引进全套先进生产设备，组建了先进的精纺呢绒和服装生产线。

同时，南山智尚通过资本市场募集资金投入到生产智能化升级项目，进一步增强公司的生产优势。利用智能化、大数据支持公司科技创新和定制模式创新，全面提升公司生产效能和管理水平，实现产品结构升级，进一步优化生产、管理流程，缓解劳动力需求，提高产品质量，促进公司持续快速发展。

（三）快速反应体系加码智能制造

南山智尚形成了“设计－客户设计”的一体化产品开发模式，产品开发、设计直接与客户研发体系对接，协同开发面料和服装，共同服务于市场，快速满足市场需求，大大缩短了产品开发、设计周期。

南山智尚引入意大利系列化产品开发体系，建立标准化色彩和纱线管理模块，通过对前沿流行趋势研判和标准模块灵活组合方式，为市场提供花色品类丰富，反应快捷高效的交货服务。公司的快速反应体系，已成为公司独特的软实力。

（四）科技创新驱动核心竞争力

南山智尚以“科技创新”为核心驱动，通过两大技术创新路径不断提升企业创新水平。一是科创先行，南山智尚是国家级高新技术企业、纺织技术创新示范企业，拥有国际羊毛创新中心、北服·南山中国职业装研究院、南山·西安工程大学毛纺织研究院、山东省功能毛纺织品工程技术研究中心、山东省工业设计中心、纺织行业工业设计中心、纺织行业功能性毛精纺面料技术创新中心等多个高水平创新平台，以及一个国家评定委员会认可实验室。自成立以来，南山智尚大力开展行业前沿科技的研发，取得了丰硕的科研成果。目前，公司已形成专利 74 项，各级科技进步奖 16 项、中国纺织行业专利奖 3 项。二是标准制定，公司主持和参与制定了多项纺织领域技术标准，其中国家标准 3 项，行业标准 2 项，加工贸易单耗标准 5 项，CNTAC 团体标准 7 项。

（五）品牌国际化战略提升核心价值

南山智尚始终坚持品牌国际化发展战略，建设了从面料到终端的多元化、国际化品牌梯队，布局行业细分市场。南山面料品牌的客户遍布全球，是多个奢侈品品牌的重要供应商。设有 ODM（原始设计制造商）事业部、MTM（定制）事业部、南山自重堂防护科技有限公司等品牌服务和运营机构。先后运营了南山（NANSHAN）呢绒、缔尔玛（DELLMA）职业装、缔尔玛校服（DELLMA CRESCITA）、织尚定制（MODARTE）、裕山（YUSAN）工装等多个享誉市场的品牌。

（六）差异化产品增强品牌溢价能力

南山智尚依托高水平的技术创新平台和产学研一体化竞争优势，从市场需求、产品功能创新等方面出发，持续深耕产品差异化，使企业在市场中保持充分竞争优势。拥有数十个创新特色产品，如 OPTIM 户外面料、空气羊毛面料、超细羊毛面料、抗菌抗病毒羊毛面料、羊毛衬衫、复古水洗西服、羊毛可机洗西服、700g 超轻西服产品、弹力抗皱旅行西服等，为服饰品牌和消费者提供多元化的产品解决方案。

（七）现代管理体系推动经营战略实施

为实现资源配置的有效性，南山智尚成立伊始，便着力于建设全球化的现代纺织服装企业，不断完善公司治理结构。为进一步降本增效，公司先后推行了 5S 管理体系与精益生产管理方式，公司治理水平不断提升。同时，公司以创建国际一流企业为目标，运用国际先进的管理手段不断完善企业运营架构，先后通过了 ISO 9001 国际质量管理体系认证、ISO 14001 环境管理体系认证、OHSAS 18001 职业健康安全管理体系认证、STANDARD 100 by OEKO-TEX®认证是首批“白名单”资质认证企业，也是国际羊毛局纯羊毛标志特许权企业。

三、典型经验

南山智尚自成立伊始，领导一直高度重视公司战略管理，公司发展至今，战略制定主要经历了三个阶段：引进吸收阶段、快速成长阶段、高端塑造阶段。战略发展过程，公司先后经历了“替代进口、规模扩张、高端塑造、智能制造”四个阶段，公司结合当前所面临的内外部环境，确定现阶段总体战略为“基于绿色供应链的高端面料品牌国际化发展战略”，总体发展思路为“文化强基、高端定位、创新驱动、链式运作”。

（一）文化强基

南山智尚始终将企业文化视为公司发展的根本保障和灵魂，公司成立 20 余年来，矢志不渝地坚持企业文化建设与发展，企业文化深植于公司的每一个员工，秉承“峰聚成山、织梦全球”的核心价值观，不断完善自我，奉献社会，将员工和企业凝聚在一起，共同学习，共同进步，织造最美的面料，造福整个社会。

（二）高端定位

南山智尚秉承“树精品意识、创世界品牌”的理念，致力于打造高端质量，创建世界品牌。建立完善的质量管理体系，运用先进的质量管理技术与方法，提高产品质量；加大研发投入，充分利用意大利（米兰）研发中心，将传统文化和世界时尚文化融入品牌建设，提升品牌文化价值，推进品牌国际化。

（三）创新驱动

以技术创新和管理创新作为双轮驱动。完善产学研创新模式和创新体系，发挥国际羊毛创新中心、国家高支纯毛产品开发基地、国家认可实验室等七大创新平台和战略联盟的作用，充分利用高校和研究所的研发人才，不断提高公司的研发创新能力；以内部市场化控制体系建设为抓手，以研发和外贸为重点，以企业文化建设为支撑，运用 BSC 和 KPI 长短期目标相结合的方法，依托“互联网 +”，进一步强化信息化建设，完善公司的管理制度，提高管理水平，实现公司管理精细化。

（四）链式运作

南山智尚多年来致力于打造最完善的中游供应链，将绿色环保的理念及标准化体系融入公司产业链的发展中；借助公司两化融合的信息平台，完善两头在外的技术创新和营销模式，从源头与原材料供应商合作，下游与战略客户（服装厂）紧密合作，在产业链上进行全方位协同运作。

四、未来发展展望

南山智尚未来发展必将由传统的劳动密集型逐步向技术密集型和资本密集型转型，与国外先进毛精纺企业对标，逐渐通过高投入实现高效率、高品质、高收益，达到世界一流的毛纺企业水平。在未来发展上，南山智尚始终坚持中高端市场定位，在研究流行趋势变化的基础上，通过提高自主研发创新能力、加大品牌宣传力度等方式，进一步强化市场竞争力，提升市场占有率。

南山智尚定制品牌

（一）强化品牌建设，打造国际知名品牌

加强品牌建设，提升市场影响力。品牌建设除了在产品品质上加强控制，形成特色外，在策划、宣传、包装上也要形成自己的风格与特色。通过与中国毛纺织行业协会等专业机构进行合作，举行面料新品发布会，利用其专业平台和资源，对南山精纺产品进行宣传推广。

（二）加强产品研发和技术创新工作

过去的20年，南山纺织的产品开发由简单拷贝“跟随”市场，逐步达到原创设计“适应”市场，未来要通过消化、吸收和创新，将实现“引领”市场。

（三）强化链式运作模式

将绿色环保理念及标准化体系融入公司产业链的发展中；借助公司两化融合信息平台，完善研发与销售两头在外的技术创新和营销模式；在源头与原材料供应商合作，下游与战略客户紧密合作，实现产业链全方位协同运作。

（四）推进传统产业模式的智能化升级改造

在未来发展过程中，对接互联网、大数据、新一代人工智能等，向智能制造转型升级，推进产品结构、产业结构、发展模式、营商环境等的变革，实现高质量发展，助力供给侧结构性改革。在纺织智能化设备引进的基础上，对老旧设备进行智能化、自动化升级改造，提高产品加工水平、自动化程度、生产效率和产品质量。保证公司整体智能化水平方面实现行业领先，扩大在高端面料制造领域的领先优势。

郑州市钻石精密制造有限公司

用技术创新和高品质服务打造民族刀具标杆

一、总体情况简介

郑州市钻石精密制造有限公司（以下简称“郑钻”）创立于1997年5月30日，立足于为全球制造业市场提供高端精密刀具及切削解决方案，在刀具设计、制造和技术服务能力方面处于国内领先、国际先进水平，荣获工业和信息化部、中国工业经济联合会认定的第三批“制造业单项冠军示范企业”称号，成为国内首个获此殊荣的民营刀具企业。其主营产品——超硬刀具作为制造业的基础切削工具，代表了“工业牙齿”的最顶层技术，高端精密超硬刀具，是顶层中的塔尖。郑钻潜心研究超硬刀具20余年，刀具精度最高可以做到1μm以内，在解决国内高端超硬刀具关键卡脖子技术方面，赶超国际先进，成功突破了国外刀具技术壁垒，打破了国外刀具集团的垄断。

郑钻目前拥有4500余种超硬刀具产品，包括各种标准、非标准PCD、PCBN刀具系列，PCD、PCBN焊接深孔加工刀具系列，PCD、PCBN珩磨工具系列，天然金刚石修整工具系列，金刚石滚轮等其他超硬工具五大类，全面涵盖车、铣、镗、钻、铰、珩磨等精加工工艺，广泛用于汽车工业、航空航天、超精密加工、精密电子、医疗器械等多个高端精密制造领域。2020年，公司主营业务收入1.68亿元，研发投入1533万元，各项经营指标均实现了稳定的增长，在超硬刀具细分领域，国内市场占有率达到26%以上，处于行业领先水平。

二、突出优势

（一）企业技术创新能力

1. 研发平台基础

作为中国机床工具行业中起步最早的一批刀具企业，郑钻发展23年来，一直在高端超硬材料（聚晶金刚石PCD、聚晶立方氮化硼PCBN）刀具领域持续深耕，产品和服务始终保持与工业制造领域技术发展紧密结合。公司目前拥有“高效切削超硬材料复合刀具技术国家地方联建工程实验室”“河南省聚晶立方氮化硼系列刀具工程技术研究中心”“河南省企业技术中心”等多个专业研发平台，全面为我国高端制造领域发展提供高端刀具技术支持。

2. 打破国际技术封锁

从 PCD、PCBN 标准刀片，到 PCD 孔加工刀具、珩磨工具系统，再到整个高端装备制造领域超硬刀具核心技术自主化，郑钻打破了一个又一个刀具行业的技术封锁，实现了超硬刀具从无到有的技术产品。

在汽车制造领域，郑钻具备为汽车发动机缸体、缸盖所有半精加工、精加工工序提供全面刀具产品和技术方案的能力，其中汽车发动机关键零部件（缸体、缸盖、凸轮轴、连杆）所涉及的 90% 以上的精加工超硬刀具已经实现了国产化。特别是这些领域中的关键卡脖子产品也成功地突破进口垄断，如“PCD 导管孔刀具”填补了发动机缸盖气门座圈导管孔加工刀具的技术空白；“汽车转向系统球笼式万向节 CVJ 球头铣刀”填补了汽车转向系统万向节球道加工刀具的技术空白；“机床领域滚珠丝杠 PCBN 旋风铣刀”填补了机床丝杠滚道加工刀具的技术空白；“加工 CVT 变速器球槽的 PCBN 滚轮刀具”填补了国内 CVT 变速器球槽加工刀具的技术空白，从而一举突破了高档轿车变速器切削加工的技术瓶颈。

在航空制造领域，“航空复材孔加工系列刀具”“航空蜂窝材料超声刀具”等技术产品也打破了国防军工领域中进口刀具的长期垄断，成功解决了新型复合难加工材料的切削难题，极大地提升了航空领域刀具用户对国产高端刀具的信心，为国防军工“十四五”期间全面推进刀具国产化奠定了坚实的基础。

（二）产品质量和技术服务能力

1. 匠心打造国际一流品质

郑钻秉承“精雕细磨每一件产品认真细致做好每一项服务”的经营理念，始终将“工匠精神”融入基础制造工业发展的脉搏。体现在产品质量上，就是微米级别的刀具精度，500 倍放大镜下的刀具表面无缺陷和高效、持久耐用的刀具寿命。这源于郑钻品牌“坚持卓越、精益求精、客户第一”的企业价值观。

郑钻是国内较早规模引进国际一流刀具加工中心的企业，包括数控五轴、六轴、七轴数控磨削中心磨、超精密激光加工中心、超声振动加工中心、车铣复合加工中心、数控慢走丝线切割机床、刀具动平衡测量仪、对刀仪、三坐标测量仪等，同时在刀具制造工艺方面，金刚石刀具刃磨、负倒棱钝化、抛光、PCBN 刀片定位槽加工、刀具断屑槽 3D 成型加工技术等先进制造工艺一直处于行业领先水平。郑钻一直致力于高端精密刀具的国产化，目前在各个应用领域都有自己的拳头产品，产品品质与国际头部刀具企业相比，不仅在刀具寿命、加工精度上处于同一水平，产品平均供应周期缩短30%，刀具修磨、再制造能力更是得到了用户的认可，进一步满足了工业制造各领域用户对国产化高端精密刀具的市场需求。

2. 专业的技术服务能力

郑钻坚持产品品质和技术服务的双提升发展路线，在技术研发团队之外，培养了一大批刀具应用技术人才，并通过技术服务，向用户传递企业发展经营理念，提升下游用户对品牌的满意度、认同感和忠诚度。在国内市场，总部设北京、天津、西安、成都、广州五个办事处，在全国各地区设17个售后服务网点，为用户提供24h驻场在线服务。多年来，公司坚持从生产一线选拔、培养应用工程师的人才培养方式，不断扩大应用技术服务人员的团队规模，目前拥有刀具应用工程师50余人，以专业的技能素养和高效的服务效率为客户解决刀具现场问题提供技术指导。

（三）经营发展效益

刀具作为细分行业领域，其特点是专而精，尤其是超硬刀具这个高端小众刀具类别，其技术水平也是衡量一个国家工业发展水平的重要因素之一。郑钻自成立以来，始终以专业、精细的经营发展思路为广大用户创造价值，并在追赶国际先进刀具技术的过程中突破自我，取得了良好的发展效益。公司生产经营状况良好，2018年主营业务收入1.5亿元，净利润912.04万元，利税968.91万元，总资产48552.13万元，研发投入1278万元，出口总额1870万元；2019年主营业务收入1.6亿元，净利润977.64万元，利税701.7万元，总资产51566.92万元，研发投入1389万元，出口总额2219万元；2020年主营业务收入1.7亿元，净利润1196.38万元，利税981.78万元，总资产49362.8万元，研发投入1534万元，出口总额2153万元。持续的研发投入和稳定增长的经济效益使企业在发展中更具活力。

二、典型经验

（一）科研团队及科技成果转化能力

郑钻发展20余年来，一直在高端超硬材料（聚晶金刚石、聚晶立方氮化硼）刀具领域持续深耕，近三年科技研发累计投入4346万元，研发投入每年占主营业务收入9%，处于同行业领先水平。公司拥有专职研发人员76人，占企业职工总数20%，中高级工程师35人，中高级技师98人，本科生及以上学历人员占比60%以上，各类管理人才梯队健全。在科技创新和成果转化方面，拥有独立的专职研发团队和应用服务团队，在刀具设计、研发、成果转化、新产品批量制造、应用服务方面形成一个闭环，每年新技术新成果转化率在95%

以上，新技术新产品产值贡献率30%。公司设立技术奖励机制，对技术人员研发成果及其专利成果转化转移进行奖励，极大地调动了技术创新和成果转化转移的积极性，与此同时，制定了科技成果转移转化服务内部管理制度、工作流程等。

（二）企业文化建设

郑钻人坚持“精一诚心、坚持卓越、精益求精、开拓进取、求实守信、成人达己、客户第一”的企业精神，在实际经营过程中，专注于高端精密刀具，不断努力研发新产品。在各行业技术要求最严苛的地方，都力图打造明星产品，以此展示公司的决心和能力，赢取客户信任，为客户创造价值。高层领导率先垂范，以进取的精神、开放的姿态，打造了一支高效务实的团队，在公司使命、愿景和价值观的指导下，坚持以顾客为中心，不断推进卓越绩效管理，为民族装备制造行业的振兴与发展做出了卓越的贡献。

对外，郑钻每年举办一届“超硬刀具精密制造技术与应用”研讨会，致力于在行业之间搭建沟通平台，促进技术交流与分享。邀请服务领域客户参观公司经营、生产活动，与代表进行零距离沟通，宣传公司新产品、价值观、发展方向、经营目标，加深行业企业对公司的了解，深度把握市场需求，不断超越市场期望。对内，利用公司网站、公众号等平台向员工展示公司产品、技术创新成果、发展方向和绩效目标、战略布局，以及通过企业工会组织员工参加各种文化建设活动，为员工的工作生活创造精神、物质条件，提高员工的获得感、归属感，增强企业发展的凝聚力。

（三）质量品牌建设和经营绩效

郑钻始终以“打造国产高端精密刀具标杆”为目标，围绕客户需求体验，加强产品质量和品牌建设。从客户需求出发，密切关注顾客需求的变化，适时推出与竞争对手差异化的新产品赢得市场先机。郑钻秉承“提供超越客户预期的产品和技术服务”的发展理念，融合“精雕细磨每一件产品，认真细致地做好每一项服务”的质量方针，实现了从“与客户简单交易关系”向“提升客户关系价值”转变和从“价格竞争导向”到“客户价值导向”转变的营销观念，积极挖掘潜在机会，不断提升顾客的满意度和忠诚度，保障各产品系列在细分市场处于行业领先地位。作为国内超硬刀具龙头企业，树立国产高端刀具品牌形象，提高国产高端刀具在国际市场的竞争力是郑钻员工不断追求的价值。在此驱动下，郑钻实施了精准的经营绩效战略目标。

在整个经营绩效管理中，郑钻结合企业愿景、使命，制定准确的经营绩效目标，并以此为导向，实施绩效计划，科学考核，提高企业在行业内的整体竞争力。

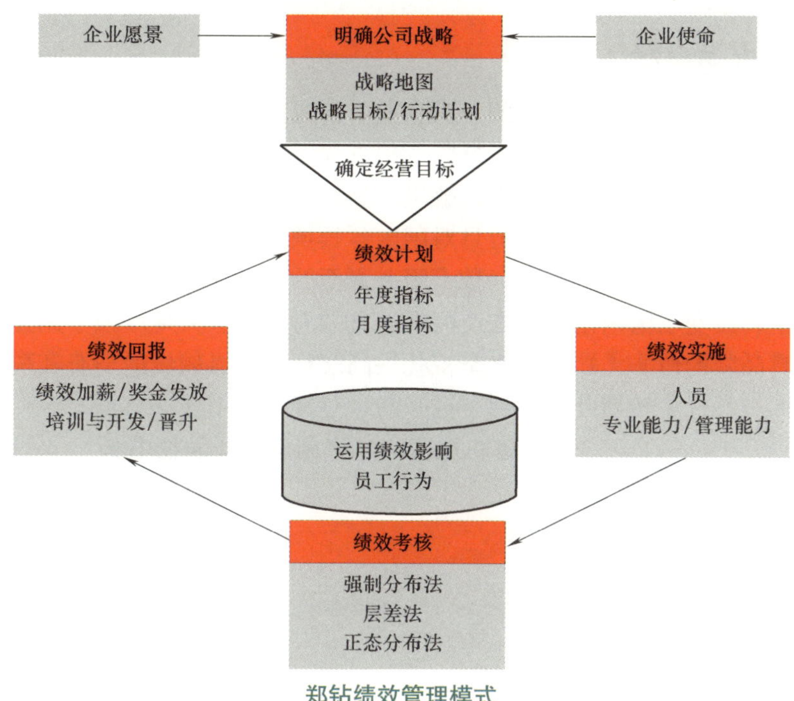

郑钻绩效管理模式

（四）产业协同和国际化发展

郑钻作为超硬材料产业链的终端，其切削刀具材料均来自上游供应。近年来，郑钻不断与上游原材料制造企业、超硬材料制品企业进行合作共研，共同推动产业链之间的协同合作，提升整个产业的国际市场竞争力，强化产业发展的整体实力。在国际市场方面，郑钻产品目前正在扩展包括欧洲、美洲、东南亚等在内的 28 个国家和地区的高端制造业市场，产品品质和综合服务能力具备与国际头部刀具企业同台竞技的实力。

截至目前，郑钻产品在东南亚、欧美等国际市场每年正在以 10%~20% 的速度持续增长，并且成为了国际知名刀具品牌在国际市场竞争中强有力的对手。

四、未来发展展望

2021 年，是国家“十四五”规划的开局之年，战略型新兴产业发展仍然是我国经济发展的重点，郑钻将持续在高端精密刀具行业不断探索，为国家基础装备制造、基础工业、基础建设提供切削技术支持，紧紧围绕国家产业政策和新兴产业发展方向，打造国际一流的高端刀具品牌，树立民族刀具品质典范。

五、专家点评

郑钻是我国超硬刀具行业的龙头企业。自成立以来，为推动国家汽车制造工业、航空制造领域高端超硬刀具国产化进程做出了卓有成效的贡献，树立了国产高端超硬刀具民族品牌形象，解决了制约行业发展的一个又一个卡脖子技术难题，打破了长期以来进口刀具对国内各领域制造业市场的垄断。该企业在高端精密刀具设计、制造工艺、技术服务方面的综合能力可以与国际头部刀具集团比拼，改变了国内用户对国产高端刀具的看法，极大地增强了用户对民族高端刀具品牌的信心，郑钻始终坚持扎根高端精密刀具领域的初心和决心，对我国机床工具行业转型升级起到了很好的示范带动作用。

河南省机械工程学会副理事长兼秘书长

河南省科协常委　高文生

教授级高工

中原内配集团股份有限公司

专业化国际进程　引领行业发展

一、总体情况简介

中原内配集团股份有限公司（以下简称“中原内配”）是全球领先的摩擦副系统供应商、世界级的端对端供应链管理服务供应商，主营产品发动机气缸套年产量达到5000万只，连续30年居行业首位；公司成立于1958年3月，2010年7月在深交所挂牌上市，位于河南省孟州市产业集聚区，占地面积81.2万m^2，目前已发展成为拥有近30家汽车零部件、激光加工、合金刀具、智能制造、金融服务、证券投资等子公司的企业集团。拥有美国通用、福特、纳威司达、戴姆勒奔驰、康明斯、卡特彼勒、沃尔沃以及法国PSA、意大利菲亚特等世界500强级的技术和商务战略合作伙伴。为国内一汽集团、东风集团、上汽集团、重汽集团、一拖集团、潍柴动力、奇瑞、吉利、长城等主流发动机公司配套，国内市场占有率超过40%。

2018年获得工业和信息化部制造业单项冠军示范企业、国家绿色工厂称号。

二、突出优势

（一）规模实力行业领先

中原内配是全球最大的专业化气缸套生产基地企业，主营产品为国内外高端主机客户提供动力保障及技术支持，综合实力稳居国内同行业首位。2020年，面对中美贸易战及新冠疫情全球肆虐的双重压力，公司主营气缸套产品产销量超过4200万只，折合铸件30余万t，产品国内市场占有率约42%，全球市场占有率超过12%。

中原内配作为全国内燃机标准化技术委员会气缸套工作组召集单位，负责气缸套领域国家标准的制定和修订工作，主持起草修订了国家、行业标准12项。

（二）全球布局国际市场

为加快技术创新，积极参与国际竞争，中原内配先后在美国、欧洲、俄罗斯分别成立国外研发分中心，负责国际高端主机市场技术信息在国外市场业务的拓展，目前中原内配已经实现与国际高端主机客户同步设计、同步开发、同步应用，完成了由原来来图来样加工转变成由给定发动机参数设计，完成气缸套产品摩擦副系统模块化供货。目前，中原内配超过一半的产品出口到北美、南美、欧洲等发达国家和地区，战略合作伙伴涵盖世界 500 强企业——美国通用、福特、克莱斯勒、康明斯、纳威司达、戴姆勒奔驰、德国宝马、意大利菲亚特、法国标致 - 雪铁龙等，占据北美地区商用车发动机气缸套全球采购量的 40%，占据美国三大汽车公司发动机气缸套全球采购量的 30% 以上。被商务部、国家发展和改革委员会认定为“国家汽车及零部件出口基地企业”。

（三）技术研发行业领先

中原内配拥有国家级企业技术中心、博士后科研工作站、院士工作站、省发动机气缸套工程技术研究中心、发动机气缸套河南省工程实验室五大科技创新平台。中原内配在技术方面始终引领行业技术进步，拥有气缸套材料、加工工艺、生产清洁、物流包装、测试检验等专利技术 200 余项。中原内配在气缸套材料开发方面处于同行业领先地位，先后开发了高强度耐蚀灰铸铁、高强度珠光体、磷铌铸铁、硼铜合金铸铁、钼镍铜合金铸铁、多元合金化铸态贝氏体等多项新材质，为气缸套材料方面的行业领先者。

中原内配在气缸套内表面珩磨技术研发方面处于国际领先地位，经过多年的研发，积累了丰富的珩磨网纹设计和制造经验，针对不同客户、不同产品需求提供差异化珩磨、激光珩磨、镜面珩磨、锥度珩磨等参数匹配，配合整机可有效降低发动机的摩擦损失，降低机油耗，减少漏气量，提高发动机的热效率，已成功配套康明斯、纳威司达、德国奔驰、中国重汽、一汽锡柴等国内外顶级发动机厂家。

三、典型经验

（一）战略转型，重塑发展基因

2003 年，作为气缸套行业国内龙头企业，率先走出了国门，开始了国际化探索。中原内配以乘用车市场为切入点，坚持将国内、国外两个市场放在同一战略高度、同等位置、同步发展。在国内市场上继续巩固行业龙头地位的同时，加大与世界 500 强企业的合作交流，实现了站在“巨人”肩膀上发展，加速实现企业从“中国制造”向“中国创造”的震撼跨越。每一次合作，中原内配紧盯着欧美发达国家的汽车公司，通过与欧美发达国家汽车公司的合作，全面进入他们的全球采购体系，使中原内配不仅掌握了汽车发动机公司的发展趋势，同时在高端市场竞争中抢得先机。

（二）同步创新，舞动发展奇迹

中原内配国际化成就根源在于自主创新。一是在美国底特律、英国切斯菲尔德和德国斯图加特成立了三大国外研发中心，吸引全球高端人才加盟企业，目前有 30 多名原在福特、通用等就职的博士生、硕士生、高级工程师加盟企业，形成内外联动、贴近市场、经验丰富的技术研发团队，每年开发的新产品超过 50 种。二是建立全国内燃机气缸套工作组，先后制定、修订了 12 项国家和行业标准，占行业标准总量的 70%，有效推动了行业技术水平的提升。三是搭建高端人才与企业合作的平台；与英国 GKN，德国纳格尔、格林，奥地利 AVL，德国 FEV 等国际知名公司，在气缸套设计、加工、测量等领域进行全方位合作。四是建立国家级企业技术中心和国家高新技术企业，提升自主创新实力，每年投入气缸套的研发费用达到销售收入的 4%，始终与客户保持同步研发，不断加强自身在核心技术上的储备，以项目带动创新，确保持续竞争优势，实现了“开发一代、转化一代、升级一代、谋划一代”的创新目标，企业的发展后劲和核心竞争力明显增强。

（三）国际合作，拓展企业发展空间

2005 年，中原内配与欧洲最大的气缸套制造商英国吉凯恩集团开始合作。汇集了双方的产业优势、技术优势、品牌优势和市场优势，合资组建了河南中原吉凯恩气缸套有限公司，延伸了产业链和市场链，不仅实现了拓展欧美市场的战略布局，更实现了河南省与世界 500 强合作“零”的突破。

2017 年，中原内配与英国捷豹路虎公司合作建设高端智能化生产线，信息化、在线检测、大数据应用、生产线无人值守等新科技全面满足了捷豹路虎的要求，产品年订单超过 40 万只。

2017 年，中原内配收购了北美英科德公司 100% 股权，不仅提升了集团整体的市场竞争力和品牌影响力，获得了更加安全的国际化产、供、销、研供应链，同时也为进一步提升北美市场份额及国外增值服务运营能力，深度布局美国市场，展开实体化运作打下了坚实基础。

2018 年，中原内配与德国莱茵金属集团的合作，是中原内配全球市场影响力与 KS 公司世界领先技术的强强联合，双方合作的年产 180 万只国六发动机钢质活塞项目，成为德国 KS 公司 130 多年发展历史上推进速度最快的项目，也是中国某知名主机厂单个活塞项目开发速度最快的机型，同时也打破了“不是他们的供应商先给订单”的先例。

中原内配在持续扩大北美市场的同时，借助国家“一带一路”战略，借势“郑欧班列”，加快向德国、俄罗斯、白俄罗斯、哈萨克斯坦、波兰等郑欧班列沿线国家进行市场布局，填补了欧洲市场的空白。目前已成功进入德国戴姆勒奔驰、德国最大家族企业福伊特、瑞典沃尔沃、芬兰爱科、法国约翰迪尔、意大利菲亚特、俄罗斯亚马斯、白俄罗斯明斯克以及波兰的售后市场。

（四）持续改进，造就质量零缺陷

中原内配之所以能够赢得诸多全球顶级汽车制造商的信任，源于企业先进的内控管理。企业坚持以国际化的内控管理为依托，赢得了全球顶级内燃机制造企业的信赖。

中原内配是同行业中首家同时获得中、英、美三国 ISO 9002，美国 QS 9000，德国 VDA6.3 质量体系认证，以及 IATF 16949、ISO 14001 质量环境体系等第三方认证，全面推进卓越绩效管理、精益生产、六西格玛、ERP、CRM 等信息化、标准化管理，使中原内配保持产品品质与世界先进水平同步。每年接受的国际、国内战略合作伙伴专项现场审核近百次，使企业的品质控制达到了国际先进水平。

中原内配建立了以顾客为中心的快速反应机制，建立了集技术、质量、制造、商务和服务为一体的多功能小组，实行一对一服务，设立区域经理负责制，对顾客进行现场服务，及时解决和满足顾客的各种需求。近三年的顾客满意度均保持在 96% 以上，顾客忠诚度达到 94.8%。

（五）资源整合，打造人才高地

为拓宽技术合作渠道，为企业发展积聚人才优势，中原内配以国际化的视野，招聘全球高端人才加盟企业。目前已有多名原在福特、通用等就职的博士、硕士、高级工程师加盟企业，为公司及时了解行业前沿信息、技术研发和商务谈判等提供服务。

中原内配建立了全员终身学习与成长体系，实施了技术职称津贴制度，鼓励员工不断提高学习水平；通过免费深造、免费进修 MBA、定期出国培训以及与战略合作伙伴实验室、清华大学、上海内燃机研究所等建立合作关系等方式，为员工搭建了学习与发展的平台。

中原内配先后与清华大学建立了气缸套表面处理实验室；与上海内燃机研究所合作，成立了中国内燃机标准化委员会气缸套工作组；与河南科技大学等达成了 MBA 班、工程硕士班合作意向；通过博士后工作站，与郑州大学、河南工业大学等高等院校博士实现了高端技术的项目攻关合作；充分利用公司与国内外知名发动机公司的商务合作关系，选送专业技术人员分别到英国 GKN、日本 NPR、韩国大宇、美国康明斯、德国奔驰、格林、意大利 FEV、奥地利 AVL 等知名发动机公司及实验室进行专业技术培训和技术交流，强化技术人员的专业技能提升。

四、未来发展展望

中原内配将以国家“十四五”发展规划为契机，在抓好、用好相关产业政策，积极申报和争取省科技进步奖、省专利奖、省科技小巨人培育企业和高新技术企业的同时，围绕企业发展战略，不断转型发展，实现战略升级。

一是大力实施技术改造，推进产品及生产装备的上档升级，投资建设内燃机低摩擦气缸套装备升级及智能化应用项目，利用国产数控软件对传统设备改造升级，组建智能生产线，提升国产智能化水平、信息化水平，最终使气缸套产品满足国六标准及以上排放要求。

二是推动 5G 技术在工业领域的应用，中原内配在 2020 年积极承担了工业和信息化部工业互联网高质量发展工程——“5G+ 工业互联网高质量网络服务平台”项目，项目建成后，将实现 5G 网络在中原内配工业制造过程中的有效覆盖，带动 5G 技术产业的落地应用，实现物联网制造、自动化与信息化的融合。

三是继续坚持“专业化、国际化”的发展战略，充分发挥中原内配全球化的技术研发平台、资本市场平台、资源整合平台、人才集聚平台和品牌拓展平台，加速全球市场战略布局，通过整合营销，实施汽车零部件模块化供货战略，建立国际先进的质量、技术、管理体系，建设全球一流水平的研发、制造、物流、贸易、商务产业链，推进企业可持续发展，倾力打造国际化、世界级的企业集团！

五、专家点评

中原内配作为全球最大的发动机气缸套专业化生产基地企业，始终坚持“专业化、国际化”的发展战略，坚持“强力推进产品结构调整，着力提高企业综合实力”的经营宗旨，经过多年的发展，其综合实力、管理水平、生产规模、产销能力、技术研发能力、质量保证能力等综合实力稳居国内同行业首位，改写了气缸套“中国制造”长期以来依附于国际巨头制定的所谓国际标准之下的历史，实现了从气缸套行业“中国制造”到“中国创造”的跨越。

河南理工大学教授　刘志超

恒以致远　星耀未来

一、总体情况简介

巩义市恒星金属制品有限公司（以下简称“恒星”）是河南恒星科技股份有限公司（上市公司）的全资子公司，自成立以来一直致力于合金镀层钢绞线新材料的自主研发和创新升级，围绕金属丝绳产品领域精耕细作，主营产品钢芯铝绞线用镀锌钢绞线作为电力、通信的“骨架材料”，直接服务于特高压电网建设及电网更新改造，生产工艺技术达到国内领先水平，单项产品产销量稳居全国及全球首位，为国家电网三峡电力外送、西电东输工程项目指定专用产品。2018 年入选工业和信息化部单项冠军示范企业名单，成为全国金属制品同行业唯一获此殊荣的企业。

二、突出优势

（一）技术先进性

1. 装备先进性

恒星技术管理部拥有 20 余年的装备设计经验，先后研发出具有自主知识产权的大盘重连续化生产工艺、无酸洗表面处理工艺技术，与设备供应商密切合作，完成了生产设备定制化生产，装备水平居行业领先地位。

2. 产品先进性

恒星所生产的特高压输电导线用高韧性、耐腐蚀钢绞线系列，在生产组织中采用关键的拉拔、热镀及捻制核心技术，并采用绿色无酸洗、超声波清洗关键工艺，确保不同结构钢绞线各项技术指标符合国家电网、国内外电网厂家的特殊需求，并符合国家现行架空绞线用镀锌钢线（GB/T 3428—2012）标准。

3. 参与国家标准的制定与修订

2012 年 12 月，作为首家起草单位参与编制了 GB/T 3428—2012《架空绞线用镀锌钢线》；2020 年 9 月，公司参与修订并发布了 GB/T 24242.2—2020《制丝用非合金钢盘条　第 2 部分：一般用途盘条》、GB/T 3082—2020《铠装电缆用热镀锌及锌铝合金镀层低碳钢丝》。

（二）产品质量

恒星镀锌钢绞线作为电力电网建设中的重要骨架材料，具有过硬的产品质量品质，有力支持着国家电网的建设发展，近年来承担了一系列国家特高压直流输电线路工程：昌吉 - 古泉 ±1100kV、上海庙 - 临沂、扎鲁特 - 山东青州 ±800kV，为国家特高压建设提供了有力保障。

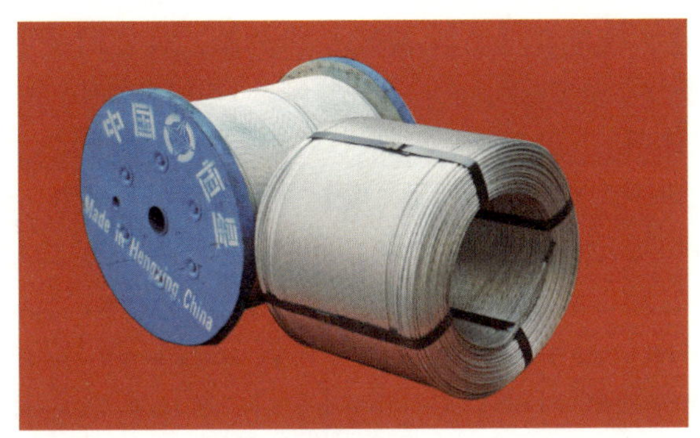

恒星钢绞线

1. 高强度、大截面

高强度、大截面钢绞线能够提高导线的抗拉强度，达到最佳拉力重量比组合效果，公司生产的特高强度热镀锌钢绞线既能提高抗拉力，又降低了自身重量，各项指标完全满足大跨越工程技术要求。

2. 厚镀层、耐腐蚀

公司生产的超厚合金锌层钢绞线系列产品具有优良的耐腐蚀性能，大气环境中使用寿命一般可达 30~40 年，是普通镀锌防腐层的两倍以上。

（三）发展效益

公司 2020 年销售收入 6.1 亿元，出口额 9000 万元，纳税近 3000 万元，净利润 7000 多万元，虽然上半年受新冠疫情影响，但公司盈利能力较 2019 年有较大提升。公司积极履行社会责任，疫情期间，公司积极向市医院捐款 30 万元，为巩义市首家捐款的企业。公司现有残疾职工 175 名，建档立卡贫困户 7 名，缓解了当地的就业压力。

三、典型经验

（一）技术创新

1. 研发平台建设

2002 年公司设立技术研发中心，2011 年成为“河南省特种钢丝制品工程技术研究中心”分中心，2020年被郑州市发展和改革委员会认定为“郑州市合金镀层钢绞线工程研究中心”。公司制定并实施了《技术中心管理制度》《研发人员绩效考核奖励制度》等规章制度，规范了技术中心的正常运行。公司每年拿出不少于销售收入的3%作为技术研发专项经费，保障技术创新工作的有效和持续开展。公司与河北工业大学、中钢集团郑州金属制品研究院达成了长期良好的产学研合作，取得了一批对行业发展具有推动作用的科研成果，并持续推动科研成果的产业化。公司拥有强大的技术创新团队，聘请国内外一流的金属材料、信息化、智能化及环保领域专家学者，对公司的生产设备和产品工艺进行规划、设计。

2. 知识产权体系

恒星高层对知识产权体系建设高度重视，2007年以来，通过建立一系列规章制度，鼓励和规范技术创新活动。2014年，恒星钢绞线、镀锌钢丝产品成功通过国家驰名商标认证；2017年，恒星设立“知识产权管理规范建设领导小组”。截至目前，公司拥有的有效专利数38项，其中发明11项，实用新型27项；受理中专利数14项，其中发明5项，实用新型9项。

（二）管理能力

作为上市公司“恒星科技”的全资子公司，严格按照《公司法》的要求，设立了董事会、监事会相互制衡的公司运作机制，目前已经形成了权力机构、决策机构、监督机构与管理层之间权责分明、各司其职、相互制衡、科学决策、协调运作的法人治理结构。公司管理科学合理、机制灵活，管理团队精炼高效；坚持“以人为本，科学高效”的管理理念、“市场细分化”的销售管理模式、“质量精细化”的质量管理模式；陆续获得了“质量、环境、职业健康安全、能源”管理体系认证。

（三）企业文化

创业理念：以产业报效国家，用真情回报社会；企业精神：不畏当今晚，敢为天下先；上游无止境，勇攀最高峰；指导思想：资产价值最大化、资产利用最大化、资产效率最大化；经营方针：资金是血液、创新是灵魂、效率是生命、市场是主题。

（四）质量品牌

恒星最高管理层对质量工作极为重视，每周召开一次由总经理参加的质量例会，解决和改进一周中出现的问题；积极采用员工的合理建议，增强员工的自主参与意识和质量观念；实行员工收入与质量挂钩，根据部门及个人得分进行收入分配。建立对合格供应商的质量信息反馈制度。对于凡是因材料或外购件质量问题造成的不合格，公司供应部都会与销售部门配合，以《质量信息反馈单》的形式将信息反馈给供方，督促供应商提高其产品质量。

提高质量检验水平，加大质量检验力度：制定、完善一整套质检制度，将“以顾客为关注焦点”理论应用于公司内部质量管理上，建立“大客户系统”；对于每一种结构钢绞线产品，实行预验收制度，每一项预验收不仅要有检查员参与，质量工程师还要参与验收方案的制订，验收过程中质量问题的协调和处理，验收完成后验收纪要的起草、定稿及与用户的交流、协调等。

恒星重视品牌建设，明确品牌发展规划，以提升产品的领先性、可靠性为核心，以为顾客提供超值服务为目的，按照理念引导、品牌培育、制度保证的方法，打造公司品牌的知名度、美誉度、忠诚度。

恒星金属生产现场

（五）产业协同

1. 与上游原材料供应链的产业协同

恒星作为金属制品细分领域的龙头企业，通过与国内一线原材料供应商签订战略合作框架协议，强化产业链协同发展。一方面带动公司对上游原材料实行规模化采购，获得较低采购成本，稳定原材料供应渠道，有效降低公司产品的生产成本，持续为市场提供品质优良、性能稳定的产品；另一方面，依据新产品研发计划，公司技术部与盘条厂家紧密协作，通过对含碳量的精确控制以及开发专用优质的 82B 盘条，实现了镀层质量和成品强度的持续提高，显著提升了公司的品牌影响力。

2. 与设备供应链的产业协同

凭借自身雄厚的研发设计能力，秉承集约化、绿色化发展理念，公司甄选有资质的设备供应商，联合开发大盘重系列镀锌、合股生产线，将自有专利技术产业化，显著提高了单位产能，降低了单位成本，推动了行业技术进步，实现了良好的社会效益。

（六）国际化发展

为大力开拓国外市场，公司在郑州专门设立外贸部，从事出口和跨境电商业务。2009 年开通了阿里巴巴国际站，成为金牌会员，即时发布了外销产品的各项信息，完成了线下交易；2017 年开始实施谷歌关键词竞价项目，投放到东南亚、非洲、中东等国家和地区。通过国际交易平台的建设和运营，促进国际产品销售，累计联系到 400 多家国际客商，销售区域涉及美国、印度、伊朗、巴拿马、中东、东南亚、非洲等国家和地区，年成交额 1500 多万美元。

四、未来发展展望

钢芯铝绞线是我国今后较长时期内高压输电线路所采用的主要品种，被称为“新基建的重头戏”“电网中的高速公路”的特高压工程，随着新冠肺炎疫情得到控制，建设大幕逐渐拉开。随着新核准线路建设的陆续推进，2020 年 ~2025 年我国特高压线路长度将保持稳定增长，预计到 2025 年有望突破 4 万 km。

恒星将紧紧围绕金属线材制品深加工产业链做精做细，坚守、创新、升级钢绞线系列产品，依托高效制造流程，做深、做广、做透主营产品的各环节、链条，切实提升公司在业界中的核心竞争力，并不断加大工业化和信息化的高度融合，推动公司智能化、绿色制造发展步伐。

五、专家点评

恒星成立 20 多年来，坚持自主创新，不断提升产品品质和服务水平，为国家电网改造工程、三峡工程和特高压建设提供了有力保障。公司持续进行技术创新，致力于生产过程的绿色化，自主研发的无酸洗高速拉拔、超声波清洗关键工艺达到了行业领先水平，共获得授权专利 37 项，其中发明专利 11 项；重视标准化建设，先后参与起草国家标准 5 项；积极推进科研成果的产业化，生产的 37 丝大跨越钢绞线，填补了世界空白；始终遵循严苛的质量标准，公司生产的“恒星”牌镀锌钢绞线被认定为“三峡电力外送”“西电东输工程”项目指定专用产品；该企业通过设立外贸部、开展跨境电商业务、国外商标注册，在国际上也获得了良好的声誉。

郑州大学教授　孙玉福

河南金丹乳酸科技股份有限公司

专注乳酸研发　打造世界生物降解新材料产业基地

一、总体情况简介

河南金丹乳酸科技股份有限公司（以下简称“金丹科技”）是以生产乳酸及系列产品为主的行业骨干龙头企业，是国家重点高新技术企业，国家循环经济试点企业，国家创新型试点企业，农业产业化国家重点龙头企业等，中国发酵工业协会常务理事单位，乳酸及系列产品国家标准主要起草单位，引领着我国乳酸行业的发展方向。现已形成年产 12.8 万 t 乳酸及系列产品的生产规模，主导产品拥有 L- 乳酸、乳酸钙等 10 多个产品种类，主要包括食品级、医药级、耐热级、可聚合级等 60 多个品种，广泛应用于食品、医药、环保、新材料等诸多重要产业领域，国内市场占有率达 70% 以上，具有较强的竞争力。设立有国家级企业技术中心、国家博士后科研工作站、国家地方联合工程实验室、河南省乳酸生物新材料院士工作站等研发平台，技术力量雄厚，具有承担重大科研项目和工程项目的能力和实力。先后承担了国家 863 计划、火炬计划、重大科技专项、高新技术产业化等项目 50 余项，已有 41 个项目 60 多次获得国家和省科技进步奖，国家发明专利等。企业拥有授权专利 42 项，其中发明专利 36 项，实用新型专利 6 项。“金丹”商标被认定为中国驰名商标，“金丹乳酸”被命名为河南省知名商品和河南省名牌产品。近三年来，销售收入、利税呈快速增长趋势，并于 2020 年 4 月在深交所创业板成功上市（股票代码 300829）。

二、突出优势

（一）原材料资源优势

金丹科技是以玉米为原料生产乳酸、聚乳酸及系列产品的企业，属于典型的农产品精深加工产业，符合国家乡村振兴计划一二三产融合发展的政策。而企业所处的豫东地区，位于我国黄淮海夏播玉米主产区内，是国内闻名的农业大区，玉米种植面积大，产量稳定，为企业提供了雄厚的原料保障，有着不可复制的地域优势。

（二）技术优势

金丹科技实施科技创新发展战略，坚持自主创新为主和产学研相结合的方式，加强与全国各大科研院所和高等院校深度创新合作，拥有较强的研发团队，长期致力于乳酸、聚乳酸核心竞争力的打造。先后开发出了 L- 乳酸产业化关键技术、耦合吸附新技术、连续萃取重相乳酸生产高品质乳酸钠新技术、有机胍定向催化聚合生产聚乳酸等多项具有自主知识产权的核心技术，其中 L- 乳酸产业化关键技术填补了国内空白，达到国际领先水平，2010 年获河南省科学技术进步一等奖，2011 年获得国家科技进步二等奖。特别是以有机胍作催化剂定向聚合生产聚乳酸技术的突破，可有效解决目前困扰世界各国的“白色污染”问题，被称为新材料领域的一场绿色革命。

（三）品牌优势

金丹科技是乳酸行业国内首家上市企业，乳酸产量居亚洲第一、全球第二。通过“品质如一，丹行天下”的理念严格质量把控，公司产品在世界范围内得到了广大客户和多个产品质量监管体系的认可，已发展成为乳酸行业的龙头企业和质量优势企业，产品畅销全球 80 多个国家和地区，品牌和规模优势明显，在国内和国际市场都有较高的知名度。“金丹及图形”商标被原国家工商总局商标局认定为驰名商标；“金丹牌乳酸”被授予河南省名牌产品称号。

（四）客户资源优势

金丹科技乳酸及系列产品在食品、化工、医药、轻工等行业有着广泛的用途，乳酸下游产品丙交酯及聚乳酸是替代塑料、纤维、医用材料等方面的生物降解新材料。随着各地政府禁塑、限塑措施的进一步加强，新材料的需求将越来越大，市场前景广阔。目前国内拥有双汇集团、金锣集团、娃哈哈、蒙牛集团、伊利集团等 800 余家固定客户。国际拥有如 AZELIS（阿泽雷斯）、UNIVAR（尤尼威尔）、KERRY（凯瑞）等和德国 UD、俄罗斯 MCD、巴西 BRF 等知名企业客户，客户资源优势明显，在国内外市场上具有较强的竞争力。

（五）行业优势

乳酸是采用现代生物技术生产的高新技术产品，本身又可聚合生成具有特殊功能、性能、用途或环境友好的生物基新材料聚乳酸。乳酸及系列产品涉及新材料、环保、医药、食品等国民经济诸多产业的领域，随着生物技术的不断突破，乳酸、L- 乳酸、聚乳酸等已成为现代生物产业发展的主要方向和重点领域之一，在国民经济中具有重要作用。产业发展不仅能有效消除食品安全隐患，对保障人类健康水平提升做出贡献，而且能有效地消除环境“白色污染”，节约和替代石油基产品，对环境保护及社会发展具有重要的推动作用。产业发展对发展循环经济，调整和优化农业结构，带动新材料、环保、医药、食品等相关产业的发展，提升我国生物基材料产业的国际竞争力，行业优势比较明显。

（六）人才优势

金丹科技依托多项国家级科研平台，先后自主培养了国家突出贡献中青年专家百千万人才 2 人，享受国务院特殊津贴专家 6 人，省管优秀专家 4 人，河南省杰出专业技术人才 1 人，获得河南省高层次 B 类人才 1 人，获得河南省高层次 C 类人才 3 人，河南省学术技术带头人 2 名，高级职称及以上人员 11 人，组建了一支创新能力强的高层次人才团队。2020 年金丹科技被河南省人民政府批准为第三届河南省专业技术人才先进集体。

三、典型经验

（一）始终坚持技术创新引领企业发展

金丹科技始终坚持创新驱动，不断探索新型创新组织、新型创新体系、新型创新模式，积极优化创新环境、集聚创新资源、提高创新绩效，不仅打破了国外技术垄断，而且填补了世界空白，达到国际领先水平，掌握了全球竞争先机和优势，一步步成长为中国乳酸行业的制造业单项冠军。企业在推动区域创新发展过程中，在创新型企业、创新平台、创新人才和集产业群等培育发展中持续发挥引领作用，不断吸引技术、人才等创新资源向区域集聚，成为区域创新的助推剂和原动力，为区域高质量发展提供了强大的技术支撑。近期将组建可降解新材料领域制造业创新中心和产业技术研究院等综合研发平台，为产业上下游前沿技术研究，为产业高质量发展提供强有力的技术支撑。

（二）始终坚持管理创新，不断提升管理能力

金丹科技成立之初，重视企业管理，坚持“管理出效益、管理上台阶”的管理思路，以标准企业管理布局谋划国际化，建立了 QA 和 QC 为核心的专业化质量管理团队、建立了 CNAS 认可检测实验室和覆盖产品全过程的质量保障和管控体系，有力推动了企业治理体系和治理能力的现代化、标准化、规范化；金丹乳酸工艺技术水平，技术、产量、质量、产值、利税等均居国内同行业领先，达到了国际先进水平。为进一步增强公司产品在全球市场的竞争力，金丹科技将继续在工艺技术、成本控制和设备管理等多个方面做好统筹规划，通过精益生产及技术进步，控制生产及运营成本，提升运营效率和管理水平。

（三）始终坚持以企业文化战略引领企业发展

企业文化催生企业发展理念，企业发展理念造就企业愿景和使命，企业愿景和使命催生企业精神。金丹科技建立了现代化企业文化管理体系，形成了金丹科技的企业文化核心理念，企业愿景：争做世界乳酸行业的领跑者。企业使命：金丹乳酸，改善人类生活。企业精神：勤奋、创新、奉献、卓越。企业核心价值观：沟通奠定基石，创新引领未来。金丹科技多年来的发展形成了敢为人先、勇于创新、开拓奋进的企业家精神和坚韧不拔的毅力，成为了金丹科技

企业文化的核心，形成了文化战略引领企业国际化发展趋势。

（四）始终坚持走绿色、循环、可持续发展道路

金丹科技坚持绿色发展理念，通过绿色技术创新，为公司实现发展跃升、不断增强核心竞争力提供了强有力的内在支撑。以“节能减排为主，末端治理为辅”为指导，通过绿色化改造、资源化利用，逐步形成了“资源 - 产品 - 废弃物 - 再生资源”的循环经济生产模式。金丹科技通过实施绿色的战略、绿色的标准、绿色的管理和绿色的生产，走绿色、循环和可持续发展道路，打造绿色品牌，其突出的绿色发展优势已经成为金丹科技拓展全球市场的核心竞争力。金丹科技把增强企业发展的全面性、协调性、循环性和可持续性放在了更加突出的位置，顺势而为、借势而起、因势而动、乘势而上，有力地推动了经济效益、社会效益与生态效益的有机统一，在坚持绿色循环、可持续发展中彰显竞争优势、实现转型跨越。

金丹科技循环经济模式

（五）始终坚持产业协同发展促进一二三产融合发展

为提升企业综合竞争力，坚持协同发展，金丹科技运用高新技术改造升级传统产业，以玉米为原料，采用现代高新生物技术进行农产品精深加工，发展乳酸系列产品和聚乳酸产品，推动农业产业链条向价值链高端延伸，在推进农

业产业化进程中，促进农民增收、带动农民就业，有效缓解当地的“三农”问题，为以传统农区工业化助推乡村振兴树立了典范。逐步构建了“玉米-淀粉-糖-乳酸-丙交酯-聚乳酸-聚乳酸制品-水和二氧化碳-农作物吸收利用”的产业生态体系，形成了粮食精深加工的绿色循环产业链，使农产品源于自然、回归自然。引导各类资源向农区集聚，激发了传统农区新型工业化的内生动力，带动传统农区高端产业集群，在带动农村脱贫、农业发展，推动乡村振兴等方面，探索出了一条传统农区内新型工业化之路，为带动区域协调发展和乡村振兴提供了有益的借鉴，对促进一二三产业融合发展，加快传统优势转型升级，提供了一套可复制可推广的宝贵经验。

四、未来发展展望

金丹科技提出了“立足河南、面向全国、走向世界，打造世界生物降解新材料产业基地”的发展战略，为将“金丹生物降解产业基地”打造成为世界一流的绿色、环保、可持续发展的生物高新技术园区，金丹科技确立了产业技术升级，优先发展新技术、新产品的目标。围绕企业发展战略规划，金丹科技将加大资金投入，以工程项目建设促进产业结构优化升级，促进科技成果落地转化。金丹科技将继续深化与高等院校、科研院所创新联盟的战略合作，以金丹科技为依托，组建生物新材料产业研究院。采用“研究院+创新平台+合作项目”运行模式，面向世界引进行业高层次领军型人才，瞄准乳酸、聚乳酸世界前沿的技术难题开展技术攻关，研发以秸秆、玉米芯等农业废弃物为原料发酵生产乳酸、非钙盐法生产乳酸、聚乳酸加工改性及聚乳酸制品生产等技术，大力发展绿色循环经济，打造具有国际领先水平的生物新材料产业链，抢占世界乳酸、聚乳酸产业制高点。

五、专家点评

金丹科技依靠技术创新、管理创新、文化创新，实施人才战略、坚持走绿色、可持续发展道路，不断引领企业发展壮大为领军企业和制造业单项冠军企业。金丹科技因地制宜对农副产品资源进行精深加工，使之为高附加值增值转化，带动农业发展、农民增收、农民就业，促进一二三产融合发展，为传统农区走新型工业化之路提供了一套可复制可推广的宝贵经验。提出了“立足河南、面向全国、走向世界，打造世界生物降解新材料产业基地”新的发展战略，为我国抢占世界产业制高点吹响了进军号。其典型经验要点突出、特色鲜明，对制造业如何做大做强具有重要的引领、示范和带动作用。

河南省生物所研究员　刘仲敏

河南省化学所研究员　赵永德

鹏鼎控股（深圳）股份有限公司

发展 PCB 相关产业　成为业界的领导者

一、总体情况简介

鹏鼎控股（深圳）股份有限公司（以下简称“鹏鼎控股”）成立于 1999 年 4 月 29 日，2018 年于深圳证券交易所上市（股票代码 002938）。

鹏鼎控股是一家主要从事各类印制电路板的设计、研发、制造与销售的专业服务公司，专注于为行业领先客户提供全方位印制电路板（PCB）产品及服务。公司在国内外均建立了现代化制造基地，产品销售及服务范围包含北美、东南亚等地区。随着公司规模的扩大，营业收入实现了稳定增长，2012 年创下百亿营收，2019 年达 266 亿元。2018 年入选第三批工业和信息化部“制造业单项冠军示范企业”，根据 Prismark 的资料，自 2017 年起已连续三年位居全球 PCB 行业排名第一的地位。

二、突出优势

（一）技术优势：参与国际领先客户的先期开发，紧跟技术前沿

鹏鼎控股长期专注并深化 FPC（柔性电路板）技术研发，在新一代电子信息产业领域积聚研发能量并全力聚焦核心基础零部件的前沿技术，以期掌握关键共性技术与产品发展方向；“轻薄短小、高低多快、精美细智”是鹏鼎控股产品开发的技术方向，从高密度、高频高速、高散热、高可靠性、多层互连、薄型化、微型化、精致化、集成化等产品技术特色方向，持续精进技术开发，在新材料、新产品、新制程、新设备和新技术五大主轴上，掌握市场潮流与趋势。

鹏鼎控股通过提前布局未来三年可能出现的产品与技术，直接参与客户下一代、下下代产品的开发与设计，通过与世界一流客户的合作研发、参与先期产品的开发与设计，掌握市场趋势及新产品商机，准确把握未来的产品与技术方向。鹏鼎控股十分注重产、学、研相结合，不断地加强产学研合作，截至目前已与多家知名高校及研究机构进行研发合作，并与北京大学深圳研究生院及西北工业大学联合筹备深圳市柔性电子研究院，通过产学研合作，助力企业发展。同时鹏鼎控股持续推动产业链战略伙伴交流合作，促进行业上下游的技术

整合、开发与制程运用，并创建了 PCB 技术开发平台，引领 PCB 前沿技术的研发方向。

（二）产品优势：打造全方位的 PCB 产品一站式服务平台

鹏鼎控股为全球范围内少数同时具备各类 PCB 产品设计、研发、制造与销售能力的专业大型厂商，拥有优质多样的 PCB 产品线，主要产品范围涵盖 FPC、HDI、RPCB、Module、SLP、COF、Rigid Flex 等多类产品，并广泛应用于通信电子产品、消费电子及计算机类产品以及汽车及工业控制类产品，具备为不同客户提供全方位 PCB 产品及服务的强大实力，打造了全方位的 PCB 产品一站式服务平台。

（三）环保优势：完善及富有前瞻性的环保布局

鹏鼎控股高度重视绿色文化建设，推动“鹏鼎七绿”理念：绿色创新、绿色采购、绿色生产、绿色运筹、绿色服务、绿色再生和绿色生活，进一步创造绿色价值，积极履行企业社会责任。鹏鼎控股设立有环保节能专责部门（环保节能处），发展污染防治、资源回收、循环经济及节能减排等自有绿色技术，时刻关注节能减碳最新趋势，积极推行温室气体盘查及清洁生产审查。

鹏鼎控股自成立伊始即已就各厂区环保设施建设进行了提前规划，重视在环保方面资金的持续投入，2019 年鹏鼎控股环保投入达人民币 3.69 亿元，污染物排放均达到或者优于政府管制标准，废弃物资源化比例达 90% 以上。公司连续 3 年被评选为环保信用评级“绿牌企业”，并于 2017 年及 2018 年相继获评工业和信息化部第一批、第二批全国“绿色工厂示范企业”。在苹果公司发布的《供应商责任 2018 年进展报告》中，鹏鼎控股的绿色环保措施得到肯定，并被视为是“一家环保意识和举措超群的供应商”。2020 年，公司深圳园区、秦皇岛园区及淮安园区及淮安综保厂区分别通过“可持续水管理标准（AWS）”白金级认证，成为 PCB 行业全球第一家获得该认证的企业，受到客户高度评价。

三、典型经验

（一）技术创新：加大研发创新力度

2019 年鹏鼎控股继续以“新材料、新产品、新制程、新设备和新技术”为主轴，以“轻薄短小、高低多快、精美细智”作为研发方向，与一流品牌客户密切合作，掌握技术发展的趋势与潮流，在 5G、人工智能（AI）、物联网、车联网等应用场景提前进行研发布局，保证鹏鼎控股在行业内的技术领先地位。2019 年鹏鼎控股研发投入共计 13.52 亿元，占营业收入的 5.08%；截至 2019 年 12 月 31 日，公司累计获得专利 700 项。

2019 年鹏鼎控股加强了在 5G 相关技术上的研发布局，并与深圳大学、香港城市大学、中国信通院共同合作成立了 5G/6G 创新研究院，通过科研院校合作，促进 5G/6G 相关核心技术的成果转化。在研发模式上，鹏鼎控股透过不断加大新产品研发及技术创新，与行业领先客户共同开发新型应用，精确掌握主流市场趋势、确保满足客户需求，并透过有计划的行动与经营管理，让鹏鼎控股成为全球印制电路板供货商的翘楚。

（二）管理能力：优秀的经营理念及经验丰富的管理团队

多年来，鹏鼎控股以“发展科技、造福人类，精进环保、让地球更美好”为使命，致力于“发展 PCB 相关产业、成为业界的领导者”的良好愿景，将“诚信、责任、创新、卓越、利人”作为核心价值观贯彻于企业经营的各个方面。与时俱进的经营理念，增强了鹏鼎控股管理团队的凝聚力、向心力及执行力，不仅使鹏鼎控股建立起追求卓越、以人为本、绿色发展的企业文化和企业价值观，也使鹏鼎控股取得客户、合作伙伴及社会各界的广泛认同。

鹏鼎控股拥有一支经验丰富的管理团队，包括具备海外学历的精英人才、具备深厚电子产业背景的行业人才、拥有大量研发成果的研发人才及精通投融资的金融人才等。鹏鼎控股经营团队具备丰富的行业管理经验，主要产品事业处主管具有多年相关实务运营经验。针对中高层员工，鹏鼎控股制订了人才养成晋任计划，定期举办领导力培训课程以提升公司管理阶层的领导能力，搭配双轨制、晋升牵引与奖励薪酬机制等措施，以发挥管理层最大效能。

（三）企业文化：建立了全方位的企业文化

鹏鼎控股自成立以来便非常注重人才的引进和培养，建立了完善的教育训练体系，积极营造能让员工发挥所长、不断成长的学习成长环境，切实加强员工培训和继续教育，提升员工个人素质与职业能力；同时，鹏鼎控股也非常重视对员工的生活关怀，在各园区都为员工提供完备的生活配套，厂区内配套建设员工宿舍、活动中心、图书馆等设施，每年组织各种文体活动，丰富了员工的业余生活。

多年来，公司及员工积极参与各项社会公益活动，履行社会责任，不断加强员工的企业认同感与社会责任感。

（四）产业协同：内生式与外延式协同增长

鹏鼎控股 2018 年登陆资本市场后，便积极筹划利用资本市场加快公司内生式与外延式的协同增长。2019 年，公司不断推进内部重大投资项目的建设进度，扩大公司产品类别与产能。募投项目“庆鼎精密电子（淮安）有限公司柔性多层印制电路板扩产项目”及“宏启胜精密电子（秦皇岛）有限公司高阶 HDI 印制电路板扩产项目”按计划推进，其中，淮安园区三期厂房建设已完成，秦皇岛高阶 HDI 项目也已部分投产。此外，深圳二厂一期工程已完工，正在进行竣工验收。同时，2019 年鹏鼎控股也加快了国际投资的步伐，鹏鼎控股印度子公司顺利成立，并完成了印度当地干部的招聘与培训。

在外延式发展上，鹏鼎控股成立了对外投资小组，小组成员包括证券部、财务部、法务部等核心部门人员，通过市场分析与研究，积极探讨公司外延式发展的路径与可能。通过多渠道的投资，以及与专业机构的合作，在获得投资收益的同时，积极布局上下游产业链，不断巩固和提升公司在 PCB 领域的综合竞争力。

（五）国际化发展：兼顾本土化与国际化

鹏鼎控股布局全球市场，兼顾本土化与国际化，持续与世界一流客户及供应商合作，提供高附加值的产品与服务；运用先进的研发技术，配合高速、高质、高效、高技术含量、低成本及高附加价值服务，打造“效率化、合理化、自动化、无人化”的四个现代化制造工程，建构完善的工业 4.0 制造基地，以成为全球最具竞争力的 PCB 企业和最具投资价值的上市公司为发展目标。

四、未来发展展望

（一）行业格局及发展趋势

1. 印制电路板的现状与发展

印制电路板是组装电子零件用的关键互连件，不仅为电子元器件提供电气连接，也承载着电子设备数字及模拟信号传输、电源供给和射频微波信号发射与接收等业务功能，为绝大多数电子设备及产品的必须配备，因而被称为“电子产品之母”。

2019 年是 5G 行业发展元年，5G、AI、智能穿戴等成为了 PCB 行业的重要增长点。根据 Prismark 于 2020 年 2 月的预测，PCB 行业预计将在 2020 年至 2024 年之间以 5% 的年复合增长率成长，到 2024 年全球 PCB 行业产值将达到 758.46 亿美元。

2. 主要产品的产业发展趋势

（1）通信电子产业

PCB 下游的通信电子市场主要包括手机、基站、路由器和交换机等产品类别。5G 的发展推动通信电子产业快速发展，据 Prismark 预估，PCB 下游通信电子市场电子产品的产值在 2019 年达到了 5750 亿美元，2019 年至 2023 年将以 4.2% 的年复合增长率增长，成为增长最快的 PCB 产品下游领域。

据 Prismark 预估，2023 年全球通信电子领域 PCB 产值将达到 266 亿美元，占全球 PCB 产业总产值的 34%。

（2）消费电子产业

近年 AR（增强现实）、VR（虚拟现实）、可穿戴设备频频成为消费电子行业的热点，叠加全球消费升级的大趋势，消费者逐渐从以往的物质型消费走向服务型、品质型消费。目前，消费电子行业正在酝酿下一个以 AI、物联网（IoT）、智能家居为代表的新蓝海，创新型消费电子产品层出不穷，并将渗透消费者生活的方方面面。据 Prismark 预估，PCB 下游消费电子行业电子产品预计 2019 年至 2023 年消费电子行业复合增长率为 3.3%。

（3）汽车电子产业

随着全球汽车产业从电子化进入自动化时代，带动车用电路板产值持续向上攀升，许多电路板业者争相投入技术抢食市场。虽因涉及人身安全导致产品认证时间长、进入门坎高，但一旦通过认证出货，将带给公司稳定营收增长动能。据 Prismark 统计，全球车用电子产品预计 2019 年至 2023 年将以 2.3% 的年复合增长率增长。

据 Prismark 预估，2023 年全球汽车电子领域 PCB 产值将达 94 亿美元，占全球 PCB 产业总产值的 12.2%。

（二）发展战略

鹏鼎控股以“发展科技、造福人类，精进环保、让地球更美好”为使命，秉持“诚信、责任、创新、卓越、利人”的核心价值观，致力于实现“发展 PCB 相关产业、成为业界的领导者”的良好愿景。

未来鹏鼎控股将继续遵循“稳增长、调结构、促创新、控风险”的经营策略，植根国内、服务全球，不断利用自身在技术及管理上的优势，深耕 PCB 及相关产业，以巩固和提升公司在 PCB 产业的行业地位，同时积极开发新材料、新产品、新制程、新设备和新技术，优化流程管理效能、提升客户服务质量，强化成本竞争力，确保现有客户的高满意度，并赢得新客户信心，不断取得新老客户的持续支持。

鹏鼎控股布局全球市场，兼顾本土化与国际化，持续与世界一流客户及供应商合作，提供高附加值的产品与服务；运用先进的研发技术，配合高速、高质、高效、高技术含量、低成本及高附加值服务，打造“效率化、合理化、自动化、无人化”的四个现代化制造工程，建构完善的工业 4.0 制造基地，以成为全球最具竞争力的 PCB 企业和最具投资价值的上市公司为发展目标。

凝心聚力谋发展　锐意进取谱新篇

一、总体情况简介

成都银河磁体股份有限公司（以下简称“银河磁体”）自 1993 年 7 月成立以来，一直专业从事稀土永磁体的研发、生产和销售，于 2010 年 10 月在深交所创业板上市。银河磁体产品包括黏结钕铁硼磁体、热压钕铁硼磁体和钐钴磁体。银河磁体近十年来一直是全球黏结钕铁硼稀土磁体产销量最大的厂家，在黏结钕铁硼磁体领域具有非常强的竞争力，2018 年，银河磁体在黏结钕铁硼磁体制造领域被评为制造业单项冠军。

银河磁体能取得上述成绩，主要是长期坚持四字经营方针“好、快、多、省”。

好：好公司、好员工、好产品；产品的品质好、对客户的服务好、产品的价格好、公司在市场的形象好。

快：对市场的反应快、产品生产效率高、解决问题的速度快、工作完成快。

多：对不同的客户群体争取的订单多、大客户的订单份额占得多、产品品种多、每名员工承担的事务多。

省：投入能产生更多的产出、达到同样的目标投入更少、耗能耗时更少、投入的人工更少。

二、突出优势

（一）丰富的产品优势

银河磁体产品丰富，包括黏结钕铁硼磁体、热压钕铁硼磁体和钐钴磁体。公司主营的黏结钕铁硼磁体的竞争力表现在：产品种类、件数在同行业中最多；大型、微小型、异型磁体、磁体组件在国内外均具有绝对的优势。除此之外，钐钴磁体和热压磁体也具备规模生产能力，可以应客户需求提供。

（二）自主研发的技术和设备优势

黏结钕铁硼磁体是 20 世纪 90 年代国际最新产品，银河磁体在国内此行业的装备和技术是空白的情况下，完全依靠自身力量进行了大量艰辛的研究开发工作，对完全国产的相近产业设备进行改造和组合，成功建成了在该行业中具有中国特色的工艺生产线，创造出了我国黏结稀土磁体产业化的独特设备工艺技术体系。其特点是技术新、成本低、收效快。摆脱了高投入的束缚，突破了国外技术封锁，创造了我国独立发展稀土产业的路子。

银河磁体通过自主研发产品涂层技术，彻底改变了当时国内钕铁硼产业对磁体耐腐蚀涂层不过关的局面。2009 年，公司“复合涂层的硬盘驱动器主轴电动机部件及其复合涂覆方法”发明专利获授权，公司成为全球继日本大同和上海三环磁性材料有限公司之后第三家能够生产 HDD 磁体的厂家，为银河磁体进入 HDD 市场打通了道路。

银河磁体通过持续不断的自主研发、自主创新，不仅形成了成熟完善的拥有完全自主知识产权的黏结钕铁硼稀土磁体的专有工艺体系、专有生产设备体系，还拥有一系列混料、成型、无尘复合涂层、复合注塑、充磁等自主研发的核心技术；形成了一系列与黏结钕铁硼磁体生产相配套的模具、辅具、量具、工装夹具的设计及制造技术、磁体组件配套件的加工技术、磁体组件的组装工艺和技术。这些技术一方面形成了银河磁体的专利技术，另一方面作为银河磁体非专利技术已全面应用在黏结钕铁硼磁体的各个生产环节。银河磁体通过对生产设备持续进行自动化和改造升级，实现了“人工操作 - 半自动化 - 自动化”升级，并进一步向智能化迈进，实现了生产效率和质量的不断提升。

（三）高效率带来的成本优势

银河磁体对生产设备根据自身的生产需要改造升级，逐步对不同工序实现半自动化或自动化生产。高效率的生产设备不仅满足了不同客户的个性化生产需求，保证了产品质量的稳定，而且大大降低了产品成本。

（四）优质客户群带来的品牌优势

公司具有近 30 年的研发、生产和销售黏结钕铁硼磁体的历史，针对其非标定制的特点，银河磁体坚持以“品质更满意、成本更低、交付更准时、服务更周到”为银河磁体质量方针，并持续改进，为客户提供性价比较高的产品和服务。由此形成了稳定、优质的客户群，如 Nidec、Minebea、Sony、松下、Mitsumi、Bosch、Brose、JE 等国际知名品牌公司及雷利、爱龙威、鸣志、大洋、万至达、唯真等国内知名企业。“银河磁体”已成为这些客户心中的知名品牌。

（五）与国际接轨的管理优势

银河磁体建立了严格的生产管理流程、品质控制体系以及供应商评估与控制体系，能够确保原材料供应、生产、销售等各个环节的质量控制。银河磁体于2002年4月首次通过瑞士SGS认证机构的ISO 9001：2000质量体系认证；2006年12月首次通过瑞士SGS认证机构的ISO/TS 16949：2002质量认证；2014年通过了ISO 9001：2008和ISO/TS 16949：2009质量体系审核；2018年银河磁体通过质量体系换证审核，获ISO 9001：2015和IATF 16949：2016质量体系审核证书。

银河磁体2003年5月首次通过日本SONY公司的绿色伙伴（GREEN PARTNER）环境认证，此后通过了日本SONY环境体系多次重新认证；2014年，银河磁体通过了ISO14001：2004环境管理体系认证，进一步完善了公司环境管理体系。2017年，银河磁体取得GB/T 24001—2016/ISO 14001：2015环境管理体系认证。

银河磁体在实际生产经营管理过程中，不断地学习国际先进管理理念，建立了与国际接轨的管理模式，这些管理优势为公司产品能够被更多的国内外客户采用奠定了坚实的基础。

（六）自身特色的企业文化优势

银河磁体非常注重企业文化建设，根据自身发展特点，总结优良传统，沉淀了具有自身特色的企业文化。银河磁体坚持“以人为本、持续发展、长久永存”的经营理念和“新技术、高效率、低成本、好管理”的管理思路，通过持续推进5S管理、技术革新及合理化建议、反对浪费等活动对员工进行企业文化宣传，并通过各种培训、专题讨论、企业专刊等活动，将企业文化融入日常管理，不断增强公司的凝聚力和员工的团队意识，特有的企业文化使银河磁体上下团结一致，齐心合作，具有很强的向心力、创造力和战斗力。

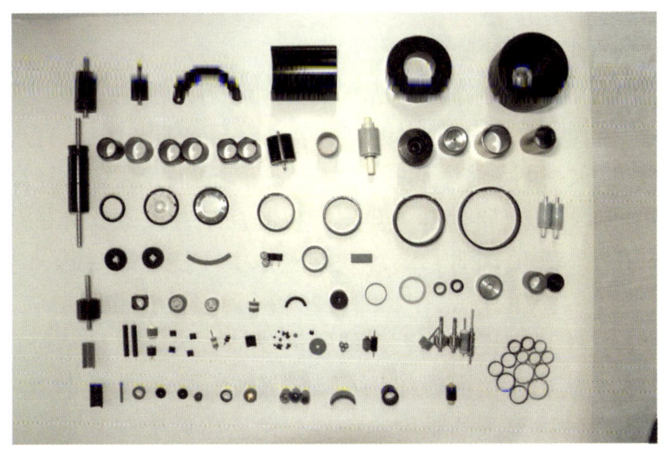

银河磁体热压磁体

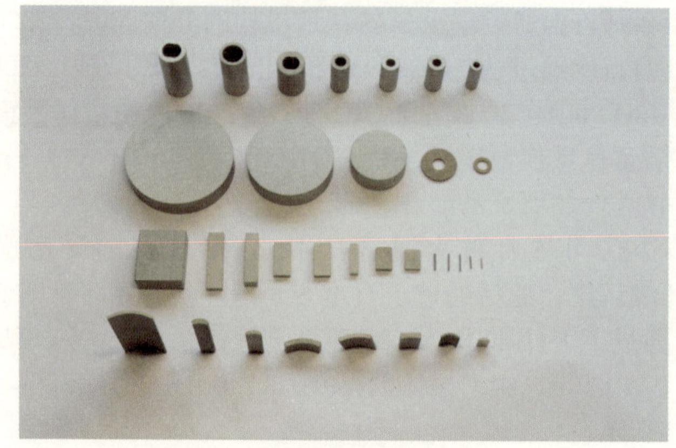

银河磁体钐钴磁体

三、典型经验

（一）专一、专心、持之以恒是基石

“不忘初心，方得始终”“我们的事业不辉煌一时，但却长久存在”是银河磁体的一致追求。银河磁体自成立以来，几十年如一日一直专注于黏结钕铁硼磁体的研发、生产和销售。银河磁体2010年上市后，仍然坚持以黏结钕铁硼磁体为主营，对经营的业务深耕细作，并拓展了与其相关的纵横向业务。银河磁体对所从事业务的专一、专心、持之以恒使公司在创业路上攻克了一个个困难、稳步发展，从一个建厂期初只有30多名员工，1000多m^2厂房的手工作坊发展到拥有员工1000余人，占地200余亩，净资产近13亿元的黏结钕铁硼磁体专业厂家。

（二）研发、创新、持续革新是源泉

“问渠那得清如许，为有源头活水来。”黏结钕铁硼磁体具有以客户需求为导向、非标定向研制的特点，1993年7月建厂初期，在没有现成设备和工艺可借鉴的情况下，银河磁体通过自主研发，不断摸索，反复试验，经过不到5年时间便研制了完全拥有自主知识产权的黏结钕铁硼磁体的生产技术和设备，成功打破了日本、美国对黏结钕铁硼磁体生产技术的垄断，率先成为了国内黏结磁体批量化生产的厂家；2000—2010年，公司不断创新，建立并不断完善高效率的工艺体系和设备体系，使银河磁体成为全球黏结钕铁硼磁体产销规模最大的厂家。此后，银河磁体仍在持续革新，向更高效率迈进，持续的革新增加了技术和设备被复制的难度，确保公司始终处于行业龙头地位。

（三）勤奋、团结、一定做好是信念

“业精于勤，行成于思。”银河磁体自上而下信奉“多干、快干、一定干

好”的做事理念，坚持几十年如一日地勤奋工作，每一名员工都充分发挥在各自岗位上的主观能动性，积极承担更多的业务。由于黏结钕铁硼磁体行业的特殊性，产品没有统一的生产线，产品品种规格多，产品易混易碎等特点，在生产管理上都有很高的要求，因此，各部门各岗位之间的团结协作至关重要，银河磁体通过建立健全各项规章制度、各种工艺文件，搭建各种创新改善平台，促使全体员工遵章守纪、不断提高自身素质、持续改善，把工作做得更好。

（四）品质、品牌、信誉建设是保障

“桃李无言，下自成蹊。”黏结钕铁硼磁体，其品质要求以客户需求为标准，需要经过和不同的客户针对不同的产品进行反复沟通、充分获取客户现实的和潜在的需求、反复送样、反复修改、客户最终确认，需要与客户多年的合作，彼此间建立充分的信任，最终才能成为客户心目中认可的产品品牌。多年来，银河磁体始终坚持以市场为导向，以客户需求为中心，将品质更满意、服务更周到纳入质量方针，并不断提高公司信誉，增强客户对公司的黏性，营造与客户共生共赢的互利局面，为银河磁体长远持续的发展提供保障。

（五）速度、准度、前瞻判断是关键

“不畏浮云遮望眼，自缘身在最高层。”黏结钕铁硼磁体的应用领域广，下游需求变化快，从更高更远的角度对市场需求做出前瞻性判断，以最快的速度研发出符合客户要求的产品是抢占市场、赢得客户的关键。为此，银河磁体坚持由懂市场、懂技术的董事长、总经理亲自负责市场开发，并成立集销售人员、技术人员和质量人员为一体的销售团队，能够第一时间了解到市场动态、获知客户对产品技术和品质要求，从而以最快的速度研发出满足市场和客户需求的产品，使银河磁体始终走在同行业前端。

（六）文化、管理、国际接轨是方法

“欲穷千里目，更上一层楼。”良好的企业文化、先进的管理理念，好比企业成长的肥沃土壤，银河磁体从建厂初期就开始重视企业文化建设，并随着公司的不同发展阶段不断修改、补充或完善，形成了银河磁体特有的企业文化。为进一步提高银河磁体的管理水平，银河磁体在与日本客户接触过程中，不断向其学习先进的管理方法，早在 2000 年初便引进了日本企业的精益生产、5S 管理等，使银河磁体现场管理水平上升到了国际化管理高度；同时银河磁体推行国际先进的 ISO 9001：2000 质量管理体系，并于 2002 年通过该体系认证，银河磁体质量管理水平得到大幅提升。银河磁体与国际接轨的管理方法为公司赢得了国外市场起到了重要作用，到 2010 年时，银河磁体外销收入近 3 亿元，外销收入占比 90% 以上。2013 年至今，随着日本客户在中国境内建厂及国内下游电机商的崛起，黏结磁体的主要市场转向中国国内，银河磁体已形成的特有企业文化和先进的管理经验，为打开国内市场发挥了较大的作用。

四、未来发展展望

银河磁体坚持稳步实施持续、健康的发展战略，即以黏结钕铁硼稀土磁体及其部件产业为核心主业，不断地自主创新、自主研发技术和装备体系，加大资金投入，加强市场开拓和精细管理，将现有业务做细、做精、做强，确保银河磁体成为全球黏结钕铁硼稀土磁体领域内具有较大领先优势的供应商。同时，银河磁体将择机发展与自身主营业务相关的产业，将公司进一步做大。

五、专家点评

“银河磁体”立足长远、开拓创新、深耕主业，完全靠自身内力，将国内黏结钕铁硼磁体推向产业化生产，为中国稀土磁体的本土化生产做出了贡献；在黏钕铁硼磁稀土永磁体制造上体现了不畏困难、追求更好的企业精神，为国内企业做出了表率；对稀土磁体的深耕细作，体现了对所从事事业孜孜不倦的工匠精神，为行业所推崇。

中国西南应用磁学研究所副总工程师
中国电子学会应用磁学分会副秘书长　马达

巩固强化大输液产品总体优势 保持科伦在输液领域领先地位

一、总体情况简介

四川科伦药业股份有限公司（以下简称“科伦”）是一家年销售收入超过400亿元的高度专业化创新型医药集团，2017年科伦位居中国制造业500强第155位，综合实力进入中国医药工业前三甲。在输液领域，科伦已经实现全面的产业升级，具备高端制造和新型材料双重特点的赢利能力，占据了技术创新和质量标杆的战略高地。

自创立以来，科伦先后投入数十亿元资金用于研发创新，建立了以成都研究院为核心，苏州、天津研究分院及美国研究分院为两翼的研发体系，形成了以国内正向研发为主导，国外技术反哺为辅助的新型研发模式。

秉持“科学求真，伦理求善”的企业宗旨，科伦历年为社会公益事业、光彩事业和慈善事业提供的捐助超过1亿元人民币，展现出一个优秀的民营企业在市场经济条件下健康发展的良好形象。

二、突出优势

（一）产品关键性能指标国际先进

2005年，科伦药业自主研发的可立袋在国内外均属首创，被认定为“国家重点新产品”。

该产品的研发涉及高分子材料、模具仿真设计与制造、注塑和吹制工艺、灭菌工艺、药理毒理等多个专业领域，集中了中国当代输液制造技术的最新成果，代表着中国未来输液包材的发展方向，不仅对大输液包装领域，而且对国内外药品包装材料的发展具有极大的促进作用，在国内外均属首创，深刻地改变了输液行业的格局。

（二）大容量注射剂技术国内领先

1. 化学稳定性评估与控制技术

科伦借助现代分离鉴定手段，对制剂有关物质进行定量检测和确证，研究药物在制备过程、贮藏中的降解途径和相互作用机理，并建立产品的杂质谱。联合抗水解、抗氧化、抗光解、抗催化技术和包装材料阻光阻氧技术，建立了大容量注射剂的精细制造技术。

2. 物理稳定性（析晶、可见异物）评估与控制技术

研究产生析晶的作用机理，建立析晶评价技术；研究可见异物产生的影响因素，建立了大容量注射剂可见异物评估体系。采用容器洁净度控制技术、包装材料改进技术、晶核形成控制技术和超滤等过滤技术，建立可控制大容量注射剂析晶和可见异物生产的精细制造技术。建立大容量注射剂中晶核和可见异物的质量控制标准，成功解决了碳酸氢钠注射液等 4 项产品的析晶问题。

3. 分散体系与稳定控制技术

采用油相评价方法、乳化剂评价方法、助溶和增溶技术、粒径及其分布的控制技术、Zeta 电位的控制技术、抗氧化技术、稳定性评价技术等乳剂输液分散与稳定控制的组合技术，建立乳剂输液的精细制造技术和建立乳剂输液的质量控制标准。

4. 安全性评估与控制技术

三、典型经验

（一）技术创新情况

通过进一步加强研发关键技术平台建设和人才引进培养，快速推进药物研发及上市。科伦已有 60 项优秀药物获批上市，其中 35 个品种通过 / 视同通过一致性评价。1 类创新药物研发方面，立项了 80 余项 1 类新药项目。

（二）管理能力

1. 三发驱动

科伦药业与资本市场深度融合以后，制定了“三发驱动”的发展战略：通过持续的产业升级和品种结构调整，巩固和强化包括大输液在内的注射剂产品集群的总体优势，继续保持科伦在输液领域的绝对领先地位。通过对水、煤炭、农副产品等优质自然资源的创新性开发和利用，构建从中间体、原料药到制剂的抗生素全产业链竞争优势，最终掌握抗生素的全球话语权。通过研发体系的建设和多元化的技术创新，对优秀仿制药、创新型小分子药物、新型给药系统和生物技术药物等高技术内涵药物进行研发，积累企业基业长青的终极驱动力量。

2. 战略优势

科伦的核心竞争力主要体现在以下几个方面：

（1）战略决策能力和执行力。（2）拥有与发展战略相匹配的资本条件和资源力量。（3）强大的团队复制能力。（4）突出的创新能力。

（三）企业文化

公司高层领导依据公司总体的发展战略以及公司未来的发展趋势，通过长期的企业文化建设和管理创新，形成了独特而有生命力的公司企业文化体系。

使命：用心制药，关爱人生；愿景：成为行业规模最大、品种最全、盈利水平最高、竞争能力最强的输液专业制造商；价值观：科学求真、伦理求善；员工六大意识：服从意识、市场意识、创新意识、产品意识、时间意识、质量意识。

（四）“六维一体的零缺陷”质量管理模式

科伦将“质量”作为企业生存及发展的基石，构建了全产业链质量管理和控制体系，建立了完善的“六维一体的零缺陷质量管理”模式。

六维一体的零缺陷质量管理模式

（五）营销及服务过程

科伦的产品销售建立了科学、系统的营销管理制度和激励机制，培养了一支高素质的、阵容强大的营销队伍，构建起了健全、完善、立体、高效的营销网络。

（六）国际化发展情况

科伦积极响应国家关于出口贸易带动经济增长的号召，早在2002年已开启探索国际业务。2019年，科伦实现国外销售收入12.41亿元，同比增长70.15%。公司出口额呈现逐年增长态势，过往三年同比增长达到27.8%和120.34%。产品覆盖亚、非、拉、欧、北美等40余个国家和地区。其中对日本市场新增两个规格的产品批文，丰富了对规范市场出口品规结构和产品深度。

国家“一带一路”战略为科伦提供了空前的发展机遇。以哈萨克斯坦为基点，开始实施先进输液制备技术的转移和投资，在满足哈国市场需求的基础上，撬动和辐射拥有2亿多人口的前独联体市场。

为全面覆盖海上丝绸之路沿线市场，2019年6月，科伦投资700万美元，在斯里兰卡注册成立“科伦生命科学有限公司”。将科伦的品牌影响力进一步向东南亚和南亚地区辐射。

四、未来发展展望

（一）行业格局和趋势

随着“三医联动”改革深入，行业进入快速分化、创新升级、淘汰落后产能的阶段，我国医药行业整体质量呈现出良性发展趋势。具有自主创新能力以及超强成本控制能力的企业有望抓住行业十年的大机遇。

（二）公司发展战略

1. 研发创新方面

公司将建立新的研究体系和平台、人才队伍和管理机制，持续加大研发创新的资金投入，加快推动建设复杂仿制和改良创新的产品集群，通过对仿制药和创新药两大核心领域的深度聚焦和高效运营，建设具有差异化优势的仿制创新和原始创新药物集群。

2. 营销方面

完善营销体系建设，加速仿制药、创新药的市场准入。全面开拓以城市连锁和基础三终端为代表的 OTC 市场。

3. 生产方面

通过技术改进和流程优化，建设符合现代化，面向未来的先进生产线。进一步提升伊犁川宁的成本控制能力，构筑全产业链成本优势，提升整体盈利水平和行业竞争力。

4. 国际业务方面

积极开拓全球市场，培育公司品牌的全球形象。一是继续推动向日本为代表的规范市场出口，提升公司的国际品牌效应；二是加大伊犁川宁抗生素中间体的国际认证和审计工作，实现抗生素中间体出口放量；三是借助哈萨克斯坦和斯里兰卡生产基地的支点效应，拓展东欧市场、中亚市场和南亚市场；四是加速推动中美同步临床项目，加强同国际顶尖研究机构合作，提升全球竞争力。

五、专家点评

科伦坚持“创新与质量”双引擎驱动战略，在产业转型升级中占得先机。在输液领域，科伦已经实现全面的产业升级，具备高端制造和新型材料双重特点的赢利能力，占据了技术创新和质量标杆的战略高地，成为输液细分行业的先锋。近年来，科伦先后投入数十亿元资金用于研发创新，建立了以成都研究院为核心，苏州、天津研究分院及美国研究分院为两翼的研发体系，形成了以国内正向研发为主导，国外技术反哺为辅助的新型研发模式。

四川省技术创新促进会副会长 / 高级工程师　王卫华

解析蓝晶成长“蝶变”密码

云南蓝晶科技有限公司（以下简称“蓝晶科技”）是专业从事 LED 上游产品生产、加工和销售的高新技术企业，2000 年建立蓝宝石实验室专业从事蓝宝石研究，2002 年公司成立，目前是国内规模最大的光电子 LED 半导体照明衬底片生产及研发企业之一，是 2018 年第三批制造业单项冠军示范企业。

晶体生长车间

一、总体情况简介

蓝晶科技主营产品 2~6in 蓝宝石晶棒、2~6in 蓝宝石衬底片等系列产品。LED 是一种节能环保、寿命长和多用途的光源，其能量转换效率大大高于白炽灯和节能灯。衬底材料是半导体照明产业技术发展的基石，不同的衬底材料，需要不同的外延生长技术、芯片加工技术和器件封装技术，衬底材料决定了半导体照明技术的发展路线。其耐用、高亮度等特点非常适合信号、标识、背光等应用，是新一代的绿色光源。蓝宝石不仅具有高耐磨性和高透光率等优点，同时介电常数高、导电性好，是目前 LED 衬底材料的最优选择，公司产品已成为外延片制造企业依赖的产品，赢得了市场的广泛认可。

二、突出优势

蓝晶科技自2000年研究和开发蓝宝石晶体生长技术和晶体生长设备以来，自主研发成功晶体生长技术（坩埚下降法）以及单晶生长关键生产设备（MCGE型多用途单晶生长设备），属全球独创晶体生长技术，打破了美国、俄罗斯、日本、韩国等国家技术上的垄断，是目前国内唯一同时掌握晶体生长和专用晶体装备制造技术的企业，经全产业链系统集成建成了年产4800万片（2in）“晶体装备研发—晶体生长—磨圆—切割—研磨—抛光—清洗—封装”完整的蓝宝石衬底片生产线。坩埚下降法与其他的主流蓝宝石晶体生长技术相比，设计和生产技术成熟，周期短、成本低，扩展能力强，并可弹性生产2~8in的C向、A向、M向、R向等高品质蓝宝石基片。晶体生长过程由数百个参数控制，数字化、标准化程度高，晶体质量稳定，做到了行业零投诉，市场占有率位居全球前列，经济和社会效益显著，为行业产业发展提供了关键性基础材料支撑。

晶片加工切割生产线

三、典型经验

蓝晶科技自成立以来，充分发挥技术创新的核心引领作用，确保研究开发能力能够适应企业发展的要求，在关键核心技术研发、国际交流合作、产学研协同发展和质量管理提升四个方面实现了新的突破，推进了公司的快速发展。

在关键核心技术研发方面。蓝晶科技坚持走自主创新之路，开展百余个研发项目，申报专利57项，以达到国际先进为研发目标，充分运用这些专利和技术，降低了生产成本，保持和强化了蓝晶科技在国内蓝宝石衬底抛光片制造领域的领先地位，努力提高我国光电子材料技术的生产水平，蓝晶科技现已建成“晶体炉研发—晶体生长—定向—磨圆—切割—研磨—抛光—清洗—封装”完整的 LED 衬底片生产线。

在国际合作方面，2016 年大胆引进国际风险投资，由 IDG 资本推动促成了蓝晶科技与位居全球第三的 LED 芯片生产商华灿光电的强强联合，坚持开放合作、共赢的发展理念，面向全球整合资源，推动国际资本与自主创新有机结合，完成了家族企业向现代化管理企业的蝶变。通过产业链垂直整合，建立起了稳定的供需链条，实现了上下游协同发展，为双方巩固提升在全球范围内的行业领军地位提供了有力支撑。蓝晶科技树立全球战略，已与其他一些国家（如韩国）建立了良好的业务协作关系，建立了较为完善的市场营销网络，现已成为国内外知名品牌。

在产学研方面蓝晶科技坚持产学研紧密合作，建设企业技术中心，聘请行业专家做工程技术中心技术顾问，蓝晶科技建立了以资深技术人员为主体的工程技术队伍，人员层次结构合理，市场和技术创新能力强，具有 20 年产品开发和技术管理、策划的经验。每年研究和开发的科研经费不低于年销售收入的 4%，鼓励科技人员到生产第一线大胆实践，加强对专业技术人员的管理和考核，针对科技人员制定了激励机制和绩效奖励措施。公司在人才培养方面，始终坚持任人唯贤、以人为本的原则，培养了一支在 LED 衬底片领域的技术创新团队，为企业的发展提供了支撑。

在质量管理方面，2010 年 10 月通过了“玉溪市人工晶体材料工程技术研究中心”认定、2012 年被认定为“市级企业技术中心”、2018 年被认定为“省级技术中心”，同年第 4 次完成高新技术企业认定，获得高新技术企业称号。

晶片加工清洗生产线

蓝晶科技先后取得了 ISO 9001 质量体系认证、ISO 14001 环境管理体系认证、ISO 45001 职业健康管理体系认证。2017 年举资 10 亿元启动新增年产 3500 万片扩能项目，建筑面积 4 万多 m^2，设备安装近 700 台（套），完成 110kV 变电站专线建设，产能按 2in 蓝宝石衬底计算，已达到 320 万片 / 月，现项目已经达产 4800 万片 / 年，蓝晶科技已成为全球产能规模最大的蓝宝石基片生产企业之一。近三年累计实现销售收入 12.5 亿元，利税 1.44 亿元，经济和社会效益显著。

四、未来发展展望

蓝晶科技依靠品牌优势，市场潜力和发展前景十分广阔。回顾和总结蓝晶科技 21 年的发展历程，固步自封只会作茧自缚，开放合作才能发展壮大，蓝晶公司将坚持自主研发，加大科技投入，树立全球视野，积极参与国际市场竞争，现正加快推进 6~8in 衬底片的研究开发及产业化，不断拓展产品应用领域，保持蓝晶科技在行业内的领军地位。

五、专家点评

蓝晶科技 21 年来一直专注于蓝宝石晶体生长技术及晶体生长装备的研究和开发，原创性的开发成功晶体生长技术（坩埚下降法）及装备（MCGE 型多用途单晶生长装备），并形成了系列具有自主知识产权的关键核心技术，该技术属世界首创，打破了美国、俄罗斯、日本、韩国等国在技术和装备上的垄断，经过系统集成已建成年产 4800 万片（2in）蓝宝石单晶基片生产线，标准化程度高，并可弹性生产 2~8in 的 C 向、A 向、M 向、R 向等高品质蓝宝石基片，质量稳定，做到了行业零投诉，市场占有率位居全球前列，经济和社会效益显著，已成为全球最大的蓝宝石基片供应商，获全国制造业单项冠军示范企业，刷新了“云南制造”的历史，是行业高品质发展的标杆，为我国 LED 行业发展作出了引领性的贡献。

昆明冶金研究院首席技术顾问 / 教授兼高级工程师　臧建

天津市金桥焊材集团股份有限公司

创新驱动引领行业发展　开创世界焊材的新时代

一、总体情况简介

天津市金桥焊材集团股份有限公司（以下简称“金桥集团”）成立于1995年，是专业研发生产焊接材料的大型企业；是目前全球最大的综合性焊接材料研发制造企业，生产焊条、药芯焊丝、实心焊丝、埋弧焊丝、氩弧焊丝、焊剂等7大类、400多个品种的焊接材料，广泛应用于石油石化、桥梁、船舶、海工、压力容器、工程机械、交通运输、航天、核电等领域；是世界上首个产销量突破百万吨的焊材企业，产销量连续22年领跑行业，产品远销全球100多个国家和地区；是第三批制造业单项冠军产品企业。金桥集团创始人侯立尊先生于2009年8月被第十四次全国焊接学术大会授予“中国焊接终身成就奖”，并对他为中国焊材事业作出的贡献给予了高度评价。

二、突出优势

（一）企业规模优势

金桥集团现有两家国家级高新技术企业，拥有3家分公司、22家子公司、9个生产基地，拥有有效专利461项。金桥集团年产销量超过国内焊材市场份额的1/3，约占全球焊材市场份额的1/6。金桥集团细分产品在行业占主导地位，其中焊条、不锈钢焊条、气体保护实心焊丝产量位居行业第一。2020年，集团实现销量161.5万t，销售收入85.2亿元，上缴税金4亿元。

（二）企业技术优势

金桥集团从原料、配方、工艺工装研发和创新入手，不断提升产品质量，使得产品性能与技术指标在国内外均处于领先地位。自主研发的多项成果达到国际领先、国际先进水平，打破了国外进口产品的垄断。截至2020年底，获得天津市及区县级科技进步奖8项、天津市科技成果证书24项，承担国家强基工程项目1项，市区级重大科技项目9项，同时荣获中国好技术、国家重点新产品等荣誉奖项。金桥集团拥有国家级企业技术中心、企业重点实验室、院士专家工作站、博士后科研工作站、焊接产业联盟等多个研发平台和人才聚集平台。

1. 产品技术创新

金桥集团耐田园大气腐蚀、耐海洋大气腐蚀等多个系列焊材新品性能已达到国际领先水平，成功应用于“中马友谊大桥”；Q500qE 高性能桥梁钢用系列药芯焊丝，在国内外率先解决高性能桥梁钢 U 形肋、板肋单元优质高效自动焊接的难题，成功应用于沪通长江大桥和商合杭客运专线芜湖长江公铁两用大桥；高韧性药芯焊丝、实心焊丝、埋弧焊丝 / 焊剂、焊条等已大量用于港珠澳大桥、黑河大桥以及中俄东线；低辐照不锈钢药芯焊丝、埋弧焊丝 / 焊剂成功应用于中微子工程；氩弧焊丝、低氢焊条成功应用于卡拉奇核电项目；自保护药芯焊丝 JC-29NI1、JC-30 填补了国内空白，应用于西气东输二线、三线等国家重点工程，并被科技部认定为国家重点新产品。

2020 年 10 月，金桥集团 500MPa 级、610MPa 级高强度钢气电立焊药芯焊丝 JQ.YJL50G、JQ.YJL60G 在中石化商储湛江项目 10 万 m^3 石油储罐纵缝焊接中实现了首次国产化应用，打破了一直以来的进口依赖，解决了大型储罐焊材最后一项关键核心的“卡脖子”技术，实现了大型储罐焊材的全部国产化。

2. 新工装工艺创新

金桥集团坚持创新战略发展定位，以坚持企业可持续发展及创新引领的理念，加快生产制造装备自动化、信息化的实施步伐，迈出了从传统制造业向现代制造业的坚实步伐。研发焊条辊模拔丝机，开展焊丝粗拔、细拔提速，生产效率提升 1 倍。研发自动套盒、自动包装、自动码垛，各厂区全面推进实现包装工序自动化；自动层绕，生产效率提高。研发应用自动加碱、工艺控制数据采集、放线机智能判断剩余量、线径在线监测等项目，推动生产向数字化、信息化延伸。

高速镀铜生产线

三、典型经验

金桥集团加快转型升级步伐，以创新发展理念推动绿色高质量发展。加快合资、合作及走出去发展战略，促进产品技术、工装工艺技术团队在创新发展中的危机和紧迫意识。在强化自主创新能力提升的同时，加速行业资源整合。高度重视人才培养，为企业发展储备优秀人才。

（一）创新引领企业发展

从2009年建立企业技术中心到2020年获批国家级企业技术中心，金桥集团依托下设在子公司的博士后科研工作站、院士专家工作站、企业重点实验室四大研发和人才聚集平台，为企业提升人才、技术核心竞争力。

2017年金桥集团成立中国焊接协会智能焊接培训基地，为金桥集团及行业输送高技能人才。此外还联合知名高等院校、科研院所以及各相关行业重点企业，成立中国焊接产业创新联盟，形成焊接行业专家智库，推动焊接产业发展和技术进步。

金桥集团致力于国家重点领域工程项目用高端焊材国产化产品的研究与应用，大力研发高端、高效、优质的多品种焊材，优化产品结构，目前高附加值的多品种类焊材由2008的27%发展到目前的比例超40%。高效、自动化用焊接材料已由2008的20%发展到目前的约50%，产品已广泛应用在重点工程，创造了良好的社会经济效益。

（二）持续打造人才梯队

2012年，金桥集团创始人侯立尊先生提出了培育“人力资本”，依靠培育、储备人才，建立起与企业同呼吸共命运的企业生产、技术、销售、管理方面的人才队伍，来保证企业做强、做长。金桥集团长期以来重视科技人才队伍建设、营造良好的科研生态，进行高学历、高技术人才的培养和引进。本科和研究生以上学历在企业员工中的占比逐年提升。未来金桥集团还将持续坚持党建文化引领，开展人才梯队建设。

（三）创新管理及市场营销理念

经营理念上从“制造—销售”向“技术—制造—销售—服务”转变，针对客户个性化的需求，从产品选型、技术研发、焊接规范、设备选用到服务追踪，给客户提供整体解决方案。完善经销商管理机制，加大扶持引导，针对不同经销商实行定制化销售政策，综合运用指标考核、协同推广、举办交流年会等措施，增强合作关系，提高销售积极性，为扩大市场份额起到推动作用。加强行业跟进开发，积极参加各大行业集采。

加强内部服务管理机制建设，上下游配合发力共同提升品牌竞争力。建立全流程服务机制，聚焦售中技术支持与售后回访跟踪。

（四）加强产学研合作

金桥集团与高校、研究院开展了广泛而密切的产学研合作，与清华大学、天津大学、北京科技大学、河北工业大学、中国船舶重工集团公司第七二五研究所、鞍钢集团钢铁研究院、中国兵器工业集团第五二研究所等科研院校联合开展产品研发和创新工作，并取得了良好的产学研合作效果。

（五）加速国际化发展

建立外销团队，稳步推进俄罗斯、印度、南非的二级经销网络，深入展开沙特阿拉伯、泰国、巴西等国家的市场开拓工作。自投 400 万美元在埃及建立产品生产基地，开展焊材产品的生产及销售活动，进一步强化金桥集团产品在中东及非洲区域的市场竞争力。

四、未来发展展望

金桥集团始终坚持党的领导，以习近平新时代中国特色社会主义思想为指导，以振兴民族工业，实现焊材强国为使命，以创新发展为引领，致力于国家重点领域工程项目用高端焊材国产化产品的研究与应用，并以焊接材料为基础为客户提供焊接技术一体化解决方案，突破重点焊接技术攻关；进一步提升客户服务的质量与品质；加速推进两化融合，不断提升设备自动化水平，实现自动化与信息化应用，逐步实现智能化，坚持实施“走出去”战略，加快实施国外产业布局，提高国际竞争力，始终贯彻绿色可持续发展理念，构建低碳、清洁、环保的生产体系，持续深入地调整产品结构和生产布局，在保证产品质量的同时，坚持自主创新、协同创新，全面提升集团创新能力，构建大数据信息平台，完善网络架构，推进各系统协同建设，坚定人力资本培育工程，构建“敬业、专业、事业”的人才梯队和人才发展观，持续引进高层次创新人才，加强人才梯队建设，共创百年金桥！

五、专家点评

焊接材料是装备制造业的关键基础，金桥焊材集团股份有限公司作为中国焊接材料制造的领头羊，多年来坚持科技创新，坚持体制机制改革，专注焊接材料主业，经过几十年的不懈努力，形成了产品开发、生产制造、试验检测、技术服务的专业化公司，7 大类、400 多个品种的焊接材料，年产销量超过国内焊材市场份额的 1/3，约占全球焊材市场份额的 1/6。焊条、不锈钢焊条、气体保护焊实心焊丝产量位居行业第一。2020 年，金桥集团实现销量 160 余万 t，销售收入超 85 亿元，上缴税金达 4 亿元。金桥集团在服务国家战略，服务国家重点工程建设方面作出了积极贡献。

机械科学研究总院集团有限公司 / 总工程师　杜兵

浅析达祥公司发展与转型升级之路

一、总体情况简介

天津达祥精密工业有限公司（以下简称“天津达祥”）成立于 2003 年，注册资本 4400 万美元，是一家专业从事汽车耐热合金零部件研发和制造的企业。其产品乘用车发动机增压器涡轮壳上榜 2018 年制造业单项冠军产品目录。作为行业中公认的标杆和龙头企业，各项制造技术均趋于成熟并稳居行业领先地位，是国家级高新技术企业。天津达祥十分重视质量、环境、能源和职业健康安全管理体系的建设，先后通过了 ISO 9001 质量管理体系、IATF 16949 汽车质量管理体系、ISO 14001 环境管理体系、ISO 50001 能源管理体系、OHSAS 18001 职业健康安全管理体系认证。

天津达祥生产线设计总产能可达 5 万 t/ 年，主营产品为涡轮增压器用涡轮壳、中间壳以及排气歧管系列产品。产品主要外销至欧洲、美国、日本等地，成功地应用在奔驰、宝马、奥迪、福特、通用、雷诺、雪铁龙、大众、丰田、沃尔沃等国际知名汽车品牌上，获得了客户的一致好评。

天津达祥精密工业有限公司

二、突出优势

（一）技术先进性

天津达祥拥有国际一流的研发、制造及检验设备，拥有丰富的涡轮壳开发及制造经验，在材质研发、铸造工艺设计、生产过程控制以及检验检测设备等方面均处于行业领先水平。同时在涡轮壳的开发过程中，大力推行自动化及智能化制造，开发集制芯、取芯、烘烤、浇注等为一体的铸件自动化生产单元、铸件后处理模块化自动生产单元及加工自动化生产线等技术，全面提升公司的自动化、智能化水平。

天津达祥建有独立的研发中心和实验室，是持续保持技术创新优势的保障，目前研发中心拥有国内外先进水平的试验设备和检测仪器 100 多台（套），在同行业中处于领先地位。

（二）产品质量

天津达祥不仅重视新产品新工艺的研发，在产品质量控制方面同样追求卓越，确保获得稳定的产品质量，以满足顾客的高标准要求，使公司产品在全球市场获得高度认可，提升公司的品牌声誉和市场竞争力。

天津达祥从产品初期研发过程就加强质量的策划，严格设计工艺规范，精确控制产品制造过程，并广泛使用防错技术，确保生产过程的质量稳定性。产品整个生产控制流程严格依照生产批准程序要求执行作业，由国家认可的实验室检测，对产品质量进行把关，确保满足客户的质量要求。

（三）发展效益

1. 经济效益

近年来，全球涡轮增压器销量稳步增长，且受配置率上升的影响，销量增长速度显著超过同期汽车产量的增长速度。从市场角度分析，涡轮增压器在未来 5 年内依然需求巨大，前景良好。天津达祥的产品主要配备高端汽车使用，与各大知名汽车品牌进行合作开发，销量稳居世界前列。年销售收入可达 20 亿元以上，为公司带来了可观的经济效益。

2. 社会效益

天津达祥生产的乘用车发动机增压器涡轮壳产品符合国家产业发展政策和规划要求，符合天津市智能制造行业布局和结构调整政策，对促进天津市智能制造产业结构、技术结构、产品结构的调整优化有着积极的推动意义。同时作为行业的引领者，有利于带动铸造行业向智能化的加速转型。在公司持续高水平发展的同时，能够积极响应国家“节能减排”政策的号召，为乘用车节能减排、降低油耗作出积极的贡献。

三、典型经验

（一）技术创新

强大的研发实力是公司迅速崛起的技术保障，永远保持技术领先是天津达祥业务规划的重心和不断追求的目标，也是企业保持行业领先地位的有力保障。天津达祥每年投入大量研发资金用于新产品和新工艺的开发，近年来通过自主研发获得发明专利 9 项，实用新型 73 项。天津达祥近年来主要在以下几个方面展开技术创新。

1. 涡轮增压器壳体耐热合金材质的研发及性能优化

针对涡轮壳的使用要求和工况特点，采用先进的设计及实验分析技术。对耐热合金材质进行开发和技术参数比对，优化不同材质的元素配比，研究出性能优良、成本合理、适于大批量生产的耐热合金材质工艺。

2. 耐热球铁喂丝球化技术及耐热钢材质负压上吸技术研究

研究不同种类耐热球墨铸铁材质的特点，确定喂丝球化工艺参数，确保耐热球墨铸铁球化率及力学性能满足要求；开发耐热钢材质负压上吸浇注工艺，研究其技术特点并总结优势，形成本公司的自有知识产权。

3. 双流道涡轮壳二次射砂、一体化制芯技术研究

对二次射砂、一体化制芯技术进行研究，以期一次性成型双流道涡轮壳主体砂芯，减少分芯数量，避免传统人工组芯带来的尺寸不稳定、砂芯批缝等问题，保证铸件尺寸精度。

4. 自动化、智能化技术设计及应用

天津达祥在乘用车发动机增压器涡轮壳体的生产过程中，开发了一系列智能化设备和技术，主要包括：造型技术、吸注工艺技术、后处理工艺技术、机加工技术、去刺技术、线末自动化技术、焊接技术等。利用自动化设备的高精度、高效率、耗电量低、自动化程度高等优点，在提高生产效率和优化生产布局的同时，相比人工生产，降低铸件生产的不良率。

（二）管理能力

天津达祥始终专注于管理体系的建设，通过建立实施质量、环境、职业健康安全、能源等管理体系，制定出一套系统化的流程，确保了公司所有过程和活动严格按照管理体系要求执行，提高了公司管理效率。公司通过采用风险管理的思维，利用 PDCA 循环进行持续改进，不仅促进了研发技术水平和产品质量的有效提升，同时在环境治理、职业健康安全防护以及能源利用方面取得了显著进步。

（三）企业文化

天津达祥始终坚持以“技术创新，为高效节能发动机产业作出卓越贡献”为使命，以“创造员工最大幸福，成为发动机行业最具影响力的同业标杆”为愿景，为实现“客户至上，诚信第一，相互关怀，积极学习”的经营理念而不懈努力着。

天津达祥重视创新，始终鼓励全员开展创新活动，并建立了一系列创新激励制度，利用创新驱动企业发展，将创新结果形成知识产权，并进一步转化为科技成果，提升企业市场竞争力。

（四）质量品牌

天津达祥自成立至今，凭借强大的技术实力和优秀产品质量获得了多项政府、行业及客户颁发的荣誉奖项，例如国家级高新技术企业、国家级绿色工厂、中国铸造协会千家重点骨干企业、全国铸造行业综合百强企业、天津市科技领军企业、天津市企业技术中心、天津市科技百强工业企业、天津市出口五十强企业、博格华纳最佳合作供应商、卡特彼勒 SQEP 金牌、康明斯最佳质量奖等。主营产品“乘用车发动机增压器涡轮壳”上榜“制造业单项冠军产品”名单。

（五）经营绩效

近三年，天津达祥乘用车发动机增压器涡轮壳产品全球市场占有率达到11%~13%，高居同行业前列。未来几年，全球涡轮增压器销量将继续保持稳定的增长态势。天津达祥已经清醒地认识到中国已经成为全球涡轮增压器增长最快速的地区，要依托自身的核心技术，全面抓住市场需求，不断扩大市场占有率，提高天津达祥的销售额，实现产品附加值逐步提高。

（六）产业协同

长期以来，天津达祥先后与天津职业技术师范大学、中国科学院金属研究所、东北大学建立了稳固的合作关系，共同研究开发产品力学性能、耐热铸钢组织的相分析等项目，并实现了研发成果的有效转化。

（七）国际化发展

天津达祥不仅深耕国内市场，更着眼于全球。近年来积极拓展国外市场，进行全球化布局，先后在印度、法国、塞尔维亚、墨西哥投资建立工厂，为国外客户供应产品。逐步形成以国内研发为基础，全球化制造生产的集团化发展模式。同时天津达祥还建立了专业的客户服务团队，常驻欧洲和北美，可以第一时间为客户提供完善的解决方案。

四、未来发展展望

天津达祥在发展历程中，始终坚持以技术创新为企业发展的支撑点，重视技术工艺的累积和知识产权的保护，不仅提升了企业核心竞争力，对整个铸造行业的技术发展也起到了推动作用；天津达祥抓住大力支持实体经济发展的契机，着力加快企业战略转型升级的步伐，通过不断优化物流及生产布局，研发自动化生产线，实现生产区域模块化管理，并逐步由机械化向自动化、智能化方向迈进；随着企业的快速发展和不断壮大，天津达祥会继续在新技术、新工艺、质量管理及人才培养等方面加大投入，努力提升，使天津达祥实现新的跨越。

五、专家点评

天津达祥作为全国铸造行业综合百强企业、工业和信息化部绿色工厂企业以及天津市科技领军企业，拥有雄厚的研发和生产制造能力，主营产品“乘用车发动机增压器涡轮壳”全球市场占有率连续多年领先，是天津首家获得工业和信息化部“制造业单项冠军产品”荣誉称号的铸造企业。该公司主要研发制造耐热合金铸件，技术难度大，附加值高，属于高端铸造产品，材质可应用在700~1100℃的工作环境，天津达祥成立至今，始终坚持自主创新，拥有众多核心知识产权，并不断进行科技成果转化。其涡轮壳产品性能优异，质量可靠，广泛应用在国内外知名汽车品牌发动机涡轮增压器上，是中国铸造行业的标杆企业，对产业的发展和转型升级起到了重要的引领作用。

中国铸造协会常务副会长　温平

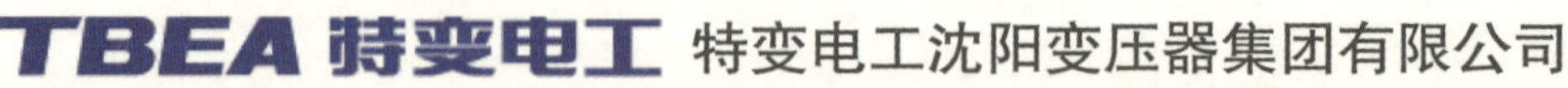

特高压交流工程用 1000kV 单相自耦变压器

一、总体情况简介

为国家“晋东南 - 南阳 - 荆门 1000kV 特高压交流试验示范工程”荆门变电站开发研制的 ODFPS-1000MVA/1000kV 单相自耦变压器，是目前世界电压等级最高、容量最大的变压器，被国家科技部列为“十一五”国家科技支撑计划项目，荣获 2012 年国家科技进步特等奖。根据特高压产品容量大、电压等级高、技术难度大等特点，特变电工沈阳变压器集团有限公司（以下简称“特变电工沈变公司”）通过大量的前期科研攻关及多方案的科学论证，并在多年科研开发和设计生产超高压、超大容量变压器的基础上自主开发成功。

在项目研发过程中，对制约特高压产品的绝缘、电场、磁场、机械力、温升等关键技术问题进行了研究。在模型试验和电气计算的基础上采用了合理的主纵绝缘结构，保证了绝缘耐受强度且局施电量低；采用了单相五柱铁心、三柱线圈并联器身结构，有效解决了运输问题；采用了主体和调压补偿变分箱的方案，使变压器主体结构简单、可靠性高；低压采用电压补偿措施，解决了电压波动问题。

经中国机械工业联合会组织行业技术专家鉴定，产品主要技术指标达到国际领先水平，填补了我国特高压电网建设的一项空白。继晋东南 - 南阳 - 荆门工程后，该项目又在皖电东送、浙北 - 福州、淮南 - 上海、锡盟 - 山东、蒙西 - 天津、榆横 - 潍坊、锡盟 - 胜利、山东环网、苏州扩建、晋北扩建、南昌 - 长沙等多条特高压交流输电工程中得到应用。产品的成功研制代表了当前变压器行业的最高水平。将为建设全国性输电网络，实现跨区域、远距离、大容量的能源输送提供有力保障，提升我国特高压设备的供货能力，增加运行业绩，进而带来竞争优势。同时必将进一步提高常规电压等级设备的制造水平和综合竞争力。

二、突出优势

根据产品的技术特性及设计难点，特变电工沈变公司利用自主的技术资源，开展了大量的技术论证及前期攻关，对产品的各种主要特性进行了深入的基础性研究，包括电场、磁场、温度场、局部过热、抗短路能力、噪声、抗震能力、机械强度等，并聘请国内、外特高压专家对产品设计方案进行了专家评审。

针对变压器电压水平高的特点，解决产品的绝缘配合问题是产品研发的重中之重。在进行产品技术开发时，开展了针对特高压产品绝缘特性的模型试验研究，如线圈冲击爬电模型、主绝缘电场模型等，为产品的设计和绝缘验证取得了重要的判据，确保产品主纵绝缘的可靠性。

针对变压器容量大的特点，漏磁和局部过热、温升、运输等问题也是本产品的技术难点。在产品研发过程中，特变电工沈变公司采取了独特的漏磁控制措施，解决了特大容量产品的局部过热问题，降低了产品的损耗；采取了幅向油道和轴向油道相结合的冷却结构，保证了绕组的温升；对运输强度和运输路线进行了详细的验算和考察，确保了运输的可行性。

针对超高压大容量产品运输超高超重问题，特变电工沈变公司在世界上首次提出了调压补偿变压器与主体变压器分箱布置方式，有效降低了变压器的运输高度和运输重量，解决了巨型变压器运输难题。

三、典型经验

（一）优化产品设计、加强设计方案评审

特变电工沈变公司在多年来自主设计、研发的基础上进行了多方案的计算对比，确定了变压器初步设计方案，经过国家电网公司专家组的论证评审，对专家提出的意见进行了认真的分析和研究，改进设计方案。

通过模型试验和特殊试验的研究，实现了设备开发质量的全过程控制，确保设备风险的可控与再控。其中冲击模型试验 50 个；工频模型试验 100 个，对线圈主绝缘、纵绝缘进行了过百项试验，并积累了大量试验数据；进行了大容量自耦变压器直流偏磁测试，对 1000kV 变压器耐受直流偏磁的能力进行评估测算。加强设计方案的可靠性。

（二）强化生产工艺控制、确保产品质量稳定可靠

1. 针对 ODFPS-1000MVA/1000kV 变压器产品制造过程对各种工艺难点进行了预案，并认真仔细地对以往常规的 500kV 及 750kV 等超高压变压器在生产中出现过的工艺问题进行了汇总和分析，提出 1000kV 变压器在制造过程中如何规避类似问题的整改措施，保证在特高压 1000kV 产品生产过程中不会出现任何类似的问题。

2. 重新梳理产品的工艺标准，提出 1000kV 产品生产的严格可行标准。对非量化的工艺标准采取制作标准样件的方式，使工人操作时有可视的标准，共

制作样件 43 件。

3. 为保证操作者能按照 1000kV 产品的工艺要求进行操作，由相关技术部门对操作者进行了上岗培训、岗前培训及技术交底，工艺部负责工艺方面的培训工作，共进行上岗培训 14 次、岗前培训 17 次、技术交底 44 次，培训操作人员近万人次。

（三）管理方法

1. 建立组织结构

根据特高压工程的管理特点，国家电网公司着力构建了指挥统一、运作高效的特高压三级建设管理体系——特高压试验示范工程建设领导小组，特高压建设部和省级建设领导小组，现场指挥部。同时，中国机械工业联合会等行业单位也建立了相应的督导办公室，对特高压工程建设实施过程进行监督，发现问题及时给予协调、解决。

本着认真履行晋东南至荆门 1000kV 高压交流试验示范工程设备研制合同的精神，确保世界级的创新工程一次投运成功。特变电工沈变公司成立了由董事长担任组长，总经理担任常务副组长的特高压领导小组，抽调精兵强将组建了特高压产品研制团队，举全公司之力，发扬“特别能吃苦、特别能战斗、特别能奉献、特别能攻关”的载人航天精神，严上加严、细上加细、慎之又慎、精益求精地推进特高压产品研制。

为了保质保量地完成任务，对特高压的工作进行了详细的部署和安排，并设立了专门机构——特高压办公室，负责监督、考核项目的执行与对外联络的工作。特变电工沈变公司成立了项目组，施行项目经理制。下设设计、工艺、质保、采购、生产等 8 个项目组，把总体目标和进度详细分解到各个环节，层层签订目标责任书，责任和进度落实到人。建立起了指挥畅通、思想高度统一的三级组织管理体系，保证责任落实、组织落实、措施落实。

2. 严抓原材料、组部件的质量

原材料、组部件的质量是确保产品零缺陷的关键点。重点是要从源头加强质量管理，即对所有特高压原材料供方的资格进行严格评定，明确落实责任，同时派出技术人员对其施行分供方监造。一是监督供应商质量控制体系，保证生产质量；二是保证生产进度；三是做到与制造商的信息能及时沟通，坚决杜绝不合格材料进入生产流程。

3. 确保生产质量、坚决杜绝低级错误

特变电工沈变公司要求各项目公司、工艺、技术、质保等部门认真总结以往 500kV、750kV 变压器生产过程中存在的问题，共计 160 个。针对这些质量问题及关键点的控制，编制《特高压交流工程用 1000kV 单相自耦变压器停工待检鉴定制度》和《特高压交流工程用 1000kV 单相自耦变压器三交底记录》，明确了技术、工艺、检验填写编制各自工作要点和“常见病、多发病”质量问题事项，进行互动培训。同时，对重点工序进行两次生产前“技术三交底”，将生产中可能出现的问题，尽量做到事前处理。

4. 加强预案的准备工作

为了提高生产进度执行质量，针对重点设备和关键工序的生产制定了应急预案。其中的线圈变形应急预案，采取加强线圈预加压力的计算，适当控制预加压力，卷制线圈模型，取得试验数据。保证线圈的质量及生产工作有序进行。

世界首台双百万变压器 1000kV 晋东南 - 南阳 - 荆门特高压交流试验示范工程

四、未来发展展望

现阶段我国面临能源结构不合理，资源环境约束趋紧、能源安全风险高、能源利用效率低等深层次的矛盾与问题，已严重制约经济、社会、环境协调的可持续发展，贯彻落实新发展理念，对我国能源发展提出了更高的要求，需进一步加快能源变革转型。《电力发展“十四五”电力规划》指出以大电网互联转变能源配置方式，建设东部、西部两大同步电网，强化特高压骨干网架，形成“西电东送、北电南供、多能互补、跨国互联”的能源格局，从根本上转变过度依赖输煤的能源发展方式和局部就地平衡的电力发展方式。在此大环境下，国内的交流特高压电网建设将迎来又一波新高潮，作为电网建设核心设备的 1000kV 单相自耦变压器的市场需求潜力巨大。

五、专家点评

特变电工沈变公司的项目是目前自主设计的国际电压等级最高、容量最大的变压器，是交流特高压输电网络的关键设备。该项目在研制过程中首次采用了低压补偿的新技术、独特的电磁屏蔽结构等 5 项首创技术，完成了主绝缘、纵绝缘、1000kV 及 500kV 连线结构、漏磁及局部过热控制措施、抗短路能力、油箱及运输强度等研究，解决了 1000kV 特大容量变压器的主要难点。

经鉴定特变电工沈变公司的产品主要技术指标达到国际领先水平，代表了当前变压器行业的最高水平。该项目的研制成功填补了国内、外输变电行业的空白，使国内输变电行业全面掌握了特高压交流设备的制造核心技术，推动了我国产业升级和技术自主化创新，实现了“中国制造”向“中国创造”的历史性跨越。

中国工程院院士　朱英浩

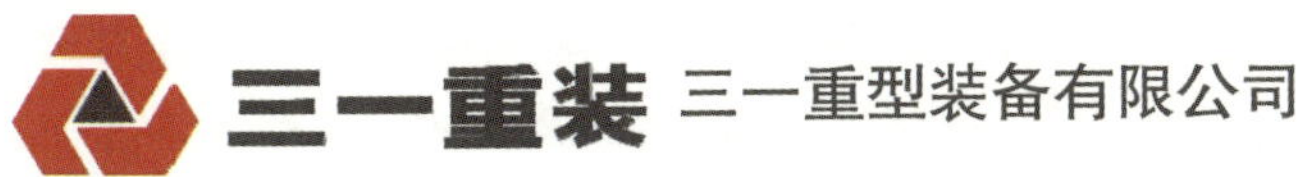

悬臂式掘进机全球市场占有率排名第一

一、总体情况简介

三一重型装备有限公司（以下简称“三一重装”）悬臂式掘进机已形成截割功率从55~418kW的全系列产品，企业在国内首家成功开发了高效、低耗的硬岩悬臂式掘进机，使硬岩炮掘工艺成为历史，带动了整个行业的技术进步，彻底实现硬岩机械进口产品替代。三一重装的悬臂式掘进机市场占有率连续10余年位列国内第一，2020年国内市场占有率超过50%，全球市场占有率排名第一。

该产品具有破岩能力强、高效除尘、智能化等特点。可实现经济截割硬度f10~f14。设备本体除尘率达99%以上，环境除尘效率达90%以上。具备自动掘进、远程可视化操作及信息状态监控的智能控制系统，实现了掘进过程中的少人化、无人化。

二、突出优势

三一重装自主研发的悬臂式掘进机主要用于煤矿巷道掘进，也可在铁路、公路、水利工程等隧道施工中使用。能够实现连续切割、装载、运输作业。该掘进机具有结构紧凑、高强度、高智能化、可靠性高、宜维护的特点。市场占有率连续多年保持国内第一。

行业首创掘进机液压系统负载敏感变量泵，国内首创伸缩部双液压缸伸缩截割；采用专业截齿排布软件实现了截齿最优布置；掘进机自适应截割技术，基于C端掘进机自适应截割技术，为实现掘进机工作过程中的泵站系统和截割部执行机构动力最优匹配，截割臂摆动速度能够自动匹配并与工作载荷相适应，达到掘进机高效、平稳工作的目的。设备动力性强，液压系统配置高。行走组合支承技术：减小履带阻力，接地平稳、易维护。铲板收料技术：采用动轮前置、敞开式设计，收料能力提高20%。高效运输技术：通道采用流畅式设计，有效解决了运输卡料。快速拆卸技术：易损件采用快拆式接口；整机元器件、管路布局科学；维护空间最大化。专用控制器，防高压侵入技术（三一重装专利)：自主研发设计高压隔离漏电闭锁保护模块，有效地保证了控制回路的安全。三一独有专家故障诊断技术。

采用基于双目视觉技术的掘进机位姿对准与定位。实现掘进机自主识别工作面并进行精准截割，横向位置≤ 50mm；摄像焦距为 4mm；成像分辨率为 1080P；水平视场角为 81°；垂直视场角为 81°。采用掘进机井下数据实时上传技术，实现井下掘进机所有运行数据上传 C 端，实现井下掘进机数据实时采集，推动客户数字化建设及三一重装大数据的应用。无线传输速率≥ 30Mbps；无线传输距离为 180m ± 20m。

三、典型经验

三一重装通过提供智能化、成套化、特性化的煤炭掘进、开采、装载运输设备，改善了矿井环境，特别是井下作业环境；通过人性化的设计与前沿技术的融合，加强了井下开采及作业的安全性和保障，同时降低了能耗与污染，保证了人、机、环境之间的协调，从而实现了可持续性良性发展。

（一）以数字化研发提升创新能力

全面采用数字化样机技术进行全新产品开发，真正做到“仿真驱动设计”。应用数字化样机技术，进行机电液多学科联合仿真，从实际出发解决产品设计中的问题，先后在 4 大产品、8 种型号的新品开发中全面应用数字化样机技术，增加数字化样机和产品设计的结合度，减少了设计变更次数，提升了产品设计的可靠性。

推行模块化设计。该设计方法改变了传统的由零部件分体设计到整体组合的设计思维，推行总体设计，实施从布局到骨架，从骨架到零部件的无缝传递，最终实现了产品的多人协同设计；增强了产品总体及分系统的全局观；设计条件修改更加方便准确；提高了模型的质量和可修改性，实现了参数驱动修改模型；实现了功能模块互换，快速按需求生成新机型，可缩短近 1/3 的设计周期。

（二）成立专家顾问委员会，实现产品研发市场化、客户价值最大化

聘请中国科学院院士宋振骐，中国工程院院士、天津大学精密仪器系教授叶声华，中国工程院院士、浙江大学机械工程及自动化系主任谭建荣教授以及国家自然科学基金委员会机械学科主任、研究员雷源忠教授，中国煤炭机械协会会长许亚雄、原国家煤炭部总工程师尚海涛及中煤集团、铁煤集团、兖矿集团等行业专家共计 32 人，组成专家顾问团，对产品研发从立项、设计、试制、工业性试验到技术升级全部过程进行跟踪评审，保证新品研发满足市场需求。

产品研发过程严格按照三一集团《产品生命周期管理流程》的要求进行控制，从产品立项到开发实施的各个阶段，始终坚持用户至上的原则，采用先进

技术及工艺，选择可靠性高的器件和材料，尽可能地降低设计和生产成本。

三一重装研究院具备完善的制度体系和运行机制，建立并健全了各项标准和产品设计规范、激励机制。制定、修订了《研发项目管理与激励》《产品设计理念与规范》《产品设计、校审规范与管理》《新产品试制管理制度》《技改工作评审制度》《新产品试验管理制度》《专业技术委员会管理制度》《机械设计准则》《设计质量激励条例》《技术资料与档案管理规定》等一系列制度与标准，加强三一重装技术研发的标准化管理，确保 6 个研究所的新品研发、试制的顺利进行。同时，对项目的实施过程实施专家评审制，由三一重装专家顾问团对产品研发从立项、设计、试制、工业性试验到技术升级全部过程进行跟踪评审，保证新品研发满足市场需求，满足客户的需要。

（三）注重创新人才及团队培养

三一重装拥有一支集机、电、液于一体的煤炭综合采掘成套装备设计、制造的优秀研发队伍，现有专业技术人员 670 人，包括博士研究生 5 人，硕士研究生 232 人，高级职称 53 人，国际级专家 2 人。三一重装于 2008 年被授予国家级博士后科研工作站，培养了博士后人才 8 名。在煤机产品研发、制造方面积累了丰富的经验，技术优势明显。

人才培养方面，三一重装高度重视青年科技人才的培养，加强高技术人才、创新型人才、管理型人才、高素质人才的培养。通过集团项目经理认证培训，公司内部、外部的专业培训，培养优秀项目经理；为研发核心骨干提供外部培训、深造的机会；每年从 985 或 211 学校招聘应届毕业生，通过“研发人才工厂”培训，将其培养成合格工程师，成才率 70%，保持团队活力并提升研发人员的整体能力。

四、未来发展展望

三一重装将开展掘进机器人研发，目前全国煤矿有 250 万员工，占危险岗位的 60%，而事故死亡率占比 85%，只有实现煤矿机器人化，才会无人则安。预计 2030 年实现煤炭智能化开采，重点煤矿区基本实现工作面无人化，全国煤矿采煤机械化程度达到 95% 以上。目前瑞典山特公司已研制出 ATM105-1C 自动掘进机，高效地实现了自动掘进、自动岩巷成型。国内煤矿已实现机械化采掘，悬臂式掘进机具备掘进效率高、快速掘进、机动灵活等优点，而对于掘进机器人的研究尚处于起步阶段，正朝着智能化掘进、智慧化掘进方向发展。三一重装研制的煤矿掘进机器人将填补国内空白。

掘进机作为行业领先者，在保持领先地位的同时，积极开拓新领域：拓展水利、铁路、公路、地铁等领域的隧道工程掘进市场，并建立领先优势，将掘进机核心技术广泛应用在各类非煤矿山采掘中，成为该领域行业标杆。

通过项目实施，突破煤矿掘进机器人产业化的技术瓶颈。煤矿掘进机器人的应用，是煤炭高质量发展的必由之路，是煤炭开采技术革命的重要标志，是推动煤炭工业高质量发展的强大动力。项目达产后，将带动辽宁机器人产业的发展，吸引和培养协作型机器人研究的高级人才。

目前，我国矿业工业化尚未完成，正处在重要转折期。当前，一大批“深地”矿业工程正面临种种挑战。首先受开采环境“三高”的制约，即高应力、高井温、高井深，以及岩性恶化问题，这些因素可能会诱发岩爆和冒顶，其次，“三高”带来许多科学技术难题，严重影响生产效率和安全。安全、高效的煤矿井下掘进机器人的欠缺，限制了我国煤矿智能化进程速度，影响了我国矿业工业化进程。

通过项目实施，可突破基于激光视觉 / 惯导的工作面三维重建与机器人位姿测量技术；截割头位置检测与截割轨迹规划技术；掘进机器人自主运动规划与控制技术等 3 项“卡脖子”技术，实现进口替代。掘进机器人集结了目前煤炭掘进装备最先进的技术，市场潜力巨大，是煤矿巷道快速掘进装备的主要发展方向，也为智能化掘进工作面的实现创造了基础和条件，相关理论与关键技术研究能够为实现井下无人作业工作面提供良好的理论支撑。

ZPMC 岸桥　在全球港口铭刻“中国制造”

一、总体情况简介

岸边集装箱起重机（以下简称“岸桥”）是集装箱码头最前沿的主力装卸设备，主要用于对集装箱船进行装卸作业。

岸桥

29 年前，集装箱起重机市场还被德国、日本、韩国等国家的产品占据，上海振华重工（集团）股份有限公司（以下简称“振华重工”）十几个创业者坚定地喊出了自己的雄心壮志：“世界上凡有集装箱作业的码头都要有 ZPMC 生产的集装箱起重机在作业。”

29 年后的今天，这一理想已经成为现实。ZPMC 品牌的港口机械装备已经打入 104 个国家和地区，拥有双四十箱岸桥、双小车岸桥、双四十双小车岸桥、伸缩式大梁岸桥、低姿态岸桥、鹅颈式大梁岸桥、3E 级大型岸桥等全系列产品。产品具有一次可吊两个 40ft 集装箱、超长外伸距、超大起升高度、超高作业速度、绿色智能化设计、自动化远控功能与超低能耗的技术特点，整体性能全球领先，销量连续 23 年全球第一，世界市场占有率达 70% 以上。

二、突出优势和典型经验

（一）敢为人先，研发世界领先的港机制造技术

振华重工一成立，就拉响了创新的号角，并将创新视为企业的灵魂，紧紧

围绕市场的需求进行技术创新。振华重工特色的自主创新道路是“敢为人先”的创新精神，是“要每年创造不少于一个世界第一”的宏伟目标。20 世纪 90 年代以来，随着集装箱运输船舶趋向大型高速化发展，集装箱起重机及码头装卸系统的节能环保、安全高效逐渐成为起重机制造商及港口码头公共关注的课题。为了提高自主创新能力，增强市场竞争力，振华重工确立了以此为目标的代表世界潮流的新一代集装箱起重机技术的总体创新思路，并制定了由原始创新、单项技术到集成创新进而到系统创新的技术创新战略，提出了新一代港口集装箱起重机关键技术创新工程项目。

在创新工程的实施中，围绕节能环保、安全高效这一技术主线，振华重工在不断引进、培养造就技术人才、追赶世界领先技术的过程中，自身水平逐步提高。通过与德国西门子，瑞典 ABB 等世界一流的强手进行技术合作，实现了从引进到消化吸收，再到二次开发，进而通过技术创新拥有自主知识产权的跨越。ZPMC 岸桥创新产品、系统如潮水般不断涌现。

如今，“ZPMC 新一代港口集装箱起重机关键技术”项目荣获国家科技进步奖一等奖。在新技术的带动下，在世界集装箱起重机领域，ZPMC 这个品牌已被全世界用户视为质量好、价格公道，最能准时交货，最有竞争力的优质品牌。起重机行业的“世界之最”均由 ZPMC 首先研发。国际一些重大港机招标项目大多为振华重工囊括。正如世界权威杂志 *Cargo Systems* 评论所说，“ZPMC 的创造，代表了新一代集装箱起重机发展的方向”。振华重工的崛起，使中国成为世界最大的集装箱机械出口国，真正由“中国制造”走向了“中国创造”。

（二）战略创新，打造系列全球第四代自动化码头

随着全球供应链的深刻变革，运输船舶的大型化发展，码头升级势在必行。作为港口机械制造的领跑者，早在 1998 年，振华重工便开始关注自动化码头领域，21 世纪以来，振华重工开始由单一设备供应商向系统化、一体化解决方案供应商的角色转变，为德国汉堡、荷兰鹿特丹自动化码头提供自动化岸桥等自动化设备。

2006 年，公司投入 1 亿元建立了国际首创的高效智能型立体装卸自动化码头试验基地，联合上海海事大学、上海交通大学、同济大学等单位组成产学研联盟，开展了自动化码头装备与系统的研发。2015 年，历经近 10 年的研发积累，振华重工为厦门远海自动化码头提供了自主研发的全自动化码头装卸系统的所有设备及码头设备控制系统；2017 年 5 月，青岛港全自动化码头正式投产，振华重工为其提供了码头设备控制系统，包括自动化岸边装卸系统、水平运输系统、自动化堆场系统及其配套设施等软件。2017 年 12 月，由上港集团、振华重工联合打造的洋山港四期全自动化码头开港，岸线长达 2350m，拥有 2 个 7 万 t 级泊位，5 个 5 万 t 级泊位，设计吞吐能力初期达到 400 万 TEU，远期将达到 630 万 TEU。放眼全球，规模如此之大的自动化码头，一次性建成投运是史无前例的，洋山四期也成为截至目前世界上单体最大的自动化码头。不仅在国内，中国制造的自动化码头也在全球各地开花结果。近年来，振华重工提供的自动化码头装备及系统已经在意大利 VADO 港、印度 ADNI 等地方得到顺利推广，实现了中国港机由单台机械制造向成套系统智能集成的历史性跨越。国家主席习近平在 2018 年新年贺词中宣布“集装箱自动化码头”为国家十大创新工程之一。振华重工成为世界唯一的自动化码头成套设备与系统的制造商和供应商，为中国名片“ZPMC”打上了智能制造的烙印，在市场竞争中占据绝对领先的地位。

（三）质量为先，打造“不欠债”离岸的专项文化

质量对于企业的生存和发展具有重要的战略意义，是走向世界市场的“通行证”。振华重工以“不欠债离岸”为核心模式，以“零负债”为质量文化，运用先进技术方法，打造了以智能化为方向，全新、全方位、全生命周期的质量管理和服务平台。“不欠债”离岸，是振华重工提出的质量承诺。振华重工是国内唯一一家提出该承诺的企业，提出并严格践行该承诺，这也是振华重工能够获得全球用户良好口碑，港机产品连续多年占据全球市场 70% 以上份额的原因所在。“不欠债离岸”管理模式不仅推动了振华重工的质量提升、服务改善和品牌树立，也为振华重工赢得中国政府质量领域的最高荣誉——“中国质量奖”。

“债”是产生的问题、是需承担的责任、是需履行的承诺。“不欠债”是振华全面质量管理的核心目标，目标是实现产品质量“零”缺陷、顾客满意“零”投诉、产品交付“零”延误、环境保护“零”污染、相关方“零”担忧。

“不欠债离岸”理念源于振华重工离岸交付的产品交付模式，即确保产品在离开制造基地码头（岸）前无遗留问题。振华重工将这种企业特色的产品交付模式结合质量战略与“零欠债”质量文化进行拓展，把原来单一的地理概念上的“岸”，延伸到以产品质量、过程质量、系统质量所展开的管理层面上的“岸”，通过每个管理“岸”的“不欠债”，最终达到组织整体的“不欠债”。

在产品质量方面，严格管控产品的质量、工期、成本，履行“责任”，实现产品“不欠债”；在过程质量方面，建立一体化的管理体系，以质量，环境，职业健康、安全、能源形成系统管理链，实现管理“不欠债”；在系统质量方面，全面关注供方、企业、顾客和社会相关方的要求，形成“价值链”，实现全方位、全生命周期的系统“不欠债”。

创新实施整机离岸产品交付，客户现场不用组装，直接可以使用，省去诸多在客户现场可能发生的问题，大大节省了用户的空间与时间，创造了重型机械行业产品交付的跨时代革新。ZPMC 拥有 20 余艘整机运输船，可将巨型设备运往全世界港口及用户，不仅可确保交货周期，同时还可保证运输安全。这种交付模式，也是振华重工特有的且同行不具备的核心竞争力的体现。

振华重工整机运输船正在搭载岸桥进行海上运输

（四）放眼全球，持续推动公司全球化经营步伐

不同于传统中国企业的国际化历程，应市场而生的振华重工，从一开始便瞄准了国际市场的制高点。

振华重工不断强化全球化网络布局，已在全球设立 28 家国外机构，拥有长期合作的优质客户、政府、法律、金融等属地化资源，充分利用属地化优势深度经营，加强属地化人才梯队建设，在打造高端装备的同时，提供一流服务，与当地国际知名企业以及产业上下游企业建立了良好的合作伙伴关系和坚实的合作基础，构建起命运共同体。同时，振华重工积极推动和试点全球研发体系建设，2017 年，振华重工在新加坡设立了国外首个科创中心，与合作伙伴共同搭建开放的创新平台，助力技术和标准的“引进来”和“走出去”，不断树立振华重工行业领头羊和先进制造业代表的市场形象。

29 年里，奋发图强的振华重工通过自主创新创造了企业超常规跨越式发展的奇迹：技术由模仿型走向创新型，主产品岸桥从默默无闻跃升至世界知名品牌，振兴了中国港机事业的同时振奋着我们的民族精神。未来振华重工将以新理念、新模式、新要求坚持和发展港机业务，坚持推动高价值引领，围绕港口交通领域，着力优化产品性能，从产品末端服务向以产品为核心基础的过程服务、全生命周期服务深度转变，拓宽装备适用领域，提高产品附加值与竞争力，以卓越价值树立绝对竞争优势和地位，持续巩固港机产品全球占比 70% 以上份额。

20 载励精图治 成就 OPGW 单项冠军

一、总体情况简介

中天电力光缆有限公司（以下简称“中天”）成立于 2000 年，注册资本 20000 万元，系江苏中天科技股份有限公司全资子公司，国家重点高新技术企业。经过近 20 年的品牌建设，“光纤复合架空地线（OPGW）”成为国内首家通过国家级鉴定的拳头产品，产品具光纤通信和地线保护双重功能，是电力系统通信数字化、智能化的重要载体，代表着智能电网的神经中枢，承载着大量的数据传输业务，是至关重要的信息传输通道。产品投放市场以来，市场占有率连续数年高居榜首，相继销往欧美、中东、东南亚等 160 个国家和地区。中天 OPGW 从研究开发到生产管理、从质量控制到后续服务，引领行业发展，在业内享有“特种光缆找中天”的美誉。现已发展成为全球种类最齐全、设备最先进、产能最大的光纤复合架空地线（OPGW）研发和生产基地，2018 年“中天”牌 OPGW 摘得国家工业和信息化部颁发的“制造业单项冠军产品”的美誉，持续 20 年保持国际、国内 OPGW 市场占有率第一。

光纤复合架空地线（OPGW）研发和生产基地

二、突出优势

（一）技术先进性，新产品、新技术数量、开发速度全面领先同行

中天为国内最早开发光纤复合架空地线（OPGW）产品的单位之一，

OPGW 国内首家通过原国家机械工业局、国家电力公司鉴定。近 10 年来，中天 11 个 OPGW 新产品及新技术通过中国电力企业联合协会、中国电机工程学会的技术鉴定，技术水平达到国际领先水平。耐雷型全铝包钢 OPGW 国内首家应用于中国首条 1000kV、±800kV 特高压交、直流示范工程；耐低温（-60℃）、超低损耗 OPGW 应用于国内四条电力天路“青藏联网、川藏联网、藏中联网、伊利 - 库车”工程；大截面 OPGW 应用于世界最高电压等级 ±1100kV 昌吉 - 古泉特高压直流工程；高强度 OPGW 应用于世界最大跨越 220kV 螺头水道大跨越（最大档距 2756m）、500kV 西堠门大跨越（最大档距 2656m），创下国产 OPGW 品牌大截面、大跨越、高电压、重覆冰、高强度、耐雷击、耐低温的应用记录。

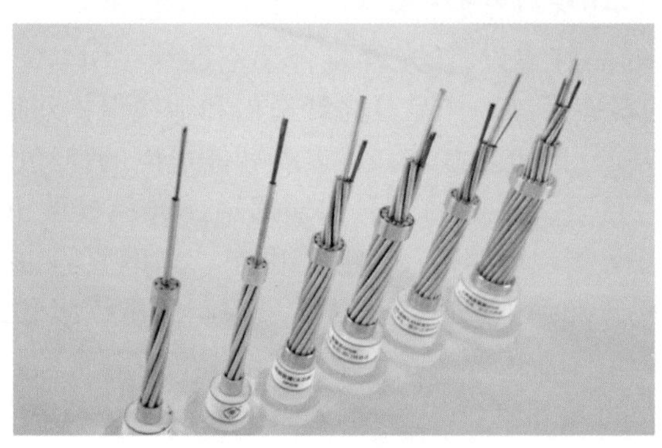

光纤复合架空地线（OPGW）

（二）发展效益，中天 OPGW 在线运行业绩多、使用范围广

截至 2020 年底，中天 OPGW 出口全球 160 个国家和地区，累计供货超过 55 万 km，在线运行 50 万 km，全球市场占有率达 20% 以上，在国际、国内 OPGW 行业中始终保持第一，不断刷新国产 OPGW 的最新应用记录，满足了电力通信对特种光缆的不同需求，拥有丰富的供货、运行经验。

曾先后为国内 23 条特高压线路提供了耐雷击、高强度、低损耗等 OPGW，为我国“特高压电网”和“智能电网”建设及国产 OPGW 替代进口做出了重大贡献。

（三）制造能力，全球最大的光纤复合架空地线（OPGW）供应商

中天的生产设备、产品种类和产能均世界领先，具有年产 OPGW 60000km 的供货能力，OPGW 生产所需的光纤、铝包钢线、硬铝线等原材料及配套金具、附件、导引光缆等均由中天科技集团下属子公司生产提供；中天还拥有自己的专业化物流服务公司，打造棒、纤、缆、金具、物流一体化的产业链，为客户提供全面的技术支持以及满足不同特殊应用场景的系统解决方案。

（四）设备创新，掌握世界一流的设备制造核心技术

中天从瑞士、美国、法国、英国、意大利等国家引进成套生产设备，通过对进口设备的消化、吸收，掌握 OPGW 设备制造核心技术，使得工装设备达到国际领先水平。拥有进口激光焊接不锈钢管光纤单元生产线 6 条、行业先进光纤着色、打环机近 30 台，具备国内最大的 ϕ800mm 笼式成缆机，具备大盘长、大线径 OPGW 一次性绞合成型的制造能力。

三、典型经验

（一）技术创新

中天在与国家电网、南方电网的合作下，始终紧盯前沿技术领域，推陈出新，不断提高自身产品的研发能力，获得 OPGW、OPPC 制造的核心授权专利 45 项，其中 OPGW 相关发明专利 21 项，拥有 11 项高新技术产品，承担了 4 项国家 OPGW 火炬计划项目和 1 项国家重点新产品项目研发，牵头和参与制定 OPGW、OPPC 等国际、国家、行业标准 10 余项。

中天 OPGW 始终致力于服务国家重大工程建设，如国内首条 1000kV 交流特高压及国内首条 ±800kV 直流特高压试验示范工程；“大跨越 OPGW”独家中标跨距亚洲第一、长度国内第一的浙江舟山与大陆联网工程（螺头水道大跨越、西堠门大跨越）；“高电压 OPGW”成功应用于世界第一条 ±1100kV 直流特高压工程；“中天耐极寒 OPGW”被青藏、川藏、藏中、伊利 - 库车四条“电力天路”选用等。

（二）管理能力

中天自成立以来，坚持以人为本的理念，积极进取，开拓创新，积极推行现代企业管理制度建设，践行《卓越绩效评价准则》，在综合运用日立十大管理办法、中天十大管理办法等国内外先进管理手段和经验的基础上，不断优化组织架构，规范经营管理，通过了 CB/T 19001 2016/ISO 9001：2015 质量管理、ISO 45001：2018 职业健康安全管理、GB/T 24001—2016/ISO 14001：2015 环境管理、SA 8000：2014、WCA 企业社会责任、两化融合、知识产权等体系认证。中天主营产品 OPGW 具有电力专用通信设备进网许可证，并通过 PCCC、KEM 等产品认证。

（三）企业文化

“以品质立尊严，以客户为中心，以奋斗者为本”是中天不变的追求和价值观。“光电网联美好生活”是中天的崇高使命，建立了以市场为导向、以企业科研中心为支撑、自主创新与产学研合作相协同、两化深度融合相促进的技术创新体系，实现“为客户、员工、社会创造价值”的愿景。

电力光缆

国内首创“精神家园工程师”工作机制，定期开展健康有益的员工心灵工作，被全国企业思想政治工作研究会作为典型推广；中天科技独创的“双十管理办法”是企业多年管理经验的典型总结，是公司优秀员工管理实践的结晶，融入卓越绩效模式，与卓越绩效共同成为企业文化的组成部分。

（四）质量品牌

中天坚持“以品质立尊严”，不断提升产品质量、不断创新设计，引领行业发展，提升中天 OPGW 品牌和国际影响力。

为推进质量品牌建设战略，中天导入了卓越绩效模式，被评为质量标兵企业，获得中国质量奖。投资近亿元建有国内同行中最大的通信、电力产品检测中心，行业内首家以制造商身份通过中国合格评定国家认可委员会 CNAS 实验室认可。本着“以客户为中心”的原则，中天与客户签订生产质量保证计划书、产品质量保证承诺书、技术及售后服务计划书等系列保证文件，确保产品按时、按质、按量完成，提供优于客户需求的产品质量与服务，多次收到国家电网、南方电网及海外电力公司等客户的感谢信，获得广泛的赞誉。

（五）国际化发展

公司 OPGW 成为国内电网首选后，又将目光瞄准了国际市场，是唯一向欧美批量出口的中国品牌。凭借公司产品的技术、服务优势，依托庞大的营销体系，中天产品的出口贸易额稳步增长，产品制造水平完全满足国际高端市场的要求，中天 OPGW 成为了世界认可的“中国制造”品牌。

中天坚持“全球配置经济发展空间”的战略方针，紧随国家“一带一路”建设，深度布局国外市场，先后布局印度、印尼、巴西三大海外 OPGW 工厂，在美国、德国、俄罗斯、阿联酋、哥伦比亚和泰国设有营销中心，实现了“一带一路”全覆盖的营销网络。

四、未来发展展望

未来中天将继续保持“OPGW 市场占有率第一”，牢固奠定中天 OPGW 光缆在国内外电力通信领域的主导品牌地位。以更为开放、包容、合作共赢的发展理念，将中天打造成全球化运营的国际化知名公司，发展规划和目标紧紧围绕并服务于企业战略规划和企业科技发展战略。

五、专家点评

该企业通过引进、消化、再创新，率先攻克了技术难关，成功研制了首根国产化不锈钢管式 OPGW，为促进我国电力通信产业发展起到了示范带头作用。

多年来，中天电力光缆不断地技术创新，持续引领行业发展，相继为青藏、川藏、藏中、张北柔直、陕北 - 湖北、雅中 - 江西等多条特高压工程提供特种 OPGW，屡创国产 OPGW 超低损耗、重覆冰、大跨越、耐雷击、耐极寒等多项应用记录，为电力通信事业高质量发展起到了重要推动作用。

经过 20 年的发展，中天电力光缆在技术创新、质量管理、品牌建设、产业协同、国际拓展等方面积累了大量的经验，为电力通信作出了许多重要贡献，成为国内外行业翘楚。

希望中天电力光缆持续创新，不断进取，发展并保持领先地位，为我国电力通信事业再立新功。

中国电力工程顾问集团、中南电力设计院有限公司
教授级高级工程师　姜利民

BOZHON 博众 博众精工科技股份有限公司

加快自主创新步伐　助力国家产业升级

一、总体情况简介

博众精工科技股份有限公司（以下简称“博众精工”）成立于2006年，注册资本36000万元，是一家专业从事智能制造装备研发、设计、生产与销售、提供智能制造整体解决方案服务的创新型企业。

博众精工全景

自创立以来，博众精工专注智能制造产业15年。依托细分目标市场挖掘需求共性，将自主研发的智慧工厂集成管理系统与自动仓储、智慧物流、柔性制造线、自动化单机、核心零部件、电脑整合制造、智慧机械人、智能运输小车八大硬件体系模块化组合，形成了定制化智能制造系统集成方案，现具有智能制造领域全面、完善的研发、制造及服务能力，已真正成为行业的领跑者。凭借多年来在智能制造领域的深耕细作，以突出的贡献与优势，已成为自动化装备国内龙头企业、智能制造产业领军企业，是国内率先能为客户提供工业4.0智能工厂软硬件一站式解决方案的系统集成服务商，连续两年在恰佩克奖会上被评为“中国十大系统集成商”，是江苏省工业和信息化厅认定的“智能制造服务机构领军企业”，行业地位优势明显，在自身领域中的资产规模、年产值、年销售均处于国内领先地位，并仍处于强劲的增长趋势。

二、突出优势

（一）行业领先的“产品＋服务”运营能力

博众精工在“产品＋服务”的创新服务模式转型过程中，不断围绕核心产品进行上下链延伸服务业务。业务链不仅仅是研发制造，还包括技术咨询、技术培训、物流工作、产品技术服务、协助客户进行二次开发、满足客户的个性化需求等方面，形成了自我核心价值；强调以掘进、集成装备制造为核心、协助上游供应商集成开发新型关键零部件，向客户提供智能制造工艺设计、专用夹具治具开发、关键零部件需求柔性组合、智能车间布局、建设“一站式解决方案”服务，推动了自身价值链高端攀升，增加了企业利润增长点；同时形成了服务型制造示范作用，并获得首批工业和信息化部认定的“服务型制造示范平台”、江苏省发展和改革委员会认定的“先进制造业和现代服务业深度融合试点龙头骨干企业”。

（二）行业领先的“产业＋智能”开发能力

博众精工历经 14 年的项目实施经验积累和人才积累，深耕自动化设备、自动化生产线与系统集成领域，并积累了深厚的技术实践经验和项目技术储备，现已具备了面向消费类电子、家电、汽车、新能源、日化、半导体六大工业领域提供智慧生产管理信息系统、自动仓储物流、柔性生产线、自动化单机、核心零部件、电脑整合制造、智慧机器人与智能运输小车等八大智能化模块的“产业＋智能”开发服务能力。该能力在制造产业链的横向及纵向延伸，实现了“半自动设备→全自动单机设备→全自动流水线→信息化工厂”全面的智能制造服务项目。目前博众精工已然成为国内知名的自动化系统集成商，服务企业超过千家，主导开发了国内首条手机多工位自动装配生产线、国内首条壁式空调全流程数字化生产线、国内首条纳米牙刷全流程智能生产线等多个首创工程，各项技术指标处于国际先进水平，填补了国内空白。获得了“中国十大系统集成商”“优秀自动化系统集成商”“智能制造示范奖”等多项业内殊荣。

（三）行业领先的研发设计和定制化生产响应能力

行业领先的产品研发设计和定制化生产能力是博众精工核心竞争力最重要的组成部分，技术研发团队则是保证研发设计能力持续提升的关键。博众精工基于优秀配置的研发团队，从分析客户需求与痛点入手，理解下游产品的品质要求、设备的生产效率要求和设备的工作环境；并通过对下游产品生产工艺的迅速了解，拟定产品的设计方案，对客户的需求做出迅速的响应，同时，在方案设计过程中还对客户提出的反馈进行及时改进。

三、典型经验

（一）技术创新

博众精工拥有研发场地超 10000m^2，建立了 7 个省级以上研发平台，其中国家级研发平台 3 个。为进一步提升研发和自主创新能力，根据发展及技术研发工作的需要，博众精工购入了柔性关节臂测量仪、振动分析仪、电磁振动台等具有一定的先进性和实用性、可与国际同行相比的400余台（套）研发设备，设备原值超 1 亿元，提高了综合研发能力。

在创新能力与创新发展方面，博众精工每年从产品销售收入中提取销售收入的 11% 以上作为技术研发经费；在创新人才队伍建设方面，始终把培养拥有技术过硬、创新能力强的技术队伍作为工作的主要任务，把有技术、有能力、有创新、有事业心的技术人员看作是企业的第一财富，通过 10 余年的引进与培养，博众精工现拥有研发人员超过 1200 人，占企业总人数 35% 以上，其中博士生 7 人，硕士生以上人才超 200 人，团队规模远超业内同行。同时还聘请了东南大学花为、浙江大学任沁源等多位资深教授为公司技术顾问。

（二）管理能力

博众精工在多年生产、经营和管理过程中，引进并培养了一批高素质的管理团队，并针对行业发展特征以及公司自身的经营特点，逐步建立并完善了一系列管理和激励制度。与此同时，在市场的打磨下，内部不断自省外查，博众精工的管理能力取得了长足的进步，博众精工的综合竞争力随之提升，为博众精工不断开拓新的行业奠定了坚实的基础。

（三）企业文化

在过去 10 余年时间里，博众精工把“博采众长”作为企业文化加以践行，虚心向国内外同行学习、向客户学习、向合作伙伴学习，不断开拓创新，产品技术水平不断提升，最终在自动化设备、自动化生产线方面积累了较强的竞争优势。在数字经济发展的大潮中，博众精工赋予“博众”新的诠释：“博施济众”。“博采众长”指广泛吸取各方的长处，增强自身的能力；而“博施济众”指更多地给予他人成长机会，让更多的人有所成就，让更多的人生活得更加美好，帮助更多的企业加速推进自动化、数字化转型升级。“博施济众”正引领着我们，不断提升数字化工厂整体解决方案的供应能力，加速成为一家专注于智能装备研发、设计、生产，提供智能制造整体解决方案和核心装备技术的创新型企业。

博众精工在未来发展中将持续聚焦并发挥自动化技术优势，紧跟国内外自动化生产设备技术发展潮流，发扬“博采众长、博施济众”的企业文化，以“让我们的智慧在外太空为人类服务”为使命，在“追求卓越、和谐共赢”的经营理念下，不断地为客户创造价值，不断地完善管理、技术团队和管理体系，不断地提升精细化管理水平和综合服务能力，力争成为装备制造业可持续发展的世界级企业。

（四）质量品牌

博众精工的价值主张与品牌战略：让客户满意我们才有明天；客户满意是我们生存的基础；产品质量是我们发展的根本保证；不做低成本、低质量、低价格的产品；只要价格不要技术的不是我们的客户；只要品牌不要价格的不是我们客户；把“博众”打造成国际一流品牌是博众精工的战略目标。“博众”商标作为核心商标，通过长期培育建设，形成了在行业内部具有一定影响力的“博众”品牌。此外，通过技术创新、质量管理和宣传推广，“博众”品牌系列产品及相关服务的市场知名度和资产价值显著提高，成为公司巩固扩大产品与服务市场份额的利器。

博众精工全面实施国际化战略，加快品牌建设的步伐，塑造了中国制造企业的良好形象；在内部经营管理上，按标准建立和保持 ISO9001 管理体系，积极推行卓越绩效管理模式，最终达到服务、满意全球顾客的目的，打造“博众”品牌成为世界级品牌。

博众精工一直以世界一流装备供应商为目标，不断提高自身的技术和加工能力，完善质量管控体系；同时为了保障产品的质量，博众精工在生产管理上运用 ERP、MES（面向制造企业车间执行层的生产信息化管理系统）及立体自动仓储物流等系统，实现了信息流、物流的实时结合，为客户提供高品质的产品与服务。博众精工还建设了一个 $500m^2$ 的 B+ 级数据中心，实现了智能制造海量数据的快速、可靠处理，博众信息与物理两大系统融合，打通了客户、企业、供应商之间线上线下的各环节，实现了产品质量的品质保障。

（五）国际化发展

博众精工本着“以外销为龙头，以生产奠基础，以质量作保证，以管理增效益”的经营理念，狠抓市场开拓。

在国际化战略规划中，持续加强出口市场的开发，提高出口量，保持出口稳步增长。通过各种先进的营销手段，充分利用电子商务，多渠道、多形式地加强对企业及产品的市场推介工作，使产品直接进入全球大多数公司的采购网，进一步扩大国外市场的销售比例，为树立“博众”国际品牌打下基础。

四、未来发展展望

面向未来，博众精工围绕主业，在产业链上下游进行战略部署，加大研发投入，并利用所累积的技术优势和人才优势，向行业的纵深不断发展，为客户创造更大的价值。博众精工将在以下几个方面持续投入、锐意进取：一是面向自动化核心零部件的基础研发及后续生产、销售；二是基于自主开发的关键技术、关键零部件的专机、标机的研发、生产、销售；三是基于自动化设备、自动化柔性生产线、智能仓储的数字化工厂整体解决方案的集成建设服务；四是基于人工智能的服务机器人的预研。

五、专家点评

智能制造作为国家装备业的发展战略，作为企业转型升级提高竞争力的关键技术，在国民经济中起着重要作用。博众精工作为这一领域的领军企业，战略定位高、创新研发实力强、重视企业文化和人才队伍建设，已形成针对用户个性化需求的智能制造装备研发、工艺优化和自动生产线整体设计、制造和完整解决方案的专业提供商，在行业内获得了较好的品牌声誉，博众精工具有一批高层次人才，汇聚了多专业的精英，为企业的可持续发展奠定了基础，其创新发展的经验值得推广借鉴。

东南大学教授　汤文成

科技引领企业前行　创新决定企业发展

一、总体情况简介

常熟开关制造有限公司（以下简称“常开”，原常熟开关厂）是国有参股的电器研发制造领军企业，注册资本 3.8 亿元，现有员工 1750 人，专业研发和制造中低压配电电器、工业控制电器、中低压成套装置、光伏逆变器及光伏发电配套电器、智能配电监控系统及配套测控器件。产品广泛应用于电力、机械、矿山、冶金、石化、建筑、船舶、核电和新能源发电等领域。

常开申报的智能型万能式断路器入围国家第三批制造业单项冠军产品名单。CW 系列智能型万能式断路器作为低压电气系统安全运行的重要基础元件，承担着电能分配和电路保护等任务，是连接电网供电端与用户端的重要环节，起着不可替代的作用；与电网安全、可靠运行和节能密切相关，也是我国构建坚强智能电网的重要基础元件。

经中国电器工业协会统计，常开智能型万能式断路器在全国中高档同类产品中 2017—2019 年的市场占有率分别为 18.1%、15.52%、15%，在低压电器领域国内企业中高档智能型万能式断路器产品综合排名第一，在中外企业的中高端智能型万能式断路器领域中综合排名第三。2018—2020 年，智能型万能式断路器累计销售数量 211367 台，累计销售收入 258028.07 万元，利润 112590.54 万元，上缴税金 36493.45 万元。

二、突出优势

（一）技术先进性

1. 先进的研发管理手段

产品研发过程中采用了国际先进的 NPD 研发流程管理模式，开展技术研究、产品开发、可靠性设计工作，使研发过程规范化，进一步提升研发质量。

构建了包括 TCE 和 TCM 的集成化 PLM 平台，从而形成了设计、工艺、仿真的全过程数字化。

2. 先进的研发手段与装备

在国内同行中首创建立 CAE 分析实验室、大容量振荡回路实验室，以及智能电器仿真研究室、材料与零部件研究室等；并不断引进新型研发装备，开展3D打印、高速运动视频分析、VA分析、公差分析和热场分析等各类仿真研究。

3. 前沿科研突破

1）首次在国内电器领域建立了低压开关电器开断全过程通用数学模型，解决了数字化设计中多物理场耦合求解的关键技术，实现了低压电器行业产品研发模式的变革。经由多名院士组成的教育部组织的专家鉴定会论证及科技成果水平检索查新证明，应用该技术研发的入围产品CW3-6300万能式断路器主要技术指标达到了当今国际领先水平、CW3-7400万能式断路器则填补了国内外产品空白，该项目荣获国家科技进步二等奖。

2）通过研究抗疲劳寿命设计技术、电弧磁吹气吹等综合控制技术，设计了入围产品触头系统，对关键结构件进行低应力和耐磨性设计；研发出增强型万能式断路器，其分断能力、电寿命等核心指标获得突破性提高，属国内首创，达到国际先进水平，其中机械寿命最高达3万次，属国际领先水平。

3）通过研究频率自动跟踪技术，实现对宽频电流信号的检测，在国内率先研发出工作频率范围覆盖10~200Hz的宽频型万能式断路器，满足全功率型风力发电机的保护要求，属国内首创，技术性能指标达到国际先进水平。

4）入围产品智能型万能式断路器共申请专利454项，其中PCT专利2项，发明专利89项，实用新型311项，外观专利52项；目前，获授权专利396项，其中1件PCT专利在欧洲、印度已获授权，发明专利60项，实用新型专利288项，外观专利47项。

智能型万能式断路器

（二）产品质量

2015 年常开以“万能式断路器生产车间”为主导，创建了省级智能生产车间，通过数字化技术、信息化技术与生产自动化、智能化技术的导入，以工业互联网为基础，开展了用户端电器智能制造系统解决方案的研究和建设，实现了数字化车间底层智能制造设备与制造执行系统（MES）、产品生命周期管理系统（PLM）和企业资源计划系统（ERP）等系统互联互通技术；实现了设计管理、工艺管理、订单管理、生产管理、质量管理、仓库管理、设备管理、物流管理、售后管理的信息互动和管理优化，打造用户端电器产品制造的响应快、效率高、质量好的智能制造新模式，开启了常开智能工厂的建设。生产效率提升了 38.6%，运营成本降低了 23%，产品不良率降低了 47.2%，产品研制周期缩短了 33%。

三、典型经验

（一）组织与制度保障

“单项冠军”培育过程最重要的就是组织构架的搭建。常开为了确保培育过程顺利开展，实施“一把手工程”，董事长 / 总经理亲自担任项目总负责人，技术、生产、质量、财务条线负责人担任子项目负责人，相关职能部门按职责负责项目实施跟踪管理，按照管理需求组织制订各类管理文件、制度，明确了相关人员和部门的工作职责、组织实施与过程管理、资金管理、人员管理等要求。

（二）经费保障

常开高度重视培育经费的投入，培育过程每年都要投入 1000 万元以上用于研制和购置先进的自动化数字化生产装备和设备以及信息化相关应用软硬件，确保培育项目的顺利实施。

（二）人才培育

多年来，常开牢固树立“人才资源是第一资源”的理念，把人才工作始终放在最重要的位置，构建平台、筑巢引凤、招才引智、唯才是用，以人才优势推动技术优势，以技术优势变为发展优势。

在人才的引进、招聘过程中，注重三大原则：一是以情动人，以诚引才。引进的博士后高层次人才，除给予较高的薪酬待遇，提供良好的科研设施和工作环境外，还配备有设施齐全的博士生（博士后）公寓，并优先安排家属就业和子女上学。二是不求全才，但求实用。在人才的评价标准上，不唯学历、不唯职称，而是注重对业务水平和特殊才能的考察，不苛刻或求全责备，只要对企业有用，就大胆引进。三是避免重外轻内。在引进外部人才的同时，不忽视企业原有人才，坚持在相同条件下享受同等待遇，对有能力、有潜力的人才加强培养，优先选用，很好地加强了企业技术骨干队伍的稳定性、团结性。

（四）搭建中高端科研平台

多年来，常开以搭建国家级、行业领先的中高端科研平台为目标，结合企业技术创新的需要，每年科技投入超过当年销售收入的4%，持续打造了多个中高端科研平台：国家认定企业技术中心，企业博士后科研工作站，国家CNAS认可实验室，江苏省电器控制工程技术研究中心、重点实验室、工业设计中心及苏州先进技术研究院。

多年来，科研平台按照各个平台的管理办法，做到年度有计划、工作有目标、执行有措施、检查有要求，使科研平台进入了自我积累、自我发展的良性循环，并取得了较大成果。

（五）产学研保障

产学研合作是企业科技创新必不可少的途径。常开根据自身技术开发能力较强、生产制造工艺成熟、具有完备的科研机构优势，以及大专院校和科研单位拥有人才优势、基础理论扎实、基础研究能力强、国外技术潮流跟踪密切的特点，积极实施产学研战略，依托科研平台与高校、科研院所签定产学研合作协议，开展前沿技术的研究、科研项目合作、双方人才委培、学术交流、基础设施利用等，在合作中双方按照签定的协议对取得的成果进行分享。这种开放式合作促进了双方科研工作的发展，提升了企业的技术创新能力。

通过产学研合作，使科技资源与产业资本相结合，加快了科技成果向现实生产力的转化，形成了科技创新与经济社会发展紧密结合的最佳途径。

（六）强化知识产权管理

1）建立了知识产权管理体系。将知识产权战略作为企业发展战略的一个重要组成部分，形成以“保护”和“发展”为主题的知识产权战略，将知识产权的创造、运用、保护和管理纳入到技术研发、产品制造、市场销售的全过程，形成企业自主创新优势。

2）建立技术风险控制机制。为有效规避技术创新过程中的专利侵权风险，及时应对和保护自己，在产品研发的三个阶段都要进行专利检索、分析，并实施专利审查制度，建立了专利技术的预警、应急处理机制，有效降低了开发的技术风险，至今没有发生过一起与他人的专利纠纷事件。

四、未来发展展望

1）以客户为中心，市场为导向，加强新技术、新工艺的应用。通过设计技术与信息化技术融合不断研发满足市场需求的新产品。

2）不断提升创新体系建设，优化科研创新管理方式。持续完善、建设一流的科研平台、测试平台和人才培养机制，不断提升常开核心竞争力，持续保障公司创新能力名列同行业前列。

3）以高质量、高可靠为目标，加强共性技术与基础技术的研究。不断优化现有核心产品，不断提高技术攻关能力。

五、专家点评

常开生产的智能型万能式断路器是连接电网供电端与用户端的重要环节，是构建坚强智能电网的重要基础元件。

通过先进的研发管理手段和国际先进的 NPD 研发流程管理模式以及 CAE 分析、大容量振荡回路研发手段和实验装备，在前沿科研方面进行了突破。首次在国内电器领域建立了低压开关电器开断全过程通用数学模型，实现了低压电器行业产品研发模式的变革；研发出了分断能力、电寿命等核心指标获得突破性提高的触头系统以及宽频型万能式断路器，技术指标达到国际先进水平。

通过智能工厂建设，提质、增效、降本成果显著，知识产品保护完整，科学有效，销售收入、利润、税金非常可观，企业发展成效显著。

在组织与制度保障、经费保障、人才培养、科研平台建设等方面有自己鲜明的特色。

常熟理工学院教授　张方舟

精益求精　锻造汽车零部件全球精品

一、总体情况简介

江苏龙城精锻有限公司（以下简称“龙城”）创建于1994年，占地面积17万 m^2，固定资产10亿元，员工1600余人，2019年完成销售收入9.5亿元，是全球知名的高端精密锻件和零部件制造商，是国家重点高新技术企业、江苏省隐形冠军企业。

龙城拥有20多年的精锻行业技术经验，向全球十多家跨国零部件制造商提供200多种高端中小型精密锻件，主要产品有汽车发动系统、传动系统、制动系统零部件，轨道交通精锻件及异形精锻件。通过坚持走高质量发展路线，目前龙城汽车发电机精锻爪极全球市场占有率达38%，位列全球第一，是法国法雷奥、德国博世、日本电装、美国博格华纳等全球知名跨国汽车零部件集团的优秀合作伙伴。2006年成为法雷奥全球唯一的精锻类产品优秀VIP供应商，并且2014年连续两届被评为博世的全球优秀供应商；2017年获得常州市市长质量奖；2018年龙城的汽车发电机精锻爪极荣获国家工业和信息化部制造业单项冠军产品，同年被认定为江苏省隐形冠军企业；2019年被评为电装集团海外优秀供应商。

二、突出优势

龙城具备年产7000万件汽车发电机精锻爪极等汽车零部件精锻件的生产能力，并成为全球最大的汽车发电机精锻爪极专业制造基地。2015年荣获江苏省汽车发电机精锻爪极智能车间、2020年汽车发电机精锻爪极产品被认定为江苏省精品。

（一）自主研发，爪极工艺技术填补国内空白

汽车发电机精锻爪极，从开始到成品的工序分别为下料 - 加热 - 热锻 - 热处理 - 冷精整 - 钻孔 - 车削加工7道工序，热锻工序和冷精整工序是其中最为关键的两个工序，称这样的爪极制造工艺为“热锻 - 冷精整联合成形工艺”，2019年获得了中国专利优秀奖。

龙城车间自动化生产线

“热锻”和“冷精整”这两道工序是爪极整个制造环节中决定最终产品使用性能的关键环节，影响到爪极发电机装配和使用性能的绝大部分关键尺寸都是通过这两道工序来保证的，一旦这两道工序出现问题，会直接影响到爪极式发电机的装配，发电机的噪声和发电性能也会有明显偏差，最终会影响到汽车的运行和消费者的客户体验。

由于国内外尚无其他采用同种工艺制造爪极的企业，龙城于 2014 年支持起草发布汽车发电机精锻爪极的唯一行业标准《汽车发电机用精锻爪极通用技术条件》，并于 2016 年主持起草发布了相关国家标准 1 项。由于汽车发电机精锻爪极是一个非标准件，目前国际上还没有对于产品通行的评价标准，都是按照客户标准来进行评价的，龙城的产品获得了世界顶级发电机制造商博世集团、法雷奥集团等公司的测试认可，这充分体现了龙城制造的爪极在产品性能方面已经处于世界领先地位。

（二）以顾客满意为目标，市场开拓显成效

龙城通过不断的技术改造，已形成了特色鲜明的专业化生产格局，主要产品爪极的市场占有率保持全球领先地位。在质量、成本、交付、服务等多方面的出色表现使得龙城拥有了稳定且高质量的顾客群。龙城始终以顾客为关注焦点，以顾客满意为最终目标，不断维持良好的顾客关系。

三、典型经验

（一）技术创新

龙城设有江苏省汽车零部件精密锻件工程技术研究中心，自成立以来，坚持实施自主创新与合作创新相结合的创新战略。一方面通过企业内部科技人员积极攻关，另一方面通过与国内知名高校如上海交通大学、西安交通大学、武汉理工大学、江苏大学等进行产学研合作，掌握了本行业国际上最先进的一系列工艺与装备技术。截至 2020 年底，龙城旗下两家公司累计完成申请专利 220 项，其中发明专利 85 项，实用新型专利 94 项，占到全部申请专利的 80% 以上。近三年龙城的有效专利、有效发明专利、商标、软著等均保持着和龙城

规模相适应的稳定增长。

每年组织相关技术人员参加技术研讨会，通过与国内同行业的技术交流，不断提高龙城的创新能力。龙城还积极搜集行业内不同精锻产品的材料、工艺及装备的相关技术标准，建立相应的数据库和项目开发流程，能够在短时间内为客户提供适合的解决方案；

龙城按照产品开发流程建立了专业的项目、工艺、模具、工装夹具四大团队，以满足各类产品的开发需求。通过多年的技术积累形成了标准的项目开发流程，能够满足不同客户的产品开发需求，为客户提供从设计输入、工艺模具设计、数值模拟验证到批量生产的成套技术方案；建立了多方位的技术人才培养机制，引进博士生 3 名，硕士生 18 名，借助外力、自身培养两条腿走路的方式，积极开展多种形式的国际合作和交流，邀请国内外专家、研究人员到技术中心进行技术交流和从事研究开发，不断打造研发队伍；设立了专门的技术情报收集小组，通过不同的途径，专门对本行业国内外相关的技术发展趋势、同行业技术发展情况等进行收集及分析。龙城定期邀请行业内专家对公司现有技术成果进行鉴定和评价，同时定期以工程技术研发中心为主体分析当前国际、国内同行业的技术发展状况，对龙城现有产品的技术发展趋势进行分析，充分评估龙城现有技术水平及未来技术的研究方向，制定和完善龙城的技术发展战略。

（二）智能制造

龙城精锻建立了基于 ERP 系统、集成 OA 系统、HR 系统、PLM 系统、SRM 系统、BPM 系统、MES 等系统的整体信息化应用，打造基于企业网和互联网的集中化信息管理平台。通过系统整合为生产提供数据决策基础，确保我们的产品以最快的速度交付到客户。数据库的建立有效地缩短了龙城新产品开发周期，减少了开发过程中的失败次数，确保了员工的工作质量，助力企业核心竞争能力的不断提升。

（三）管理能力

按照 ISO 9001、ISO/TS 16949、ISO 14001、OHSAS 18001 等标准要求，龙城建立了完善的可持续发展的管理体系，同时建立了信息化和工业化融合管理体系、企业知识产权贯标管理体系，并通过了体系认证；先后与法国法雷奥集团、德国博世集团、美国雷米集团、美国佩特来集团、日本电装、日本泽藤等世界 500 强企业建立了良好的合作伙伴关系。丰富的客户资源使公司赢得了国内外约 35% 的市场占有率，并保持同行业领先地位。

推行供应链精益管理，着力打造整个供应链的竞争力，与众多供应商和客户形成稳定、互利、互惠、和谐发展的合作伙伴关系；建立了供应商管理平台，准确地实施采购订单下达，供方交付，确保为龙城的生产经营活动提供充足、质优的产品零件，为龙城持续稳定地向客户提供产品和服务奠定了坚实的基础。

（四）企业文化

经过20多年的历史沿革，逐步形成了有龙城精锻特色的，包含了理念、制度、行为和形象在内的完整的文化体系。定期组织企业文化活动，包括连续举行了8届的员工子女“欢乐暑假行”活动，端午龙舟活动以及中秋猜字谜活动等，形成年度活动计划，围绕各类员工开展各类企业文化活动；通过期刊《龙城播报》、内网、LED、微信公众号等平台发布动态信息，不断完善，成为经营战略发声、员工风采纪实、民生动态传播等信息公布的重要平台，多渠道多方面多形式展示成果。

（五）质量品牌

龙城之所以能够在激烈的竞争环境中超越对手，保持强劲的整体竞争力并取得成功，关键在于严于管理，实施品牌战略，提升产品质量、加大产品创新力度；推进技术进步、实施降本增效、不断提升服务质量。

四、未来发展展望

龙城精锻将继续聚焦于精锻零部件制造，将金属精锻成形技术拓展应用至航空航天、轨道交通等高端装备领域，依托企业战略规划，走精品锻造之路，不断开发更多具有全球竞争力的“单项冠军产品”，致力打造金属精锻成形技术领域的中国民族品牌。

江苏天工工具有限公司

充分发挥高端生产装备优势　夯实高端产品生产

江苏天工工具有限公司全貌

一、总体情况简介

江苏天工工具有限公司（以下简称“江苏天工”）成立于1981年，主要从事高端工模具钢的研发、生产和销售业务。2020年企业总资产达到78.1亿元，销售收入37亿元。高速钢年产3万t，居世界首位；模具钢年产20万t，工模具钢综合实力居世界第二（SMR钢铁统计）。2007年在香港联交所主板成功上市，是国家高新技术企业、中国民营企业500强、中国民营企业制造业500强、中国五金工具出口质量安全示范企业；2010年和2013年获得江苏省科技进步三等奖；2018—2020年连续获得丹阳市、镇江市和江苏省省长质量奖荣誉；2018年，公司高速工具钢产品荣膺国家工业和信息化部“全国单项冠军产品”；2019年获中国钢铁工业协会和中国金属学会联合颁发的冶金科学技术奖一等奖。

二、突出优势

（一）在行业中处于领先地位，拥有较大的市场影响力

江苏天工的主导产品高速工具钢、模具钢等被列入国家战略新兴产业产品

目录。高速钢年产 3 万 t，连续 17 年位居世界第一，连续 22 年位居中国第一，模具钢年产 20 万 t，工模具钢综合实力位居世界第二，国内市场、国际市场占有率和排名不断提升，在国内的特钢市场掌握一定程度的定价权。2018 年江苏天工的高速工具钢产品荣膺国家工业和信息化部“全国单项冠军产品”；公司粉末冶金项目及多款新材料产品填补了国内空白，打破了国际垄断，在解决关键技术“卡脖子”发展难题方面发挥了积极作用。

（二）聚汇人才“引优育强”，着力打造企业人才优势

江苏天工始终坚持引培并举，以人才引进、员工培养、绩效考核、服务保障为着力点不断打造“天工”人才队伍，持续从国内外引进高端人才。目前，江苏天工拥有江苏省双创人才、镇江金山英才、丹阳市“丹凤朝阳”人才及“十大工匠”等各级各类人才，形成了一支创新能力强、实践经验佳的人才队伍，为江苏天工成功迈入行业一流提供了重要支撑。

三、典型经验

（一）高层领导率先垂范，充分发挥企业文化的作用

董事长朱小坤同志带领高层领导始终坚守初心，坚持实业报国的抱负，发扬“工匠精神”，秉承“诚信、勤奋、务实、责任”的理念，以身作则，几十年如一日地勤奋工作。历经 40 年，从一个村办小厂发展成为中国最大的优特钢、钛材料及高速钢切削刀具生产制造商。

随着江苏天工的发展及企业文化的沉淀和传承，确定了江苏天工的使命、愿景和核心价值观，高层领导在内部宣传讲解文化内涵，在外界宣传推介文化理念。通过制定各种规章制度，谱写天工厂歌，编制各种内部刊物、举办多种形式的演讲比赛和文艺演出等积极宣传公司的企业文化，获得全体员工的认同，充分发挥了企业文化的引导、激励作用。

（二）构建以“专注—延伸”为驱动的质量管理模式，推动质量管理水平稳步提升

江苏天工以“专注主业”为核心，坚守新材料和切削刀具主业，不断做精、做大、做强，巩固行业领先地位。以“双向延伸”为羽翼，产业链向上下游延伸，形成矿业、特钢业和工具业一体化的科研、生产、销售管理体系；坚持“看得透、抓得住、盯得牢、解决得彻底”的质量管理理念，聚焦质量问题深层次的核心问题，逐步形成独特的“巧夺天工”的质量文化体系。

（三）走特色化营销之路，建国际化销售网络

以客户为中心、以市场为导向，贯彻“品质首位，工艺领先，客户第一，全天候服务”的营销理念，构建基于客户满意为目标的全方位营销管理和改进模式，持续为客户提供有市场竞争力的产品和服务。针对不同行业、不同市

场、不同品类的经营现状，江苏天工设立了国内贸易部和国际贸易部，国内市场以华南、华东为重点，依托两个地区高端制造业基地，稳固销量和市场地位；抓住中西部开发的机遇，布局西南、中部市场，在制造业有往内地迁移趋势的大背景下，提前布局，设立销售网点，挖掘市场潜力。国际市场，设立 11 家分公司和 1 家泰国工厂，依托国际化战略布局，开展精密切削刀具、工模具钢产品和钛合金产品的市场推广，拓展国际市场销售领域。

（四）重视技术创新主作，拥有自主关键技术

江苏天工拥有一支规模 100 多人、创新能力强、实践经验丰富的工模具钢专业研发团队，建有江苏省工模具钢工程技术研究中心、江苏省企业技术中心、博士后科研工作站；积极开展产学研合作，充分借助外部研发力量，与中国钢铁研究总院、东南大学、南京工业大学建立了产学研合作关系，成立了江苏省海洋工程新材料实验室，组建了国内首个粉末冶金研究院，已成为中国先进基础材料高速工具钢、模具钢，关键战略材料钛合金和前沿新材料粉末冶金的前沿权威的实验基地和科研中心。

（五）积极开展群众性创新活动，鼓励全员创新

2009 年开始，江苏天工每年评选年度“天工技术精英”，对过去一年在技术改造、科技创新、合理化建议等方面有突出贡献的员工，根据贡献大小给予奖励；2011 年 3 月起，江苏天工对授权发明专利、实用型专利、外观设计专利执行奖励激励政策；2015 年开始，江苏天工鼓励员工申报创新项目，通过项目评审，具备研究开发条件的项目，批准进行研发，对取得创新效果的创新项目进行奖励，每年的 11 月份召开科技创新总结表彰大会，对创新团体和个人进行隆重表彰嘉奖。

四、未来发展展望

（一）瞄准国际高端产品应用领域，充分发挥高端生产装备自身优势，以粉末冶金、粉末高温合金为引领，填补国内空白，打破国际垄断，解决国际行业“卡脖子”难题，替代进口占比，实现国产化，抢占世界高端应用市场

1）充分发挥粉末冶金喷射成型生产装备优势，扩大喷射锭的研发及生产能力，以喷射锭取代日本进口模具钢产品，缩短行业需求差距，抢占和引领市场。

2）充分认识国内市场庞大的客户群体和巨大需求空间，抓住内需市场，发挥粉末冶金生产线优势，借助高速钢粉末材的自身性能，用高性能高速钢粉末材生产丝锥和切削刀具其他产品，达成做中国第一的品牌目标；用高性能高速钢粉末材丝锥取代国际高端丝锥市场份额；发挥高性能粉末高速钢材料的最大优势，成为中国复杂刀具材料第一品牌，发挥国内首条粉末冶金生产线的自

身优势，做好做强产业链，赢得更大的利润空间。

（二）捕捉国内、国际行业信息，发挥国内门市部、国际分公司区位优势，变单项营销为集市场营销、服务、信息收集于一体的营销公司和信息驿站，助力公司找准差距，不断开发和研究新品，缩小与国际同行业之间的差距

1）借助国内门市部和国际分公司的区域优势，持续收集市场需求信息，捕捉市场需要，开展研发，并将国内门市部、国际分公司作为产品深加工基地，为客户需求提供系统的解决方案，提升品牌影响力，为公司创造利润来源。

2）探索和借鉴国际特钢企业的经验、做法，以每年不低于6~8家国内、国际分公司布局的总体目标，全面规划国内、国际直销公司建设，服务专业客户，彻底改变公司盈利模式；利用5年时间，再度提升天工世界品牌影响力，同时加大国际工厂建设力度，形成国内、国际研、产、销、服务、精加工于一体的产业链集群，实现“生产盈利和营销盈利”双轮驱动的经营机制。

（三）完善生产体系，进一步延伸产业链，从批发零售向零切、铣磨加工，甚至热处理方向发展，配套完成新项目建设，扩大产能，支撑全球研、销、服一体化产业链布局，夯实高端产品生产

1）引进大吨位快锻机，扩大产品生产规格和整体产能提升，满足市场的强劲需求。

2）规划拆除小功率炼钢设备，按照现代化的标准要求，建设新熔炼装备，满足高速钢冶炼需求。

3）按照高标准、现代化标准，建设钢丝生产车间，满足国际国内市场对钢丝的需求，补齐江苏天工特种高端材料短板，将高温合金材料作为天工战略新材料的储备，作为制定下一个五年规划必须完成的任务，从而提升江苏天工产品的市场份额和美誉度。

4）在完善一期粉末冶金生产线的同时，规划建设粉末冶金第二期工程项目，进一步夯实高端产品的生产布局，逐步向万吨粉末生产规模进发，为中国制造强国战略作出天工人的贡献。

（四）进一步创新管理，发挥人才优势，提升企业管理水平

1）加大行业顶尖人才的招引力度，打破传统招引模式，建立外引内培体系，将国际、国内行业顶尖人才聚集到天工，完善专业研发团队建设，助力天工研发、生产专业化队伍建设和国内、国际营销网点的布局。

2）加强专业人才队伍建设，明确、细分各岗位的职责标准，以业务和文化为轴，突出术业专功，培养一支专业化、技术化、服务化的队伍，树立全员经营意识，提升全员对市场的敏感度。

3）强化数据考核，建立以利润为中心的核算模式。促使每个人积极努力工作，提升干部员工的工作积极性，发挥最大潜能。

五、专家点评

该企业是国家重点高新技术企业，也是世界级的行业龙头企业。2018 年，江苏天工高速工具钢产品荣膺国家工业和信息化部“全国单项冠军产品”。江苏天工长期聚焦深耕高速钢、模具钢及切削刀具领域，拥有强大的市场地位和很高的市场份额；江苏天工在科技创新引领、精益研发生产方面持续投入，充分利用产学研合作平台，创新能力持续增强，传统特钢质量稳步提升，高性能粉末冶金制备关键技术取得突破，打破了国际垄断；江苏天工坚持走特色营销，提高用户服务能力，依托国际化战略布局，扩大出口；江苏天工坚持引培并举的人才计划，秉承“工匠精神、持之以恒”精神，鼓励全员创新，为中国高速工具钢行业的发展、国家制造强国战略作出了积极努力和贡献。

中国钢铁研究总院教授级高级工程师　马党参

江苏江昕轮胎有限公司

注重研发促转型　攻克难关攀高峰

一、总体情况简介

江苏江昕轮胎有限公司（以下简称“江昕轮胎”）为国家级重点高新技术企业、军民融合示范企业，获批为国家企事业单位知识产权示范企业、国家城市矿产示范试点企业、国家两化融合贯标示范试点企业、服务制造示范企业、五星级上云企业等。

江昕轮胎拥有全球独家研发、生产的国际专利产品——免充气空心轮胎系列产品，其中防爆型免充气空心轮胎具有永不充气、永不爆胎、防弹、防爆、阻燃、抗湿滑低生热、易操控性、互换性能好等特点，彻底解决了轮胎的安全性难题，广泛应用于各种轮式车辆，是未来充气轮胎的更新换代产品，市场供不应求。

江昕轮胎注重科技创新，获批多个国家级、省部级科研平台，有院士工作站、国家博士后科研工作站、国家江昕千人计划研究院、九三学社专家工作站、省工业设计中心等，研发中心办公条件优越，购置有先进的研发检测设备；与国内外多所高校建立了“产、学、研”合作关系，现有院士、长江学者、973 首席科学家、省双创人才等高层次人才组成的核心团队，不断完善现有人才培养和引进机制，不断推动免充气空心轮胎的科技进步，更好地服务社会。

二、突出优势

长期以来，普通运输车辆使用的是传统的充气轮胎，容易漏气、爆破，特别是车辆在高速运行时，会因突然爆胎造成车毁人亡等重大交通安全事故。据统计，重大人身伤亡交通事故，40% 因为轮胎爆胎所致。国内外许多科研和生产部门投入大量人力、财力、物力，试图解决轮胎的免充气和安全问题，但一直没有实现突破性进展。

江昕轮胎独家研发成功的防爆型免充气空心轮胎，应用高性能 GO/NR/SNR/SBR 复合弹性凯夫拉纤维和特级碳素纤维材料作为轮胎内部弹性结构，依据胎体不同载荷、速度等性能要求，能够通过热交换器自动排放轮胎内部在高

防爆型免充气空心轮胎

速运行时产生的热量，具有防爆、安全、防扎、抗撕裂、寿命长、免维修等特点，良好的舒适感和相应的下沉量，使用寿命比普通充气轮胎提高了 2~3 倍。应用到军事车辆中还具有不怕子弹打穿、抗燃烧、抗撕裂等特点，战场上子弹穿透和弹片进入胎腔内不会造成战车抛锚、失控。目前，该产品已经通过中国兵器特种装备产品检测中心的枪击测试，能够较好地解决军事轮胎的特殊需求，显著提升军用轮式装备的可靠性，对于加强我国国防战备战略、提高现代化作战水平，具有十分重要的意义。

三、典型经验

江昕轮胎是一家长期致力于免充气空心轮胎研发和生产的国家级知名企业，特别在防爆轮胎方面做出了卓有成效的努力。在公司董事长王明江带领下，经过 30 多年的不懈努力，终于在 1999 年成功研发了免充气空心轮胎，获国内外专利 300 多项，其中国际专利 6 项（专利涉及美国、日本等地）。目前，配套产品八大系列 500 多个规格，年生产能力 3000 万套。该产品投入市场以来，供不应求，主要出口美国、欧盟、日本等 30 多个国家和地区，市场占有率 100%，细分领域综合排名第一位；产品多次在 CCTV 科技频道、经济频道、《新华日报》等国家主流媒体进行宣传报道；在民用市场领域取得成功的同时，与美团、新日、爱玛等共享车辆配套，投入巨额科研经费，加大科研力度，致力于研发载重型防爆型免充气空心轮胎，应用于军用轮式装备，服务于国防战备。

（一）注重研发促转型

企业注重科技创新工作。建有院士工作站、企业技术中心、国家级博士后科研工作站等国家及省部级科研部门；投资新建了 12 层占地 1.6 万 m^2 的工程技术中心，引进国内外先进的工艺装备和检测仪器 200 多台（套）；与清华大学、上海交通大学、重庆大学开展了紧密的“产学研”合作，引进国家千人计划专家、973 首席科学家、万人计划专家、教育部新世纪人才、省双创人才等高层次人才 20 人，组建了科技创新团队，科研攻关团队 200 多人。同时，不断完善现有人才培养和引进机制，招聘经验丰富的高学历新材料研究人员，打造研发平台具有的核心技术研发团队。

（二）攻克难关攀高峰

自主研发的免充气空心轮胎生产工艺比传统轮胎工艺简化 80%，生产效率提升 50%，节约投资 60%，具有较大的技术优势。但研发要面向高速重载复杂环境的军用防弹轮胎，一系列技术困难无法解决，原有生产工艺技术要从零开始。江昕轮胎汇集了军队和地方院校专家，组建材料、精密运动控制、3D 打印策略、力学结构分析等 6 个研发课题组，开展技术攻关、永攀科技高峰，终于成功研发了免充气空心轮胎，填补了 10 多项国内外技术空白。

一是独创多腔体网架轮胎结构，颠覆了传统轮胎设计理念和制造工艺。可完全回收再制造，轮胎免充气、防弹、防爆、阻燃，可军民两用。二是首次以隐形支架替代传统钢丝、布帘结构，利于增材制造。产品防弹、防爆、弹性好、滚阻小；舒适性、成本与充气轮胎相近，寿命提升 5 倍，解决了轮胎易爆胎的难题。三是首次成功将快速成型 3D 打印制造技术应用于工业化轮胎生产，速度快、精度高、可靠性好，保证轮胎圆周均匀性等性能要求。四是首次通过引入改性分子，与石墨烯形成强相互作用，制备绿色、尺度可控的氧化石墨烯，具有高度剥离、高分散、强界面、成本低的优点，大幅提升橡胶复合材料力学性能。

近年来，随着 3D 打印的普及，国内外很多科研机构纷纷研究 3D 打印技术。3D 打印技术处于概念、试验阶段，打印速度慢、成本高是巨大技术瓶颈，距离实用阶段还有较长的距离；主要适合于工程塑料、树脂等热塑性材料方面，打印塑料模型、玩具尚很常见，但是在工业化生产方面的应用却很少；工业 3D 打印热融型的橡胶复合材料，在国内外更是空白，主要原因是现有的 FDM、DLM 等各种 3D 打印原理均不适合打印常温弹性材料。公司研发团队迎难而上，与国内高校、地方院所专家和企业研发人员紧密协作，致力于 3D 打印技术难关的攻克工作，历经 400 多个日日夜夜，在多次失败与挫折后，江昕轮胎终于在新型智能免充气空心轮胎 3D 打印技术方面取得成功。目前，该技术确定氧化石墨烯在橡胶中的定向或均匀分散、石墨烯与聚合物的界面结合工艺，完善氧化石墨烯表面修饰方法；完善氧化石墨烯 / 超微纤 / 橡胶复合材料制备最佳工艺参数，实现低成本、高质量、产业化制备；优化轮胎网架力学结构计算机仿真模拟，建立数学模型提升高速免充气空心轮胎的综合性能；优化自动控制系统和分层软件算法，提升生产效率和产品质量；建立防弹型免充气空心石墨烯轮胎工业质量检测系统，实现检测设备系列化配套。

免充气空心轮胎的问世，填补了军警用轮胎防爆技术的一项空白。在中国兵器特种装备产品检测中心的枪击试验中，成功通过枪击检测。国防科工局领导来公司视察时指出，“免充气空心轮胎大有可为！”产品已与多家军工产品配套，入编《国防军工配套产品采购目录和民参军技术与产品推荐目录》，是军工轮胎产业的一次重大的技术突破。

四、未来发展展望

江昕轮胎立足国内市场，围绕免充气空心轮胎系列产品进行科研攻关，不断推动免充气空心轮胎的科技进步，在做产品的同时，面向全国提供新材料配方设计、新产品开发、工艺标准制定、在线检测等方面的专业技术服务。

未来五年，江昕轮胎将建设防爆型免充气空心轮胎产业园项目，计划在全国各地建设 3~5 个分厂，不断满足迫切的市场需求，全力推动防爆型免充气空心轮胎的更新换代，掀起第三次轮胎革命新浪潮。

五、专家点评

江昕轮胎研发的免充气空心轮胎，具有防弹、防爆、阻燃、互换性能好的特点；同时，舒适性、滚动阻力、成本与充气轮胎相近，使用寿命提高 3~5 倍；产品在战场上子弹穿透和弹片崩进胎腔内都不会造成车辆抛锚、失控，仍然可以正常行驶，适用于医疗救护车、灾后救援车、机场牵引车、军用指挥车等，具有较高的军事应用价值和推广应用前景。

该企业能够注重汇聚高校、地方院所科研专家和整套装备配套厂家联合攻关，发挥各方优势，综合多方意见，而不是闭门造车，少走了弯路，节约了研发时间，起到事半功倍的效果，值得提倡；在研发过程中，果断放弃原有显著优势的工艺技术，从头开始研发，冒较大技术风险，引入较前沿的技术路线，最终取得了成功，勇气可嘉。

期望江昕轮胎能够进一步加大研发力度，开发应用于大型复杂重载装备的免充气空心防爆轮胎，应用前景会更加广阔，意义也会更加重大。

中国矿业大学电力工程学院院长　郭楚文

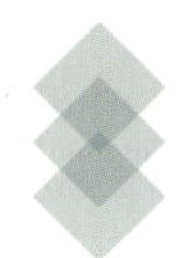

南京金斯瑞生物科技有限公司

坚守创新高地　争当行业先锋

一、总体情况简介

南京金斯瑞生物科技有限公司（以下简称“金斯瑞”）作为一家具有全球经营规模的创新型生物科技企业，为生命科学研发人员提供全面的研发服务和产品，是全球第一大基因合成产品生产商与供应商，目前已发展成为全球合成生物学领域的龙头企业。尤其在人工基因合成领域更是独占鳌头，产品全球市场占有率为30.18%，全球每四条人工合成基因中就有一条来自金斯瑞。2015年在港交所主板挂牌上市。

南京金斯瑞研发生产中心

金斯瑞人工基因合成生物制品改变了这个行业价格长期被国际公司垄断的局面。通过近20年的努力，公司将产品成本降低到之前的15%，整体推动了人工基因产品的快速发展和下游行业的巨大发展，产品在密码子优化、蛋白表达水平等方面远远领先其他公司，整体产品的质量和准确性，在行业中有挑战性的高技术水平的产品均处于领先水平，内部拥有多项专利和商业秘密。

二、突出优势

（一）技术先进性

金斯瑞拥有世界顶级水平的基因合成服务专家队伍，在富含重复序列、高 GC 含量、发夹结构、连续单一碱基的难度 DNA 合成领域占据技术领先地位，拥有业内最佳的大片段基因合成能力，最长合成基因可达到 200kb，也是全球唯一能实现 200kb 基因组合成的供应商。2011 年金斯瑞作为唯一一家商业化公司参与了国际 Sc2.0 酵母染色体项目，并于 2017 年在全球顶级科学杂志 *Science* 上发表文章，客观地证明了金斯瑞产品和技术的领先性。

（二）产品质量

基因合成服务使用完善的生产流程管理和专业的基因合成技术，基因合成服务的成功率和准时交付率分别高达 99.95% 和 99%。金斯瑞的基因合成使用硅阵列生产工艺，可承接高通量的基因合成服务，基因合成通量可达 500 万 bp/ 月。

（三）服务质量

金斯瑞作为基因合成行业先驱，拥有智能化基因服务平台，将智能化渗透到服务中。拥有 24h 全球网络销售平台，满足客户在任何时间任何地点自助下单的需求，能够在第一时间响应客户的需求，为客户提供最便捷的服务；上线线上载体设计工具，一键输入基因序列，一键密码子优化，智能选取最佳时间和经费的基因合成策略，为客户进行实时报价，客户下单自动享受折扣。

三、典型经验

（一）技术创新

1. 研发投入持续高位

作为创新型生物科技企业，金斯瑞提供基础生命科学研究、生物药研究和早期药物开发所需的一站式产品和服务，始终依靠核心技术为内驱力带动业务的强劲发展。近年来研发投入占销售收入的比例始终维持在 10% 左右，年均增长率超过 30%，持续维持高位。

2. 科研人才力量雄厚

金斯瑞始终将人才视为公司最核心的竞争力。在全球范围内招募贤能，持续引进各个细分研究方向的科研人才和商务、管理精英，匹配战略发展规划，支撑业务全面发展。员工中本科生以上学历占比 70%，硕士生以上学历占比 28%，有近百位博士生，拥有海外留学经历的人才占比 8%，在南京同等规模的企业中海归人才占比较高。

3. 一流设施保障研发条件

为了提升服务制造的国际化水平，金斯瑞斥资购置了高规格的研究设施，目前配备包括实验室、办公区域、仓库在内的 70000 余 m^2 的一体化研发生产场地，固定资产实验设备 4000 多套，原值超过 30000 万元。近年来围绕金斯瑞业务线的自动化和智能化，采购和定制了大量高端设备，包括全自动细胞分析仪、快速全自动蛋白表征分析系统、生物大分子相互作用仪、蛋白纯化系统。

4. 海外并购增强综合技术实力

2018 年初，金斯瑞收购业内顶尖的芯片 oligo 文库合成公司 CustomArray，进一步提升基因合成的自动化、智能化水平，降低生产成本。此次收购使得金斯瑞成为全球唯一的拥有硅芯片原位 DNA 合成技术、唯一能以半导体合成 DNA 的供应商，在全球范围内建立起技术和专利壁垒，进一步提升了技术中心的综合技术实力。

5. 引进开发新技术，提供新服务

技术的进步使新型的服务成为可能。金斯瑞与美国麻省理工学院 - 哈佛大学博德研究所张锋团队合作，引进对方开发的 CRISPR 系统专利，并利用公司的转化平台，开发和推出 CRISPR 相关载体构建及基因编辑的产品和服务，提供给业内的客户。通过技术引进及产业化，搭建起了更为高效快捷的 CRISPR 基因编辑平台，便于业内科研工作者更加快捷方便地获得所需载体或外包相关的服务和产品。

（二）管理能力

1. 建立责任到人的管理模式

在项目的管理上，根据公司的管理制度，研发立项分工明确、责任到人。金斯瑞的各项制度致力于为研发人员营造良好的氛围，避免他们受其他因素干扰，能够集中精力，提升效率。

2. 构造管理质量体系

金斯瑞于 2007 年通过 ISO 9000 质量体系认证，构造了一个符合政策需求、满足运营需求、确保公司安全稳定的全方位质量管理框架；2019 年又通过了 ISO18435 管理体系认证。

3. 制定企业质量管理制度

为保证质量管理体系运营的有效性，金斯瑞制定了《质量手册》和与之配套的管理制度 17 份、作业指导书 2051 份、记录表单 1696 份。

4. 进行质量安全培训

金斯瑞每年组织多项质量专题培训，包括质量意识、ISO 9001：2015 新版解读、质量风险控制程序、GLP 实验室基本要求、QC 七大手法的应用、PDCA 和 5W 的应用、记录书写规范、文件控制程序等。

（三）提升绩效

1. 积极推行卓越绩效模式

为实现从符合到卓越的转变，金斯瑞引入了 GB/T 19580 标准，建立了完善的卓越绩效自评机制。创建了以战略为导向、基于“卓越绩效自评，绩效评价，管理体系内外审和管理评审，产品、服务和管理对标，内外部顾客抱怨、投诉及建议”的绩效改进总体方法；建立了包括识别与转换、积累与维护、传递与分享、有效利用的学习和共享知识资产的流程和机制。改进成果作为知识

资产的重要部分，知识的共享和利用又极大地促进了改进。

2. 建立数据模型，实现精细化管理

在基因合成业务上，通过分析每一种基因合成服务的成功率，按照服务类型重新划分小组职责，使小组的工作模式单一化，这样的设置使得团队之间可以进行平行比较，相互竞争，不断提升和超越。精细化管理可以通过数据模型的方式，找到差距，并且分析提出改进措施。

3. 坚持使用执行力四原则的方法进行项目管理

聚焦最重要的目标，关注引领性指标，坚持激励性记分表，找出自身差距，建立规律性问责；改变传统的领导作风，使团队尽量少地聚焦在最重要的事物上，从而达到最佳的效果。促进所有改进措施顺利达成目标，从而促使最重要的项目目标的达成。

（四）企业文化

1. 加强文化体系建设

在企业文化领域，金斯瑞建立了企业文化建设体系，主要包括四大系统：企业文化理念识别系统（MI）、企业文化制度识别系统（DI）、企业文化行为识别系统（BI）、企业文化视觉识别系统（VI）。

2. 宣传贯彻文化理念

结合员工行为规范的要求，把抽象的价值观分解为对具体的行为和精神层面的要求；创新文化主题活动，组织开展各类文化主题活动；强化文化宣传阵地，在公司主要办公场所悬挂文化理念牌、制定文化理念宣贯手册，通过电话联系、传真、网站、座谈会、洽谈会、订货会、产品推介会等形式向全体员工、供方和合作伙伴沟通公司的价值观、发展方向和质量目标，并确保双向沟通，让文化理念深入人心，达成理念共识和行为自觉。

3. 抓好专项文化建设

结合企业当前的重点工作，先后开展"管理制度文化年""企业文化月"等专项文化活动，提出基层人员要具有高度的工作责任心和工作技能、中层人员要有积极的进取心和良好的德行、高层人员要有强烈的事业心和宽广胸怀的要求，以文化促发展，有力推动中心工作发展，营造浓厚的文化氛围。

（五）国际化发展

1. 利用全球化资源开展国际市场竞争

通过国际学术交流，赞助全球业界著名会议和团体竞赛；在知名杂志，包括 *nature* 等线上线下宣传；在全球主流社交媒体，包括 Facebook、LinkedIn、Twitter 等作宣传，充分利用全球化资源做大做强品牌，提高品牌在全球的竞争力。同时在日本、荷兰等国家设立分公司，在全球多个国家设立分销商，在更宽领域和更高层次与跨国公司开展竞争合作，瞄准国际一流先进水平，通过引进、消化、吸收再创新，利用全球资源配置开拓国际市场，进行跨国经营。

2. 实施完整的全球化品牌战略

金斯瑞有明确完整的全球化品牌战略，立足全球市场发展自己的品牌。目前公司已在美国、日本和欧洲等国家和地区设立了业务运作公司或办事处，直销网络遍及逾 160 个国家。金斯瑞在全球多国建立了高度多元化的客户基础；凭借海外市场的力量努力把企业做大，扩大影响面，获得更大市场，从而成为全球性知名品牌。通过服务定制化、营销差异化、广告本土化、物流本地化，使得金斯瑞主要服务在全球行业范围内具有领导优势。

四、未来发展展望

秉承“用生物技术使人与自然更健康”的企业使命，金斯瑞将继续致力于成为中国生物医药产业的推动者、变革者和领航者，为中国生物科技高速稳健发展、为中国科技力量走向世界作出贡献。在未来五年，企业经济效益继续保持快速、稳健增长，年均销售额增长速度保持在 20% 以上，2021 年南京金斯瑞营业收入突破 15 亿元，预计 2025 年达到 25 亿元，基因合成服务继续位居全球市场第一（市场份额从 30.18% 上升到 38%），一站式研发服务平台完全建成，达到国际国内双一流水平。

在 2025 年内，实现四个加强、一个巩固和上升。

四个加强：一是加强生物制剂产品和外包服务并举，做强做大，增强企业的核心竞争力；二是加强优化生物制剂产品结构，实施生物系列化产品的研发与产业化项目，扩大生产规模，坚持同心多元，提供基础生命研究领域高质量整合型的一站式服务及产品，增强企业发展的可持续力；三是加强企业内功建设，坚持协调发展，全面提高企业竞争的软实力；四是加强公司发展目标的实施，坚持渐进改革，服务流程再造，不断提升企业经营的创新力。

一个巩固和上升：在 2025 年内建设成为国际国内双一流的生物制剂产品生产和科技研发、外包服务企业。

为了提升公司生物制剂产品的研发能力，加强公司在国内外生物行业的一站式服务竞争优势，将通过建立一支稳定的高素质人才队伍，开发具有前瞻性的研发项目，形成更为有效的研发管理体系等措施，提升研发中心的整体研发等级。

实现多品种市场经营，需要来自生物行业成熟的管理人才和运营经验。要通过技术创新和精益制造，努力控制产品成本，提高产品质量，通过卓越绩效的深入实施，培养整合型高端人才，不断提升管理水平，同时进一步优化营销和服务网络，精确市场定位。